Wei Tang

Mahrtenehen in der westeuropäischen und chinesischen Literatur: Melusine, Undine, Fuchsgeister und irdische Männer – Eine komparatistische Studie

LITERATURA
WISSENSCHAFTLICHE BEITRÄGE ZUR MODERNE
UND IHRER GESCHICHTE

herausgegeben
von
Peter-André Alt, Heinz Gockel, Erika Greber,
Jürgen Lehmann, Christine Lubkoll, Friedhelm Marx,
Dirk Niefanger, Wulf Segebrecht

BAND 22

Mahrtenehen in der westeuropäischen und
chinesischen Literatur:
Melusine, Undine, Fuchsgeister und irdische Männer –
Eine komparatistische Studie

ERGON VERLAG

Wei Tang

Mahrtenehen in der westeuropäischen und chinesischen Literatur: Melusine, Undine, Fuchsgeister und irdische Männer – Eine komparatistische Studie

ERGON VERLAG

Die Arbeit wurde von der Philosophischen Fakultät der Friedrich-Alexander-Universität Erlangen-Nürnberg im Wintersemester 2009 als Dissertation angenommen (D29).

Gedruckt mit Unterstützung der Konrad-Adenauer-Stiftung und der Sichuan International Studies University 四川外语学院

Bibliografische Information der Deutschen Nationalbibliothek
Die Deutsche Nationalbibliothek verzeichnet diese Publikation in der Deutschen Nationalbibliografie; detaillierte bibliografische Daten sind im Internet über http://dnb.d-nb.de abrufbar.

Gedruckt auf alterungsbeständigem Papier.
Satz: Matthias Wies, Ergon Verlag
Umschlaggestaltung: Jan von Hugo

www.ergon-verlag.de

ISBN 978-3-89913-687-6
ISSN 1432-0274

Vorwort

Die Studie beschäftigt sich mit der Motivgeschichte der Mahrtenehe, ausgehend von den westeuropäischen Wassergeister- und den chinesischen Fuchsgeistergeschichten. Diese komparatistische Untersuchung zielt zum einen darauf ab, die Unterschiede der Motivkonstellation der Mahrtenehe zwischen den zwei eigenständigen Kulturräumen und deren vergleichbare Entwicklungstendenz aufzuzeigen und zu deuten. Sie unternimmt zum anderen den Versuch, anhand der sich wandelnden Motivkonstellation die Thematisierung des Ich in ihrem eigenen Kulturkontext zu beachten.

Die Analyse der einschlägigen westeuropäischen und der chinesischen Mahrtenehe-Literatur stellt einen wesentlichen Unterschied fest: Das Tabumotiv, das in der westlichen Wassergeisterliteratur als Kernmotiv bezeichnet wird, ist kein notwendiges Element in der Beziehung chinesischer Männer zu ihren Fuchsgeister-Frauen. Trotz dieses wesentlichen Unterschiedes lässt sich eine vergleichbare Entwicklungstendenz in der Stoffstruktur beider Literaturen feststellen: Die Motivation der Protagonisten und Protagonistinnen rückt mit der Zunahme des Bewusstseins des Protagonisten in den Mittelpunkt der Motivkonstellation der Mahrtenehe.

Die tendenzielle Wandlung in der Motivgeschichte der Mahrtenehe erweist sich dabei in den zwei Literaturen als Bewusstseinsentwicklung des Protagonisten, die in der ersten Phase (Westeuropa: im 11.-12. Jh., China: vom 4.-6. Jh.) durch das allgemeine, anthropologische Problem des sexuellen Urtriebs des Menschen, in der zweiten Phase (Westeuropa: im 14.-15. Jh., China: vom 8.-12. Jh.) durch das zunehmende Bewusstsein in Form der Gruppenidentität, d.h. als Ritter im Westen und als Gelehrter in China, gekennzeichnet wird. Die dritte und letzte Entwicklungsphase der Mahrtenehe-Geschichten (Deutschland: um 1800, China: Ende des 17.-18. Jhs.) befasst sich mit der Thematisierung des Ich. Angesichts der Probleme des Ich-Konzepts im eigenen Kulturkontext, d.h. der Verabsolutierung der Vernunft und der Trennung von Geist und Natur im Westen, und der durch die Beamtenprüfung verdinglichten Ich-Kultivierung und der durch den abstrahierten Neo-Konfuzianismus entstandenen Kluft zwischen dem metaphorischen und dem physischen Ich in China, bieten die Wasser- und Fuchsgeistergeschichten die alternativen Modelle für das zeitgemäße Ich-Konzept.

Zur Orientierung dieser auf zwei Kulturen bezogenen Studie werden die folgenden Hinweise geboten:

1. Die chinesischen Dynastien werden in der vorliegenden Arbeit nur einmalig mit Zeitangaben versehen. Die Zeittafel der chinesischen Geschichte steht als Anhang I zur Verfügung.

2. Der Schriftenkanon der Konfuzianer *Shisanjing* 十三经 (Dreizehn Klassiker) wird in der vorliegenden Arbeit nur zum Teil zitiert. Einen Überblick über die fundamentalen Schriften des Konfuzianismus bietet Anhang II.
3. Alle Buchtitel und Titel der Geschichten werden in der vorliegenden Arbeit nach ihrer einmaligen, vollständigen Angabe in der Reihenfolge „Pinyin-Transkription, chinesischer Originaltitel und deutsche Übersetzung" nur noch in ihrer Übersetzung wiedergegeben. Die Titel der Geschichten, die Namen der Protagonistinnen oder Protagonisten sind, werden einmalig mit deren Identifikation der Wesensart in eckigen Klammern angegeben, z. B. Pu Songlings Erzählung *Yingning* in Form „[*Eine Füchsin namens*] *Yingning*", sonst jedoch nur in Form der Pinyin-Umschrift der Titelheldin oder des Titelhelden wiederholt. Das Namenregister der weiblichen Wasser- und Fuchsgeister ist im Anhang III aufgelistet.
4. Die chinesischen Begriffe werden ebenso nach der oben genannten Reihenfolge wiedergegeben, mit der Ausnahme, wenn deren deutsche Übersetzung bereits in den Fließtext integriert wurde. In diesem Fall werden die Pinyin-Transkription und die chinesischen Schriftzeichen der chinesischen Begriffe stets in Klammern hinter dem entsprechenden deutschen Text angeführt. Hinsichtlich chinesischer Zitate im Blocktext wird nach der gebräuchlichen Regel zunächst der Originaltext vor seiner lateinischen Transkription und seiner deutschen Übersetzung angegeben.
5. Für die Transkription chinesischer Eigennamen, Buchtitel, Titel der Geschichten sowie Begriffe wurde die Pinyin-Transkription gewählt, sofern es sich nicht um Fremdzitate handelt. Die Tabelle der Übertragung der Pinyin-Transkription in die deutsche Transkription von Lessing/Othmer und in die englische Transkription von Wade/Giles steht als Anhang IV zur Verfügung. Alle Zitate chinesischer Texte sind als *jiantizi* 简体字 (vereinfachte Zeichen) angegeben.
6. Die Pinyin-Transkription chinesischer Texte wird je nach zitierter Vorlage interpunktiert. Die Pinyin-Umschrift für ein Zitat ohne Interpunktierung wird außer den Eigennamen ausschließlich kleingeschrieben, während der erste Buchstabe jedes zitierten Satzes großgeschrieben wird, sofern eine Interpunktion vorliegt.
7. Die englische Übersetzung aller chinesischen Buchtitel sowie die der Titel chinesischer Zeitschriften und Artikel in der Bibliographie, sofern diese vorliegen, werden nicht ins Deutsche übersetzt.
8. Nach den üblichen chinesischen Regeln der Reihenfolge der Namen steht sowohl im Haupttext als auch in der Bibliographie der vorliegenden Arbeit der Familienname – ohne Komma – vor dem Vornamen. Ebenso nach den üblichen westlichen Regeln der Reihenfolge der Namen steht im Fließtext der Vorname – ohne Komma – vor dem Familiennamen. Die Reihenfolge aller Namen westlicher Personen in der Bibliographie der vorliegenden Arbeit wird dagegen nach der allgemein gebräuchlichen Regel beibehalten, d.h. zuerst der

Familienname, danach ein Komma zur Trennung, und dann der Vorname, mit Ausnahme mittelalterlicher Namen, deren Vorname aussagekräftiger ist, z. B. Gervase of Tilbury (Gervasius von Tilbury) und Thüring von Ringoltingen in der angeführten Reihenfolge.

9. Die drei chinesischen Geschichtensammlungen *Liaozhai zhiyi* 聊斋志异 (*Wundersame Geschichten aus der Studierstube der Muße*) von Pu Songling 蒲松龄, *Zi buyu* 子不语 (*Wovon der Meister nicht sprach*) von Yuan Mei 袁枚 und *Yuewei caotang biji* 阅微草堂笔记 (*Notizen aus der Strohhütte der genauen Beobachtung*) von Ji Yun 纪昀 werden aufgrund ihrer Häufigkeit jeweils durch *LZZY*, *ZBY* und *YWCTBJ* bei deren Wiederholung ersetzt.

Die vorliegende Arbeit wurde an der Universität Friedrich-Alexander-Universität Erlangen-Nürnberg als Dissertationsschrift angenommen. Frau Prof. Dr. Christine Lubkoll und Herr Prof. Dr. Michael Lackner haben mit zahlreichen anregenden Gesprächen, scharfer Kritik und nicht zuletzt konstruktiven Ratschlägen das ganze Projekt geduldig betreut. Für Ihre vielfältige Unterstützung danke ich von ganzem Herzen! Frau Prof. Dr. Christine Lubkoll danke ich ebenso für die Aufnahme der Arbeit in die Reihe „Literatura".

Der Konrad-Adenauer Stiftung bin ich für ihre großzügige Förderung meiner Forschungsarbeit und für ihre finanzielle Teilnahme an den Druckkosten der Dissertation zu großem Dank verpflichtet. Der Sichuan International Studies University 四川外语学院 sei gedankt für den weiteren Zuschuss zur Drucklegung der Dissertation.

Mein besonderer Dank gilt zunächst Herrn Prof. Dr. Claus Reschke, der mich zuerst zu einem Promotionsprojekt ermutigt und dann das Projekt mit Ansporn und konstruktiver Kritik bis zum Ende begleitet hat. Frau Prof. Dr. Feng Yalin 冯亚琳 schulde ich meinen aufrichtigen Dank für ihre kräftige Unterstützung sowohl wissenschaftlich als auch beruflich.

Für anregende Gespräche danke ich Frau Katrin Arnold, Frau Susanne Bohn, Prof. Dr. Stephan Fuchs-Jolie, Frau Julia Hauser, Frau Gabi Karg, Herrn Thomas Kempa. Mein aufrichtiger Dank gilt besonders Frau Susanne Bohn, die das Manuskript mit großer Sorgfalt zur Korrektur gelesen hat. Für die Beschaffung des chinesischen Materials danke ich Frau Chen Jin 陈瑾 und Herrn Dr. Liao Jun 廖峻.

Für allerlei Hilfe und Unterstützung während meines Aufenthalts in Deutschland danke ich von ganzem Herzen der Familie Arnold, der Familie Bittruf, der Familie Bublies, der Familie Kakoschke, der Familie Meyer-Schneider und der Familie Müller.

Zum Schluss gilt mein herzlicher Dank meinem Mann, Herrn Huang Yuanbiao, 黄源彪, für seine Geduld mit meiner wissenschaftlichen Weiterbildung und seine vielfältige Unterstützung während der Studienjahre. Weiterhin danke ich meinen Eltern, Frau Chen Tingying 陈廷英 und Herrn Tang Xicheng 唐锡成; den Familien meiner Geschwister, von Frau Tang Li 唐黎 und Herrn Tang Fei 唐飞;

meinen Schwiegereltern, Frau Yao Zhenmei 姚珍梅 und Herrn Huang Deyuan 黄德元; sowie allen Freunden und Verwandten im Heimatland, die mir auf ihre Weise während der Entstehung der Dissertation beigestanden haben. Meine Großeltern mütterlicherseits, Frau Zhong Tiangui 钟天贵 und Herr Chen Zirong 陈字荣, und mein Onkel, Chen Tinghai 陈廷海 können leider die Veröffentlichung der Dissertation nicht mehr erleben, mit der an sie gedacht werden soll.

TANG Wei 唐炜 Erlangen, den 13. Januar 2009

Inhaltsverzeichnis

Vorwort V

Inhaltsverzeichnis IX

1. Vorklärung: Zur Eingrenzung des Gegenstandsbereichs 1
   1.1 Zum Begriff der Mahrtenehe 1
   1.2 Zur Figurenauswahl 3
   1.3 Zu den theoretischen Voraussetzungen 7
   1.4 Zur Thematik des Ich und zur Textauswahl 8
   1.5 Zu den Gattungen der chinesischen Literaturauswahl 19

2. Problemorientierte Charakterisierung der literarischen Frauenfiguren 25
   2.1 Ursprung der Figuren: Undine, Melusine und Fuchsgeister 25
      2.1.1 Wassergeister 26
         2.1.1.1 „Am Anfang war die Stimme“: Vorgeschichte zu den Figuren der Melusine und der Undine 27
         2.1.1.2 Sirenen im Wandel der Zeit: Von der Antike bis zum Mittelalter 29
         2.1.1.3 Vorläufer der Motivkonstellation für die Mahrtenehe: Amor und Psyche 32
      2.1.2 Fuchsgeister 37
         2.1.2.1 Tushan-shi und die neunschwänzige Füchsin 38
         2.1.2.2 Ein Bote des Glücks, ein Beispiel des Ru-Ideals oder ein Tier auf dem Weg zur Dämonisierung 44
   2.2 Entwicklung der Figuren: Melusine, Undine und Fuchsgeister 49
      2.2.1 Wassergeister 50
         2.2.1.1 Gervasius von Tilbury: *De oculis apertis post peccatum* (*The Opening of the Eyes after Sin*) aus: *Otia Imperialia* (*Recreation for an Emperor*) 50
         2.2.1.2 Walter Map: *Item de aparicionibus* (*Again of Apparitions*) aus: *De nugis curialium* (*Courtiers' Trifles*) 53
         2.2.1.3 Egenolf von Staufenberg: *Peter von Staufenberg* 56
         2.2.1.4 Thüring von Ringoltingen: *Melusine* 62

2.2.1.5 Interpretative Zusammenfassung der besprochenen Geschichten ... 69
2.2.2 Fuchsgeister ... 74
2.2.2.1 Fuchsgeister in den Wei-, Jin-, Südlichen und Nördlichen Dynastien 魏晋南北朝 (220-589) ... 74
Gan Bao 干宝 (ca. 285 - ca. 360): *A-zi* 阿紫 (*[Eine Füchsin namens] A-zi*) ... 76
Yang Xuanzhi 杨衒之 (dat. 547): *Sun Yan* 孙岩 (*[Ein Mann namens] Sun Yan*) ... 81
2.2.2.2 Fuchsgeister in der Tang-Dynastie 唐 (618-907) ... 86
Shen Jiji 沈既济 (ca. 741 - ca. 805): *Renshi zhuan* 任氏传 (*Fräulein Ren*) ... 90
2.2.2.3 Fuchsgeister in der Song-Dynastie 宋 (960-1279) ... 98
Liu Fu 刘斧 (ca. 1040 - nach 1113): *Xichi chunyou* 西池春游 (*Frühlingsspaziergang am Westteich*) ... 99
2.2.2.4 Interpretative Zusammenfassung der besprochenen Geschichten ... 109
2.3 Vergleichende Zusammenfassung ... 112
2.4 Exkurs: Ein kurzer Blick in die Literatur der Ming-Dynastie 明 (1368-1644) ... 117

3. Stoffstrukturen ... 121
3.1 Einschlägige deutschsprachige Literatur ... 121
3.1.1 Deutschsprachige Autoren und deren Wassergeistergeschichten ... 122
3.1.1.1 Ludwig Tieck: *Sehr wunderbare Historie von der Melusina* ... 122
3.1.1.2 Friedrich de la Motte Fouqué: *Undine* ... 124
3.1.1.3 Johann Wolfgang von Goethe: *Die neue Melusine* aus: *Wilhelm Meisters Wanderjahre* ... 127
3.1.2 Stoffstrukturen der einschlägigen deutschsprachigen Literatur ... 128
3.1.2.1 Motivation ... 129
3.1.2.1.1 Motivation der irdischen Männer in ihrer Beziehung zu Wassergeistern ... 129

3.1.2.1.2 Die Motivation der Wassergeister in ihrer Beziehung zu irdischen Männern ... 134
3.1.2.2 Erste Begegnungen ... 139
3.1.2.3 Bedingungen ... 144
3.1.2.4 Einige Liebesbeziehungen vor und deren Fortbestehen während der Ehe ... 150
3.1.2.5 Ende der Liebesbeziehung und Ehe ... 155
3.1.3 Zwischenbilanz ... 160
3.2 Einschlägige chinesische Literatur ... 163
3.2.1 Chinesische Autoren und deren Fuchsgeistergeschichten ... 163
3.2.1.1 Pu Songling 蒲松龄 (1640-1715): *Yingning* 婴宁 (*[Eine Füchsin namens] Yingning*) aus seiner Sammlung *Liaozhai zhiyi* 聊斋志异 (*Wundersame Geschichten aus der Studierstube der Muße*) ... 163
3.2.1.2 Yuan Mei 袁枚 (1716-1798): *Fengliu ju* 风流具 (*Das galante Werkzeug*) aus der Geschichtensammlung *Zi buyu* 子不语 (*Wovon der Meister nicht sprach*) ... 169
3.2.1.3 Ji Yun 纪昀 (1724-1805): Fuchsgeistergeschichten aus der Geschichtensammlung *Yuewei caotang biji* 阅微草堂笔记 (*Notizen aus der Strohhütte der genauen Beobachtung*) ... 175
3.2.2 Stoffstrukturen der einschlägigen chinesischen Literatur ... 180
3.2.2.1 Motivation ... 181
3.2.2.1.1 Die Motivation der irdischen Männer in ihrer Beziehung zu Fuchsgeistern ... 181
3.2.2.1.2 Die Motivation der Fuchsgeister in ihrer Beziehung zu irdischen Männern ... 188
3.2.2.2 Erste Begegnungen ... 193
3.2.2.3 Einige Liebesbeziehungen vor und deren Fortbestehen während der Ehe ... 199
3.2.2.4 Ende der Liebesbeziehung und Ehe ... 207
3.2.3 Zwischenbilanz ... 210

3.3 Vergleich beider Literaturen vom Ende des 17. bis zum Anfang des 19. Jahrhunderts 215
3.3.1 Strukturelle Aspekte 215
3.3.2 Figurative Aspekte 219

4. Resümee und Ausblick 223

Literaturverzeichnis 229

Anhänge 247
Anhang I: Zeittafel der chinesischen Geschichte 247
Anhang II: Die *Shisanjing* 十三经 (Dreizehn Klassiker) 248
Anhang III: Namenregister der weiblichen Wasser- und Fuchsgeister 249
Anhang IV: Tabellen der Transkriptionen Pinyin, Lessing/Othmer und Wade/Giles 250

1. Vorklärung: Zur Eingrenzung des Gegenstandsbereichs

1.1 *Zum Begriff der Mahrtenehe*[1]

Der von Friedrich Panzer[2] etablierte Begriff der „gestörten Mahrtenehe“ bezieht sich auf eine eheliche Beziehung oder eine Liebesbeziehung zwischen einem übernatürlichen Wesen, meistens einem weiblichen, und einem irdischen Menschen, meistens einem männlichen. Die Dauer dieser Beziehung ist in der Regel befristet, weil ein Tabu zwischen den Liebespartnern besteht, das nicht überschritten werden darf. Die Überschreitung des Tabus führt zur Trennung, die entweder permanent oder nur vorübergehend ist.

Die Verwendung des Begriffs „gestörte Mahrtenehe“ in der Forschung variiert stark: Lecouteux[3], Mertens[4] und Lin[5] bezeichnen ihn als „Motiv“; Wawer[6] entscheidet sich für die Benennung „Schema“; während Nawab[7] die Liebesbeziehung zwischen einem übernatürlichen und einem menschlichen Wesen als eine „Liebeskonstellation“ bezeichnet. Folgt man der inhaltlichen Beschreibung einer gestörten Mahrtenehe, so sind zwei Hauptmotive erkennbar: Erstens die Beziehung eines übernatürlichen Wesens zu einem menschlichen, und zweitens die Verletzung eines Tabus in dieser Beziehung. Daher deckt die Bezeichnung „Motiv“ die „Mahrtenehe“ nicht ab, da es sich bei ihr um eine Reihe mehrerer Motive handelt. Ein weiterer Beleg für die Unzulänglichkeit des Ausdrucks „Motiv“ ist in Thompsons *Motif-Index of Folk-Literature* zu finden. In seinem Register

---

1 Mahr, Mahrt: Die alte gemeingermanische Bezeichnung für den Alp. Siehe: *Handwörterbuch des deutschen Aberglaubens.* Herausgegeben von E. Hoffmann-Krayer. Berlin und Leipzig 1927, S. 1508.

2 Vgl. Albrecht von Scharfenberg: *Merlin und Seifrid de Ardemont.* Herausgegeben von Friedrich Panzer. Stuttgart 1902, S. LXXIIIff.

3 Lecouteux, Claude: *Zur Entstehung der Melusinensage.* In: *ZfdPh* 98 (1979), S. 73-83, hier S. 75.; Lecouteux, Claude: *Das Motiv der gestörten Mahrtenehe als Widerspiegelung der menschlichen Psyche.* In: *Vom Menschenbild im Märchen.* Herausgegeben von Jürgen Janning u.a. Kassel 1980, S. 59-71, hier S. 59.

4 Mertens, Volker: *Melusinen, Undinen. Variationen des Mythos vom 12. bis zum 20. Jahrhundert.* In: *Festschrift Walter Haug und Burghart Wachinger.* In 2 Bänden, hier Bd. 1, Hrsg. von J. Janota u.a. Tübingen 1992, S. 201-231, hier S. 201.

5 Lin Aihua 林爱华: *Zhongde tonghua zhong ren yu yilei tonghun ticai zhi tantao bijiao* 中、德童话中人与异类通婚题材之探讨比较 [*Das Motiv der Mahrtenehe in deutschen und chinesischen Märchen – eine vergleichende Untersuchung*]. In: *Dongwu waiyu xuebao* 东吴外语学报 [*Soochow Journal of Foreign Languages and Literatures*] 10 (1994), S. 195-218, hier S. 195ff.

6 Wawer, Anne: *Tabuisierte Liebe. Mythische Erzählschemata in Konrads von Würzburg »Partonopier und Meliur« und im »Friedrich von Schwaben«.* Köln u.a. 2000, S. 6.

7 Nawab, Mona el: *Ingeborg Bachmanns „Undine geht“: Ein stoff- und motivgeschichtlicher Vergleich mit Friedrich de la Motte Fouqués „Undine“ und Jean Giraudoux' „Ondine“.* Würzburg 1993, S. 5.

wird zwar das Wort „Mahrtenehe, die gestörte" aufgenommen, aber nicht als Motiv verwendet. Die Mahrtenehe wird in kleinere Motive aufgespalten, was unzureichend erscheint.[8] Aus diesem Grund wird für diese Arbeit, in Anlehnung an Nawabs Ausdruck „Konstellation", die gestörte Mahrtenehe als eine *Motivkonstellation* bezeichnet, die aus zwei Kernmotiven und einigen Nebenmotiven besteht.

Das erste Kernmotiv in der gestörten Mahrtenehe wird durch die Herkunft und Zuordnung der Hauptfiguren bestimmt: Eine Figur kommt aus der Menschenwelt, während die andere aus einer anderen, überirdischen Welt stammt. Jedes überirdische Wesen hat seine eigenen Merkmale. Diese übernatürlichen Wesen, die unter dem Sammelbegriff „Mahrt" bekannt sind, beinhalten zum Beispiel Wassergeister und Fuchsgeister. Melusine und Undine gehören auch zu ihnen, und zwar zu der Gruppe der Wassergeister. Melusine in der Melusinengeschichte und Undine in der Undinengeschichte treten als Mahrt auf. Beide sind Wassergeister und verfügen über magische Kräfte. Die Melusinen bei Thüring von Ringoltingen und bei Ludwig Tieck können ihren tierischen Körperteil, den Schlangen- oder Drachenschwanz, zu einem bestimmten Zeitpunkt nicht verbergen. Der Fuchsgeist in der chinesischen Literatur unterscheidet sich von ihnen darin, dass er nicht mehr die Gestalt eines normalen Fuchses hat, sondern Menschengestalt annimmt und sein Schwanz nur in besonderen Momenten zum Vorschein tritt.

Das erste Kernmotiv konstituiert den Rahmen der Mahrtenehe-Geschichten. Anders formuliert: Das erste Kernmotiv ist die notwendige Grundlage dafür, dass wir von einer Mahrtenehe-Geschichte reden können. Als zweites Kernmotiv wird in der europäischen Literaturforschung das Tabu genannt. Die Tabu- oder Verbotsarten, die sich in der Motivkonstellation „Mahrtenehe" finden, werden von Lecouteux[9] in drei Gruppen eingeteilt: 1. Das Verbot der Untreue: Die Wasserfrau verbietet dem irdischen Partner, sich eine (irdische) Ehefrau zu nehmen. 2. Das Sehverbot: Das höhere Wesen verbietet dem Menschen, es zu bestimmten Zeiten in bestimmter Gestalt oder nackt zu sehen. Dieses Verbot besteht entweder für immer oder nur für eine bestimmte Zeit. (Die Frage nach der Herkunft des überirdischen Partners kann als Variante des Sehverbots gesehen werden.) 3. Das Redeverbot: Das überirdische Wesen verbietet dem menschlichen Partner, dass er anderen gegenüber seine Existenz verrät. Die folgenden Beispiele verdeutlichen dies. Melusine verbietet ihrem irdischen Mann, samstags nach ihr zu fragen oder sie zu suchen. Undine dagegen verlangt von ihrem irdischen Mann absolute Treue. Außerdem darf ihr irdischer Partner Undine nicht auf dem Wasser, ihrem Element, beschimpfen. Der Undinenstoff und der Melusinenstoff enthalten jeweils eben erwähnte Verbotsgruppe 1 und 2. Die Mahrtenehen mit einem Wassergeist enthalten nach Panzer das Kernmotiv „Tabu", dessen Bruch zur Be-

8 Thompson, Stith: *The Motif-Index of Folk-Literature.* In 6 Bänden, hier Bd. 1, C31 und C932. Kopenhagen 1955, S. 486 und S. 546; Thompson, Stith: *The Motif-Index of Folk-Literature.* In 6 Bänden, hier Bd. 5, T111. Kopenhagen 1957, S. 352.

9 Lecouteux (1980), S. 59-71, hier S. 60.

endigung der Liebesbeziehungen führt. In der Mahrtenehe mit einem Fuchsgeist tauchen zwar durchaus die drei genannten Verbotsarten auf, und sobald der irdische Partner eines oder mehrere Verbote übertritt, verschwindet der Fuchsgeist. Jedoch ist dieser Typ mit einem „Tabu" im Vergleich zu zahlreichen anderen Fuchsgeistererzählungen nicht häufig. Selbst in den Geschichten ohne Tabu-Motiv ist die Trennung irdischer Männer von ihrem Fuchsgeist meistens nicht vermeidbar, die als Folge des Tabu-Motivs ein wichtiges Merkmal der Mahrtenehe präsentiert. Angesicht dieser Ausweichung stellt sich die Frage, auf die man in diesen Geschichten stößt, ob die Vielfalt der Gründe, warum der Fuchsgeist den irdischen Mann für eine bestimmte Zeitdauer oder für immer verlässt, nicht durch ein auf ein bestimmtes „Tabu" fixiertes Modell hinreichend und deutlich genug erklärt werden.

Ich möchte darauf hinweisen, dass ich in der vorliegenden Arbeit den Begriff „Mahrtenehe" und nicht Panzers Begriff „gestörte Mahrtenehe" gebrauche. Die Figur der Undine, wie sie Fouqué geschaffen hat, ist eine dominierende literarische Figur, die sehr stark die Wasserfrau-Geschichten, die ihr folgen, geprägt hat. Doch der Begriff „gestörte Mahrtenehe" wird fälschlicherweise oft mit der Annahme einer zerstörten Beziehung belastet. Man denkt leicht bei dem Begriff „gestörte Mahrtenehe" an eine nicht gelungene Liebesbeziehung eines übernatürlichen Wesens mit einem Menschen, obwohl die „gestörte Mahrtenehe" eigentlich nur deren problematische Seite betont und nicht mit einer zerstörten Mahrtenehe gleichgesetzt werden kann. Um unnötige Missverständnisse zu vermeiden, wird in der vorliegenden Arbeit nur von der „Mahrtenehe" die Rede sein.

1.2 *Zur Figurenauswahl*

Die Definition der Mahrtenehe gibt meiner Forschungsarbeit zwar einen Rahmen, d.h. den Rahmen eines Liebesbündnisses zwischen einem irdischen Mann und einem übernatürlichen, weiblichen Wesen, jedoch beinhaltet dieser Rahmen viele Mahrtenehen, selbst wenn wir nur die Mahrten berücksichtigen, die in der abendländischen Literatur vorkommen und eine sexuelle Beziehung zu Menschen haben. Dazu gehören Alpdämone[10], Saligen, Waldfrauen, Schwanjungfrauen, Blaubart und Wassergeister. Der Alp, ein nächtlicher Druckgeist, ist meistens ein weibliches Wesen, das durch irgendeine kleine Öffnung in der Tür ins Haus schlüpft und sich auf die Brust eines Schlafenden setzt. Verstopft der Mann die Öffnung in der Tür, kann er den Nachtgeist fangen und ihn sogar zur Heirat zwingen. Saligen befinden sich hauptsächlich in Italien und in Österreich. Sie

[10] Der Alpdämon heißt im deutschen Südwesten „Schratt", im bayerisch-österreichischen Raum „Trud" / „Drud", in der alemannischen Schweiz „Toggeli" oder „Doggi", in Mitteldeutschland „Alb". Siehe: Lutz, Röhrich: *Mahrtenehe, die gestörte M.* In: Brednich, Rolf Wilhelm (Hrsg.): *Enzyklopädie des Märchens.* Bd. 9. Berlin 1999, S. 44-53.

helfen den Bauern bei der Feldarbeit, verschwinden aber, wenn die Bauern sie schlagen, beschimpfen, ihren Namen nennen oder sie nach ihrer Herkunft fragen. In den Alpenländern besuchen Waldfrauen die Bauern in ihren Betten, während in Schweden und Norwegen weibliche Waldgeister einsamen Köhlern oder Waldarbeitern unwiderstehlich sind. Schwanjungfrauen werden durch irdische Männer zur Ehe gezwungen, weil ihnen von einem irdischen Wesen die Kleider weggenommen werden.[11] Wassergeister, die gleichfalls zu den schon erwähnten Mahrten gehören, befinden sich ebenso des Öfteren in einem erotischen Verhältnis zu einem Menschen. Im Vergleich zu den Alpdämonen, Saligen und Schwanjungfrauen ist die Beziehung von Wassergeistern und Menschen freiwillig. Weder die Wassergeister noch die Menschen zwingen einander, in ein intimes Verhältnis miteinander zu treten. Vielmehr verführen und locken die Wassergeister die Menschen, wie dies zum Beispiel die Waldfrauen tun. Sie erleben ebenso wie die Saligen eine gescheiterte Beziehung, nachdem das zwischen ihnen ausgehandelte Tabu gebrochen wird.

Keine Mahrten sind exemplarischer für eine Mahrtenehe als die der Wassergeister. Das spiegelt sich auch in der Vielfalt ihrer Namen wider. Sirenen, Nymphen und Naiaden lassen ihre griechische Identität erkennen. Von Undine hört man bis ins 20. Jahrhundert, z. B. in Bachmanns Erzählung *Undine geht* (1961). Wassergeister haben nicht nur eine lange literarische Tradition, geographisch gesehen sind sie ebenso weit verbreitet, z. B. in Frankreich, Deutschland, England und Estland. Der Name Nixe zeigt seine althochdeutsche Herkunft[12] an und findet besonders im Raum Mittel- und Nordeuropas literarischen Gebrauch. Der Name Rusálka kommt aus der slawischen Mythologie, wogegen der Name Melusine von Mère Lusigne abstammt und seine romanische Abkunft nicht leugnet. Angesichts der zahlreich vorhandenen Wassergeister in der einschlägigen Literatur setze ich den Schwerpunkt meiner Forschung bezüglich der Wassergeister auf den Gebrauch von Melusine und Undine.

In der chinesischen Literatur wird die Mahrtenehe auch häufig thematisiert. Die Märchenforscherin Lin Aihua, Germanistin an der Dongwu-Universität in Taibei, erörtert in ihrem Aufsatz *Das Motiv der Mahrtenehe in deutschen und chinesischen Märchen*[13] die Möglichkeit einer komparatistischen Untersuchung der Mahrtenehe im Rahmen der deutschen und chinesischen Literatur. Sie behandelt in ihrem Artikel die chinesischen Mahrten wie Feen (Lins Beispiel: Die Werberin, Zhinü 织女), Drachenkönigstöchter (Longnü 龙女) und Tiergeister. Feen sind in ihrem Aufsatz die Töchter des Jadekaisers im Himmelreich (Yudi 玉帝). Lin Aihua stellt eine Rangordnung für die auftretenden Rollen der Mahrten in ihren Mahrtenehe-Märchen auf. Drachenkönigstöchter werden von der Autorin als

---

11 Vgl. Ebd.

12 mhd. nickese, ahd. nicchessa.

13 Lin Aihua 林爱华 (1994), S. 195-218, hier S. 195ff.

halbgöttliche Wesen angesehen. Ich bin nicht ihrer Meinung. Drachenkönigstöchter zählen in der chinesischen Kultur traditionsgemäß zu einer der drei chinesischen übernatürlichen Kategorien göttlicher Wesen (*shen* 神). Die am frühesten entstandene Kategorie ist die der Totengeister (*gui* 鬼), die eng mit dem Ahnenkult verbunden ist. Totengeister können sich in der Nacht in der Gestalt ihrer eigenen Leichen fortbewegen. Die Liebesbeziehung zu einem lebenden Mann könnte sich ergeben, indem die Tote nach langer Zeit zu einem neuen Leben erweckt wird. In den meisten Fällen geht es um eine unerfüllte Liebe, die ein vollständiges Ende haben will, oder um die Erfüllung einer Bitte einer Toten, die ohne fremde Hilfe keine Möglichkeit zur Wiedergeburt hat. Die höchste, jedoch später gebildete Kategorie sind Götter (*shen* 神), die anfangs fast in der gesamten Natur (nach oben bis zum Himmel, nach unten in die Berge, Flüsse und Meere) herrschten. Drachen sind göttliche Besitzer der Meere, Flüsse und Seen. Infolge der Trennung höherer Götter von niedrigen Göttern entsteht die dritte Kategorie „Geister“ (*jinggua* 精怪), z. B. Tier- und Pflanzengeister.[14] Im Volksglauben können sich Pflanzen und Tiere im besonders hohen Alter in eine menschliche Gestalt verwandeln. Zum Beispiel berichtet Guo Pu 郭璞 (276-324) in seinem Werk *Xuan zhong ji* 玄中记 (*Aufzeichnungen zur xuanxue Philosophie*) von Füchsen im Alter von 1000 Jahren, die über diese Fähigkeit verfügen.[15]

Lin Aihua erwähnt zwar Fuchsgeister, geht aber in ihrem Artikel nicht näher auf sie ein. Die chinesischen Mahrten, mit Seejungfrauen vergleichbar, sind Lin Aihuas Meinung nach die Drachenkönigstöchter. Lin Aihua lässt aber die Frage offen, in wiefern Drachenkönigstöchter Seejungfrauen ähnlich sind. Das Gewässer, in dem die Drachkönigstöchter wohnen, ist aber meiner Meinung nach kein Beleg für die Vergleichbarkeit dieser unterschiedlichen Wesen. Die Geschichte *Longnü* 龙女 (*Die Tochter des Drachenkönigs*)[16] von Li Chaowei 李朝威 (ca. 766-820) handelt vom Schicksal der Drachenkönigstochter aus Dongting 洞庭, die von ihrem Gatten verstoßen wird und zufällig den Studenten Liu Yi 柳毅 trifft. Sie bittet Liu Yi, ihren Eltern von ihren Leiden zu berichten. Selbst das Treffen der Drachenkönigstochter mit Liu Yi ist ganz anders als das verführerische und anziehende Treffen von Wassergeistern mit menschlichen Wesen. Die Drachenkönigstochter ist zwar auch so schön wie ein Wassergeist, aber die Schönheit wirkt sich nicht auf den Studenten Liu Yi aus. Der Verfasser beabsichtigt auch nicht, intensiver auf die Schönheit der Drachenkönigstochter und ihre Wirkung auf Liu

---

14 Liu Zhongyu 刘仲宇: *Zhongguo jingguai wenhua* 中国精怪文化 [*Die Kultur der Geister und Dämonen in China*]. Shanghai 1997, S. 20ff.

15 Vgl. Ebd., S. 124.

16 Im Kompilationswerk *Taiping guang ji* 太平广记 (*Erweiterte Aufzeichnungen aus der Regierungsperiode Taiping*) von Li Fang 李昉 (925-996) trägt diese Geschichte den Titel *Liu Yi* 柳毅 (*[Ein Mann namens] Liu Yi*). Siehe: Li Fang 李昉 (Komp.): *Taiping guang ji* 太平广记 [*Erweiterte Aufzeichnungen aus der Regierungsperiode Taiping*]. In 3 Bänden, hier Bd. 3, j. 419, interpunktiert und korrigiert von Hua Fei 华飞 u.a. Beijing 1994, S. 2007-2012.

Yi einzugehen. Die chinesischen Charaktere in diesen Geschichten folgen vornehmlich der Tugendlehre und den Tugendpflichten des Konfuzianismus, die eine primär sensuelle oder sexuelle Verhaltensweise des Protagonisten ausschließen. In der hier zur Diskussion stehenden Geschichte bringt die Hauptfigur, Liu Yi, die Nachricht der Drachkönigstochter ihren Eltern und erwirbt sich jedoch nicht die Ehe mit der Drachenschönheit. Sie heiratet letztlich unter dem Vorwand einer irdischen Witwe Liu Yi. In den Geschichten über die Liebesbeziehungen von irdischen Männern mit weiblichen, göttlichen Wesen erfolgt die Belohnung des Protagonisten auf eine erwiesene Tugend oder Wohltat seinerseits, oder die Geschichten zielen auf die Erkenntnis der Täuschung und Flüchtigkeit im Leben des Menschen ab und führen schließlich zur Erleuchtung des Protagonisten.[17] Die Liebesgeschichten zwischen göttlichen Wesen und Menschen in der chinesischen Literatur zeigen nur eine einseitige, gutherzige Frauenfigur, die keine gespaltene Rolle zwischen Tugendhaftigkeit und verführerischer Sirene zu spielen hat, wie dies in der europäischen Literatur das Los der Wassergeister ist.

Die Sage *Baishe zhuan* 白蛇传 (*Weiße Schlange*), die Lin Aihua mit der der Melusine vergleicht, könnte eine Möglichkeit des Vergleichs sein, insofern sie nicht die spätere Bearbeitung[18], sondern die Vorlage *Li Huang* 李黄 (*[Ein Mann namens] Li Huang*)[19] als Textbasis gebraucht. In dieser Vorlage ist die weiße Schlange betörend und lebensbedrohend. In der vorliegenden Arbeit wird die weiße Schlange daher wegen ihrer nur einmalig vergleichbaren literarischen Variation von der weiteren Diskussion ausgeschlossen.

Die Totengeister dagegen können auch eine vergleichbare Figur mit den Wassergeistern sein, weil ihnen ebenso ein ambivalenter Charakter zugeschrieben wird. Aber die Totengeister haben einen zeitlich begrenzten Raum des Handelns, nämlich nur den der Nacht. Diese Begrenzung reduziert die Konflikte zweier Welten, die am Tage im Umgang mit anderen Wesen unterschiedlich sein können.

In der Kategorie der Tier- und Pflanzengeister gibt es zwar viele Mahrten, doch haben sie in der Literatur keine lange Tradition. Um die Motivkonstellation der Mahrtenehe in den Geschichten der Tier- und Pflanzengeister besser zu verstehen und die Differenzierung zweier Geschlechter und zweier Welten in diesen Geschichten aufzeigen zu können, ist notwendig, dass der Fuchsgeist mit den Figuren von Melusine und Undine vergleichbar ist. Als literarische Figur hat der Fuchsgeist, wie Melusine und Undine, eine langjährige Tradition von über 2000 Jahren. In dieser Tradition kristallisiert sich eine Männerphantasie, d.h. die Phan-

---

17 Vgl. Motsch, Monika: *Die chinesische Erzählung vom Altertum bis zur Neuzeit. Geschichte der chinesischen Literatur.* München 2003, S. 63ff.

18 Zu den Variationen der Sage *Baishe zhuan* 白蛇传 (*Weiße Schlange*) siehe: Ding Naitong 丁乃通: *Zhongxi xushi bijiao wenxue yanjiu* 中西叙事比较文学研究 [*Comparative Study on the Chinese and Western Narrative Literature*]. Übersetzt von Chen Jianxian 陈建宪 u.a. Wuhan 2005, S. 26ff.

19 Li Fang 李昉 (1994), Bd. 3, j. 458, S. 2211.

tasie der männlichen, irdischen Protagonisten über die weiblichen Wesen einer anderen, übernatürlichen Welt und der Versuch sich dieser Welt zu nähern. Auf diese Weise spiegelt sich in den Geschichten der Umgang des Protagonisten mit sich selbst und mit der Gesellschaft wider, in der er lebt.

1.3 Zu den theoretischen Voraussetzungen

Gegenstand der vorliegenden Arbeit ist eine komparatistische Untersuchung der Mahrtenehen irdischer Männer mit Wasser- und Fuchsgeistern jeweils in der westeuropäischen und chinesischen Literatur. Die zwei inhaltlichen Bestandteile dieses Forschungsgegenstandes, d.h. die Mahrtenehen irdischer Männer mit Wassergeistern und die mit Fuchsgeistern, stammen eigenständig aus einem unterschiedlichen Kulturraum und haben innerhalb der Entwicklung der Motivkonstellation im jeweiligen Kulturraum ihre eigene, eigentümliche Tradition. Eine Studie, die angenommen ausschließlich die Motivkonstellation der Mahrtenehen mit Wassergeistern in der westeuropäischen oder ausschließlich die der mit Fuchsgeistern in der chinesischen Kultur betrifft, die aber keine direkten Kontakte zueinander aufweist, wäre im Problemfeld der Motivkonstellation der Mahrtenehe problemlos durch Frenzels Begriff „Stoff- und Motivgeschichte“ gerechtfertigt.[20] Exemplarisch sind Lecouteux' Aufsatz *Das Motiv der gestörten Mahrtenehe als Widerspiegelung der menschlichen Psyche* [21]und Nawabs Monographie *Ingeborg Bachmanns „Undine geht“: Ein stoff- und motivgeschichtlicher Vergleich mit Friedrich de la Motte Fouqués „Undine“ und Jean Giraudoux' „Ondine“*. [22] Kaiser weist auf die Zugehörigkeit der Stoff- und Motivforschung in Bezug auf die Art der komparatistischen Analogie zum Positivismus der Kontaktstudien hin. Es wird dabei bevorzugt, „stoffliche oder in anderer Hinsicht einschlägige Vorläufer (‚Quellen') eines Autors bzw. eines Werkes nachzuweisen“.[23] In der vorliegenden Arbeit ist diese Herangehensweise nachvollziehbar, solange es um die separate Forschung innerhalb einer selbstständigen Motivgeschichte geht, d.h. entweder der Mahrtenehe mit einem Wassergeist oder der mit einem Fuchsgeist. Die chronologisch entstandenen Texte verweisen auf einen Zusammenhang mit ihren Vorläufern. Viel wichtiger ist, die „aktuelle Problematik [von Schriftstellern] in tradierte Stoffe zu transponieren“.[24] Die vorliegende Arbeit ist ebenso bestrebt, die Entwicklung der ausgewählten Wassergeister- und Fuchsgeistergeschichten in ihrer eigenen Literaturgeschichte zu skizzieren, die ihre eigenen, eigentümlichen Merkmale aufzeigt.

20 Frenzel, Elisabeth: *Motive der Weltliteratur. Ein Lexikon Dichtungsgeschichtlicher Längsschnitte.* Stuttgart 1988.

21 Lecouteux (1980), S. 59-71.

22 Nawab (1993).

23 Kaiser, Gerhard R.: *Einführung in die Vergleichende Literaturwissenschaft. Forschung – Kritik – Aufgaben.* Darmstadt 1980, S. 80.

24 Ebd., S. 91.

Die Parallelen werden erst hervorgehoben, wenn die zwei Literaturen miteinander verglichen werden.

Das Ziel der vorliegenden Arbeit soll somit eine komparatistische Studie zweier Literaturen sein, nämlich der westeuropäischen Wassergeisterliteratur mit der chinesischen Fuchsgeisterliteratur. Diese zwei Literaturen stehen zwar unter der gleichen Motivkonstellation der Mahrtenehe, doch ist ein direkter Zusammenhang zwischen Autoren, den Rezensionen oder unterschiedlichen literarischen Theorien hingegen nicht gegeben.[25] Viktor Zirmunskij fasst zwei Typen der Komparatistik wie folgt zusammen: „Eine auf internationale Beziehungen zurückgeführte Ähnlichkeit literarischer Fakten kann einmal auf einer *Analogie* der literarischen und sozialen Entwicklung der Völker, zum anderen aber auch auf einem kulturellen oder literarischen *Kontakt* beruhen".[26] Als theoretische Stütze der vorliegenden Arbeit wird auf seinen typologischen Vergleich hingewiesen. Diese vergleichende Methode unterscheidet sich vom genetischen Vergleich, der oben in Bezug auf die separate Entwicklung der Wassergeister- und der Fuchsgeisterliteratur vermittelt wurde, dadurch, dass die ersten Ähnlichkeiten untersucht werden, die „ohne Kontakt aufgrund von analogischen Produktions- und Rezeptionsbedingungen zugrunde kommen". [27] Dionyz Durisin entwickelt Zirmundskijs typologischen Ansatz weiter und nuanciert ihn. Er klassifiziert verschiedene typologische Analogien als gesellschaftlich-typologische, literarisch-typologische (strukturell-typologische) und psychologisch-typologische Analogien.[28] Im Zusammenhang mit der Motivkonstellation als gemeinsame Struktur der Wassergeister- und Fuchsgeisterliteratur ist die vorliegende Arbeit als literarisch-typologische Analogie zu verstehen.

1.4 Zur Thematik des Ich und zur Textauswahl

Wassergeister und Fuchsgeister werden in den westeuropäischen und chinesischen Erzählungen als Oberbegriff für vielfältige Figuren aus der übernatürlichen Welt gebraucht. Die lange literarische Tradition in beiden Kulturräumen bietet reichliches Material für unterschiedliche Forschungsbereiche: Religionskundlich wurden Wassergeister und Fuchsgeister zum Bespiel in Nancy Arrowsmiths *Die Welt der Naturgeister*[29] und in Liu Zhongyus *Die Kultur der Geister und Dämonen in China*[30]

---

[25] Vgl. Zima, Peter V.: *Komparatistik. Einführung in die Vergleichende Literaturwissenschaft.* Tübingen 1992.

[26] Zirmunskij, Viktor: *Die literarischen Strömungen als internationale Erscheinungen.* Aus dem Französischen von Liselotte Mickel und Rüdiger von Tiedemann. In: Rüdiger, Horst (Hrsg.): *Komparatistik. Aufgaben und Methoden.* Stuttgart 1973, S. 104-126, hier S. 105.

[27] Zima (1882), S. 94.

[28] Vgl. Zima (1882), S. 47.

[29] Arrowsmith, Nancy: *Die Welt der Naturgeister.* Aus dem Amerikanischen übersetzt und mit einem Nachwort versehen von Michael Korth. Frankfurt/M. 1984.

betrachtet; Sirenen, Melusine und Nixen sind nach Carl Gustav Jungs analytischer Psychologie konkrete Beispiele für den Archetypus der Anima[31]; unter gesellschaftsgeschichtlicher Berücksichtigung stehen Allan Barrs und Fatima Wus Aufsätze[32]; der Ethologe Wolfram Eberhard bot dagegen eine soziologische Untersuchung[33] an; dem medizinischen Aspekt widmete schließlich Chen Hsiu-fen ihr Interesse mit ihrem Vortrag *Dreaming Sex with Demons'*[34] beim Symposium on the History of Diseases. Unter dem Spektrum der verschiedenen Forschungsdisziplinen über die Figuren Wassergeister und Fuchsgeister soll hier besonders der motivgeschichtliche Aspekt hervorgehoben werden, weil die vorliegende Arbeit sich ebenso darauf konzentriert. Viel systematischer als Lecouteux und Nawab, deren Aufsatz und Monographie ich unter Punkt 1.3 angesprochen habe, erforschten Trüpel-Rüdel[35] und Monschein[36] die über Jahrtausende fortwährende Motivgeschichte der Mahrtenehe, die jedoch keine komparatistische Untersuchung, sondern sich ausschließlich auf die westliche Kultur, im Fall von Trüpel-Rüdel, und auf die chinesische Kultur, im Fall von Monschein, beschränkt ist. Mit dem komparatistischen Aspekt zur Motivgeschichte der Mahrtenehe brachte Li Aihua tentativ in ihrem Aufsatz *Das Motiv der Mahrtenehe in deutschen und chinesischen Märchen* die zwei Literaturen zusammen. Einen weiteren komparatistischen Beitrag zu diesem Themenbereich leistete Huntington, die ausschließlich punktuell Fouqués Undine mit Pu Songlings 蒲松龄 (1640-1715) Yingning 婴宁 (*[Eine Füchsin namens] Yingning*), einem weiblichen Fuchsgeist, sowie Paracelsus' Gedanken über Wassergeister mit Ji Yuns Gedanken über Fuchsgeister verglich.[37] Eine systematische,

---

30 Liu Zhongyu 刘仲宇: *Zhongguo jingguai wenhua* 中国精怪文化 [*Die Kultur der Geister und Dämonen in China*]. Shanghai 1997.

31 Jung, Carl Gustav: *Gesammelte Werke*. In 20 Bänden, hier Bd. 9.1, herausgegeben von Lilly Jung-Merker und Elisabeth Rüf. Olten 1989, S. 34.

32 Barr, Allan: *Pu Songling and the Qing Examination System*. In: *Late Imperial China*. 7,1 (1986), S. 87-111; Wu, Fatima: *Foxes in Chinese Society: A Study of Contemporary Social Functions of Religion and Some of Their Historical Part I*. In: *Tamkang Review* 17 (1986) Heft 2, S. 121-154 und Wu, Fatima: *Foxes in Chinese Society: A Study of Contemporary Social Functions of Religion and Some of Their Historical Part II*. In: *Tamkang Review* 17 (1986) Heft 3, S. 263-294.

33 Eberhard, Wolfram (bearb.): *Typen chinesischer Volksmärchen*. Helsinki 1937.

34 Chen Hsiu-fen 陈秀芬: *„Meng yu gui jiao": gudai zhongyi bingli de jige quanshi* „梦与鬼交": 古代中医病理的几个诠释 [*'Dreaming Sex with Demons': The Pathological Interpretations in Ancient Chinese Medicine*]. 'Symposium on History of Diseases'. Taibei 2000; zu diesem Thema auch siehe: Chen Hsiu-fen 陈秀芬: *Zi buyu guai li luan shen? Ming Qing yizhe duiyu xiesui de taidu chutan* 子不语怪力乱神? 明清医者对于邪祟的态度初探 [*What Confucius didn't speak of? A Preliminary Survey of Physicians' Attitudes towards 'Demonic Affliction' in Late Imperial China*]. Conference on Religion and Healing and The Second Meeting of the Asian Society for the History of Medicine. Taibei 2004.

35 Trüpel-Rüdel, Helga: *Undine. Eine motivgeschichtliche Untersuchung*. Bremen 1987.

36 Monschein, Ylva: *Der Zauber der Fuchsfee. Entstehung und Wandel eines „Femme-fatale"-Motivs in der chinesischen Literatur*. Frankfurt/M. 1988.

37 Huntington, Rania: *Alien Kind. Foxes and Late Imperial Chinese Narrative*. Cambridge and London 2003.

komparatistische Studie über die Motivkonstellation der Mahrtenehe in der westeuropäischen und chinesischen Literatur fehlt aber nach wie vor.

Die vorliegende Arbeit setzt sich mit dieser Herausforderung auseinander und zielt zunächst darauf ab, die westeuropäischen mit den chinesischen Mahrtenehen zu vergleichen, um aufzuzeigen, ob und inwiefern sich die Stoffstruktur in den westeuropäischen Wassergeistergeschichten und chinesischen Fuchsgeistergeschichten voneinander unterscheiden und ob es eine Tendenz der Entwicklung gibt. Unter Bezugnahme auf die ähnliche Motivkonstellation der Mahrtenehe in der westeuropäischen und chinesischen Literatur versucht die vorliegende Arbeit weiterhin die Frage zu beantworten, ob die Thematik des Ich in der jeweiligen Überlieferungsgeschichte stattgefunden hat und ob diese Thematisierung im Zusammenhang mit der Wandlung der Stoffstruktur steht.

Hier wird absichtlich der allgemeine Ausdruck „Thematik des Ich" gebraucht, weil dieser von der historischen Entwicklung des Begriffs „Ich" jeweils in seiner dazu gehörigen Literatur unterschiedlich zu verstehen ist, wobei es in den beiden Literaturen immer um eine Betrachtung aus der männlichen Perspektive geht. Dass der Begriff „Ich" in der europäischen und chinesischen Philosophie und Literatur seine eigene Bedeutung hat, wird im Folgenden eingehender erklärt.

Der Begriff des Ich wird in der europäischen antiken und mittelalterlichen Philosophie indirekt durch die Begriffe der Seele und des Körpers zum Ausdruck gebracht. Gott gegenüber ist das Ich ein passiv empfindendes Objekt.[38] Die philosophischen Gedanken über das „Denken mit dem Sein, dem Wesen und der Existenz des Ego" fangen erst mit den von Descartes gestellten Grundfragen an: „Wie kann ich mich des Wissens von mir vergewissern? Worin gründet die Gewissheit, daß ich überhaupt bin?".[39] Die Erfolge, die im 18. Jahrhundert in den Naturwissenschaften errungen wurden, haben das Selbstbewusstsein der Menschen gegenüber der Natur bekräftigt. Das Ich steht im Vordergrund der Philosophie des deutschen Idealismus. Immanuel Kant (1724-1804) versucht in drei seiner wichtigsten und populärsten Werke, in der *Kritik der reinen Vernunft* (1781) [zweite, umgearbeitete Auflage 1787], in der *Kritik der praktischen Vernunft* (1788) und in der *Kritik der Urtheilskraft* (1790), den Unterschied zwischen Verstand und Vernunft zu definieren. Vernunft, nach Kant, ist die oberste Erkenntnisstufe, die über dem Verstand steht. Verstand dagegen ist ein allgemeines Erkenntnisvermögen, das im engeren Sinn die Fähigkeit besitzt, aus sinnlichen Wahrnehmungen geistige Vorstellungen zu schaffen. Kant stuft die Vernunft höher als den Verstand ein. Für ihn ist das Ding an sich nicht direkt zu erkennen, sondern nur

---

38 Ritter, Joachim und Gründer, Karlfried (Hrsg.): *Historisches Wörterbuch der Philosophie.* In 10 Bänden, hier Bd. 4. Darmstadt 1976, S. 1.

39 Riedel, Manfred: *Grund und Abgrund der Subjektivität Nachcartesianische Meditationen.* In: Fülleborn, Ulrich und Engel, Manfred (Hrsg.): *Das neuzeitliche Ich in der Literatur des 18. und 20. Jahrhunderts. Zur Dialektik der Moderne. Ein internationales Symposion.* München 1988, S. 29-53, hier S. 29.

durch dessen Erscheinungen, z. B. in der Natur und der Gesellschaft. Johann Gottlieb Fichte dagegen entwickelt in seinem Werk *Grundlage der gesammten Wissenschaftslehre (1794)* den Unterschied weiter, den vor ihm schon Kant gemacht hatte, d.h. den Unterschied zwischen den Erscheinungen der Dinge und dem Ding an sich, z. B. dem Menschen. Kantische Erkenntnisphilosophie stellt die sich in der Aufklärung überschätzte Vernunft in Frage. Ludwig Tiecks *Sehr wunderbare Historie von der Melusina* versteht sich vor diesem Hintergrund. Für Fichte (1762-1814) ist das Ich oder das Subjekt das eigentliche Wesen des Universums, das sich selbst und das Nicht-Ich bestimmt. Mit dieser Formulierung überwindet Fichte Kants „das Ding an sich" und schreibt dem Ich gegenüber dem Nicht-Ich die absolute Stellung zu. Schelling, anfangs als Fichtes Schüler und später als Fichtes Kritiker, schlägt seine eigene Richtung ein[40], mit der Aufgabe, die er sich gestellt hat, „in das subjektive, abstrakte und leere Ich Fichtes den ganzen inhaltlichen Reichtum der objektiven Natur einzupflanzen".[41] Im Gegensatz zum Fichteschen absoluten Subjekt ist Schelling (1775-1854) in seiner Abhandlung *Einleitung* zu den *Ideen zu einer Philosophie der Natur* (1797) von der beseelten und der sich selbst organisierenden Natur überzeugt. In den „außer uns, unabhängig von unsern Vorstellungen" existierenden Dingen findet die „Succession" (Reihenfolge) von Ursachen und Wirkungen selbst statt.[42] Wie das handelnde Ich mit der Sinnlichkeit und der ihr innewohnenden Irrationalität umgeht, rückt jetzt in den Vordergrund der Geschichten. Fouqués *Undine* veranschaulicht diesen nachdenklichen Prozess des Ich der Natur gegenüber. Wassergeister, die in der mittelalterlichen Literatur als sinnlich und verführerisch dargestellt werden, rücken daher ins Blickfeld der Schriftsteller, die sich mit dem Thema der Ich-Bildung in dieser neuen historischen Phase beschäftigen. Goethes Überlegung in seiner Erzählung *Die neue Melusine* über die Beziehung des Einzelnen zur Gesellschaft ergänzt diese sich nach innen kehrende Tendenz seiner Protagonisten.

Das Ich als philosophischer Begriff ist bis zum Anfang des 20. Jahrhunderts in China unbekannt. In diesem Kontext erweist sich die Frage nach diesem Phänomen in der chinesischen Literatur, wie Wolfgang Bauer zu Beginn seines Aufsatzes *Aspekte des Individualismus im Alten und Neuen China* anmerkt, als „eine etwas riskante Sache".[43] Jedoch scheint dieses Thema deswegen nicht weniger interessant zu sein. In der Tat zeugt die Vielzahl von Publikationen zu diesem Thema von dem großen Interesse europäischer und amerikanischer Sinologen und chi-

---

40 Vgl. Schelling, Friedrich Wilhelm Joseph: *Schriften zur Naturphilosophie.* In: Ders.: *Schellings Werke.* Auswahl in 3 Bänden, hier Bd. 1, herausgegeben von Otto Weiß. Leipzig 1907, S. CVI.

41 Ebd., S. XCVI.

42 Schelling, Friedrich Wilhelm Joseph: *Ideen zu einer Philosophie der Natur (1797).* In: Ders.: *Historische Ausgabe.* In 10 Bänden, hier Bd. 5, herausgegeben von Manfred Durner, unter Mitwirkung von Walter Schieche. Stuttgart 1994, S. 87.

43 Bauer, Wolfgang: *Aspekte des Individualismus im Alten und Neuen China.* In: *Chinablätter* 18 (1991), S. 151-165, hier S. 151.

nesischer Philosophen.[44] Wolfgang Bauer äußert in seiner *Geschichte der chinesischen Philosophie*, dass „der Mensch innerhalb der Gesellschaft in der chinesischen Philosophie eine zentrale Stelle einnimmt“[45]. Trotz der zentralen Stellung des Menschen innerhalb der Gesellschaft differenzierte man damals jedoch nicht zwischen der Mitwelt und der Umwelt. Daher charakterisiert Bauer das Ich im traditionellen China als „das zurückgenommene Ich“. Trauzettel weist in diesem Zusammenhang darauf hin, dass „dem Individuum weitgehend nur die Identifikation mit dem Familien- bzw. Sippenverband als kleinster, nicht auflösbarer gesellschaftlicher Einheit“ ermöglicht wird und „die Erlangung personaler Autonomie also auszuschließen [ist].“[46] Wolfgang Kubin bezeichnet jedoch durch Bauer inspiriert, die Song-Dynastie als den Zeitpunkt einer klaren Unterscheidung zwischen dem „Ich“ und „Wir“ und zwischen „Denken“ und „Wahrnehmen“.[47] Genau gesagt, bezieht sich Bauers „zurückgenommenes Ich“ überwiegend auf die folgenden zwei Gesichtspunkte: Erstens, das Verhalten des Ich zu der „Masse“, das stets einseitig „vorwiegend von unten nach oben zeigend“ geprägt wird; zweitens, dass im Prozess der Selbstkultivierung das Prinzip von *keji fuli* 克己复礼 (sich selbst überwinden, das Wohlverhalten wiederherstellen)[48] zugleich vorausgesetzt wird und *si* 私 (Eigenhaftigkeit), *siyu* 私欲 (selbstsüchtiges Interesse oder selbstsüchtige Begierden) und *yu* 欲 (Begierden) als gefährliche Elemente an sich angesehen werden.[49]

Aufgrund der kritischen Behandlung der Thematik des Ich durch die Sinologen skizziere ich im Folgenden die persönliche und reflektierende Tendenz im Bereich der Ich-Kultivierung. Der Neo-Konfuzianismus in der Song-Dynastie ist zweifellos das erfolgreichste Kapitel der chinesischen Geistesgeschichte. Er schafft angesichts der Konkurrenz mit dem Daoismus und dem chinesischen Buddhismus durch seine Aufnahme ihrer für den Neo-Konfuzianismus bereichernden

---

44 Neben Bauers, Kubins und Trauzettels Artikeln sind folgende Aufsätze und Monographien zu nennen: de Bary, Wm. Theodore (ed.): *Self and Society in Ming Thought*. New York 1970; Munro, Donald (ed.): *Individualism and Holism: Studies in Confucian and Taoist Values*. Michigan 1985; Bauer, Wolfgang: *Das Antlitz Chinas. Die autobiographische Selbstdarstellung in der chinesischen Literatur von ihren Anfängen bis heute*. München und Wien 1990; Ames, Roger T. u.a. (ed.): *Self as Person in Asian Theory and Practice*. New York 1994; Feng Yalin: *„Ich“ als Thema in deutschen und chinesischen Schülertexten*. Frankfurt/M. 1994; Ames, Roger T.: *The Classical Chinese Self and Hypocrisy*. In: Ames, Roger T. und Dissanayake, Wimal (edited): *Self and Deception. A Cross-Cultural Philosophical Enquiry*. New York 1996, S. 219-240.

45 Bauer, Wolfgang: *Geschichte der chinesischen Philosophie. Konfuzianismus, Daoismus und Buddhismus*. Herausgegeben von Hans van Ess. München 2001, S. 24.

46 Trauzettel, Rolf: *Individuum und Heteronomie. Historische Aspekte des Verhältnisses von Individuum und Gesellschaft in China*. In: *Saeculum* XXVIII / 4 (1977), S. 340-364, hier S. 341.

47 Vgl. Kubin, Wolfgang: *Der unstete Affe. Zum Problem des Selbst im Konfuzianismus*. In: Krieger, Silke und Trauzettel, Rolf (Hrsg.): *Konfuzianismus und die Modernisierung Chinas*. Mainz 1990, S. 80-113, hier S. 85.

48 Meine Übersetzung lehnt sich an Kubins Aufsatz an. Vgl. Kubin (1990), S. 80-113, hier S. 89.

49 Vgl. Bauer (1991), S. 151-165.

Züge ein „einheitliches System“[50] mit zeitlich-kosmologischen und ontologisch-logischen Perspektiven. In Bezug auf das Thema des Ich unterscheidet Zhu Xi 朱熹 (1130-1200), einer der Vertreter der Ordnungsprinzip-Schule (*lixue* 理学) des Neo-Konfuzianismus, *xing* 性 (menschliche Natur) von *qing* 情 (Gefühlsanlage). Ersteres identifiziert sich nach Zhu Xi mit dem Ordnungsprinzip (*li* 理), während letzteres mit dem Ätherstoff (*qi* 气) verbunden ist und daher zum Materiellen degradiert wird. Dieser Trennung „zwischen einer metaphysischen und einer psychischen Ebene“[51], nämlich der menschlichen Natur von Gefühlen, aus deren Erfahrungen der Einzelne nach Konfuzius die Menschlichkeit abstrahiert, wird von seiten der Herz-Schule (*xinxue* 心学) des Neo-Konfuzianismus widersprochen. Die „Wendung nach innen in dieser Zeit“ „in dem Kampf um Geist und Körper“[52] mit der Akzentsetzung auf *qing* 情 (Gefühlsanlage), die besonders von dem Philosophen Li Zhi 李贽 (1527-1602) durch seinen Begriff *tongxin* 童心 (*das kindliche Herz*) betont wird, lässt im Rahmen der chinesischen Selbstverwirklichung eine Möglichkeit zur Individualisierung erkennen. Li Zhis „Freisetzung der ‚selbstischen Interessen' als Triebkraft des Individuums“ und seine Hochschätzung von *qing* und *tongxin* werden von dem Dramatiker Tang Xianzu 汤显祖 (1550-1617) in seinem Drama *Mudan ting* 牡丹亭 (*Päonienpavillon*) und von dem Novellisten Feng Menglong 冯梦龙 (1574-1646) in seiner Erzählsammlung *Qingshi* 情史 (*Geschichten der Liebe*) aufgenommen.

Diese Tendenz zeigt sich ebenso in den Fuchsgeistergeschichten in der Qing-Dynastie 清 (1644-1911). Pu Songlings Fuchsgeistergeschichten zeigen seinen Versuch, dass die Ich-Vollendung nicht vom Prüfungssystem, der Verkörperung der gesellschaftlichen Anerkennung, abhängig ist. Die kleine Aufnahmequote ins Beamtentum nach bestandener Beamtenprüfung *xiangshi* 乡试, im Vergleich zu dem großen Anteil der Teilnehmer an dieser Prüfung und zusätzlich die Korruption im Auswahlsystem für Beamte, erschwert erheblich das Streben nach Erfolg mittels der Beamtenprüfung. Daher greifen viele Literaten das Medium der Geistergeschichten auf. Pu Songling 蒲松龄 (1640-1715) ist einer der Verlierer in diesem Prüfungssystem. Er stellt in seiner Fuchsgeistergeschichte *Yingning* im *Liaozhai zhiyi* 聊斋志异 (*Wundersame Geschichten aus der Studierstube der Muße*) das ideale Ich in Form des weiblichen Fuchsgeistes dar. Yingning, das ideale Ich, ist ein Mädchen mit einem „kindlichen Herz (*tongxin* 童心)“, das nicht an die gesellschaftlichen Normen gefesselt ist. Wang Zifus 王子服 Suche nach Yingning ist eine Suche nach dem von ihm ersehnten Ich. Seine Gefühle ermutigen ihn, seinen Willen für ein ideales Dasein durchzusetzen, zumal die Kraft der Gefühle seit Li Zhis philosophischen Überlegungen in China hochgeschätzt wird. Yuan Mei 袁枚 (1716-1798), Literat in der Qing-Dynastie, schenkt dem geistig selbstbestimmenden Ich keine Aufmerksam-

50 Bauer (2001), S. 268.
51 Ebd., S. 273.
52 Kubin (1990), S. 80-113, hier S. 101.

keit, sondern der Spaltung des von Neokonfuzianern abstrahierten Vorbildes der Ich-Kultivierung und der abwertenden Auffassung des Körpers. In seiner Geschichtensammlung *Zi buyu* 子不语 (*Wovon der Meister nicht sprach*) stehen die körperlichen Beschreibungen nicht mehr unter der Berücksichtigung der moralischen Belehrung. Sie verdeutlichen vielmehr Yuan Meis Versuch, die Kluft des metaphischen Ich und des körperlichen Ich zu überbrücken. Ji Yun 纪昀 (1724-1805), Yuan Meis zeitgenössischer Literat, steht der Hervorhebung von Gefühlen und des eigenen Willens skeptisch gegenüber. Er vertraut den Beweisen, die für ihn als Vertreter der *kaozheng*-Schule (*kaozheng xue* 考证学: die Schule der beweisfähigen Textkritik; *kaozheng*: Beweis 考证) aus den philologischen Studien der Klassiker bekannt sind. Erzählstrategisch wird in seinen Fuchsgeistergeschichten in der Sammlung *Yuewei caotang biji* 阅微草堂笔记 (*Notizen aus der Strohhütte der genauen Beobachtung*) die Erzählweise der Polyperspektive gebraucht, damit ein „Beobachter" eine Sache aus verschiedenen Perspektiven beobachten und danach ein eigenes Urteil fällen kann. Mit Ji Yuns beobachtendem Ich konkurriert Pu Songling mit seinem den Gefühlen und dem Willen folgenden Ich.

Nach der obigen Diskussion über die Thematik des Ich in den Wassergeistergeschichten in Deutschland um 1800 und den Fuchsgeistergeschichten in China ab Ende des 17. bis Ende des 18. Jahrhunderts wird gefragt, inwieweit sie in der Thematik des Ich mit ihren jeweiligen literarischen Vorläufern im Zusammenhang stehen, zumal die genetische Analogie in der separaten Entwicklung deutlich zu sehen ist. Es wird angestrebt, anhand der von mir ausgewählten Erzählungen herauszufinden, inwieweit die Thematik des Ich mit der Entwicklung der Motivkonstellation der Mahrtenehe zum Ausdruck gebracht wird.

Die Untersuchung folgt der chronologischen Reihenfolge der Beispieltexte. Nachdem der Begriff der Mahrtenehe und die Thematik des Ich im ersten Kapitel vorgestellt wurden, erklärt diese Studie im zweiten Kapitel zunächst die Genese der Motivkonstellation der Mahrtenehe. Sirenen und die neunschwänzige Füchsin sind mythische Vorläufer der Wasser- und Fuchsgeister. Sirenen werden in Homers Epos der *Odyssee* und dann im Kontext späterer Interpretationen, z. B. in *Physiologus*, untersucht. Yu 禹 war in China Mitbegründer der ersten Dynastie, der Xia-Dynastie 夏 (ca. 21. Jh. v. Chr. bis ca. 16. v. Chr.). Die neunschwänzige Füchsin erscheint in Yus Geschichte, die sich auf die mythische Vorgeschichte Chinas (3000 bis 2000 v. Chr.) bezieht, bevor Fuchsgeister wesentlich zur Hauptfigur der Geistergeschichten Chinas wurden.

Die Mahrtenehen mit Wassergeistern und Fuchsgeistern der frühen Entwicklungsphase, die in der europäischen Literatur im Mittelalter und in der chinesischen Literatur einige Jahrhunderte früher erschienen sind, werden in zwei Gruppen eingeteilt.

Zur ersten Gruppe:

1. Charakteristisch für das 12. bis 13. Jahrhundert sind in der europäischen Literatur die Geschichten von Gervasius von Tilbury (*Otia Imperialia*) und von Walter Map (*De nugis curialium*). In der Geschichte *De oculis apertis post peccatum* von Gervasius und der Geschichte *Item de aparicionibus* von Map spielen Wasserfrauen eine verführerische Rolle und stehen dem Protagonisten bedrohlich gegenüber.

   In der chinesischen Literatur sind es die Geschichten in den Wei-, Jin-, Südlichen und Nördlichen Dynastien (Wei, Jin, Nanbei chao 魏晋南北朝, 220-589)[53] *A-zi* 阿紫 (*[Eine Füchsin namens] A-zi*)[54] von Gan Bao 干宝 (ca. 285 - ca. 360) aus seiner Geschichtensammlung *Sou shen ji* 搜神记 (*Aufzeichnungen über das Aufspüren von Geistern*) und *Sun Yan* 孙岩 (*[Ein Mann namens] Sun Yan*)[55] von Yang Xuanzhi 杨衒之[56] (dat. 547) aus seinem Werk *Luoyang qielan ji* 洛阳伽蓝

---

53 Die Regierungszeit der Wei, Jin, Südlichen und Nördlichen Dynastien 魏晋南北朝 deckt sich fast mit der Periode zwischen dem Ende der Han-Dynastie 汉 (206 v. Chr.-220 n. Chr.) und dem Beginn der Sui-Dynastie 隋 (581-618). Eine andere gebräuchliche Bezeichnung für diese Periode ist eine Kombination, die die Sechs Dynastien 六朝 heißt. Nach dem *Wörterbuch für modernes Chinesisch* (*Xiandai hanyu cidian* 现代汉语词典) werden unter den „Sechs Dynastien" die sechs in Jiankang (heute: Nanjing 南京) residierenden Dynastien verstanden. Sie sind die Wu-Dynastie 吴 (222-280), die zusammen mit der Cao-Wei-Dynastie 曹魏 (220-265) und der Shu-Dynastie 蜀 (221-263) von Historikern als die Drei Reiche 三国 (220-265) bezeichnet werden; und die Östliche Jin-Dynastie 东晋 (317-420), die Liu-Song-Dynastie 刘宋 (420-479), die Südliche Qi-Dynastie 南齐 (479-502), die Liang-Dynastie 梁 (502-557) und die Chen-Dynastie 陈 (557-589). Siehe: *Xiandai hanyu dacidian* 现代汉语大词典 [*Das Wörterbuch für modernes Chinesisch*]. Herausgegeben von der Redaktion der Wörterbücher an der Forschungsinstitution für Linguistik der Chinesischen Akademie der Sozialwissenschaften (中国社会科学院语言研究所词典编辑室编). Beijing 1994, S. 729. Vgl. Wolter, Gustav-Adolf: *Geschichte Chinas. 4000 Jahre Reich der Mitte.* München 1987, S. 103f.; Gernet, Jacques: *Die chinesische Welt.* Frankfurt/M. 1988, S. 150ff.; eine weitere nicht seltene Bezeichnung für eine erweiterte Periode mit der Han-Dynastie heißt die Han-, Wei-, Sechs Dynastien 汉魏六朝.

54 Alle Geschichten im *Sou shen ji* tragen ursprünglich keinen eigenen Titel, wie dies in vielen Erzählsammlungen im Altertum der Fall ist. Die Geschichten werden eine hinter der anderen erzählt und in Kapiteln aufgeteilt. Die heutigen Ausgaben haben meistens zusätzlich zu den Seitenangaben einen Titel hinzugefügt, der normalerweise wie die Hauptfigur lautet, die häufig gleich am Anfang der Geschichte genannt wird. Nach dieser Regel heißt diese Geschichte in einer modernen Ausgabe *Chen Xian* 陈羡 (*[Ein Mann namens] Chen Xian*), der als Gegner des Fuchsgeistes fungiert. In der Ausgabe, die in der vorliegenden Arbeit benutzt wird, steht der Titel *A-zi* ausschließlich im Verzeichnis (Im Kapitel wird wie im Original kein Titel angegeben.), damit der Leser die Stelle der Geschichte leicht finden kann. Vgl. Gan Bao 干宝: *Sou shen ji* (*Gu xiaoshuo congkan*) 搜神记 (古小说丛刊) [*Aufzeichnungen über das Aufspüren von Geistern (Buchkollektion der Erzählungen im Altertum)*]. Korrigiert und kommentiert von Wang Shaoying 汪绍楹. Beijing 1979.

55 Anders als in der Geschichte *A-zi* steht der Titel *Sun Yan* nicht einmal im Inhaltsverzeichnis der heutigen Ausgabe, die in der vorliegenden Arbeit benutzt wird. Dieser Titel dient hier dazu, um die Nennung der Geschichte zu vereinfachen.

56 Es wird in Frage gestellt, wie der Familienname Yang geschrieben wird, obwohl die gebräuchliche Weise als 杨 bekannt ist. Die anderen zwei Schreibweisen sind 阳 und 羊. Vgl. Liu Chonglai 刘重来: *«Luoyang qielan ji» zuozhe xingming kao* 《洛阳伽蓝记》作者姓名考

记 (*Aufzeichnungen über die Klöster von Luoyang*), in denen Fuchsgeister als Beweis der Existenz der Götter und Geister dienen. Fuchsgeister bringen Unheil und verderben das Leben des Protagonisten.

Zur zweiten Gruppe:

2. Für das 14. und 15. Jahrhundert stehen für die europäische Literatur beispielhaft Egenolf von Staufenberg (*Der Ritter von Staufenberg*) und Thüring von Ringoltingen (*Melusine*). Die letzte Geschichte über Melusine ist als „genealogische Geschichte adliger Familien" anzusehen. Der Protagonist überwindet in beiden Geschichten seine Angst vor Wasserfrauen, und der Held, stets Mitglied einer adligen Familie, rückt in den Vordergrund der Handlung. Wasserfrauen werden zu der Zeit als Erklärung für die Entstehung einer adligen Familie verstanden.

   In der Tang-Dynastie 唐 (618-907) und der Song-Dynastie 宋 (1127-1279) wurden die Fuchsgeistergeschichten häufig von Gelehrten erzählt, z. B. die Erzählung *Renshi zhuan* 任氏传 (*Fräulein Ren*) von Shen Jiji 沈既济 (ca. 741- ca. 805) und die Geschichte *Xichi chunyou* 西池春游 (*Frühlingsspaziergang am Westteich*) von Liu Fu 刘斧 (ca. 1040 - nach 1113) aus seiner Geschichtensammlung *Qingsuo gaoyi* 青琐高议 (*Blaue zusammenhängende Muster an höfischen Toren, gelehrte Kritik*). Beide Fuchsgeister haben in den Geschichten eine wohlstandsspendende Funktion, während die Rolle des Fuchsgeistes in der zuletzt genannten Geschichte gleichzeitig aber auch eine lebensbedrohende ist.

Das dritte Kapitel bezieht sich auf die Geschichten, die in Deutschland um 1800 und in China Ende des 17. bis Ende des 18. Jahrhunderts entstanden sind. In der Zeit um 1800 treten viele Wassergeister in verschiedenen Gattungen auf die literarische Bühne. Die Bearbeitung der Wassergeister ist vielfältig, zum Beispiel in: *Das Donauweibchen* (1798) vom Theaterschriftsteller K. F. Hensler; *Sehr wunderbare Historie von der Melusina* (1800) von Ludwig Tieck (1773-1853) und sein Drama *Melusine* (Fragment, 1807); *Undine* (1811) von Friedrich de la Motte Fouqué (1777-1843); *Die neue Melusine* (aus *Wilhelm Meisters Wanderjahre*; 1821[57]) von Johann Wolfgang von Goethe (1749-1832). Gedichte sind ebenso nennenswert, zum Beispiel: *Der Fischer* (1778) von Johann Wolfgang von Goethe; *Zu Bacharach am Rheine* (aus dem Roman *Godwi*, 1802)[58] von Clemens Brentano und *Ritter Peter von Stauffenberg und die Meerfeye* (aus der Liedersammlung *Des Knaben Wunderhorn, 1805*) von Ludwig Achim von Arnim und Clemens Brentano sowie *Die Lo-*

[*Untersuchung über den Namen des Autors der «Aufzeichnungen über die Klöster von Luoyang»*]. In: *Lishi jiaoxue* 历史教学 [*history teaching*]. 12(1984), S. 48-49. Interessanterweise behält das Zeichen Xuan 衒 (das erste Schriftzeichen seines Vornamens), obwohl das Schriftzeichen die reformierte Form hat, seine traditionelle Form, nicht wie in der Abhandlung von Liu Chonglai, die das reformierte Zeichen 炫 benutzt.

57 Die Niederschrift der Erzählung erfolgte bereits 1807.

58 Die spätere handschriftliche Fassung heißt Lureley.

relei (1823/1824) von Heinrich Heine. Meine Aufzählung stellt keinen Anspruch auf Vollständigkeit der Wassergeister-Literatur um 1800, doch verdeutlicht sie, dass in der deutschsprachigen Literatur der Zeit ein großes Interesse für Wassergeister zu beobachten ist.

Vor einem derart reichhaltigen Hintergrund wäre eine breit angelegte Studie über Wassergeister sicherlich sinnvoll durchzuführen, doch besteht dabei die Gefahr, bei einem derart großen Angebot den Überblick zu verlieren. Gattungsmäßig verzichte ich deshalb in meiner Studie auf das Drama und die Lyrik und konzentriere mich einzig auf die Erzählungen. Im Vergleich zu Lyrik und Drama verfügt die Erzählung als narrative Form über die Funktion der Problembewältigung. So ist es am Anfang der Menschheitsgeschichte die Angst vor dem Bedrohlichen und dem Unerklärten sowie später Konflikte mit der Autorität und mit sich selbst, die sich in der Erzählung wiederfinden lassen.

Drei deutsche Erzählungen stehen im Mittelpunkt meiner Arbeit: Die Erzählung *Sehr wunderbare Historie von der Melusina* von Ludwig Tieck ist eine Bearbeitung auf der Basis der *Melusine* von Thüring von Ringoltingen, die wiederum auf den französischen Versroman eines gewissen Couldrette um 1400, den Thüring von Ringoltingen übersetzt hat, zurückgeht.[59] Tieck gibt in seiner Bearbeitung den Inhalt von Thürings *Melusine* zum großen Teil noch getreu wieder, obwohl er mit seinem Ausgangspunkt seinen eigenen Weg einschlägt. Johann Wolfgang von Goethe weist hingegen in seiner Erzählung *Die neue Melusine* eine große inhaltliche Abweichung von seiner Melusine-Vorlage auf. Die *Undine* von Friedrich de la Motte Fouqué greift über Jakob Böhme (1575-1624) auf Paracelsus' (1493-1541)[60] Abhandlung *Liber de nymphis, sylphis, pygmaeis et salamandris et de caeteris spiritibus*, das Buch über die Nymphen,[61] zurück. Seitdem lebt Undine in der Literatur bis heute weiter.

In China ist das häufige Auftreten des Fuchsgeistes Ende des 17. bis Ende des 18. Jahrhunderts ebenso zu beobachten, besonders nach der Verbreitung der Geschichtensammlung *LZZY* von Pu Songling. Lu Xun 魯迅 (1881-1936), einer der bekanntesten chinesischen Schriftsteller und Literatur-Kritiker des 20. Jahrhunderts, merkt an, dass „Pu Songlings Stil weit und breit nachgeahmt" wurde.[62] Insgesamt

---

59 Vgl. Vorwort von Gerhard Wahle. In: Thüring von Ringoltingen: *Melusine.* Aus dem Frühneuhochdeutschen übertragen ins Neuhochdeutsche von Gerhard Wahle. Stuttgart 2004.

60 Paracelsus (1493-1541), Arzt, Alchimist, Mystiker, Lateintheologe und Philosoph, heißt eigentlich Philippus Aureolus Theophrastus Bombastus von Hohenheim.

61 Paracelsus (Theophrast von Hohenheim): *Liber de nymphis, sylphis, pygmaeis et salamandris et de caeteris spiritibus.* In: Ders.: *Sämtliche Werke. I. Abteilung: Medizinsche, naturwissenschaftliche und philosophische Schriften.* In 14 Bänden, hier Bd.14, herausgegeben von Karl Sudenhoff. München und Berlin 1933, S. 115-145; Paracelsus (Theophrastus von Hohenheim): *Buch über die Nymphen Sylphen, Pygmäen, Salamander und die übrigen Geister.* In: Ders.: *Sämtliche Werke.* In 4 Bänden, hier Bd. 4, herausgeben von Bernhard Aschner. Jena 1932. Bd. 4, S. 41-79.

62 Lu Xun: *Kurze Geschichte der chinesischen Romandichtung.* Beijing 1981, S. 287.

zählen seiner Meinung nach zehn Geschichtensammlungen, in denen mehr oder weniger Fuchsgeistergeschichten enthalten sind, zur Gruppierung der Nachahmung von Pu Songlings Sammlung *LZZY*.[63] Die Tendenz der Nachahmung zeigt jedoch, dass „sie [immer] weniger von Fuchsgeistern und Gespenstern als von Liebe und Liedermädchen" handeln.[64] Hingegen hebt Lu Xun Yuan Meis und Ji Yuns Geschichtensammlungen hervor, die sich von denen in Pu Songlings Stil nachgeahmten Werken unterscheiden. Was Lu Xun aus seinem eigenen ästhetischen Geschmack an manchen Geistergeschichten von Yuan Mei „ungehobelt"[65] findet, macht gerade die Besonderheit seiner besonderen Meinung zur Thematik des Ich aus. Sein Versuch, wie oben schon erwähnt, den Körper als wichtigen Aspekt des Ich zu betonen, bestimmt seinen Schwerpunkt, der von der Gestaltung einer geistigen Innenwelt von Pu Songling stark abweicht. Ji Yuns Eigentümlichkeit wird ebenso in der vorliegenden Arbeit vom Aspekt der Thematik des Ich herausgearbeitet. Die Auswahl der Fuchsgeistergeschichten aus der chinesischen Literatur beschränkt sich daher auf drei Autoren: Pu Songling, genau gesagt seine Erzählung *Yingning* 婴宁 (*[Eine Füchsin namens] Yingning*) aus seiner Sammlung *LZZY* (Ende des 17. Jahrhunderts); Yuan Mei, genau gesagt seine Geschichte *Fengliu ju* 风流具 (*Das galante Werkzeug*) aus seiner Sammlung *ZBY* (1788-1792);[66] und Ji Yuns fünf Geschichten, genau gesagt *Dongchang shusheng*[67] 东昌书生 (*Der Student aus Dongchang*), *Li Erhun* 李二混 (*[Ein Mann namens] Li Erhun*), *Yuanzhong hunü* 园中狐女 (*Füchsinnen im Garten*), *Zitao* 紫桃 (*[Eine Füchsin namens] Zitao*) und *Hunü wei qie* 狐女为妾 (*Die Füchsin als Konkubine*), aus der Sammlung *YWCTBJ* (1789-1798).

---

63 Zeitgenössische Kommentatoren dieser Geschichtensammlungen erkennen Pu Songlings Stil, den die Autoren dieser Sammlungen nachgeahmt haben. Sogar die Autoren selber gestehen ihre Anleihe an Pu Songlings Sammlung *LZZY*. Vgl. Wang Ping 王平: *«Liaozhai zhiyi» zai qingdai de chuanbo* 《聊斋志异》在清代的传播 [*The Spread of «Liaozhai zhiyi» in (the) Qing-Dynasty*]. In: *Pu Songling yanjiu* 蒲松龄研究 [*Study on Pu Songling*] 4 (2003), S. 30-41, hier S. 38f.

64 Lu, Xun (1981), S. 297.

65 Ebd., S. 286.

66 Die Übersetzung dieses Titels von Schwarz lautet *Das galante Zubehör*. In Yuan Meis Geschichte vergleicht man das männliche Geschlechtsteil des Protagonisten mit der Sache, die zur Beladung des Gekauften dient (z. B. dem Einkaufskorb). Schwarz hat diesen Vergleich missverstanden. Das Werkzeug, das wichtig für einen Einkauf ist, ist nach Schwarz das Zubehör, das man mitkauft. Siehe: Yuan Mei: *Chinesische Geistergeschichten*. Herausgegeben und übersetzt von Rainer Schwarz. Frankfurt/M. und Leipzig 1997, S. 184; die englische Übersetzung heißt *Tools of Sex Trade*. siehe: Yuan Mei: *Censored by Confucius. Ghost Stories*. Edited and Translated with an Introduction by Kam Louie and Louise Edwards. New York 1996, S. 212-214; zum Original siehe: Yuan Mei 袁枚: *Xin qixie – Zi buyu* 新奇谐——子不语 [*Der neue Qixie – Wovon der Meister nicht sprach*]. Jinan 1986, S. 501-503. Als Yuan Mei von einer gleichnamigen Geschichtensammlung in der Yuan-Dynastie erfuhr, hat er seine in *Xin qixie* 新齐谐 (*Der neue Qixie*) umbenannt. Qixie ist der Eigenname des Sammlers der wundersamen Geschichten, der im *Zhuangzi* erwähnt wurde. Jedoch bleibt der Name *Zi buyu* bis heute.

67 Ji Yun hat alle seine Geschichten nicht betitelt. Die Titel, die ich in der vorliegenden Arbeit benutze, sollen dem Leser eine bessere Orientierung geben.

Das vierte Kapitel zieht das Resümee dieser Studie und bietet zugleich einen Ausblick in die zukünftige Forschung.

1.5 Zu den Gattungen der chinesischen Literaturauswahl

Die Basistexte meiner Forschung werden dem gattungstheoretischen Oberbegriff *xiaoshuo* 小说 (unkritisch übersetzt als „Fiktion") zugeordnet. Bevor ich mit der Analyse der Texte beginne, möchte ich zunächst auf die Besonderheiten der chinesischen Erzählung hinweisen: auf ihre literarische Stellung innerhalb der verschiedenen literarischen Gattungen, ihr Verhältnis zur Geschichtsschreibung und die dazugehörigen, mit den Fuchsgeistergeschichten eng verbundenen Untergattungen *zhiguai* 志怪 und *chuanqi* 传奇.

In diesem Kapitel greife ich weit auf das Geschichtsbuch der Han-Dynastie 汉 (206 v. Chr.-220 n. Chr.) zurück. Dieser weite Rückgriff hat seinen Sinn, denn nachdem der Konfuzianismus seit der Han-Dynastie vom Staat unterstützt wurde, gab es unzählige Kommentare zu den konfuzianischen Klassikern. Diese waren nicht nur beim Verstehen der Texte in der klassischen Schriftsprache, die wegen ihrer Knappheit und Prägnanz Darlegungen benötigen, sondern sie legitimierten zudem die Äußerungen des Kommentators. Die Autoren der Fuchsgeistergeschichten, die über Ungewöhnliches und Wunderbares berichten, wiederholten dieser Tradition folgend die Begriffsgeschichte der *xiaoshuo* und rechtfertigten so ihre Beschäftigung mit Geistergeschichten, die von Konfuzius mit „nicht davon sprechen" verurteilt wurden.

Der Begriff der *xiaoshuo* (Plural), ursprünglich wörtlich „kleines Gerede", „kleine Erklärung", oder „Darlegung" bzw. „Lehrmeinung",[68] wird unkritisch als Fiktion übersetzt. Die Bezeichnung *xiaoshuo* ist keineswegs eine Erfindung der Neuzeit, sondern greift auf die traditionellen chinesischen Bibliographien und Bücherkataloge zurück. Nach der Bücherverbrennung durch Qin Shihuang 秦始皇, dem Ersten Kaiser der Qin-Dynastie 秦 (221-207 v. Chr.), sollen Liu Xiang 刘向 (79-8 v. Chr.) und dessen Sohn Liu Xin 刘欣 (gest. 23) den Katalog der kaiserlichen Bibliothek rekonstruiert haben. Aufgrund dieses später verloren gegangenen Katalogs listet Ban Gu in seiner *Geschichte der Han-Dynastie* 汉书 (*Hanshu*) die *xiaoshuo jia* 小说家 (die *xiaoshuo*-Schule) hinter den neun Philosophen auf, zu denen zum Beispiel die konfuzianische (*rujia* 儒家) und die daoistische (*daojia* 道家) Schule zählen. Seine Erklärung zur *xiaoshuo*-Schule lautet:

68 Zimmer, Thomas: *Der chinesische Roman der ausgehenden Kaiserzeit. Geschichte der chinesischen Literatur.* Bd. 2/1. München 2002, S. 3.

小说家者流盖出于稗官街谈巷语道听涂说者之所造也孔子曰虽小道必有可观者焉致远恐泥是以君子弗为也然亦弗灭也闾里小知者之所及亦使缀而不忘如或一言可采此亦刍荛狂夫之议也[69]

xiaoshuojia zhe liu gai chu yu baiguan jietan xiangyu daotingtushuo zhe suo zao ye Kongzi yue sui xiaodao bi you ke guan zhe yan zhi yuan kong ni shi yi junzi fu wei ye ran yi fu mie ye lüli xiaozhi zhe zhi suoji yi shi zhui er bu wang ru huo yi yan ke cai ci yi churao kuangfu zhi yi ye

Die Richtung der *xiaoshuo*-Schule [*xiaosh*uo *jia* 小说家] hat wohl ihren Ursprung bei den niederen Beamten [*baiguan* 稗官], die sich dem allgemeinen Straßengerede, den Neuigkeiten von der Straße und dem Straßenklatsch hinbegaben. Konfuzius sagte hierzu: ‚Selbst ein kleiner Weg hat gewiß etwas, das an ihm beachtenswert ist. Geht man jedoch [auf ihm] zu weit, so steht zu befürchten, dass man in Schlamm gerät und stecken bleibt. Deshalb geht ihn der Edle nicht.'[70] Aber er [Konfuzius] löscht ihn [den kleinen Weg] auch nicht aus. Was die Menschen vom Dorf mit ihrem kleinen Wissen erreichen, soll man sich auch aneignen und nicht außer Acht lassen. Wenn hier und da ein Wort [aus diesen »*xiaoshuo*«-Werken] aufgreifenswert ist, so ist dies gleichermaßen wie mit den Erörterungen von Gras- und Brennholzsammlern und Verrückten [, die auch ein Körnchen Wahrheit enthalten].[71]

Diese Erklärung seitens Ban Gu gibt die Einordnung der niederen literarischen Stellung der Erzählung in der Epik wieder: Literarische Formen wie Anekdoten, Wundergeschichten, Geistergeschichten und Schwänke nehmen hinter der Lyrik und dem kunstvollen Essay ihren Platz ein. Jedoch werden sie trotzdem in den literarischen Katalog jeder Dynastie eingeordnet, weil Konfuzius in ihnen ihren ethischen Wert erkannt hat.

Die Verachtung der *xiaoshuo*-Schule äußert sich deutlich in der Zusammenfassung der zehn philosophischen Schulen. Die *xiaoshuo*-Schule wird kaum erwähnt,

---

69 Ban Gu 班固: *Qian Hanshu* 前汉书 [*Geschichte der Früheren Han-Dynastie*]. In: *Sibu beiyao* 四部备要 [*Essentials der Vier Abteilungen*]. Herausgegeben von Lu Feida 陆费达. Taibei 1981, j. 30.

70 Ein sinngemäßer Text kommt in Konfuzius' *Gespräche* vor, stammt jedoch dort aus dem Mund seines Schülers Zixia 子夏. Vgl. Kongzi 孔子: *Lunyu zhengyi* 论语正义 [*Lunyu (Analekten des Konfuzius) mit dem Kommentar Lunyu zhengyi von Zheng Xuan* (郑玄)]. In: *Zhuzi jicheng* 诸子集成 [*Gesammelte Werke verschiedener Schulen*]. Herausgegeben von der Gesellschaft zur Sichtung des nationalen Kulturerbes (guoxue zhengli she 国学整理社). Shanghai 1954, S. 402.

71 Zimmer (2002), S. 5. Zimmer ziert nach Zissler-Gürtler, Dagmar: *Nicht erzählte Welt noch Welterklärung. Der Begriff „hsao shuo" in der Han-Zeit.* Bad Honnef 1994, S. 33f.; für die deutsche Übersetzung von Helwig Schmidt-Glintzer kann man ebenso dessen *Geschichte der chinesischen Literatur* (München 1990, S. 212) zu Rat ziehen. Nur mit der Übersetzung des ersten Satzes „Die Bewegung der *xiaoshuo*-Schule (*xiaoshuo jia*) nahm ihren Ausgang von dem Niederen Beamten (*baiguan*)." bin ich nicht seiner Meinung. Der Übersetzer hat unter dem Wort *liu* 流, das eigentlich „Art, Typ oder Kategorie" bedeutet, „die Bewegung" verstanden. Für eine weitere Übersetzung siehe: Lu Xun: *Kurze Geschichte der chinesischen Romandichtung.* Beijing 1981, S. 3. Auf der folgenden Seite ergänzt Lu Xun eine ähnliche Aussage aus der *Geschichte der Sui-Dynastie* von Zhangsun Wuji 长孙无忌 und anderen Gelehrten der Tang-Dynastie. Das zeigt, dass die Katalog– und die Geschichtsschreiber in den folgenden Dynastien von Sima Qians 司马迁 Einstellung zu den *xiaoshuo* weitgehend beeinflusst wurden.

während die anderen neun Schulen von Historikern als lesenswert eingeschätzt werden. Vergleicht man die Kommentare zur Gedichtsammlung *Shijing* 诗经 (*Buch der Lieder*) sowie zur Art der Poesie *fu* 赋[72] mit denen zu den *xiaoshuo*, stellt man eine deutliche Abwertung der *xiaoshuo* gegenüber der eigentlichen Poesie in diesem Ban Gus Geschichtsbuch fest. Ban Gu zitiert Konfuzius, wenn er behauptet: „bu xue *Shi* wu yi yan ye 不学诗无以言也 (Wer *shijing* nicht lernt, hat nichts zu sagen)“ [73], weil das wichtige Kommunikationsmittel zwischen Fürsten und hohen Beamten *Shijing* sei. Nach einer alten Überlieferung wird derjenige ein hochrangiger Beamter, der einen Berg besteigt und in dieser Höhe *fu* verfassen kann.[74]

Die *xiaoshuo* lassen den Einfluss von seiten der Geschichtsschreibung erkennen. Die Titel der fiktionalen Erzähltexte enthalten meistens die Bestandteile, die für historische Berichte typisch sind, z. B. *zhi* 志 (Monographie, Bericht), *ji* 记 (Bericht) und *zhuan* 传 (Überlieferung).[75] Eine Erzählung beginnt meistens mit biographischen Informationen über die Hauptfigur und endet mit einer Erklärung der Autoren, von wem er diese Geschichte gehört oder wer diese Geschichte erlebt hat. Selbst in der Qing-Dynastie, der letzten Dynastie Chinas, schließen viele Erzählungen, z. B. von Pu Songling und Ji Yun, ebenso mit einem Kommentar. Die Kommentare in Pu Songlings *LZZY* werden zum Beispiel wie „Der Historiker des Fremden sagt“ (yishishi yue 异史氏曰) formuliert, während Ji Yun in den Kommentaren zu seinen Erzählungen im *YWCTBJ* oft die Worte in den Mund seines Vaters legt, wie z. B. „der verehrter Herr Yaoan sagt“ (yaoangong yue 姚安公曰). Motsch weist darauf hin, dass Sima Qian seine Kommentare im *Shiji* immer mit den Worten „Der große Historiker sagt“ (taishigong yue 太史公曰) beginnt. Liu Zhijis 刘知几 (661-721) Zusammenfassung in seiner Monographie *Shitong* 史通 (*Allgemeiner Überblick über die Geschichtsschreibung*) zur Tradition eigener Kommentare in Geschichtsbüchern könnte Motschs Assoziation mit dem Kommentarbeginn von Sima Qian bereichern:

> 春秋左氏传,每有发论,假君子以称之。二传云公羊子、谷梁子,史记云太史公。(…) 袁宏、裴子野自显姓名,皇甫谧、葛洪列其所号。史官所撰,通称史臣。[76]
>
> *Chunqiu zuoshi zhuan*, mei you fa lun, jia junzi yi cheng zhi. Er zhuan yun gongyangzi, guliangzi. *Shiji* yun taishigong. (…) Yuan Hong, Pei Ziye zi xian xingming, Huangfu Mi, Ge Hong lie qi suo hao. Shiguan suo zhuan, tongcheng shichen.
>
> Jedes Mal wenn es um Kommentare im *Chunqiu zuoshi zhuan* geht, wird ein Edler [als Sprecher] genannt. In zwei Überlieferungen (*Gongyang zhuan* und *Guliang zhuan*) [heißen sie] Meister Gongyang und Meister Guliang. Im *Shiji* [nennt sich der Autor] Taishigong. (…) Yuan Hong und Pei Ziye dagegen nennen ihren eigenen Namen und Huangfu Mi

---

72 *Fu* 赋 ist ein altchinesisches literarisches Genre, das Lyrik mit beschreibenden Prosapassagen verbindet.

73 Ban Gu 班固 (1981), j. 30.

74 Ebd.

75 Ebd., S. 216.

76 Ji Yun 纪昀 (Hrsg.): *Shitong xuefan* 史通削繁 [*Vereinfachung und Streichung (überflüssiger Kommentare zu Liu Zhijis) Shitong*]. In 2 Bänden, hier Bd. 1. Shanghai 1932, S. 21.

und Ge Hong zeichnen ihre Kommentare mit ihrem *hao* (Pseudonym). In einem Werk, das ein Historiograph verfasst hat, nennt sich der Autor *shichen* (historischer Beamter). [77]

Nun stellt sich die Frage, woran es liegt, dass die chinesische Erzählung der Geschichtsschreibung so nahe steht. Ob das Fehlen der Epen in der offiziellen chinesischen Literatur[78] und den fragmentarischen Mythen, letztere, die man zerstreut im *Shanhaijing* 山海经 (*Buch der Berge und Meere*), im *Huainanzi* 淮南子 (*Meister aus Huainan*), in der Sammlung *Chuci* 楚辞 (*Gesänge des Südens*) usw. findet, eine Antwort darauf geben kann, weshalb die *xiaoshuo* so eng mit der Geschichtsschreibung verbunden ist, lässt sich nicht eindeutig klären. Lu Xun wirft mit der Frage nach dem Grund fragmentarischer Mythen den Blick auf Konfuzius. Lu Xun vermutet, dass „Konfuzius mit seiner Lehre über die Pflege der Moral, die Ordnung der Familien, die friedliche Regierung des Staates und die Befriedigung der Welt [auftrat]. Da er Gespräche über übernatürliche Dinge missbilligte, wurden die alten Mythen von konfuzianischen Gelehrten nicht mehr zitiert. So kam es, dass viele verlorengingen, statt weiterentwickelt zu werden."[79] Die Übersetzung der Worte „bu yuyan" 不语言 ins Deutsche als „Missbilligung" entspricht jedoch nicht dem Originaltext. Lu Xun meint damit nur, dass Konfuzius darüber nicht sprechen wollte. Diese Aussage basiert auf Konfuzius' Stellungsnahme zum Übernatürlichen, die im *Lunyu* 论语 (*Analekten des Konfuzius*) steht: Zi buyu guai, li, luan, shen 子不语怪、力、乱、神 (Konfuzius redet nicht über Ungewöhnliches, Kraft, Unordnung und Göttliches).[80] Auf jeden Fall hat Konfuzius andere Interessen als über übernatürliche Dinge zu reden. Diese Einstellung von Konfuzius erklärt zwar die niedere Stellung der *xiaoshuo*, nicht aber sein Verhältnis zur Geschichtsschreibung. Konfuzius vermenschlicht die Götterwelt und versucht sie in den Rahmen der Geschichtsschreibung zu bringen. Schmitz-Glintzer nennt ein Beispiel: „Auf die Frage eines Schülers, ob der Gelbkaiser ein Mensch gewesen sei und wie es komme, dass er dreihundert Jahre alt wurde, erwidert Konfuzius, es handle sich hier um ein Missverständnis. Gemeint sei viel mehr, dass das Volk während der hundert Lebensjahre des Gelbkaisers seine Wohltaten gespürt, die ersten hundert Jahre nach seinem Tod seinen Geist verehrt und weitere hundert Jahre seinen Lehren gefolgt sei."[81] Shi Changyu[82] führt ein weiteres Beispiel, um diese Meinung zu unterstützen. Das Beispiel ist folgendes:

---

77 Alle Übertragungen aus dem Chinesischen ins Chinesische, sofern keine Quellen vorliegen, stammen von der Verfasserin der vorliegenden Arbeit.

78 Heute sind in China drei Epen bekannt. Sie stammen aus der Mongolen, der Kirgisen und der Tibeter.

79 Lu Xun (1981), S. 19.

80 Kongzi 孔子 (1954), *lunyu* 7.21, S. 146.

81 Schmidt-Glintzer (1990), S. 76.

82 Shi Changyu 石昌渝: *Zhongguo xiaoshuo yuanliu lun* 中国小说源流论 [*Ursprung und Entwicklung der chinesischen xiaoshuo*] Beijing 1994, S. 57ff.

子贡曰古者黄帝四面信乎孔子曰黄帝取合己者四人使治四方不计而耦不约而成此之谓四面[83]

Zigong yue gu zhe Huangdi simian xin hu Kongzi yue Huangdi qu he ji zhe si ren shi zhi sifang bu ji er ou bu yue er cheng ci zhi wei simian

Zigong fragt Konfuzius: „Im Altertum gibt es den Gelbkaiser mit vier Gesichtern. Soll man das glauben?" Konfuzius sagt: „Der Gelbkaiser schickt vier Hilfskräfte in dei Regierung der vier Himmelsrichtungen. Ohne Besprechung haben sie trotzdem eine Meinung über Regierunggeschäfte, ohne Vereinbarung sind sie trotzdem friedlich. Die Regierung ist großartig und erfolgreich, als ob eine Hand regiert. Daher spricht man von ‚vier Gesichtern'."

Nach einem vertikalen Blick auf den Ursprung der Bezeichnung *xiaoshuo* und sein Verhältnis zur Geschichtsschreibung lohnt sich eine horizontaler Blick auf die dazugehörigen Sub-Gattungen meiner Textauswahl. Die *xiaoshuo* werden in der gesamten Kaiserzeit (221 v. Chr.-1911 n. Chr.) hinsichtlich der Gebrauchssprache in *wenyan xiaoshuo* 文言小说 (*xiaoshuo* der Schriftsprache) und *baihua xiaoshuo* 白话小说 (*xiaoshuo* der Umgangssprache) eingeteilt. Beide Arten haben ihre eigene Entwicklungsgeschichte. Die *xiaoshuo* in der Schriftsprache stehen der Geschichtsschreibung nahe, während die *xiaoshuo* in der Umgangssprache auf die Geschichtenerzähler der Straße zurückzuführen sind. Die Geschichten der ersten Gruppe sind in den Erzählungen von Pu Songling erfolgreich angelegt, während für die Geschichten der letzten Gruppe der Roman, *Honglou meng* 红楼梦 (*Der Traum der roten Kammer*) von Cao Xueqin 曹雪芹 (ca. 1724 - ca. 1763) als Beispiel genannt werden.[84] Die von mir ausgewählten Erzählungen sind in der Schriftsprache geschrieben. Die *wenyan xiaoshuo*, die Erzählungen in der Schriftsprache, werden von Hu Yinglin in der Ming-Zeit wie folgt unterteilt: 1. *zhiguai* 志怪 (Aufzeichnungen ungewöhnlicher Begebenheiten), 2. *chuanqi* 传奇 (Überlieferungen wundersamer Geschichten)[85], 3. *zalu* 杂录 (Anekdoten), 4. *congtan* 丛谈 (Verschiedene Bemerkungen), 5. *bianding* 编订 (Komplikationen) und 6. *zhengui* 箴规 (moralische Belehrungen). Hus Klassifizierung der *wenyan*-Erzählungen

---

83 Li Fang 李昉 (Komp.): *Taiping yulan* 太平御览 [*Die auf kaiserlichen Befehl entstandene Enzyklopädie der Regierungsperiode Taiping*]. In 4 Bänden, hier Bd. 1, j. 79. Beijing 1960, S. 23.

84 Chen Pingyuan 陈平原: *Chen Pingyuan xiaoshuoshi lunji* 陈平原小说史论集 [*Gesammelte Aufsätze zurGeschichte der Fiktion*]. Shijiazhuang 1997, S. 1356f.

85 *Chuanqi* beginnt man zuerst in der Tang-Dynastie zu verfassen. Daher nennt man *chuanqi* auch Tang-*chuanqi*. *Chuanqi* wird oft als „Novelle" übersetzt. Motsch zeigt auf, dass „Definitionen wie ‚unerhörte, aber wahr erscheinende Begebenheit', ‚etwas Hervorspringendes, eine Spitze' eine gewisse Verwandtschaft mit dem chinesischen Begriff des Fremden" haben. Diesen Unterschied im Vergleich zur Novelle in der europäischen Literatur, z. B. das fehlende Dingsymbol in chinesischen Erzählungen, muss man im Auge behalten. Daher benutzt Motsch in ihrem Buch nach dieser Erklärung die chinesische Bezeichnung *chuanqi*. Siehe: Motsch (2003), S. 24; Die Übersetzung der *chuanqi*-Erzählung in Lu Xuns *Kurze Geschichte der chinesischen Romandichtung* ist „Legende". Diese Übersetzung entspricht nicht den *chuanqi*-Erzählungen, die nicht vergangene, sondern gegenwärtige Ereignisse beschreiben. Vgl. Shi Changyu 石昌渝 (1994), S. 144.

zeigt, dass der Begriff *xiaoshuo* weiter als unser heutiger Begriff gefasst ist. Die Begriffe von *zhiguai* und *chuanqi* unterscheiden sich anhand ihres Erzählstils. *Zhiguai* kann knapp und bündig in Form eines oder mehrerer Sätze verfasst sein. Inhaltlich umfasst die *zhiguai* neben Geschichten mit einer Handlung auch Aufzeichnungen, zum Beispiel ungewöhnliche Naturerscheinungen, religiöse Texte oder Ortschroniken. Die *chuanqi*-Erzählung[86] aus der Tang-Dynastie, wörtlich „Überlieferungen wundersamer Geschichten", sind Erzählungen mit einer abwechselungsreichen Handlung. Sie sind in der Tang-Dynastie sogar als eigenständige Publikation erschienen. Die in der Tang-Dynastie entstandenen *chuanqi*-Erzählungen werden als Anfang der chinesischen Fiktion angesehen.[87]

Abschießend möchte ich feststellen, dass die Texte, mit denen ich mich in der vorliegenden Arbeit auseinandersetze, *wenyan xiaoshuo*, also Erzählungen in der Schriftsprache, sind. Sie werden nach dem Erzählgehalt als *zhiguai* oder *chuanqi* bezeichnet und spiegeln gelegentlich ihr enges Verhältnis zur Geschichtsschreibung wider.

---

86 *zhiguai* (Aufzeichnungen ungewöhnlicher Begebenheiten), *zhiren* (Aufzeichnungen von Persönlichkeiten) und *chuanqi* (Überlieferungen wundersamer Geschichten) sind nach Lu Xun drei Kategorien der Erzählungen des alten Chinas.

87 Li Jianguo 李剑国: *Tang Wudai zhiguai chuanqi xulu* 唐五代志怪传奇叙录 [*Synopsis der Geistergeschichten und wundersamen Begebenheiten in der Tang-Dynastie und in den Fünf Dynastien*]. Tianjin 1998, S. 1.

2. Problemorientierte Charakterisierung der literarischen Frauenfiguren

Die vorliegende komparatistische Studie stützt sich auf den literarisch-typologischen Vergleich der Mahrtenehe als Motivkonstellation in der westeuropäischen und chinesischen Literatur. Die Motivkonstellation der Mahrtenehe, die im ersten Kapitel in Bezug auf ihre Merkmale behandelt wurde, wird die weitere Analyse der Grundtexte dieser Studie begleiten. Das nun folgende Kapitel ist dem Ursprung und der Entwicklung der literarischen Figuren der Wasser- und Fuchsgeister in den westeuropäischen und chinesischen Erzählungen gewidmet.

2.1 Ursprung der Figuren: Melusine, Undine und Fuchsgeister

Für den Forschungsbereich der Wassergeister- und Fuchsgeisterliteratur wird davon ausgegangen, dass der Ursprung der literarischen Charaktere in den beiden Literaturen jeweils auf die mythische Figuren Sirenen und Tushan shi, die neunschwänzige Füchsin, zurückgreift. Der Zusammenhang der Vorläufer mit den späteren, literarischen Figuren ist keinesfalls aus weit hergeholten Forschungsergebnissen entstanden, sondern aus dem mit dieser Tradtion zusammengewachsenen Selbstbewusstsein der Leser- und der Autorgruppe. Als der Mediziner und Philosoph Paracelsus im 16. Jahrhundert Sirenen mit Melusine vergleicht und die Undinen definiert, hat sich die Wassergeisterliteratur für die Leserschaft bereits so weit entwickelt, dass daraus eine Bilanz der verschiedenen Perspektiven der Wassergeisterliteratur gezogen werden kann. Das Gleiche lässt sich in der chinesischen Literatur in den auf kaiserlichen Befehl zusammengestellten Kompilationsprojekten *Taiping yulan* 太平御览 (*Die auf kaiserlichen Befehl entstandene Enzyklopädie der Regierungsperiode Taiping*) und *Taiping guang ji* 太平广记 (*Erweiterte Aufzeichnungen aus der Regierungsperiode Taiping*) aus dem 10. Jahrhundert beobachten. Autoren wie Ludwig Tieck im 18.-19. Jahrhundert in Deutschland und Pu Songling im 17.-18. Jahrhundert in China sind in erster Linie die Rezipienten der in ihrem Kulturkreis etablierten Wassergeister- oder Fuchsgeisterliteratur. Sie setzen diese Traditon im 17. und im 19. Jahrhundert in ihrem jeweiligen Kulturkreis fort, indem Tieck seiner Melusina eine Zither und eine entzückende Stimme – das Attribut der Sirenen – verleiht, während Pu Songling eine seiner Figuren, einen Fuchsgeist, dadurch behaupten lässt, dass die Tushan-shi die Ahnherrin der Fuchsgeister sei. Diese darauf hingewiesene Kontinuität hinterlässt im Laufe der Entwicklung der Motivkonstellation der Mahrtenehe ihre Spuren, die sowohl implizit als auch explizit durch die verschiedenen Dichter und ihre Werke zum Ausdruck gebracht werden.

2.1.1 *Wassergeister*

Der Name Melusine kommt 1392 in Jean d'Arras „Le Roman de Mélusine"[1] zum ersten Mal vor[2]. Etwa hundert Jahre später führt Paracelsus den Elementargeist des Wassers namens Undine ein und stellt diese zugleich der Figur der Melusine gegenüber.[3] Obwohl die Figuren Melusine und Undine bis ins Mittelalter zurückreichen, gehen sie nach der Ansicht von Paracelsus, gerade wegen ihrer Zugehörigkeit zu den Wassergeistern, auf Sirenen aus der antiken Mythologie zurück.[4]

Paracelsus stellt Sirenen als eine parallele Art der Wasserfrauen Undine und Melusine gegenüber und versucht eine Grenzlinie zwischen Undine und den anderen zwei Wasserfrauen, Sirenen und Melusine, zu ziehen. Für ihn unterscheiden sich Sirenen und Undine voneinander in drei wesentlichen Punkten. Erstens schweben Sirenen mehr auf als im Wasser. Das deutet an, dass Sirenen nicht im Element des Wassers wohnen, sondern eher eine lockere Beziehung zu diesem Element haben. Zweitens sind Sirenen unfruchtbar und daher „wider Frauenart"[5]. Drittens zeigen Sirenen und die Melusine als Jungfrau mit dem gespaltenen Fischschwanz ihre dämonische Seite, während Undine mit ihrer Gestalt dem Menschen ähnlich ist. Im ersten Fall wird hier mehr auf die Kontinuität der Figuren in der Wasserliteratur hingewiesen, als dass Paracelsus den Versuch einer klaren Unterscheidung der Figuren unternimmt. Die Wassergeister, die von Paracelsus in lockerer Form mit dem Element des Wassers zusammengebracht werden, d.h. Sirenen, Wassernymphen und Melusinen, deuten auf eine kontinuierliche Kultur des Wassergeistes hin. Was Paracelsus hinsichtlich der Gestalt Undine zur Diskussion über den Wassergeist gebracht hat, inspirierte zum Beispiel Fouqué dazu, die literarische Figur Undine zu schaffen und somit diese Tradtion fortzusetzen.

---

1 d'Arras, Jean: *Le roman de Mélusine ou l'histoire de Lusignan.* Trad. fr. Michèle Perret, Paris 1979.

2 Vgl. Spiewok, Wolfgang: *Melusine. Ursprünge, Konstituenten und Varianten eines Motivs.* In: Spiewok, Wolfgang und Buschinger, Danielle (Hrsg.): *Die Welt der Feen im Mittelalter.* Greifswald 1994, S. 163-183, hier S. 164; Heisig, Karl: *Über den Ursprung der Melusinensage.* In: *Fabula.* 3 (1959) H. ½. S. 170-181, hier S. 170 f.. Heisig fasst Eyguns Ansicht zusammen, dass „d'Arras Werk der Sage die endgültige, feste Gestalt gegeben habe"; Francois Eygun: *ce qu'on peut savoir de Mélusine et de son iconographie.* In: *Bulletin de la Société des Antiquaires de l'ouest et des Musées de Poitiers.* 3e trimestre de 1949, S. 57-95.

3 Vgl. Paracelsus (1932), Bd.4, S. 41-79.

4 Den westasiatischen Einflüssen auf griechische Mythen hat Kirk in *Griechische Mythen* ein Kapitel gewidmet. Siehe: Kirk, Goeffrey Stephan: *Griechische Mythen. Ihre Bedeutung und Funktion. Reinbeck bei Hamburg* 1992. Wassermenschen oder Wassergottheiten verschiedener Kulturen werden in der Monographie *Töchtern des Meeres* ausführlich vorgestellt. Siehe: Benwell, Gwen und Waugh, Arthur: *Töchter des Meeres. Von Nixen, Nereiden, Sirenen und Tritonen.* Übers. von Klaus Birkenhauer. Hamburg 1962. Ich werde nur auf die klassische Mythologie, die eine direkte Verbindung mit der Europäischen Literatur aufweist, eingehen. Mit der klassischen Mythologie wird nur die griechische Mythologie gemeint sein. Die römische Mythologie mit ihren Namen- oder Inhaltvariationen wird nicht berücksichtigt.

5 Paracelsus (1932), Bd.4, S. 59.

Die bekannteste Undine-Figur, die von Fouqué, der die mystische Undine zur literarischen Undine-Figur erhebt, bleibt bis zum Ende ihrer Liebesbeziehung mit einem irdischen männlichen Wesen kinderlos. Das implizite Argument gegen die Missbildung der Sirenen, die ihre Mutterschaft unmöglich macht, stammt von der Tatsache her, dass Sirenen einen gespaltenen Fischschwanz tragen. Dieses Argument kann nicht standhalten, weil Melusine trotz ihres tierischen Unterleibs, der in der Literatur als Schlangenschwanz und in manchen Familienwappen als Fischschwanz erscheint, dennoch als Ahnherrin des Geschlechts Lusignan zahlreiche Nachkommen geboren hat. Auf den Wandel der Sirenen, der durch den Wechsel vom Vogelleib in einen Fischleib gezeichnet ist, werde ich anschließend ausführlicher eingehen. Zunächst möchte ich auf die griechischen Sirenen bei Homer eingehen, um herauszufinden, inwieweit Sirenen in der mythischen Fassung mit den mittelalterlichen Wassergeistern Melusine und Undine zusammenhängen.

2.1.1.1 „Am Anfang war die Stimme“[6]: Vorgeschichte zu den Figuren der Melusine und der Undine

Homer beschreibt im 12. Gesang der *Odyssee* die Begegnung zwischen dem Protagonisten und den Sirenen. Das ist die älteste schriftliche Überlieferung von den Sirenen in der griechischen Literatur.[7] Entstanden um 700 v. Chr., berichtet Homers Epos *Odyssee*, wie schon der Titel deutlich macht, von den Erlebnissen und Gefahren, denen der Held Odysseus auf seinem Rückweg von Troja nach Ithaka ausgesetzt ist, wo seine Frau Penelope von Freiern bedrängt wird und sein Sohn Telemachos um seine Erbschaft kämpft.

Die Sirenen sind die Wesen, die Seeleute anlocken (in diesem Fall Odysseus und seine Gefährten), während sie an der Insel vorbeifahren, auf der die Sirenen wohnen. Von den Sirenen wird in der *Odyssee* dreifach erzählt.[8] In der Vorausschau der Geschehnisse berichtet die Zauberin Kirke (Homer: *Odyssee*, XII. Gesang, Vers 39-54, S. 601f.)[9], wie gefährlich die Begegnung mit den Sirenen ist. Der

---

6 Hier zitiere ich die Überschrift der Monographie *Von Nixen und Wasserfrauen* von Gabriele Bessler, weil sie die Anziehungskraft der Wassergeister, die noch in Form der Abstraktion erscheint, kurz und bündig ausdrückt. Sieh: Bessler, Babriele: *Von Nixen und Wasserfrauen.* Köln 1995, S. 9.

7 Vgl. Grimm, Jacob und Grimm, Wilhelm*: Deutsches Wörterbuch*. In 17 Bänden, hier Bd. 10. Leipzig 1905, S.1231; Hofstester, Eva: *Sirenen im archaischen und klassischen Griechenland.* Würzburg 1990, S. 13.

8 Lubkoll, Christine: Vorlesung an der FAU Erlangen-Nürnberg im SS 2006: *Diachrone Mythenrezeption III: Der Mythos von Odysseus und den Sirenen*, am 16.06.2006.

9 Ich zitiere nach der Übersetzung von Johann Heinrich Voß. Siehe: Homer: *Ilias/Odyssee.* In der Übertragung von Johann Heinrich Voß. Nach dem Text der Erstaugaben (*Ilias* Hamburg 1793, *Odyssee* Hamburg 1781), mit einem Nachwort von Wolf Hartmut Friedrich. München 1957.

Zauber der Sirenen liegt nach Kirke in ihrem Gesang, der die Vorbeifahrenden so bezaubert, dass sie ihre Heimkehr vergessen. Die Umgebung, in der sich die Sirenen befinden, ist einerseits idyllisch, mit einer Wiese, andererseits unheimlich, mit den Skeletten von Männern, deren vermodernde Haut an ihren Knochen hängt. Kirke schlägt vor, dass Odysseus die Ohren seiner Gefährten mit Wachs verstopft und sich selbst von ihnen an den Mastbaum festbinden lässt. An dieser Stelle ist vom Aussehen der Sirenen keine Rede. Jedoch vom Vorschlag der Kirke her, ausschließlich den Gefährten Odysseus' die Ohren zu verstopfen, ist klar, dass das Aussehen der Sirenen keine besondere Wirkung auf die an ihrer Insel Vorbeifahrenden ausübt. Die sinnliche Ausübung der Zauberei besteht nur im Zusammenhang mit den Ohren, oder besser gesagt, mit dem Gesang der Sirenen. Anschließend gibt Odysseus Kirkes Warnung an seine Gefährten weiter. In seinem Bericht wird von der „süßen" (Homer: *Odyssee*, XII. Gesang, Vers 159, S. 605) Stimme der Sirenen gesprochen. Die Wiese mit ihren Blumen, auf der die Sirenen sitzen, scheint in dieser Erzählung visuell konkreter und schöner zu sein als es im Elysium dargestellt wird. Scheinbar stammt diese Erweiterung der Informationen aus Kirkes Bericht, dessen erste Erzählung über die Sirenen (Homer: *Odyssee*, XII. Gesang, Vers 39-55, S. 601f.) nicht ins Detail geht. Der Inhalt des Gesangs der Sirenen ist verlockend. Sie wissen alles über den trojanischen Krieg und Odysseus' Ruhm. Bei Annährung an die Sireneninsel wird das Erlangen umfangreicheren Wissens auf der Erde versprochen. Die dritte Erzählung von den Sirenen erfolgt nach der Heimkehr von Odysseus zu seiner Frau Penelope. Sie ist im Vergleich zu den anderen zwei Erzählungen so kurz und schlicht, außer bei der Erwähnung des süßen Gesangs. (Homer: *Odyssee*, XXIII. Gesang, Vers 326, S. 759)

Homers Sirenen bedrohen Vorbeifahrende mit ihren durchdringenden Stimmen. Ihr magisch-verzaubernder Gesang wird in den meisten Übersetzungen als „süß" charakterisiert. Etymologisch werden „Sirenen" als göttlich singende Wesen bezeichnet.[10] Das Adjektiv „göttlich" deutet nicht das Dämonische an. Auch die Knochen auf der Insel weisen mehr auf das Jenseits hin, das natürlich nicht mit dem irdischen Familienleben versöhnt werden kann, als auf das Dämonische im Charakter der Sirenen. Was die Sirenen mit dem „Heimkehren" meinen, weist wahrscheinlich ebenso auf die Ruhe im Jenseits hin. Widersprüchlich ist aber, ob es sich bei dem Wissen, das man von Sirenen erwerben kann, nur um das Diesseits handelt. Man nimmt an, dass das Allwissende des Diesseits die Voraussetzung dafür ist, freiwillig in die andere Existenz zu gehen. Auf jeden Fall stellt die Beschreibung der Knochen der verstorbenen Männer eine Bedrohung für Odysseus dar, weil das Ziel seiner Reise sein Zuhause und das Wiedersehen mit seiner irdischen Familie ist. Aus diesem Grund lässt Kirke Odysseus' Ohren offen für

10 Die etymologische Erklärung findet man in: Hofstetter (1990), S. 13. Trüpel-Südel ersetzt Sirenen mit den „göttlichen Singenden". Siehe: Trüpel-Rüdel (1987), S. 12. In der Übersetzung von Johann Heinrich Voß wird den Text als „der zauberischen Sirenen süße Stimme" übersetzt.

den Gesang der Sirenen. Laut der semitischen Etymologie bedeutet der Name „Seiren", „Sir" „Gesang".[11] Nach der griechischen Etymologie wird die Bedeutung von „Seirenes" dagegen mit „bestrickend" oder „fesselnd" beschrieben.[12] Es wird in Homers *Odyssee* nicht deutlich gemacht, wodurch der Gesang der Sirenen eine Freiheitraubende Wirkung hat, da eher dem Zuhörer der Zugang zur „Freiheit" gewährt wird, die wiederum dem irdischen Leben feindlich gegenüber steht. Dies ist eine Grenzerfahrung, die Odysseus sein Ziel nur noch stärker vor Augen sehen lässt. Es geht hier keineswegs um die körperliche Verführung des Menschen, die erst viel später, im Mittelalter, von der christlichen Kirche entgegensetzt wurde zur Rettung der Seele des Menschen. Die sinnliche Verführung durch das offene Gehör ist in der Begegnung des Odysseus' mit den Sirenen jedoch prominent angedeutet, wie auch in späteren Interpretationen, die über die körperliche Lockung der Sirenen vermitteln. Zwar muss hier zwischen Homers Sirenen mit ihrem anmutigen Gesang und ihrem Angebot des Zugangs zum Jenseits, und den dämonisierten, verführerischen Sirenen des Mittelalters unterschieden werden, doch lässt sich nicht leugnen, dass das wichtigste Element, das in den späteren Wassergeistergeschichten enthalten ist, bereits in dieser Szene impliziert zum Ausdruck gebracht wird: Der Anziehungskraft des Wasserwesens ist schwer zu widerstehen, jedoch birgt sie eine lebensbedrohliche Gefahr in sich. Diese zwiespältige Eigenschaft wird später durch den gespaltenen Körper der Sirene, d.h. einen Menschleib mit einem Fisch- oder Schlangenschwanz, anschaulich zum Ausdruck gebracht.

2.1.1.2 Sirenen im Wandel der Zeit: Von der Antike zum Mittelalter

Homers Sirenen fehlt eine Beschreibung ihres Aussehens, die jedoch in Apollonios' Epos *Die Argonauten* konkretisiert wird. Apollonios beschreibt seine Sirenen teils als Vögel und teils als Jungfrauen (Apollonios: *Die Argonauten*, IV. Gesang, Vers 899, S. 177).[13] Die Vogelgestalt der Sirenen lässt vermuten, dass diese Vorstellung der Griechen vom Aussehen der ursprünglich aus Ägypten stammenden Seelenvögeln „Ba", im Griechischen als „Bai" umschrieben, beeinflusst wurde.[14]

---

11 Vgl. Grimm, Jacob und Grimm, Wilhelm (1905), Bd. 10, S. 1231; Vgl. Grübel (1995), S. 46f.; Trüpel-Rüdel (1987), S. 11.

12 Vgl. Grübel (1995), S. 46f.

13 Das ist „die umfangreichste Dichtung der ganzen hellenistischen Zeit und das hervorragendste, uns vollständig erhaltene Heldenepos zwischen Homers Doppeldichtung und Vergils »Aeneis«." Vgl.: Apollonios Rhodios: *Die Argonauten.* Übers. von Thassilo von Scheffer. Leipzig 1940. Die hellenistische Zeit ist die nachklassische Kulturepoche vom Regierungsantritt Alexanders des Großen von Makedonien 336 v. Chr. bis zur Einverleibung des letzten hellenistischen Reiches ins Römische Reich um 30 v. Chr. Sie ist durch die wechselseitige Durchdringung griechischer und orientalischer Kulturelemente gekennzeichnet. Die Zitatnachweise beziehen sich auf die Übersetzung von Thassilo von Scheffer.

14 Über den Grund, warum die Sirenen die Vogelgestalt besitzen, gibt es eine literarische Aussage von Ovid. Nach Ovid wollen die Sirenen Persephone, die von Hades entführt

Anders als Seelenvögel haben Sirenen nicht nur einen Menschenkopf, sondern auch eine Menschenbrust, genauer gesagt einen Frauenkopf und eine Frauenbrust. Weiterhin liefert die Malerei an Vasen der Antike zahlreiche Beispiele für die Vogelgestalt der Sirenen.[15]

Die Sirenen erscheinen in Apollonios' Epos *Die Argonauten* als Mischwesen, in dem Moment, in dem sie eine konkrete Figur mit Klauen und Flügeln annehmen. Heinz Mode teilt das Mischwesen in fünf Kategorien auf:

I. „Tiermenschen": „Mischwesen mit [einem] Menschenleib oder [einem] Tierleib in betont menschlicher Haltung, mit Tierkopf [oder] auch [mit] nur einzelnen Merkmalen tierischer Herkunft".[16] Beispiele hierfür sind verschiedene Teufel und Engel, Satyr, Dionysos' Waldgeister und Begleiter sowie Minotaurus, ein Ungeheuer aus der Vereinigung von Minos' Frau Pasiphae mit einem Stier.
II. „Menschentier": „Mischwesen mit [einem] Tierleib oder in betonter Tierhaltung, in Verbindung mit einem Menschenkopf, einem menschlichen Oberkörper oder anderen rein menschlichen Zügen." Beispiele hierfür sind die Sphinx, die Kentauren und die „Sirenen, sowohl in ihrer Mensch-Vogel- als auch in ihrer Mensch-Fisch-Gestalt".[17] Sie sind die bekanntesten Mischwesen.
III. „Mischtier": „Mischwesen mit [einem] Tierleib und [einem] Tierkopf verschiedener Tiere oder weiteren hinzugefügten Tiermerkmalen"[18], die nicht unbedingt zu diesen Tier-Typen gehören. Beispiele hierfür sind der Greif, der Drache und Pegasus.
IV. „Vervielfachte und vereinfachte Mischwesenkombinationen". Beispiele hierfür sind Tiere, in denen eine Verschmelzung von zwei, vier oder mehr Tierkörpern stattgefunden hat und die alle „in einem gemeinsamen Kopf münden"[19]: Einhörner und doppelköpfige Adler in Wappen.

---

wurde, wieder finden, und bitten deshalb um Flügel. Vgl. Ovidius Naso, Publius: *Metamorphosen.* Buch V. In dt. Hexameter übertr. und mit dem Text, herausgegeben von Erich Rösch. München 1964; Ranke-Graves erwähnt vogelbeinige Sirenen als Personifikationen des Fiebers. Vgl. Ranke-Graves, Robert von: *Griechische Mythologie. Quellen und Deutung.* Reinbek bei Hamburg 1987, S. 445; Stuby leugnet die mögliche Verbindung der Sirenen mit Seelenvögeln, denn sie meint, dass diese Aussage für die Sirenen in der *Odyssee* nicht haltbar ist. Vgl.: Stuby, Anna Maria: *Liebe, Tod und Wasserfrau: Mythen des Weiblichen in der Literatur.* Wiesbaden 1992, S. 37; in Homers *Odyssee* mangelt es an einer genauen Beschreibung der Gestalt der Sirenen, somit ist Stubys Aussage berechtigt. Im Hinblick auf die Vogelgestalt in der Literatur ist jedoch der Zusammenhang der Vogelgestalt der Sirenen mit Seelenvögeln zu berücksichtigen. Beispielsweise in: Mode, Heinz: *Fabeltiere und Dämonen in der Kunst. Die fantastische Welt der Mischwesen.* Stuttgart 1974, S. 105.

15 Siehe: Tafeln und Abbildungen. In: Hofstetter (1990).
16 Mode (1974), S. 18.
17 Ebd., S. 29.
18 Ebd., S. 30.
19 Ebd.

V. „Naturgegebenheiten oder Gegenstände in Menschen- oder Tiergestalt“: „Naturgegebenheiten oder Gegenstände (sind) vermenschlicht oder in Tierform gebraucht und zu neuen Wesenheiten umgeformt, wobei oft nur geringfügige, symbolhafte Hinweise festzustellen sind.“[20] Beispiele hierfür sind in der chinesischen Literatur Baum-Menschen und vermenschlichte Besen.

Dieser Katalog wird deswegen hier ausführlich und der Quellen getreu wiedergegeben, weil er dem Verständnis der Figuren Melusine und der Fuchsgeister behilflich ist. Die Fuchsgeister verwandeln sich zwar in der Regel vollständig von der tierischen Gestalt eines Fuchses in einen menschlichen, weiblichen Körper, erscheinen jedoch unter Umständen, z. B. betrunken und eingeschlafen, in einer Frauengestalt mit einem Fuchsschwanz. In diesen Fällen tragen die Fuchsgeister ebenso die Eigenschaft des Mischwesens und gehören zur Kategorie Menschentier. Die Sirenen sind im reinsten Sinn das so genannte Menschentier. Die Frage ist, wann die Sirenen ihren Vogelleib verlieren und warum?

Stuby[21] und Bessler[22] datieren die früheste vorhandene Darstellung einer fischschwänzigen Sirene auf das Jahr 780 n. Chr. „Auf der Titelseite des Sakramentars von Gellone (…) erkennt man ein Kreuz, mit dem sie [Maria] eine eher liebliche, verschlungene, fischschwänzige Gestalt abzuwehren scheint.“[23] Der Übergang der Sirenen von ihrer Vogelgestalt zum Fischschwanz beginnt nach Benwell und Waugh bereits in hellenistischer Zeit, ca. 350 v. Chr.[24] Als Zeugnis für diesen Übergangsprozess wird eine Terrakottafigur aus Athen (ca. 250 v. Chr.) genannt. Diese Zwischenform besitzt zwar einen Fischschwanz, aber auch ein Paar Flügel. Auf die Frage, warum der Gestaltenwandel von einem Vogelleib zum Fischschwanz stattfindet, gibt es verschiedene hypothetische Antworten. Eine Hypothese geht von der Herkunft der Sirenen aus. Ihr Vater, Acheloos, besitzt als Flussgott einen Fischschwanz. Die Sirenen, die als seine Töchter immer in der Umgebung von Wasser vorkommen, sollen zweifellos gleichermaßen einen Fischschwanz haben.[25] Die zweite Hypothese geht von der kulturellen Bedeutung des Wassers aus. „Im Element des Wassers sind das Mysterium von Leben und Tod unauflösbar miteinander verbunden.“[26] Diese Erklärung eignet sich mehr für die später entstandene Literatur als für den Wandel der Gestalt. Eine weitere Hypothese geht davon aus, dass der Fischschwanz die sexuelle Komponente intensiviert.[27] Eine Gestalt mit Krallen und Vogelleib hingegen ist nicht verführerisch,

20 Ebd., S. 31.
21 Stuby (1992), S. 42.
22 Bessler (1995), S. 34.
23 Ebd.
24 Benwell und Waugh (1962), S. 38ff.
25 Vgl. Ebd., S. 39.
26 Stuby (1992), S. 42.
27 Ebd.

sondern „abstoßend“.[28] Ein Fischschwanz könnte unter dem Wasser verborgen werden. Der Oberkörper, der als Frauenkörper dargestellt wird, ist so sinnlich wie der zauberhafte Gesang der Sirenen. Unter diesem Aspekt fällt der Gestaltenwandel der Sirenen mit ihrer Dämonisierung im Mittelalter zusammen.

Die Sirenen in der vorher erwähnten Literatur werden dort noch nicht negativ gesehen, obwohl ihre Gegenwart eine Gefahr andeutet. Ein schriftliches Dokument, das einer negativen Stimme Ausdruck gibt, ist *der Physiologus* aus dem 2. Jahrhundert n. Chr. Unter dem Stichwort der Sirenen lesen wir:

> Die Sirenen sind todbringende Wesen im Meere. Aber wie die Musen selbst singen sie lieblich mit ihren Stimmen. Und die Vorüberfahrenden, wenn sie ihre Stimme hören, stürzen sich selbst ins Meer und gehen zu Grunde. Die Gestalt haben sie halbteils, bis zum Nabel, eines Weibes, zur Hälfte aber haben sie die Gestalt eines Vogels.[29]

Grübel hat die Neuigkeit der Deutung im *Physiologus* scharf ins Auge gefasst.[30] In der Argonautensage stürzt sich nur Butes ins Meer, während in dieser Darstellung die Idee als „Opfer der Sirenen“ verallgemeinert wird. Der *Physiologus* ist neben der *Bibel* ein weit verbreitetes Buch. Diese Tatsache zeigt, dass die uralten Beziehungen des Menschen zum Tier immer noch lebendig sind.[31] Die christliche Kirche benutzt mit der Zeit ebenso Tiere als Symbole, denn sie „wurden mit der Verbreitung des Christentums sichtbare Zeichen einer unsichtbaren Wirklichkeit“[32]. Die Sirenen als weibliche Zwitterwesen zwischen Mensch und Tier symbolisieren lüsterne Verführung und verderbende Verlockung. Das Mittelalter duldet auch keine Frauenstimmen im christlichen Männerchor. Selbst im 17. und bis weit ins 18. Jahrhundert hinein singen Männer (Kastraten) noch die Rollen der Frauen in der italienischen und deutschen Oper. Die Dämonisierung der Sirenen durch die christliche Kirche des Mittelalters ist daher unvermeidlich, denn im Christentum finden sich Körper und Seele in Opposition zueinander.

2.1.1.3 Vorläufer der Motivkonstellation für die Mahrtenehe: Amor und Psyche

Als Panzer den Begriff der Mahrtenehe zum ersten Mal vorlegt, führt er als Merkmale dieser Motivkonstellation Folgende auf. Die Hauptrollen verkörpern ein sterbliches und ein unsterbliches Wesen. Sie werden sich aus einem bestimmten Grund für eine kurze Zeit trennen. Das übernatürliche Wesen verbietet dem irdischen, seine Herkunft zu verraten, weil sie sich infolgedessen verlassen müssten. Das irdische Wesen überschreitet die vereinbarte Grenze und das übernatürliche Wesen verschwindet. Das schuldige sucht das verletzte Wesen und findet es

---

28 Ebd.

29 Seel, Otto (Übertragen und erläutert): *Der Physiologus.* Zürich 1995, S. 23.

30 Vgl. Grübel (1995), S. 64.

31 Vgl. Blankenburg, Wera von: *Heilige und Dämonische Tiere. Die Symbolsprache der deutschen Ornamentik im frühen Mittelalter.* Köln 1975, S. 33.

32 Bessler (1995), S. 38.

wieder.[33] Lecouteux greift im Rahmen der Melusinensage abermals auf Panzers Mahrtenehe zurück und kategorisiert die Vor-Melusinensagen in zwei Gruppen. Die erste Gruppe enthält Erzählungen von der gestörten Mahrtenehe und verdeutlicht die wichtigen Handlungszüge; die andere erzählt von Schlangenweibern und akzentuiert die Charakterisierung der Protagonistin.[34] Spiewok unterstreicht ebenso den körperlichen Zwiespalt und die entsprechende charakteristische Spaltung der Wassergeister.[35] Die zwei Merkmale der Sirenen wurden bereits erörtert. Im Folgenden rückt der Vorläufer der Motivkonstellation der Mahrtenehe in den Vordergrund.

Lecouteux setzt den Mythos von Amor und Psyche in den Kontext der Entstehung der Melusinensage, geht jedoch nicht näher darauf ein. Als Grund nennt er, sie stehe nicht „in unmittelbarer Beziehung zu den Berichten von Jehan d'Arras und Couldrette"[36], die die Autoren der französischen Melusine-Geschichten sind. Dennoch lässt sich die Ähnlichkeit der Motivkonstellation der Mahrtenehe in der mythischen Erzählung von Amor und Psyche erkennen. Die Apuleius-Erzählung wird zum Beispiel im Zusammenhang mit dem Erzähltyp „übernatürliche Partnerin" [37] und dem Motiv des Verbots[38], dem Kern der Mahrtenehe nach Panzer, erwähnt. Um die Beziehung der Melusinensage zum Mythos zu untersuchen, nehme ich die Amor-Psyche-Erzählung[39] von Apuleius[40] von Madaura[41] als meinen Forschungsgegenstand und verzichte auf die Vorläufer aus den anderen Kulturen.[42] Apuleius' Erzählung hat ihre Berühmtheit insbesondere

---

33 Vgl. Albrecht (1902), S. LXXIIIff.

34 Lecouteux (1979), S. 76.

35 Spiewok (1994), S. 173.

36 Lecouteux (1979), S. 76.

37 Vgl. Wawer (2000), S. 7.

38 Kohler, Josef: Der *Ursprung der Melusinensage. Eine ethnologische Untersuchung.* Leipzig 1895, S. 17 und S. 21.

39 In Apuleius' lateinischem Original findet man lediglich den römischen Namen Cupido. Amor, ebenso ein römischer Name, ist wahrscheinlich deswegen üblicher geworden, weil die bildliche Darstellung vor dem 2. Jahrhundert den Namen „Amores" trägt. Siehe: Grimal, Pierre: *Die Bedeutung der Erzählung von Amor und Psyche.* In: Binder, Gerhard und Merkelbach, Reihnhold: *Amor und Psyche.* Darmstadt 1968, S. 1-15, hier S. 3. Der griechische Name von Amor ist Eros.

40 Lucius Apuleius (125-170) ist ein römischer Schriftsteller und Philosoph.

41 Madaura ist eine römische Kolonie in der Provinz Afrika (heute: Mdauruch in Algerien). Siehe: Apuleius: *Metamophosen oder der goldene Esel. Lateinisch und Deutsch von Rudolf Helm.* Berlin 1956, S. 1.

42 Lecouteux hat einige Namen der Vorläufer der Melusinensage genannt. Vgl. Lecouteux (1979), S. 73-84; eine ausführliche vergleichende Studie der Erzählungen mit der Motivkonstellation der Mahrtenehe ist in Kohlers Monographie zu finden. Vgl. Kohler (1895). Kohler berichtet von einer tibetanischen Sage von der Manohara. Ebd., S. 7; Thompson zieht Grahams *new Ch'uan Miao collection* heran, um seinen Index des Motivs,Tabu: offending supernatural relative' herauszuarbeiten. Grahams Arbeit bezieht sich lediglich auf die Volksgeschichten aus den Nationalitäten *Zhuang* 壮 und *Miao* 苗 Chinas. Vgl. Thompson (1955), Bd. 1, S. 499ff.; Eberhard arbeitet ebenso an Volkserzählungen und schließt die li-

durch die bildende Kunst gewonnen, was bereits im 4. Jahrhundert n. Chr. bezeugt wird,[43] und den „nachhaltigen Einfluss bis in die neueste Zeit“[44] erlangt. Ich möchte an dieser Stelle ausdrücklich auf die Umkehrung der Geschlechtsrollen hinweisen: In der Erzählung *Amor und Psyche* spielt Amor die übernatürliche Rolle, während diese Rolle in der Melusinensage weiblich ist.

Apuleius' Erzählung von Amor und Psyche, als Einschub in die Haupthandlung des abenteuerlichen Romans *Metamorphosen* (oder etwa 250 Jahre später *Der goldene Esel*, wie ihn Augustinus nennt), zeigt sowohl durch ihren Umfang (IV 28 – VI 24) als auch durch ihre Stellung in der Mitte des Romans (Buch IV bis Buch VI in 11 Büchern) ihre wichtige Bedeutung auf. Die *Metamorphosen* als Sammlung von Geschichten in Versform berichten vom Helden Lucius, wie er durch einen Magierfehler irrtümlich in eine Eselsgestalt verwandelt und von einer Räuberbande als Beute mitgenommen wird, und was er mit dieser Bande erlebt. Die mythische Erzählung wird erzählt, um ein geraubtes Mädchen zu trösten.

Die mythische Erzählung von Amor und Psyche lässt sich folgendermaßen zusammenfassen: Psyche, eine Königstochter, gewinnt einerseits durch ihre unerreichbare Schönheit den Ruf der „zweiten Venus“ auf Erden, leidet andererseits aber unter dem Mangel an Freiern. Die Bewunderung ganzer Völer löst Rachegefühle bei Venus aus. Sie beauftragt ihren Sohn Amor, Psyche zu bestrafen, indem Amors Pfeil Psyche mit einem Menschen niedrigen Standes verbindet. Amor hat jedoch den Auftrag seiner Mutter nicht vollendet, weil er sich in Psyche verliebt. Zephyrus, der Gott des Westwindes, trägt sie von dort zu Amors Palast. Amor kommt unsichtbar, um Psyche zur Frau zu machen, und stellt die Bedingung, dass Psyche niemals nach seiner Gestalt forscht, als Gegenleistung für seine Zustimmung zu Psyches Treffen mit ihren Schwestern, da sich sonst ihr Glück zum Unheil wendet. Die Schwestern erwecken beim dritten Besuch, zu dem Psyche Amor später noch einmal überredet hat, aus böser Absicht Psyches Neugier, nach der Gestalt ihres Gemahls zu forschen. Psyche erinnert sich an den Orakelspruch und verdächtigt Amor als Ungeheuer. Nach dem Vorschlag ihrer Schwestern nimmt Psyche ein Messer, um sich vom Ungeheuer zu retten. Überraschend bewundert im Licht Psyche Amors göttliche Gestalt. Aus Neugier betastet sie

---

terarischen Erzählungen aus. Kurz hat er die literarischen Fuchserzählungen erwähnt, ohne dass eine systematische Motivforschung stattfindet. Vgl. Eberhard (1937), S. 373.

43 Die antike Kunst hat des Apuleius Erzählung kaum direkt beeinflusst; doch lässt sich schon für das 4. Jh. in der bildenden Kunst die Verbindung von Eros und Psyche nachweisen, und zwar sowohl Eros mit dem die menschliche Seele versinnbildlichenden Schmetterling als auch Eros mit Psyche in der Gestalt eines Mädchens mit Flügeln auf dem Rükken. Schon ein Ohrgehänge, gefunden in der Krim in einem Holzsarkophag vom Ende des 4. oder Anfang des 3. Jh. v. Chr, zeigt Eros, wie er einen Schmetterling bei den Flügeln gefasst hat. Vgl. Waser, O.: *Psyche.* In: Roscher, Wilhelm Heinrich: *Ausführliches Lexikon der griechischen und römischen Mythologie.* In 7 Bänden, hier Bd. 3. Hildesheim 1965, Abt. 2, S. 3201-3256, hier S. 3240; weitererhin Vgl. Grimal (1968), S. 1-15, hier S. 3.

44 Helm, Rudolf: *Das ‚Märchen' von Amor und Psyche.* In: Binder, Gerhard und Merkelbach, Reihnhold (Hrsg.): *Amor und Psyche.* Darmstadt 1968, S. 175-234, hier S. 175.

Amors Pfeil und verletzt sich dabei am Finger. Die Bewunderung endet in Trauer, weil ein Tropfen siedenden Öls Amor aufweckt und er, ohne ein Wort zu sagen, Psyche verlässt, wovor er sie vorher gewarnt hatte. Psyche erledigt alle Aufgaben, die Venus ihr in der Folge stellt, bis auf die Büchse, die nicht geöffnet werden darf und trotzdem von Psyche geöffnet wird. Psyche fällt in einen todähnlichen Schlaf. Amor rettet sie und bittet Zeus, sie zu den Unsterblichen zu erheben. Zeus vermählt die unsterbliche Psyche mit dem unsterblichen Amor. Die folgende Analyse konzentriert sich auf die Begegnung von Amor und Psyche, sowie die Äußerung und die Überschreitung des Verbots. Die zwei Motive der Suche und des Wiederfindens der Liebenden werden hier nicht berücksichtigt, weil sie nur in einzelnen Texten der Melusinensage vorkommen.

In der Motivkonstellation der Mahrtenehe ist die Begegnung mit Amor für Psyche nicht visuell, denn sie kann Amor nicht sehen, sondern nur hören und fühlen. Psyches Sympathie dem unsichtbaren Partner gegenüber wird durch den prachtvollen Palast und die freundliche Bedienung gewonnen. Alles bezeugt, dass der Palastherr eine ähnliche Herkunft hat wie Psyche. Trotzdem ist Psyche in der ersten Nacht ängstlich. In der Anfangsphase „liebt" Psyche Amor nicht, sondern sie gewöhnt sich einfach daran, von ihm „geliebt" zu werden und hat lediglich ihre „Freude" (Apuleius: *Metamorphosen*, Erster Teil, Fünftes Buch, S. 139) daran.[45] Leidenschaftliche Liebe zwischen den beiden entsteht in dem Moment, als Psyche Amors Antlitz zum ersten Mal im Licht sieht, noch nicht. Erst nachdem sie daraufhin die Schärfe seines Pfeils geprüft und sich dabei am Finger verletzt hat, verliebt sie sich in der Folge leidenschaftlich in Amor, denn er besitzt Zauberkraft, von der er hier Gebrauch macht. Bei dieser Begegnung zeichnet sich ab, dass das Aussehen des überirdischen Wesens in der Liebesaffäre der Partner und in dem Zustandekommen einer Mahrtenehe ganz allgemein eine nicht unwesentliche Rolle spielt, was zwar hier im Liebesverhältnis von Amor und Psyche zwar umgekehrt der Fall ist, denn es ist Psyches Schönheit, die Amor bei seinem heimlichen Anblick von ihr bannt und ihn den Auftrag seiner Mutter vergessen lässt.

Das Verbot ist nach Panzer[46] der Kern der Motivkonstellation der Mahrtenehe in der europäischen Literatur. Es geht um einen Pakt oder einen Vertrag zwischen dem Menschen und dem überirdischen Wesen. Pakte oder Verträge können schriftlich oder mündlich abgeschlossen werden. Aufforderungen, Versprechen und Festlegungen sind die wichtigsten drei Akte der Vertragsschließung[47]. Aufforderungen[48] kommen von dem übernatürlichen Geschöpf. Es verfügt über die übernatürliche Macht und Magie und ahnt die Gefahr, die seine Liebesbezie-

45 Ich zitiere die Übersetzung von *Rudolf Helm*.

46 Vgl. Albrecht (1902), S. LXXIIIff.

47 Scholz Wiliams, Gerhild und Schwarz, Alexander: *Existentielle Vergeblichkeit. Verträge in der Mélusine, im Eulenspiegel und im Dr. Faustus*. Berlin 2003, S. 14.

48 In der Literatur über die Mahrtenehe ist der Terminus „Aufforderung" zugleich als *Warnung*, *Bedingung* und *Verbot* zu verstehen.

hung mit dem sterblichen Menschen bedroht. Amor ist ein Gott und sieht bei Psyches Bitte um das Treffen mit ihren Schwestern diese Gefahr voraus. Um Psyche glücklich zu machen, entscheidet sich Amor für einen Kompromiss, doch mit einer Aufforderung: Psyche kann ihre Schwestern im Palast empfangen, jedoch darf Psyche ihren Schwestern nicht leichtfertig Glauben schenken. Sie fragt weder nach dem Warum noch nach den Folgen, falls sie ihr Versprechen bricht. Williams und Schwarz greifen diese Besonderheit des Vertragsabschlusses im Beispiel von Arras-Melusine auf: „Obwohl es zu den konstituierenden Regeln der Vertragsschließung gehört, dass Verträge im vollen Bewusstsein dessen abgeschlossen werden, wozu beide Vertragspartner verpflichtet sind, gibt es in der Arras-Melusine viele Situationen, wo die narrative Spannung dadurch erzeugt wird, dass sich ein Partner seinem Gegenüber gerade eben ohne dieses Bewusstsein vertraglich verpflichtet."[49] So reagiert Psyche auf dieses Versprechen: „Aber ich will ja eher hundertmal sterben, als dies süße Zusammenleben mit dir entbehren." (Apuleius: *Metamorphosen*, Erster Teil, Fünftes Buch, S. 141). Mit diesen Worten untermauert Psyche ihr Versprechen, zeigt jedoch zugleich indirekt, dass sie sich der schlimmen Folge bewusst ist, sollte sie ihr Versprechen nicht einhalten: der Trennung von Amor. Trotzdem fragt Psyche nicht nach den Gründen für ihre Verpflichtung, die ihr auferlegt wird. Diese Unkenntnis über die Gründe wiederholt sich in der Motivkonstellation der Mahrtenehe, vor allem im Kernmotiv „Vertragsabschlusses". In den Wassergeister- und Fuchsgeistergeschichten sind es die weiblichen Geisterwesen, auf die die unbegründete Aufforderung narrativ zurückgeführt wird. Der Protagonist, dem sein Bewusstsein zunehmend genommen wurde, bildet hier den Hintergrund.

Bemerkenswert ist weiterhin die Geduld des übernatürlichen Wesens, während des Vertragbruchs. Über Psyches Betrachtung des Zauberwesens bei Licht wird ausführlich berichtet. Amor erwacht erst, als ein Tropfen siedenden Öls auf seine rechte Schulter fällt. Er soll erst in diesem Moment den Vertrauensbruch wahrgenommen haben, wie der Erzähler behauptet.[50] Amor spricht an einer späteren Stelle in Apuleius' *Metamorphosen* von Psyches unerfüllter Absicht, sein Haupt mit einem Messer abzuschneiden, als er von einem dem Palast weit entfernten Gipfel mit Psyche den Anfang und das Ende ihrer Liebesbeziehung bis zu diesem Moment ihrer Trennung bespricht. Seine übernatürliche Fähigkeit spricht dafür, dass Amor Psyches heimliche Betrachtung seiner Gestalt wahrgenommen hat. Er tut jedoch so, als würde er immer noch schlafen, d.h. er duldet das Verletzen seines Verbots, bis Psyche Amor versehentlich mit einem Tropfen Öl an der Schulter verletzt. Ich sehe in dieser Szene eine symbolische Bedeutung der Ver-

---

49 Scholz Williams und Schwarz (2003), S. 22.

50 „So verbrannt, sprang der Gott auf, und, wie er den schmählichen Vertrauensbruch sah, der da aufgedeckt war, flog er ohne ein Wort geradeswegs aus den Küssen und Händen seiner unglücklichen Gattin davon." (Apuleius: *Metamorphosen*, Erster Teil, Fünftes Buch, S. 155).

letzung, die ebenso mit der späteren literarischen Bearbeitung des Trennungsmotivs verbunden ist.

Die einzelnen Motive, die in der Amor-Psyche-Erzählung in Bezug auf die Motivkonstellation der Mahrtenehe entwickelt werden, führen ihr literarisches Leben in den Melusine- und Undine-Erzählungen weiter.

2.1.2 Fuchsgeister

Die Suche nach der Tradition der literarischen Vorläufer lässt sich in der chinesischen Kultur des Fuchses ebenso, wie in der westlichen Kultur des Wassergeistes, beobachten. Das auf kaiserlichen Befehl zusammengestellte, von Li Fang 李昉 (925-996) kompilierte Werk *Erweiterte Aufzeichnung aus der Regierungsperiode Taiping* beinhaltet neun Kapitel über Fuchsgeister, die in den frühen Dynastien niedergeschrieben wurden. Pu Songling lässt in seiner Fuchsgeistergeschichte *Qingfeng* 青凤 (*[Eine Füchsin] namens Qingfeng*) einen alten Fuchsgeist, den Vater der gleichnamigen Protagonistin, behaupten, dass Tushans Tochter (Tushan-shi 涂山氏)[51] Ahnherrin der Fuchsgeister sei. Dieser weite Rückgriff auf den Gründungsmythos in der chinesischen Geschichte handelt von der Geschichte zwischen Yu 禹, dem Mitbegründer der ersten legendären Dynastie, der Xia-Dynastie,[52] und der Protagonistin Tushan-shi. Für die Xia-Dynastie existieren im Vergleich zur folgenden Dynastie, der Shang-Dynastie 商 (ca. 16. Jh. v. Chr. bis ca. 11. Jh. v. Chr.), keine zeitgenössischen schriftlichen Texte, und es wird daher von vielen an ihrer Existenz gezweifelt.[53] Im Folgenden werden die entsprechenden literarischen Überlieferungen über Füchse[54] analysiert und die Antwort auf zwei Fragen angestrebt: Erstens werden die frühen Tushan-shi-Texte hinsichtlich ihrer Beziehung zum

---

51 Nach der chinesischen Mythologie ist Tushanshi Yus 禹 Frau. Yus Sohn begründet die Xia-Dynastie Vgl. Franke, Otto: *Geschichte des chinesischen Reiches.* Berlin und Leipzig 1930, S. 61ff.

52 Es ist umstritten, ob Yu 禹, nicht sein Sohn Qi 启, als Gründer der legendären Xia-Dynastie angesehen werden kann. Die Argumention für Qi wird damit begründet, dass Qi mit der Tradition bricht, dass der König vom letzten König empfohlen und von allen Stämmen bestätigt wird, und sich selbst zum König krönt. Doch gerade diese Gründung des Erbsystems erteilt dem Gegenargument gegen Qi als Gründer dieser Dynastie das Recht, weil Yu als Erster das Königreich Xiahou 夏后 nennt und als Vater des Königs Qi nach dem Erbsystem dazu berechtigt ist, als Gründer der Xia-Dynastie angesehen zu werden. Zhang Ziwen fasst in seiner historischen Monographie über die chinesischen Dynastien die beiden Meinung dadurch zusammen, dass beide zusammen die Xia-Dynastie gegründet haben. Siehe: Zhang Ziwen 张自文: *Zhongguo de wangchao he diwang* 中国的王朝和帝王 [*Dynastien, Könige und Kaiser Chinas*]. Changsha 1992, S. 38.

53 Dagegen ist die Existenz der Shang-Dynastie durch die so genannte Orakelinschrift aus dieser Zeit bestätigt.

54 Statt des Begriffs Fuchsgeist wird die allgemeine Bezeichnung Fuchs (*fu* 狐) verwendet, da die literarische Figur Fuchsgeist in der damaligen Zeit noch nicht existiert. Im Chinesischen gibt es weder Femininum noch Maskunilum. Das Schriftzeichen *fu* 狐 beinhaltet sowohl Fuchs als auch Füchsin.

Neunschwanzfuchs kritisch betrachtet. Es wird gefragt, wie diese Beziehung in den Urfassungen entstanden ist. Zweitens werden die frühen Tushan-shi-Texte hinsichtlich ihrer Charakterisierung untersucht. Es stellt sich dabei die Frage, inwieweit die Tushan-shi den späteren Fuchsgeistern charakteristisch ähnlich ist.

2.1.2.1 Tushan-shi und die neunschwänzige Füchsin

Die Frage, ob die Tushan-shi, wie in Pu Songlings Fuchsgeistergeschichte *Qingfeng* behauptet, die Ahnherrin der Fuchsgeister ist, kann nur nach genauer und kritischer Analyse der alten Tushan-shi-Texte beantwortet werden. Die Geschichte zwischen Yu und der Tushan-shi findet man in den alten Quellen, z. B. im *Tian wen* 天问 (*Die Himmelsfragen*) von Qu Yuan 屈原 (ca. 340 v. Chr. bis 278 v. Chr.) und im *Wu Yue chunqiu* 吴越春秋 (*Die Frühlings- und Herbstannalen von Wu und Yue*) von Zhao Ye 赵晔 (1. Jh. n. Chr.). Unter den zahlreichen Variationen taucht die neunschwänzige Füchsin aber nicht sehr oft auf. Im *Wu Yue chunqiu* wird die Geschichte von Yu und der Tochter von Tushan mit der neunschwänzigen Füchsin in Zusammenhang gebracht.

> 禹三十未娶, 行到涂山, 恐时之暮, 失其度制 , 乃辞云: "吾娶也, 必有应矣。"乃有白狐九尾造于禹。禹曰: "白者, 吾之服也。其九尾者, 王之证也 。涂山之歌曰:
> '绥绥白狐,
> 九尾庬庬。
> 我家嘉夷,
> 来宾为王。
> 成家成室,
> 我造彼昌。
> 天人之际,
> 于兹则行。'
> 明矣哉!"
> 禹因娶涂山, 谓 之女娇。[55]
>
> Yu sanshi wie qu, xing dao Tushan, kong shi zhi mu, shi qi duzhi, nai ci yun: „Wu qu ye, bi you ying yi."Nai you baihu jiuwei zao yu Yu. Yu yue: „Bai zhe, wu zhi fu ye. Qi jiuwei zhe, wang zhi zheng ye. Tushan zhi ge yue:
> 'Suisui baihu,
> jiuwei mangmang,
> wo jia jiayi,
> laibin wei wang.
> Chengjia chengshi,
> wo zao bichang.
> Tianren zhiji,
> yu zi ze xing.'

---

[55] Zhao Ye 赵晔: *Wu Yue chunqiu quanyi* 吴越春秋全译 [*Die Frühlings- und Herbstannalen von Wu und Yue. Eine vollständige Übersetzung* (vom klassischen Chinesischen ins Hochchinesische)]. Erläutert und übersetzt von Zhang Jue 张觉. Guiyang 1993, S. 248.

Ming yi zai! "
Yu yin qu Tushan, wei zhi Nüjiao.

Yü war in seinem dreißigsten Lebensjahr noch nicht verheiratet. Er kam auf seiner Reise zum T'u-shan [Tu-Berg]. Er fürchtete, dass seine Zeit auf den Abend zugehe und er keine Erben haben werde. Dann sagte er[56]: „Wenn ich heirate, dann muß es doch ein entsprechendes Vorzeichen geben." Es geschah, dass sich ein weißer Fuchs mit neun Schwänzen bei Yü meldete. Yü sagte: „Weiß, das ist mein Kleid. Neun Schwänze, das ist ein Beweis für die Königswürde." Im T'u-shan-Lied heißt es somit völlig klar[57]:
„Wie heimlich schleicht der weiße Fuchs,
Neunfach geschwänzt und gut genährt.
(Ich nahm ein I-Barbarenweib[58],
Ich kam als Fremdling und soll König sein.)
Nahm' eine Frau und bau' ein Haus,
Zur Hauptstadt bau ich Pi-chang(?) aus.[59]
Was Himmlisch und was Menschlich sei,
Das bracht' man somit auf die Reih'."
Yüeh[60] heiratete darauf am T'u-shan und nannte (seine Frau) Nü-chiao.[61]

---

56 Hier habe ich die Phrase „mit Worten" von Werner Eichhorn nicht übernommen.

57 Hier würde ich den chinesischen Text wie folgt übersetzen: Es wurde das T'u-Shan-Lied gesungen.

58 *Yi* 夷 ist eine alte Bezeichnung für Stämme im Osten des chinesischen Reiches. Am Anfang der chinesischen Geschichte entwickelt sich der Stamm *huaxia* 华夏 durch Kriege und Eheschließungen unter verschiedenen Stämmen, der sein Machtgebiet am Mittel- und Unterlauf des Huanghe-Flusses als zentrales Gebiet ansieht und sich im Vergleich mit anderen Nachbarstämmen als ein hochkultivierter Stamm einschätzt. Der Stolz auf die eigene Kultur des Stammes *Huaxia* zeigt sich in der Erklärung seiner eigenen Bezeichnung. Im Kommentar zum *Zuo zhuan* 左传 (*Die Überlieferung des Zuo*) aus der Tang-Zeit steht: Das Reich der Mitte hat großartige Rituale, daher kommt die Bezeichnung *hua* 华 und besitzt schöne Kleidung, daher kommt die Bezeichnung *xia* 夏. Die von den *Huaxia* den Nachbarstämmen gegebenen Bezeichnungen sollen ihre Verachtung gegenüber unkultivierten Stämmen ausdrücken. Die Bezeichnungen z. B. *yi* 夷 (für Stämme im Osten), *man* 蛮 (für Stämme im Süden), *rong* 戎 (für Stämme im Westen) und *Di* 狄 (für Stämme im Norden) könnten die Verachtung im Schriftzeichen ausdrücken, die sich durch ihre Zeichenbestandteile mit der Bedeutung von Tieren erklären ließen. Beispielsweise hat im Schriftzeichen 蛮 *man* der Zeichenbestandteil 虫(chong) die Bedeutung von „Wurm", während im Schriftzeichen *di* 狄 der Zeichenbestandteil „犭" die Bedeutung von „Hund" hat. Diese Ansicht ist jedoch umstritten. Die Frage ist, ob die Verachtung die ursprüngliche Absicht oder eine spätere Interpretation ist. Der Inhalt der Bezeichnung für die vier Regionen, einschließlich der altertümlichen Bezeichnung für China als *huaxia* 华夏 ändert sich in der chinesischen Geschichte, je nach dem Zustand der Vermischung verschiedener Stämme.

59 Das Fragezeichen stammt vom Übersetzer Eichhorn. Diesen Vers würde ich folgendermaßen übersetzen: Ich sorge für ihr Blühen und Gedeihen.

60 Yüeh 越 ist nach Eichhorns Gebrauch die Lateinumschrift der chinesischen Bezeichnung des Königreichs Yue (wie im Buchtitel: *Die Frühlings- und Herbstannalen von Wu und Yue* 吴越春秋). Yü 禹 (nach der von ihm verwendeten Umschrift) ist dagegen der Mitbegründer der Xia-Dynastie. Dem Übersetzer Werner Eichhorn ist an dieser Stelle ein Fehler unterlaufen.

61 Eichhorn, Werner: *Heldensagen aus dem Unteren Yangtse-Tal* (Wu-yüeh Ch'un-ch'iu). Wiesbaden 1969, S. 84f.

Hua Shixin weist auf eine Abweichung im ebenso von Li Fang kompilierten Werk *Die auf kaiserlichen Befehl entstandene Enzyklopädie der Regierungsperiode Taiping* hin. Es heißt Hua Shixins Zitat aus dieser Kompilation:

> 禹年三十未娶，行涂山，恐时暮失。辞曰："吾之娶也，必有应巳(已？)矣。"乃有白狐九尾而造于禹，曰："白者，吾服也，九尾者，王证也。"于是，涂山人歌曰："绥绥白狐，九尾痝痝，成子家室，我都彼昌。"禹因娶涂山女。[62]
>
> Yu nian sanshi wei qu, xing Tushan, kong shi mu shi. Ci yue: „wu zhi qu ye, bi youying si (yi?) yi. " Nai you baihu jiuwei er zao yu Yu, yue: „Bai zhe, wu fu ye, jiuwei zhe, wang zheng ye." Yu shi, Tushan ren ge yue: „suisui baihu jiuwei mangmang cheng zi jiashi wo du bi chang. " Yu yi qu Tushan-nü.

Eine Übersetzung dieses Textes ist nicht nötig, weil der Inhalt des Textes fast dem des letzteren gleicht. Der entscheidende Unterschied in den zwei Texten ist, dass die Füchsin mit den neun Schwänzen selbst prophezeit, dass Yu König wird. Huas Betonung liegt nach dem Vergleich der zwei Überlieferungen auf der Figur des neunschwänzigen Fuchses, der im *Wu Yue chunqiu* bloß eine Glücksverheißung bringt und keine handelnde Figur ist, während der neunschwänzige Fuchs in *Die auf kaiserlichen Befehl entstandene Enzyklopädie der Regierungsperiode Taiping* die Verheißung verkündet und eine aktive Rolle spielt. Die menschlichen Charakterzüge der Figur des neunschwänzigen Fuchses gleichen in Huas Augen dem späteren Fuchsgeist in der Literatur.[63] Huas Versuch, die Vorgeschichte der Fuchsgeschichten zu verfolgen, ist zwar interessant, basiert jedoch leider auf einer unzuverlässigen Quelle. Verglichen mit der Überlieferung in der *auf kaiserlichen Befehl entstandenen Enzyklopädie der Regierungsperiode Taiping* des *Taiping yulan* hat Hua Shixins Zitat das Subjekt *Yu* 禹 (der Protagonist) vor dem Prädikat *yue* 曰 (sagt) Yu" gefehlt.[64] Dieses fehlende Subjekt deutet zweifellos darauf hin, dass die handelnde Figur Yu ist und nicht der Fuchs. Hua Shixins Schlussfolgerung ist demzufolge unbegründet. Nach beiden Texten ist jedoch noch immer nicht klar, ob der Fuchs mit der Tushan-shi identisch ist. Vor diesem Hintergrund ist Hua Shixins zweites Argument interessant, das für die Identität von Tushan-shi mit dem Fuchs spricht und das sich auf einen Analogieschluss stützt. Hua Shixin führt aus, wie Gu Jiegang 顾颉刚 (1893-1980) und Tong Shuye 童书业 (1908-1968) in ihrer Aufsatzsammlung *Xiashi sanlun* 夏史三论 (*Drei Aufsätze zur Xia-Dynastie*) die Identität der Frau von Yuezheng Kui 乐正夔 (Musikmeister Kui)[65], der Frau von Yi 羿 und der Frau von Hanzhuo

---

62 Hua Shixin 华世欣: *Yu he Tushanshi de chuanshuo tanwei* 禹和涂山氏的传说探微 [*Detaillierte Untersuchungen über die Geschichte von Yu und Tushan-shi*]. In: *Zhongguo gudai jindai wenxue yanjiu* 中国古代近代文学研究 [*Die Studie der alten und neueren Literatur Chinas*]. 4 (1987), S. 35-42, hier S. 35ff.

63 Ebd., S. 37f.

64 Li Fang 李昉 (1960), Bd. 4, j. 909, S. 4030.

65 Die Frau von Yuezheng Kui 乐正夔 (Musikmeister Kui) heißt Xuanqi 玄妻, ein Wort, dessen wörtliche Bedeutung „schwarze Dame" ist. Vgl. Liu Xiang 刘向: *Lienü zhuan* 列女传 [*Überlieferungen von Frauen*]. In: *Sibu beiyao* 四部备要 [*Essentials der Vier Abteilungen*]. Herausgegeben von Lu Feida 陆费达. Taibei 1981, j. 3.

寒浞[66] belegt. Anschließend verwendet er Gus Annahme, die nicht weiter ausführlich diskutiert wird[67], als Feststellung, dass diese Frauenfigur eigentlich eine schwarze Füchsin ist.[68] Die eheliche Beziehung der Tushan-shi als eine Neunschwanzfüchsin mit Yu ist daher analogisch möglich. Diese Identität bestätigt der literarische Kritiker Li Chenyu 李陈玉 (17. Jh.). Er merkt zu Dichter Qu Yuans 屈原 (ca. 4 Jh. v. Chr. bis 3. Jh. v. Chr.) *Tian wen* an, dass die Tushan-shi nach alten Überlieferungen eine neunschwänzige Füchsin ist, die Yu in Taisang trifft. [69] Ob Hua Shixins Behauptung von Pu Songlings Erzählung *Qingfeng* beeinflusst wurde, in der die Tushan-shi die Ahnherrin der Fuchsgeister sei und ob sich die Ehe des Fuchsgeistes mit Yu literarisch begründen lässt, dazu findet man keine Beweise in Hua Shixins Artikel. Aufgrund dieser beiden Argumente scheint mir unmöglich, auf die Übereinstimmung von Tushan-shi mit der Füchsin zu schließen.

Hua Shixins dritter Versuch, die Tushan-shi anhand anderen alten Texte zu charakterisieren, zeigt eine Ähnlichkeit der Tushan-shi und der späteren literarischen Figuren Fuchsgeist. Im *Tian wen* sind die einzelnen Elemente der Geschichte von Yu und der Tushan-shi enthalten.

[禹之力献功,	[Yu zhi li xian gong,
降省下土四方。]	jiang sheng xiatu sifang.]
焉得彼涂山女,	yande bi Tushan-nü,
而通之于台桑?[70]	er tong zhiyu taisang?

Wie gewann er jene Tochter von T'u-Shan
und führte sie weg nach T'ai-sang?[71]

Zhou Yanliang stellt die meisten seit der Han-Zeit entstandenen Erklärungen des Zeichens *tong* 通 (führen; verkehren; frei) in Frage.[72] Er liefert viele Argumente für

66 Die Frau von Hanzhuo 寒浞 heißt Chunhu 纯狐, ein Wort, dessen wörtliche Bedeutung „schwarzer Fuchs" ist. Qu Yuan 屈原: *Chu ci* 楚辞 [*Die Gesänge aus Chu*], erläutert und übersetzt vom klassischen Chinesischen ins Hochchinesische von Tang Zhangping 汤漳平. Zhengzhou 2007, S. 89. Im *Tian wen* lässt sich die Identität der Frau von Hanzhuo 寒浞 mit der Frau von Yi 羿 nur vermuten, während sie im Buch *Lu shi* 路史, aus der Song-Zeit, deutlich bestätigt wird. Vgl. Luo Mi 罗泌: *Lu shi* 路史 [*Die Geschichte des Weges*]. In: *Sibu beiyao* 四部备要 [*Essentials der Vier Abteilungen*]. Herausgegeben von Lu Feida 陆费达. Taibei 1981, houji 13.

67 Tong Shuye 童书业 und Lü Simian 吕思勉 (Hrsg.): *Xiashi sanlu* 夏史三论 [*Drei Aufsätze zur Xia-Dynastie*]. In: Gu Jiegang 顾颉刚 u.a. (Hrsg.): *Gushi bian.* 古史辨 [*Debatten über die Alte Geschichte*]. In 7 Bänden, hier Bd. 7. Shanghai 1982, S. 1-381, hier S. 226ff.

68 Hua Shixin 华世欣 (1987), S. 38.

69 Vgl. Zhou Yanliang 周延良: *«Chuci ·Tian wen» yu Tang Yu sandai wenhua* «楚辞 ·天问» 与唐虞三代文化 [*«Chuci ·Tian wen» und die Kultur der Drei Generationen von Tang und Yu*]. Hongkong 2001, S. 111.

70 Qu Yuan 屈原 (2007), S. 87f.

71 Erkes, Eduard (Hrsg.): *Das älteste Dokument zur chinesischen Kunstgeschichte T'ien-wen. Die „Himmelsfragen"天问 des K'üh Yüan.* Conrady, August (Übers.). Leipzig 1931, S. 125.

72 Ausnahmen gibt es auch, z. B. bei Li Chenyu. Aber die allgemeine große Tendenz der alten Erklärungen geht dahin, mit dem Zeichen „Qu 娶" eine sittliche Form für diese Geschichte zu schaffen. Vgl. Zhou Yanliang 周延良 (2001), S. 111ff.

den Beweis, dass *tong* auf die so genannte unsittliche sexuelle Beziehung hindeutet. Zhou Yanliang erinnert den Leser jedoch daran, dass die so genannte unsittliche sexuelle Beziehung in der chinesischen Urgeschichte unproblematisch ist. Jedoch drückt der chinesische Dichter Qu Yuan im *Tian wen* sein Unwissen über die sittliche Beziehung zu deren Lebzeit zwischen Yu und der Tushan-shi aus, die er als unsittlich bezeichnet, weil in seiner Zeit die Sitten in gewissem Maße schon in der Kultur verankert und festgesetzt sind. Die gleiche Meinung vertritt auch Wen Yiduo 闻一多 (1899-1946), der die Formulierung *taisang* 台桑 (der Altar [und] der Maulbeerhain) im obigen Zitat vom *Tian wen* auswählt und neu erläutert. Wen Yiduo belegt mit der Gedichtzeile „qi wo hu sangzhong" 期我乎桑中 (warte im Maulbeerhain auf mich) aus dem *Shijing* 诗经 (*Das Buch der Lieder*), dass *sang* 桑 (Maulbeerbäume) wie sangzhong 桑中 (im Maulbeerhain) im Gedicht auf Rendevous hinweist und eine Resonanzfunktion darstellen sollte.[73] Einer ähnlichen Meinung ist He Xin, der *taisang* 台桑 (der Altar [und] der Maulbeerhain) als *sangtai* 桑台 (der Altar im Maulbeerhain) dadurch erklärt, dass eine Umstellung des Zeichens wegen des Reims notwendig ist. Der Ausdruck *sangtai* gleicht der Formulierung *shetai* 社台 (der Altar des Erdgottes)[74], ein Ort in der Urgeschichte, an dem sich junge Leute frei paaren konnten.[75] Um seine Ansicht zu unterstützen, zitiert Wen Yiduo die Kritik an dieser unsittlichen Beziehung zwischen Yu und der Tushan-shi im *Lü-shi chunqiu* 吕氏春秋 (*Frühling und Herbst des Lü Buwei*).

> 尧有不慈之名，舜有不孝之行，禹有淫湎之意，汤、武有放杀之事，五伯有暴乱之谋。[76]
>
> Yao you buci zhi ming, Shun you buxiao zhi xing, Yu you yinmian zhi yi, Tang Wu you fangsha zhi shi, wubo you baoluan zhi mou.
>
> Yau stehe im Rufe der Lieblosigkeit (weil er nämlich das Reich nicht seinem Sohne überlassen hatte). Schun habe sich Unehrerbietigkeit gegen seine Eltern zuschulden kommen lassen (weil er nämlich ohne deren Wissen geheiratet hatte). Yü sei genusssüchtig gewesen (weil er nämlich den Wein, der zu seinen Zeiten erfunden wurde, mit Genuß trank, obwohl er ihn nachher verbot). Tang und Wu haben sich der Verbannung bzw. des Mords ihres Herrn schuldig gemacht. Die fünf Führer der Fürsten haben Pläne geschmiedet zur Unterdrückung der Schwachen.[77]

---

73 Wen Yiduo 闻一多: *Tian wen shuzheng* 天问疏证 [*Kommentar zum Tian wen*]. Shanghai 1980, S. 47.

74 *Shetai* (der Altar des Erdgottes 社台) ist der Altar für den Gott des Ackers. Um solche Altäre sind Maulbeerbäume gepflanzt. Die Erde vertritt *Yin*, während der Maulbeerbaum symbolhaft *Yang* vertritt. In der chinesischen Literatur finden sich viele Beschreibungen von heimlichen Rendevous, die an diesem Ort stattfinden.

75 He Xin 何新: *Zhushen de qiyuan* 诸神的起源 [*Der Ursprung der Götter*]. Beijing 1996, S. 185ff.

76 Lü Buwei 吕不韦: *Lü-shi chunqiu* 吕氏春秋 [*Frühling und Herbst des Lü Buwei*]. Herausgegeben von Wang Xuedian 王学典. Harbin 2007, S. 103.

77 Wilhelm, Richard (Übers.): *Frühling und Herbst des Lü Buwe*. Einleitung von Wolfgang Bauer. Jena 1971, S. 138. Die in Klammer gesetzten Erklärungen sind Originalübersetzungen von Richard Wilhelm.

Wie die in Klammern gesetzte Erklärung der Übersetzung zeigt, scheint hier in Bezug auf Yu von seiner Genusssucht nach (Reis-)Wein die Rede zu sein. Einige Kommentatoren, z. B. Guo Moruo 郭沫若 (1892-1978) verbinden diese Textstelle mit einer anderen im *Tian wen*:

闵妃匹合,	Min fei pihe,
厥身是继。	jue shen shi ji.
胡为嗜不同味,	Huwei shi bu tong wei,
而快鼌饱?[78]	er kuai zhaobao?

Sich grämend und mit der Gattin vereinigt
Pflanzte er sich fort (?)
Warum erquickte er sich an nicht gleichem
Geschmack (wie die Menge), und freute sich,
dass der Ch'ao satt wurde (und der behende
Ch'ao wurde satt?)[79]

Die eine Übersetzung reicht nicht aus, um uns zu helfen, den Zusammenhang von Geschlechtsverkehr mit Essen und Trinken zu verstehen. Guo Moruo erklärt aus dem Grund der Reime, dass sich *bao* 饱 (satt) nicht mit dem Endzeichen des letzten Verses *ji* 继 (fortsetzen) reimt. Daher ist Bao ein Überlieferungsfehler von *ji* (hungerig 饥). Das homophone Zeichen von *chao* 鼌 (Tier, das wie Schildkröte aussieht) ist *zhao* 朝 (früh; kurz). *zhaoji* 朝饥 (kurzer Hunger) wird als Geheimsprache für Geschlechtsverkehr benutzt. Nach Guo Moruos Lesart werden diese zwei Verse im Folgenden so übersetzt: Warum erquickte er sich an nicht gleichem Geschmack (Hier wird angedeutet, dass die Tushan-shi aus einer anderen Sippschaft – Barbaren oder Füchsin? – stammt.) und begehrt eine kurzzeitige Befriedigung.[80]

Mittels der oben genannten Beispiele, die zu einer neuen Erkenntnis der Beziehung Yus zur Tushan-shi führen, kann man ihre „wilde Ehe" skizzieren. Diese lockere Beziehung zwischen Mann und Frau wird in Yu und Tushan-shis Zeit nicht für unnormal gehalten, jedoch im *Tian wen* in Frage gestellt. Qu Yuan stellt im *Tian wen*, das die Beziehung zwischen den Geschlechtern beschreibt, aus Perspektive seiner Zeit, in der sich das Ritual der Ehe schon in gewissem Maße entwickelt hat, die Beziehung zwischen Yu und Tushan-shi in Frage.

Die Verfolgung der Yu-Geschichte zeigt, dass der neunschwänzige Fuchs „Tushan-shi" für die Legitimierung des Kaisers Yu benutzt wird. Mit dieser mythischen Figur wird eine unnormale, unsittliche oder von der Gesellschaft nicht akzeptierbare Beziehung zwischen zwei Geschlechtern (hier sind sowohl Mann und Frau als auch Menschen und überirdische Wesen gemeint) als annehmbar und verständlich erklärt. Diese Interpretation trifft auch auf die Mahrtenehe zu, was

78 Qu Yuan 屈原 (2007), S. 88.
79 Erkes (1931), S. 125.
80 Vgl. Guo Moruo 郭沫若: *Quyan fu jinyi* 屈原赋今译 [*Erneute Übersetzung von Qu Yuans fu*]. Beijing 1953, S. 67.

zum Beispiel in den Fuchsgeistergeschichten der Tang- und Song-Dynastien zu sehen ist. Kein Wunder, dass der literarische Kritiker Li Chenyu und der Literat Pu Songling auf den Gedanken gekommen sind, dass die Tushan-shi die Ahnherrin der Fuchsgeister ist, weil die alten Texte über die „Tushan-shi" eine ähnliche weibliche Figur charakterisierten, die glückverheißend und zugleich triebhaft ist.

2.1.2.2 Ein Bote des Glücks, ein Beispiel des Ru-Ideals oder ein Tier auf dem Weg zur Dämonisierung

Der Focus richtet sich in diesem Abschnitt auf die zu verzeichnende Tendenz der allmählichen Dämonisierung der Füchse in der Literatur. Die anderen frühen Quellen über Füchse findet man über verschiedene Bücher verstreut, doch die Mensch-Tier-Metamorphose wird nach diesen Texten noch nicht dem Fuchs zugeschrieben. Der Fuchs wird entweder als Bote des Glücks oder als Beispiel des Ru-Ideals angesehen.

Als Bote des Glücks erscheint hauptsächlich der neunschwänzige Fuchs, der zum Beispiel in der Geschichte von Yu und Tushan-shi die Verheißung des Glücks verkündet. Die anderen Textabschnitte, in denen die glückliche Omen-Prophezeiung der neunschwänzigen Füchse durch die historischen Ereignisse bestätigt wird, werden in Monscheins Arbeit gründlich untersucht. Einige Beispiele der Stein- und Grabziegelreliefs und der Wandmalereien in der Han-Zeit, in denen der neunschwänzige Fuchs mit anderen Glücksymbolen, z. B. dem dreibeinigen Sonnenraben, dargestellt wird, werden dort genannt.[81] Der weiße Fuchs und der weiße neunschwänzige Fuchs sind ebenso Glück- oder Friedensanzeichen in der chinesischen Kultur.[82]

Als Beispiel des Ru-Ideals wird im von Dai Sheng 戴圣 (1. Jh. v. Chr.) komplitierten *Liji* 礼记 (*Das Buch der Riten*) der Fuchs genannt, weil dieser seine Herkunft nicht vergisst:

> 君子曰:“乐乐其所自生,礼不忘其本。古之人有言曰:‘狐死正丘首。’仁也。”[83]
>
> Junzi yue: „Yue yue qi suozisheng, li buwang qi ben. Guzhiren youyan yue: 'Hu si zheng qiu shou.'Ren ye."
>
> Der Edle sagt: Freuen Sie sich an dem Ort, an dem Sie geboren sind. Als ein sich sittlich Verhaltender vergisst man seine Herkunft nicht. Die Menschen des Altertums hatten ein

---

81 Monschein (1988), S. 48ff.

82 Ebd. S. 53ff.

83 Dai Sheng 戴圣 (Komp.): (*Xiaodai*) *Liji* (小戴) 礼记 [*Das Buch der Riten (des jüngeren Dai)*]. In: *Shisanjing zhushu* 十三经注疏 [*Kommentar und Subkommentar der Dreizehn Klassiker mit Erläuterungen*]. Mit den Erläuterungen von Zheng Yuan 郑元 aus der Han-Dynastie und mit dem Subkommentar von Kong Yingda 孔颖达 aus der Tang-Dynastie. Shanghai 1990, In 2 Bänden, hier Bd. 1, S. 124.

Sprichwort: „[Wenn] der Fuchs stirbt, [wendet er seinen] Kopf zu dem Hügel [in dem er geboren wurde]." Das ist [ein Zeichen] von Ren („Menschlichkeit").[84]

Die konfuzianischen Symbole des Fuchses werden nicht in großem Ausmaß in den Fuchserzählungen aufgenommen. Die Redewendung „Hu si shou qiu" 狐死首丘 ([Wenn] der Fuchs stirbt, [wendet er seinen] Kopf zu dem Erdhügel [in dem er geboren wurde]) ist zwar bis heute überliefert, jedoch nicht besonders verbreitet. Der gleiche Fall tritt auch beim neunschwänzigen Fuchs ein. Obwohl der neunschwänzige Fuchs als Glückssymbol weiter überliefert ist[85], wird er jedoch von der Tendenz eines mehr und mehr dämonisierten Fuchsbildes überschattet. Die berühmteste neunschwänzige Füchsin Da Ji 妲己, eine wichtige Rolle im Roman *Fengshen yanyi* 封神演义 (*Die Metamorphosen der Götter*) von Xu Zhonglin 许仲琳 (1567-1620)[86] ist das Ergebnis des Einflusses der Dämonisierung des neunschwänzigen Fuchses. Aber wie kam die negative Assoziation mit dem dämonischen Bild zustande?

Monschein hat dazu viele Materialien gesammelt, die diese Änderung des Fuchsbildes verursachen konnten. Der erste Verdachtsfall „mochi fei hu, mohei fei wu" 莫赤匪狐, 莫黑匪乌[87] ist aus dem *Shijing* entnommen. Wortgetreu wird

---

84 Der erste Satz der Übersetzung stammt von der Verfasserin. Die anderen zwei Sätze der Übersetzung wurden hier wörtlich nach Monscheins Übersetzung zitiert. Vgl.: Monschein (1988), S. 36.

85 Zum Beispiel im Buch *Ruiying tu* 瑞应图 (*Bilder glückverheißender Omina*), das von Sun Rouzhi 孙柔之 (6. Jh.) stammt und immer wieder nachgedruckt wurde. Vgl. Ebd., S. 57.

86 Einer anderen Meinung nach ist die Autorschaft dem Daoisten Lu Xixing 陆西星 (1520-1606?) zugeschrieben. Vgl. Schmidt-Glintzer (1990), S. 432f.

87 《北风》: 北风其凉, 雨雪其雱。惠而好我, 携手同行。其虚其邪 (通: 徐)? 既亟只且! 北风其喈, 雨雪其霏。惠而好我, 携手同归。其虚其邪? 既亟只且! 莫赤匪狐, 莫黑匪乌。惠而好我, 携手同车 (通: 居)。其虚其邪? 既亟只且! 《*Beifeng*》: Beifeng qi liang, yuxue qi pang. hui er hao wo, xieshou tongxing. Qi xu qi xu (Entlehnung für xu 徐)? Ji ji zhi qie! Beifeng qi jie, yuxue qi fei. hui er hao wo, xieshou tonggui. qi xu qi xu? Ji ji zhi qi! Mo chi fei hu, mo hei fei wu. Hui er hao wo, xieshou tongju (Entlehnung für ju 居). Qi xu qi xu? Ji ji zhi qie! Siehe: Mao Heng 毛亨: *Mao shi zhengyi* 毛诗正义 [*Die Korrekte Bedeutung der Mao-Oden*]. In: *Shisanjing zhushu* 十三经注疏 [*Kommentar und Subkommentar der Dreizehn Klassiker mit Erläuterungen*]. Mit dem Kommentar von Zheng Xuan 郑玄 aus der Han-Dynastie und mit dem Subkommentar von Kong Yingda 孔颖达 aus der Tang-Dynastie. Begleitet vom „Sichtungsausschuss für «*Erläuterungen und Kommentare der Dreizehn Klassiker*»„ (*Shisanjing zhushu* zhengli weiyuanhui 《十三经注疏》整理委员会整理) und herausgegeben von Li Xueqin 李学勤. In 3 Bänden, hier Bd. 3. Beijing 1999, S. 172; Emigrants. How the north wind whistles, Driving snow and sleet! Friend, thy hand, if thou art friendly! Let us, thou and I, retreat. Long, too long, we loiter here: Times are too severe. Nothing red, but foxes! Nothing black, but crows! Friend, thy hand, if thou art friendly! Come with me – my wagon goes. Long, too long, we loiter here: Times are too severe. Zur englischen Übersetzung siehe: Jennings, William (Trans.): *The Shi King. The old „poetry classic" of the Chinese.* London 1891, S. 69; zur abweichenden Ausprache siehe: Zhao Fangsheng 赵帆声: *Shijing yidu* 诗经异读 [*Über die abweichende Aussprache im Buch der Lieder*]. Zhengzhou 2002, S. 60f.

diese übersetzt: „Rot kann nur ein Fuchs sein; schwarz kann nur ein Rabe sein". In diesem Gedicht wird die unmenschliche (nüe 虐) Regierung im Fürstenstaat Wei 卫 kritisiert. Die gewöhnlichen Menschen in Wei werden auf ihrer Flucht aus dem Fürstenstaat von den „Dao"-Kennern geführt. Die Kritik verbirgt sich in den ersten zwei Strophen, in der Beschreibung des kalten Winterwindes und des starken Schnees. In der dritten Strophe tritt statt der Wetterbeschreibung die obig zitierte Phrase in Erscheinung. Demnach sind nach der Vorstellung der Wei-Menschen alle Füchse rot und alle Raben schwarz.[88] Monschein kommt nach der Studie der „chinesischen Kommentatoren" zu der Feststellung, dass diese Phrase „als Schilderung eines ‚bösen Omens' gilt". Leider hat sie keinen einzigen chinesischen Kommentator genannt. Die Übersetzung des angegebenen Übersetzers Fedorenko, der „dies ausdrücklich in seine Übersetzung einfließen lässt"[89], kann aber leider wegen Fedorenkos unzulänglichen Sprachenkenntnissen im Chinesischen nicht berücksichtigt werden. Die seit der Tang-Zeit zugängliche Erklärung dieser Phrase von Kong Yingda 孔颖达 (574-648)[90], dessen Erklärung auf die Kommentare von Mao Heng 毛亨 (3./2. Jh. v. Chr.) und Zheng Xuan 郑玄 (127-200) aus der Han-Zeit zurückgeht, versteht darunter die Anschauung der Beziehung zwischen dem Fürsten und seinen Beamten, bei der eine Hand die andere wäscht. Die gleiche grausame Volksfeindlichkeit des Fürsten und der Beamten spiegelt sich in der Farbe wider, die alle roten Füchse nicht von einander unterscheiden lässt, weil sie alle rot sind, und die keinen Unterschied zwischen dem Schwarz dieser Raben und dem Schwarz jener aufzeigt. Diese Phrase dient nur der Veranschaulichung der Kritik im Gedicht; man kann keine „bösen Omina" von ihr ableiten.

Die zweite Frage stellt Monschein an das Buch *Zhuangzi*. Im Kapitel *Gengsang Chu* 庚桑楚 wird von Zhuangzis Anhänger Gengsang Chu erzählt. Gengsang Chus Nichts-Tun (wuwei 无为) bringt den Einwohnern, die in der Gegend wohnen, in der Gengsang als Einsiedler lebt, nach drei Jahren trotzdem einen Überschuss an Ernte. Die Einwohner wollen ihn als Heiligen und Herrn verehren. Gengsang Chu ist deswegen trübsinnig geworden. Sein Unbehagen verwirrt seine Anhänger. Er erklärt ihnen, dass alles vom Himmelsweg aus betrieben wird und außerhalb seines Einflusses steht. Einer seiner Anhänger erwidert Gengsang:

> 弟子曰: "不然。夫寻常之沟, 巨鱼无所还其体, 而鲵 为之制; 步仞之丘陵, 巨兽无所隐其躯, 而孽狐为之祥! "[91]

---

[88] Der heutige zugängliche Spruch „tianxia wuya yiban hei 天下乌鸦一般黑" drückt den gleichen Sinn aus. Vermutlich stammt auch er aus diesem Gedicht.

[89] Monschein (1988), S. 35.

[90] Vgl. Mao Heng 毛亨 (1999), S. 172f.

[178] Zhuangzi 庄子: *Zhuangzi jishi* 庄子集释 [*Die kritische Sammlung der Kommentare und Erläuterungen zum Zhuangzi*]. In: *Zhuzi jicheng* 诸子集成 [*Gesammelte Werke verschiedener Schulen*]. Gesammelt und berichtigt von Guo Qingfan 郭庆藩, herausgegeben von der Gesellschaft zur Sichtung des nationalen Kulturerbes (guoxue zhengli she 国学整理社). Shanghai 1954, S. 1-481, hier S. 336.

> Dizi yue : " Buran. Fu xunchang zhi gou, juyu wusuo huan qi ti, er niqiu wei zhi zhi; bu ren zhi qiuling, jushou wusuo yin qi qu, er niehu wei zhi xiang ! "
>
> Der Anhänger sagt: „Das stimmt nicht. In einer normalen Talschlucht hat der Riesenfisch keinen Platz sich zu drehen, aber der kleine Aal kann dagegen hin und zurück schwimmen. Auf dem niedrigen Hügel kann sich das Riesentier schlecht verstecken, aber der kleine [unheilbringende] Fuchs sein Glück finden."[92]

Nach den drei Kommentaren in der kommentierten Sammlung, herausgegeben von Guo Qingfan 郭庆藩 (1844-1896)[93], wird der Fuchs mit dem Zeichen *guai* 怪 (ungewöhnliches), *yao* 妖 (Geist / Dämon) oder *ye* 野 (wild) in Verbindung gebracht. Nach der Erklärung von Wang Xianqian 王先谦 (1842-1917)[94] wird das Zeichen *nie* 孽 durch das Zeichen *gu* 蛊 (handeln, regieren; giftig, verführerisch) ersetzt. Das Zeichen *nie* hat als homophones Zeichen *nie* 蘖, das „Keim" oder „neue Zweige" bedeutet. Es kann sein, dass Zhuangzi das Zeichen ursprünglich nur als *klein* versteht und somit kein moralisches Urteil über den Text fällt. Wenn auch Zhuangzi in seinem Text schon auf das negative Bild des Fuchses hinweist, sieht man jedoch keinen direkten Zusammenhang von dieser Stelle mit anderen Texten, die ebenso auch auf dieser Seite erwähnt werden. Aus diesem Grund werde ich diese Quelle nicht weiter verfolgen.

Die interessanteste Quelle, die Monschein in ihrer Monographie nur erwähnt, wird von ihr aus dem Divinationsbuch *Jiaoshi yilin* 焦氏易林 (*Jiaos Erläuterung über Wandlungen*) von Jiao Yanshou 焦延寿 (1. Jh. v. Chr.) zitiert.

> 老狐屈尾東西为鬼病我長女哭涕讪指或西或東大华易诱[95]
>
> laohu qu wei dong xi wei gui bing wo zhangnü kuti shanzhi huo xi huo dong da hua yi you
>
> Der alte Fuchs senkt seine Rute, erscheint in Ost und West als Geist. Er hat meine ältere Tochter krank gemacht; sie sitzt tränenüberströmt, mit gekrümmtem Zeigefinger (?). Ob in West oder Ost – große Schönheit führt in Versuchung.[96]

Monschein hat die Beziehung von *gu* 蛊 (giftig; verführerisch) und *fu* 狐 (Fuchs) aus dem Text gelesen. In ihrer Fußnote ist sie ausführlicher auf diese Zeichen eingegangen. Hier möchte ich auf die Orakelaussagen in der Geschichte zurück-

---

92 Die von Monschein zitierte Übersetzung lautet: In a hillock of not more than a pu or a jen size no large beasts conceal themselves, but evil foxes give their omens. In: Monschein (1988), S. 37. Sie zitiert nach: Groot, J.J.M. de: *The Regligious System of China. Its Ancient Forms, Evolution, History and Present Aspect. Manners, Customs, and Social Institutions connected therewith*, Taipei 1969, S. 577.

93 Vgl. Zhuangzi 庄子 (1954), Ebd.

94 Zhuangzi 庄子: *Zhuangzi jijie* 庄子集解 [*Die kritische Sammlung der Kommentare und Erklärungen zum von Zhuangzi*]. Gesammelt und berichtigt von Wang Xianqian 王先谦. Shanghai 1986, S. 146.

95 Jiao Yanshou 焦延寿: *(Jiaoshi) Yilin* (焦氏) 易林 [*(Jiaos) Erläuterung über Wandlungen*]. In: *Sibu congkan* 四部丛刊 [*Kollektion der Vier Abteilungen*]. Taibei 1979, j. 10 (31), S. 349.

96 Die Übersetzung wird nach Monschein zitiert. Ich habe eine Stelle geändert. „Meine ältere Tochter" hat sie als „meine Herrin" übersetzt. In: Monschein (1988), S. 61.

greifen und versuchen, eine Verbindung zwischen diesen und später entstandenen negativen Assoziationen herzustellen.

Welche Bedeutung hat das *gu* im Altertum? In einem Artikel von Li Binghai findet man zwei Bedeutungen von *gu*.[97] *Gu* heißt zum einen Handeln oder Regieren. In dieser Bedeutung verbindet sich *gu* eng mit dem Fuchs. In einer Deutung des Orakels aus dem *Zuo zhuan* 左传 (*Die Überlieferung des Zuo*) von Zuo Qiuming 左丘明 (5. Jh. v. Chr.) ist die Fuchsjagd mit dem Erlegen eines Fuchs ein Omen des Kriegssieges: Wer „den Fuchs als Beute“ schießt, der wird „den Herzog als Untertan fangen“. Die entsprechende Textstelle heißt wie folgt:

> 卜徒父筮之，吉。涉河，侯车败。诘之，对曰："乃大吉也，三败必获晋君。其卦遇《蛊》,曰:'千乘三去,三去之余,获其雄狐。'夫狐蛊,必其君也。[98]
>
> Bu Tufu shi zhi, ji. Shehe, houche bai. Jie zhi, duiyue: „Nai daji ye, sanbai bi huo jinjun. Qi gua yu 《gu》, yue: 'Qiansheng sanqu, sanqu zhi yu, huo qi xionghu.' Fu hu gu, bi qi jun ye."
>
> Der Wahrsager Tufu befragt das Orakel mit Orakelstäbchen [und kommt zu dem Ergebnis]: Glück, die Beförderung wird nach dem Hinüberfahren wrark. [Der Fürst von Qin] fragt nach[, warum dieses Orakel als Glück gedeutet wurde.] Tufu erwidert: „Ein großes Glück [ist es]. Nach drei Niederlagen wird der Fürst von Jin gefangen genommen. Das Hexagramm gibt *gu* an und besagt: ‚Tausend Kriegswagen [erliegen] drei fort (Niederlagen?), nach drei fort (Niederlangen?) bleibt noch übrig, den Fuchs zu fangen.' Der Fuchs [ist] *gu*, so muss dieser der Fürst [von Qin] sein.[99]

Herzog Qin fragt den Wahrsager der Acht Trigramme (*bagua* 八卦), wie der Angriff gegen Jin ausgehe. Dieser prophezeit den Sieg gegen Herzog Jin, weil das Hexagramm *gu* 蛊 (handeln, regieren; giftig, verführerisch) zeigt, dass die Beute ein Fuchs ist. Eine andere Bedeutung findet man auch im *Zuo zhuan*:

> 晋侯求医于秦。秦伯使医和视之，曰："疾不可为也。是谓近女室，疾如蛊。非鬼非食，惑以丧志。良臣将死,天命不佑。"[100]
>
> Jinhou qiuyi yu Qin. Qinbo shi yi He shi zhi, yue: „Ji bukewei ye. Shiwei jin nüshi, ji ru gu. Fei gui fei shi, huo yi sangzhi. Liangchen jiangsi, tianming buyou. "
>
> Herzog Jin (Chin) besucht in Qin (Ch'in) einen Arzt. Herzog Qin lässt sich von dem Arzt He untersuchen, [der Arzt] sagt: „Die Krankheit kann nicht behandelt werden.

---

97 Li Binghai 李炳海: *Cong jiuweihu dao humei nüyao – zhongguo gudai de hututeng yu huyixiang* 从九尾狐到狐媚女妖——中国古代的狐图腾与狐意象 [*Vom neunschwänzigen Fuchs zum verführerischen weiblichen Fuchsgeist – Das Fuchstotem und Fuchsbild im alten China*]. In: *Xueshu yuekan* 学术月刊 [*Akademische Monatszeitschrift*] 12 (1993), S. 71-75+78.

98 Zuo Qiuming 左丘明: *Chunqiu Zuo zhuan zhengyi* 春秋左传正义 [*Die Frühlings- und Herbstannalen des Zuo mit dem Kommentar*]. In: *Shisanjing zhushu* 十三经注疏 [*Kommentar und Subkommentar der Dreizehn Klassiker mit Erläuterungen*]. Mit den Erläuterungen von Du Yu 杜预 aus der Jin-Dynastie und mit dem Subkommentar von Kong Yingda 孔颖达 aus der Tang-Dynastie. In 2 Bänden, hier Bd.1 [Herzog Xi, 15], Shanghai 1990, S. 231.

99 Das Zitat wurde in Anlehnung Watsons englische Übersetzung von der Verfasserin ins Deutsche übertragen. Vgl. Tso-ch'iu Ming: *The Tso chuan: Selections from China's oldest narrative history*. Translated by Burton Watson. New York 1989, S. 31.

100 Zuo Qiuming 左丘明 (1990), Bd. 2 [Herzog Zhao, 1], S. 708.

[Das] heißt: ‚Zu nah den Frauenkammern. Die Krankheit gleicht *Gu*. [Sie ist] weder vom Geist noch vom Essen [verursacht worden], [sondern] vom Verführen und führt zum Verlust seiner Zielstrebigkeit. Der gute Riese wird sterben und die himmlische Berufung schützt ihn nicht mehr.'“[101]

Hier beschreibt der Arzt die für Herzog Jin unbekannte Krankheit durch einen Vergleich mit *gu* 蠱. Ebenso wie *gu* wird auch die Krankheit durch die Frau verursacht. Sie ist der Auslöser der heiklen Lage. Wenn man den Zusammenhang zwischen *gu* und *hu* 狐 (Fuchs) in dieser Bedeutung sieht, wäre dies eine Erklärung für die negative Assoziation der später entstandenen Fuchsfiguren.

Zusammenfassend kann festgestellt werden, dass Homers Sirenen, ursprüngliche Wassergeister, vorbeifahrende Männer mit ihrem betörenden Gesang verführen, um diese zu ihrer elysium- und jeseitsartigen Insel zu locken. Diese Versuchung ist Odysseus' Kampf, der darauf abzielt, zurück zu seiner Familie zu kommen, abträglich. Der verführerische Gesang wird im Mittelalter durch den verführerischen Körper ersetzt und ist folglich mit dem Tod verbunden. In der chinesischen, uralten Überlieferung hat die glückverheißende Neunschwanzfüchsin anfangs ebenso eine lockere Beziehung zum Protagonisten. Diese Beziehung wird dann in Frage gestellt, nachdem das Ritual der Ehe das Verhältnis zwischen Mann und Frau bestimmt. Die begleitenden Symptome, krank und vergiftet zu werden, deuten allerdings den schwachen Leib des Menschen im Umgang mit Füchsen an. Wassergeister und Fuchsgeister weisen in ihrem jeweiligen Ursprung eine ähnliche Charakterisierung auf, obwohl ein Handlungsrahmen im Sinne der Mahrtenehe noch fehlt.

2.2 *Entwicklung der Figuren: Melusine, Undine und Fuchsgeister*

Die Sirenen und die Tushan-shi sind im Grunde genommen unwichtige Nebenfiguren, wenn man all die Werke betrachtet, in denen ihre Heldentaten überliefert wurden. Im antiken Heldenepos der *Odyssee* ist Odysseus der dominierende Protagonist, während der Mitbegründer der Xia-Dynastie, Yu 禹, in der legendären Vorgeschichte Chinas im Mittelpunkt steht und den Kern der einschlägigen chinesischen Literatur bildet. Die Entwicklung der Wasser- und Fuchsgeister lässt deutlich erkennen, dass sie zunächst die Protagonistinnen in den Mahrtenehe-Geschichten und danach deren Titelheldinnen geworden sind. In diesem Kapitel werden jeweils vier exemplarische Geschichten der westeuropäischen und chinesischen Literatur analysiert, in denen die Wassergeister und die Fuchsgeister als Protagonistinnen in der Mahrtenehe auftreten. Die Analyse wird dagegen jedoch zeigen, dass diese Änderung eher mit dem zunehmenden Selbstbewusstsein der Protagonisten in Zusammenhang steht, nicht mit dem der Protagonistinnen. Die Wasser- und Fuchsgeister sollen unter dem Spiegelbild des Protagonisten zu verstehen sein. Sie projizieren die männliche Phantasie und deren inbrünstigen Wünsche.

---

101 Das Zitat wurde von der Verfasserin ins Deutsche übertragen.

2.2.1 *Wassergeister*

Die im Folgenden diskutierten Wassergeister sind nicht mehr wie die antiken Sirenen auf eine Insel fixiert und warten dort auf die vorbeisegelnden Männer, sondern sie nähern sich direkt irdischen Männern. Wasser, das ihr Element ist und ihre Herkunft zeigt, steht insofern weiterhin in enger Beziehung zu ihnen, da ihr Auftritt und ihre Rückverwandlung in ihre eigentliche gespenstische Gestalt nur im Wasser erfolgen können. Die generelle Tendenz ihrer Entwicklung ist im Laufe der Zeit steigend antrophomoph geworden: Zuerst existieren sie noch in einer vollständigen Schlangengestalt, die sich im Bad in ihre ursprüngliche Gestalt zurück verwandelt; dann existiert sie als halbtierische und halbmenschliche Gestalt, die sich am Samstag im Bad erscheint. Im nächsten Kapitel treten zum Beispiel Fouqués Undine und Goethes neue Melusine sogar gänzlich in ihrer menschlichen Gestalt auf. Diese Entwicklung zeigt, dass die Akzentuierung in den Wassergeistergeschichten nicht mehr auf den gestaltreichen Merkmalen, sondern viel mehr auf den charakteristischen Eigenschaften beruht, die der Sammelbegriff Wassergeist beinhaltet.

2.2.1.1 *Gervasius von Tilbury:* De oculis apertis post peccatum (The Opening of the Eyes after Sin)

Der Rückgriff in der Forschung von Wassergeistern auf den lateinischen Schriftsteller Gervasius von Tilbury, der im 12./13. Jahrhundert gelebt hat, ist kein Zufall. Die literarische Verbindung seiner Sammlung *Otia Imperialia (Recreation for an Emperor)*[102] mit der Entstehung der literarischen Melusine verrät Jean d'Arras in seinem Prosaroman *Le Roman de Mélusine ou L'Histoire des Lusignan*. Jean d'Arras erwähnt Gervasius' Werk neben zwei nicht überlieferten Büchern als seine literarische Quelle.[103] Diese von Liebrecht als „Geschichte der Melusine"[104] bezeichnete Erzählung unter dem Titel *De oculis apertis post peccatum* (*The Opening of the Eyes after Sin*) in der Sammlung *Otia Imperialia* fasse ich hier wie folgt zusammen:

Raymund, Burgherr von Rousset in der Nähe der Stadt Aix, reitet eines Tages den Fluss Lar entlang. Eine wunderschöne Frau in luxusiöser Kleidung auf einem reichlich geschmückten Pferd erscheint plötzlich vor ihm. Sie erwidert seinen Gruß zu seinem Erstaunen mit seinem Namen. Er erwünscht in eine intime Be-

---

102 Gervase of Tilbury: *Otia Imperialia. Recreation for an Emperor*. Edited and translated by S. E. Banks and J. W. Binns. Oxford 2002.

103 Spiewok (1994), S. 163-183, hier 163f.. Spiewok weist in seinem Artikel auf zwei Bücher hin: d'Arras (1979), S. 14; Lecouteux, Claude: *Mélusine et le Chevalier au Cygne. Payot.* Paris 1982, S. 16.

104 Liebrecht, Felix (Hrsg.): *Des Gervasius von Tilbury Otia Imperialia.* In einer Auswahl neu herausgegeben und mit Anmerkungen begleitet. Ein Beitrag zur dt. Mythologie und Sagenforschung. Hannover 1856, S. 65.

ziehung mit ihr zu treten, was für sie nur in Frage kommt, wenn er sie ehelicht. Die Frau verspricht ihm höchstes irdisches Glück, jedoch mit der Bedingung, dass er sie nicht nackt sehen darf. Wenn er das tut, wird er sein Glück verlieren. Raymund willigt ein. Nach der Eheschließung verwirklicht sich ihre Verheißung: Er gewinnt Reichtum, Ansehen, Gesundheit und sie schenkt ihm schöne Kinder. Eines Tages kommt er von der Jagd zurück, als seine Frau in einer Badwanne badet. Seiner Ansicht nach verliert das Sehverbot seiner Frau nach einer gewissen Zeit, die seiner Meinung nach inzwischen in seiner Ehe mit ihr vergangen ist, seine Macht. Er möchte sie endlich einmal nackt sehen. Sie versucht dies zu vermeiden, indem sie ihn an ihr gemeinsames Glück erinnert und ihn vor dem Unglück warnt, das durch den Verbotsbruch verursacht. Raymund reißt den Badevorhang zurück, der die Badende vor unerwünschten Zuschauern geschützt hat, woraufhin sie sich in eine Schlange verwandelt, im Wasser untertaucht und verschwindet. Der Burgherr verliert sein Ansehen und sein Vermögen, das er in dieser Ehe erworben hatte. Die Wärterinnen der Kinder hören zwar die Frau, wenn sie nachts zurückkommt, um ihre kleinen Kinder zu besuchen. Sie aber ist für alle unsichtbar. Nach Jahren hat eine Tochter von ihr eine glückliche Ehe. Ihre Nachkommen leben noch heute.

Der Motivkomplex der Mahrtenehe repräsentiert sich deutlich in dieser Geschichte. Raymund, der irdische Mann, begegnet am Fluss Lar einer übernatürlichen Frau. Ihre eheliche Beziehung ist nur unter der Bedingung gewährt, dass der sterbliche Mann die mysteriöse, übernatürliche und namenlose Frau nicht nackt betrachtet. Der menschliche Mann überschreitet aus Neugier über ihre Nacktheit das Verbot, woraufhin das übernatürliche Wesen sich in die Gestalt einer Schlange verwandelt und verschwindet. Diese klare Struktur erinnert an die Motivkonstellation in der Geschichte von Amor und Psyche, auf die in Unterkapitel 2.1.1.3 ausführlich eingegangen wurde, mit der Ausnahme, dass die Geschlechtsrollen in dieser Geschichte umgekehrt verteilt sind und weiterhin von einer Suche und einer Wiedergewinnung des verschwundenen Partners keine Rede ist. Hier, in der Geschichte von Raymund und der namenlosen weiblichen Figur als Wassergeist, wird dieser jedoch explizit dargestellt. Er erscheint zum ersten Mal am Fluss Lar. Im Bad, genauer gesagt im Wasser, zeigt diese Frau ihre wahre Natur in Gestalt einer Schlange. In diesem Fall steht die Schlange, normalerweise ein terrestrisches Wesen, in engem Zusammenhang mit dem Wasser, denn am Ende der Geschichte verschwindet die mysteriöse Frau in ihrer Badewanne, nachdem sie die Gestalt einer Schlange angenommen hat. Das kann nur ein übernatürliches Wesen sein, was gerade in dieser Geschichte ihre übernatürliche Fähigkeit und Macht bestätigt.

Die Gestalt der Schlange ist in der christlich westlichen Kultur unvermeidlich mit dem Sündenfall der ersten Menschen verbunden. Diese enge Verbindung zwischen Schlangengestalt und der Sünde des ersten Menschenpaares wird in der Geschichte *De oculis apertis post peccatum* bestätigt. Als einleitender Text wird die Sünde von Adam, nämlich sein Ungehorsam Gott gegenüber, wiederholt. Nach dem Begehen der Sünde werden ihm die „Augen geöffnet". Er erkennt seinen natürlichen Trieb, das unbändige sexuelle Verlangen, das kontrolliert werden soll, damit seine Seele Gott näher rücken kann. Die Einleitung endet nicht mit der Erkenntnis, sondern führt die Schlange ein, die Eva verführt, und macht sie mit ihren Verführungskünsten zum Mittelpunkt des Sündenfalls. Gervasius erwähnt einen gewissen Beda,[105] der die Schlange mit einem Frauengesicht beschreibt. Die Schlange besitzt dadurch eine Zunge und gewinnt zugleich die Macht der Rede. Dieser verführerische Trick steht mit dem der Sirene im *Physiologus* im Einklang:

> Diese [Schlangen] also nehmen das Antlitz von Sirenen und Kentauren an, nämlich die Mächte des Widerspruchs und höhnender Ketzerei. Denn durch ihre rechtschaffenen Reden verführen sie, wie die Sirenen, die Herzen der Unschuldigen: Böse Geschwätze [sic] verderben gute Sitten.[106]

Die Gesangskunst der Sirenen wird durch die Reden, die zum Sittenverderbnis führen, ersetzt. Die Sinnlichkeit, die die Sirenen im Mittelalter durch falsche Übersetzungen oder Deutungen der Bibel verkörpern,[107] hat Gervasius implizit der Schlange zugeschrieben. Er erwähnt zuerst das Volksmotiv der Verwandlung der Frauen in die Gestalt der Schlange und erzählt dann von nach Sex gierenden Frauen, die in der Lage sind, Männer in Gestalt eines Esels zu verwandeln, wenn sie ihre Wünsche ablehnen. Gervasius beabsichtigt eigentlich eine Sünden- und Bußlehre und beschuldigt die Wasserfrau in der Einleitung seiner Geschichte, sie bringe mit deren Sinnlichkeit und Redetricks den Protagonisten in Gefahr.

Die Magie der Verlockung des schönen Wesens wird durch die Äußerung seines Verlangens nach einer unehelichen, intimen Beziehung mit der schönen Frau deutlich gemacht. Ihre kostbare Kleidung und hochwertige Ausstattung, vor allem ihr wunderschönes Aussehen, lenken Raymunds Aufmerksamkeit von der logischen Frage nach ihrer Herkunft ab. Diese Magie bewirkt, dass er in die Ehe mit dem überirdischen Wesen einwilligt. Gervasius betont auf diese Weise die Magie des überirdischen Wesens, die beim irdischen Mann die Sinnlichkeit auslöst. Im Gegensatz dazu ist die schreckliche Gestalt der Schlange ihrer wahren Natur näher. Die Figur des Wassergeistes in dieser Geschichte hat zwar ihre schöne und verlockende Seite, ist jedoch in Wahrheit im Wesentlichen boshaft und abschreckend. Der Grund liegt vermutlich darin, dass Gervasius eine belehrende Geschichte beabsichtigt und die Sinnlichkeit thematisiert, sie jedoch indirekt durch Raymunds Reaktion zur Sprache bringt.

---

[105] In Gervasius' lateinischem Originaltext steht „Beda", mit dem wohl Beda Vnerabilis (673-735) gemeint ist. Die Herausgeber haben angemerkt, dass Gervasius wahrscheinlich diese Stelle aus Petrude Comestor zitierte, weil ein passender Nachweis in Mignes Sammlung nicht gefunden wurde.

[106] Seel (1995), S. 24.

[107] Grübel (1995), S. 65.

Die verführerische Wasserfrau ist mit einer heimlichen Gefahr verbunden. Dies ahnt Raymund, bevor er in ihre Falle geht. Zwei Zitate aus dem *Pharsalia* von Lucan (39-65 n. Chr.) veranschaulichen seine schwankenden Gedanken vor der Versuchung. Der Wassergeist gewährt Raymund Glück, solange er sie, die namenlose Frau, hinter der er sich versteckt, nicht nackt sieht, ansonsten verliert er sein Vermögen. Sogar sein Leben wird in diesem Fall bedroht. „Nackt gesehen zu werden" ist ein Tabu für Raymund. Dies soll vermutlich verdeutlichen, man soll sein sexuelles Verlangen an einem falschen Ort und zur falschen Zeit zügeln. Da zögert Raymund einen Moment diese Bedingung einzugehen. Literarisch wird dieses Zögern durch das folgende Zitat zum Ausdruck gebracht:

> He was irresolute,
> uncertain to fear Death or to seek it. (Gervasus: S. 89)[108]

Gervasius geht davon aus, dass jeder selber für seine Sünden verantwortlich ist. Dies hat er in der Einleitung zu seiner „Geschichte der Melusine" implizit zum Ausdruck gebracht. Das sollte der Ursprung des individuellen Bewusstseins im Mittelalter sein. Dinzelbacher hat dieser Idee wie folgt Ausdruck gegeben: „Sicher hat die Christianisierung langsam darauf hingewirkt, dass sich der einzelne als solcher zu begreifen begann, denn Gott gegenüber war er für seine persönlichen Verfehlungen verantwortlich."[109] Das erste Zögern Raymunds verhindert nicht seine sexuelle Gier, die unter der Drohung des Todes die Oberhand gewinnt. Nach dem ersten inneren Kampf zwischen Gier und Angst muss er sich dem zweiten inneren Kampf aussetzen. Raymund steht vor dem Bad, in dem der Wassergeist durch einen Badevorhang für ihn nicht sichtbar ist. Der Wassergeist warnt ihn noch einmal vor der möglichen Katastrophe, bei der es im Text nur um seinen Reichtum und sein Ansehen geht. Dann zitiert Gervasius noch einmal Lucans *Pharsalia*:

> Desires and fears assailed his mind:
> He both feared the outcome and scorned to fear." (Gervasus: Ebd.)[110]

Im Zitat kommen Gier und Angst zwar paarweise zur Sprache, doch geht es vielmehr um die innere Angst: Wie soll er sich seine Angst ausnehmen. Soll er sich ihr unterwerfen oder über sie lachen? Gervasius legt in seiner „Geschichte der Melusine" vielmehr Wert auf eine Lehre und eine Warnung vor dem Mischwesen, das das irdische Wesen betrügt, als auf eine Charakterisierung des Protagonisten.

2.2.1.2 Walter Map: Item de aparicionibus (Again of Apparitions)

Auf die Ähnlichkeit der namelosen Frau in der aus dem Lateinischen übersetzten Geschichte *Again of Apparitions* von Walter Map[111] mit der überirdischen Frau in

---

108 Ich ziteire nach der Ausgabe von S. E. Banks und J. W. Binns: Gervasus (2002). In der Fußnote wird angegeben: Lucan, *Pharsalia*, x. 542-3.

109 Dinzelbacher, Peter (Hrsg.): *Europäische Mentalitätsgeschichte.* Stuttgart 1993, S. 20.

110 In der Fußnote wird angegeben: Lucan, *Pharsalia*, x. 443-4.

der Geschichte *De oculis apertis post peccatum* von Gervasius von Tilbury haben sowohl die Herausgeber Brooke und Mynors[112] als auch Literaturwissenschaftler, wie Le Goff[113] und Frenzel[114], hingewiesen. Die um etwa zwanzig Jahre frühere Datierung[115] von Maps Sammlung *De nugis curialium* (*Courtiers' Trifles*) bedeutet nicht gleich, dass Gervasius von Tilbury von Walter Maps Werk beeinflusst wurde, obwohl sie beide am englischen Königshof tätig waren[116]. Es kann auch sein, dass sie von der gleichen Vorlage inspiriert wurden. Jedoch ist Maps Wassergeist trotz ähnlicher Elemente anders dargestellt als Gervasius' Wassergeist. Ihre Geschichte über Henno mit dem Titel *Item de aparicionibus* (*Again of Apparitions*) wird wie folgt erzählt:

Henno mit den großen Zähnen begegnet eines Mittags in einem Wald in der Nähe von der normannischen Küste einem Mädchen in der Kleidung aus königlicher Seide. Sie sitzt alleine da und weint. Henno wundert sich über die Schönheit, die schutzlos ist. Er rechnet mit einer heimlichen Falle, die er jedoch nicht finden kann. Er spricht sie kniend an. Sie bittet um den Schutz, weil das Schiff, mit dem sie ihr Vater und seine Seeleute zu der von ihr ungewollten Hochzeit mit dem französischen König gebracht hatten, bei der Ankunft an der Küste, nachdem man sie an Land gebracht hatte, von einem starken Sturm ergriffen wurde und plötzlich im Meer verschwand. Es blieb ihr ausschließlich eine Dienerin, die plötzlich zur gleichen Zeit ihres Berichts erscheint. Henno gewährt ihr den Wunsch und willigt in die damit verbundene Bedingung ein, so lange bei ihm bleiben zu dürfen, bis das Schiff ihres Vaters zurückkommt, vorausgesetzt, dass Hennos Leute sie nicht körperlich verletzen. Henno heiratet diese Frau, und sie schenkt ihm viele schöne Kinder. Sie zeigt mehr Frömmigkeit und Hilfsbereitschaft als Hennos Mutter, die jedoch eine Eigenart an ihr beobachtet. Hennos Frau hält sich vom Weihwasser und dem Abendmahl in der Kirche fern. Hennos Mutter bohrt ein Loch in die Wand des Zimmers, um ihre Schwiegertochter zu beobachten und sieht, wie sie sich eines Sonntags im Bad zuerst in eine Drachengestalt und danach wieder in eine Menschengestalt verwandelt, nachdem sie

111 Map, Walter: *De nugis curialium. Courtiers' Trifles.* Edited and translated by M. R. James. Revised by C. N. L. Brooke and R. A. B. Mynors. Oxfort 1994.

112 Es wird zum Text bemerkt: This Story has elements closely similar to two told by Gervase of Tilbury about other ladies. Siehe: Ebd., S. 345.

113 Vgl. Le Goff, Jacques: *Melusine. Mutter und Urbarmacherin.* In: Ders.: *Für ein anderes Mittelalter. Zeit, Arbeit und Kultur im Europa des 5. – 15. Jahrhunderts.* Frankfurt a. M. 1984. S. 147-174, hier S. 147f.

114 Vgl. Frenzel, Elisabeth: *Motive der Weltliteratur. Ein Lexikon Dichtungsgeschichtlicher Längsschnitte.* Stuttgart 1988, S. 425.

115 Zur Datierung der Sammlung *De nugis curialium* siehe: Map (1994), S. xxivff.; zur Datierung der Sammlung *Otia Imperialia* siehe: Gervase (2002), S. xxxviiiff.

116 Zu Maps Berufstätigkeit am englischen Hof siehe: Map (1994), S. xiiiff.; zu Gervasius' Berufstätigkeit am englischen Hof siehe: Gervase (2002), S. xxvi ff.

die Kleidung, die ihr ihre Dienerin gereicht hat, mit den Zähnen zerriss.[117] Die Mutter berichtet Henno diese Beobachtung, der daraufhin eines Tages einen Priester nach Hause bringt, der seine Frau und ihre Dienerin mit Weihwasser besprengt. Die beiden Wesen springen mit lautem Schrei auf und verlassen Hennos Haus durch das Dach. Ihre Nachkommen leben auch noch heute.

In dieser Geschichte lässt sich ebenso die Motivkonstellation der Mahrtenehe erkennen. Henno, der irdische Mann, trifft ein ihm unbekanntes Wesen, das unter einer Bedingung, nämlich dass Henno sie vor seinen Leuten schützt, eine Ehe mit ihm eingeht. Er bricht jedoch sein Versprechen, indem er einen Priester bittet, mit ihm nach Hause zu kommen, der seine Frau, den Wassergeist, mit Weihwasser bespritzt und sie so samt ihrer Dienerin aus dem Haus treibt. Denn das Weihwasser zwingt sie ihre wahre Natur zu zeigen, was jedoch von ihr aus gesehen eine Verletzung der Bedingung ist, die Henno mit ihr eingegangen ist, d.h. sie zu schützen, bis ihr Vater zu ihr zurückkommt. Sie verschwindet nach dem Verbotsbruch. Das übernatürliche Wesen ist in dieser Geschichte identisch mit einem Wassergeist, denn am Ende der Geschichte wird ihre wahre Natur enthüllt, bewirkt durch das Weihwasser.

Maps Geschichte konzentriert sich auf die Intrige des weiblichen Wassergeistes. Der weibliche Wassergeist spielt bei Map keine allwissende Frau mehr. Sie verstellt sich und mimt eine hilflose Frau. Henno verdächtigt anfangs diese Sache als eine Falle, unterwirft sich jedoch ihrer Schönheit. Die Handlung entwickelt sich in Maps Geschichte nicht wie bei Gervasius direkt zwischen Henno und dem Wassergeist, sondern zwischen Hennos Mutter und dem Wassergeist, beziehungsweise zwischen der christlichen Kirche und dem Wassergeist. Gleich ist in beiden Geschichten die Konfrontation mit der eigenen Gier, die eine der menschlichen Grundtriebe ist, die es hier nach der christlichen Lehre zu überwinden gilt. Bei Map spielen gesellschaftliche Elemente nach der individuell getroffenen Wahl zwischen Angst und Gier eine nicht unwesentliche Rolle. Bemerkenswert ist, dass Raymund erst dann auf die Idee kommt, sein Versprechen zu brechen, nachdem er von der Jagd zurückgekommen ist – oft für viele ein sinnlich und erotisch erregendes Erlebnis – und seine Frau im Bad findet, die sich jedoch durch einen Badevorhang seinem lüsternen Blick entzogen hat. Dennoch ist die Jagd für einen Burgherrn eher eine kollektive Veranstaltung, während das Bad im Zimmer des Wassergeistes eine völlig private Angelegenheit ist. Wenn diese Konfrontation des Individuums mit der Gesellschaft in der Widerspiegelung der Beziehungen der Figuren hier nur implizit geäußert wird, wird sie bei Map in der Rolle der Mutter und des Priesters deutlich gemacht. Die Sinnlichkeit und der Betrug, die einen Wassergeist verkörpern, ermöglichen die Reflexion des

[117] Die unbekannte Frau verwandelt sich zwar in die Gestalt eines Drachen, benimmt sich jedoch wie eine Schlange, die sich häutet.

irdischen Menschen über sich selbst und sein Verhalten. Als Einzelner erlebt man bei der Begegnung mit einem Wassergeist innere Kämpfe mit seinen Trieben und diese individuelle Erfahrung kann einen in Schwierigkeiten mit der Gesellschaft bringen.

In Gervasius' und Maps Geschichten werden Raymund und Henno als Opfer der Sinnlichkeit und der falschen Redekunst dargestellt. Sie schenken unbesonnen der fremden Frau ihr Vertrauen und geraten folglich in Gefahr. Die Kirche im Mittelalter, die wichtigste Institution der Gesellschaft, betont besonders in Maps Geschichte ihre schützende Kraft im Gegensatz zum schwachen Individuum angesichts heidnischer, verführerischer Wesen.

2.2.1.3 Egenolf von Staufenberg: Peter von Staufenberg

Die Versdichtung *Peter von Staufenberg* stammt von einem gewissen Egenolf von Staufenberg, dessen Name[118] ebenso in Vers 1178, dem letzten Vers, erwähnt wird. Als historische Figur im Geschlecht der Staufenbergs ist seine Rolle zugleich als Verfasser durch Schröder belegt.[119] Diese mittelalterliche Mär wird um 1310 datiert und die Burg Staufenberg im Raum Ortenau (früherer Name: Mortenau) lokalisiert.

„Peterman der Diemringer von Stoufenberg geborn"[120] ist ein körperlich gut gebauter und geistig gebildeter Ritter von hohem Ruhm. Auf dem Weg zur Messe begegnet er einer engelsgleichen, wunderschönen Frau, die ohne Begleitung auf einem Stein am Wegrand sitzt. Ihre prächtige Kleidung, ihr wunderlicher Schmuck und ihre Frömmigkeit lässt ihre hochgeborene Herkunft vermuten. Die namenlose Frau gesteht ihm ihre Zuneigung. Sie zählt all seine Abenteuer auf und behauptet, ihn unauffällig in unsichtbarer Gestalt langjährig vor Gefahren

---

118 Im Original steht statt „Egenolf" „Egenolt". Röhrich weist auf die Änderung und deren Zweck des Reimes hin. Vgl. Röhrich, Lutz (Hrsg.): *Erzählungen des späten Mittelalters und ihr Weiterleben in Literatur und Volksdichtung bis zur Gegenwart.* Bd. 1. München 1962, S. 245. Bereits bei Schröder ist die Suche nach dem Dichter durch die Vertauschung des Buchstaben „f" mit dem Buchstaben „t" abgeschlossen. Vgl. Schröder, Edward (Hrsg.): *Zwei altdeutsche Rittermären. Moriz von Craon, Peter von Staufenberg.* Berlin 1913, S. 37 und S. 42f.

119 Schröder nennt als Beweis, dass der Historiker namens der Burg bereits im Jahre 1858 diese Feststellung getroffen hat. Vgl. Schröder, Edward (Hrsg.): *Zwei altdeutsche Rittermären. Moriz von Craon, Peter von Staufenberg.* Berlin 1913, S. 42. Schirmer hält ihn nicht als Verfasser, sondern Auftragsgeber des Werks. Siehe: Schirmer, Karl-Heinz: *Egenolf von Staufenberg.* In: *Die deutsche Literatur des Mittelalters. Verfasserlexikon.* Bd.2, Berlin/New York 1980, S. 365-368.

120 Schröder führt zum Unterschied der Namen „Petermann der Diemringer" und „Peter von Staufenberg" Folgendes an: „die vermutung, dass Egenolf vStaufenberg der familie vDiemringen angehört habe, wird durch die urkunden nicht widerlegt. ja, auch jener für 1274 und 1287 nachweisliche, bisher einzige Peter vSt. könnte immerhin ein Diemringer und der taufpate des helden sein. (...) der vorname Petermann ist zunächst eine vertrauliche erweiterung von Peter, wie sie im kreise der familie, weiterhin der gemeiner [vermutlich als „vertraute"] üblich sein mochte." Siehe: Schröder (1913), S. 43.

geschützt zu haben. Sie versichert ihn ihrer Liebe, unter der Bedingung, dass er keine andere Frau ehelich zu sich nimmt. Peter willigt unverzüglich ein und wünscht gleich im Freien zu ihrem Liebhaber zu werden. Die fremde Frau verspricht ihm, nach der Messe jederzeit anwesend zu sein, wenn er es nur wünsche. Nach dem Kirchbesuch verbringen sie ihre erste „hohgezit". Sein Ansehen und Ruf wachsen danach entsprechend. Seine Familie ist jedoch besorgt um seinen ledigen Ehestand, da nur im Fall der Ehe seine Erbschaft an eigene Nachkommen fällt. Peter lehnt die Vermittlung einer Ehe ab und begründet damit, dass er in seinem jungen Alter ein freies Leben führen möchte. Peters Geliebte warnt ihn wiederholt vor den schlimmen Folgen, die nach dem Verbotsbruch eintreten werden. Als der König ihn durch eine Eheschließung mit seiner Nichte ehrt, als Auszeichnung für seine hervorragende Durchführung des Ritterkampfspiels, kann sein Verhältnis mit der unbekannten Frau nicht mehr geheim bleiben. Jedoch verweigert Peter dem Bischof sein Verlangen, seine Geliebte zu sehen. Aufgrund dessen behauptet der Bischof:

so ist sü nüt ein rechtez wip,
ir verlieret sele und lip. (Egenolf: Vers 937-938).[121]

Peter verspricht ihnen die Eheschließung mit der Nichte des Königs. Vor seiner Hochzeit wünscht sich Peter, seine Geliebte wiederzusehen. Er scheint die Konsequenz des Verbotsbruchs zu vergessen. Seine Geliebte kommt und prophezeit seinen Tod wegen seines Verbotsbruchs. Wie sie Peter vorhergesagt hat, erscheint ein Fuß samt halben Bein durchs Dach des Saals, in dem die Vermählung stattfinden soll. Der Versuch des Priesters, den Teufel zu vertreiben, bleibt erfolglos. Peter stirbt drei Tage später und seine Braut geht freiwillig in ein Kloster.

Diese Geschichte enthält als Kern der Motivkonstellation der Mahrtenehe den Tabubruch, wie der Herausgeber Röhrich in seiner mittelalterlichen Sammlung der Peter-von-Staufenberg-Geschichten mit dem Titel *„Die gestörte Mahrtenehe. Peter von Staufenberg"* feststellt. Peter von Staufenberg, der sterbliche Ritter, hat eine zeitlich begrenzte, nicht eheliche Bindung zu einer übernatürlichen Frau. Das Zusammensein beruht auf der Übereinkunft, dass Peter dieses Einverständnis, keine andere Frau zur Ehefrau zu nehmen, nicht überschreitet. Peter schwört dieser unbekannten Frau, sein Versprechen zu halten. Die Familie und die Gesellschaft setzen ihn jedoch unter Druck und vermitteln ihm eine standesgemäßige Kandidatin zur Eheschließung. Die Angebote von Fürsten kann er gut mit der Erklärung seines jungen Alters abschlagen. Die Nichte des Königs hingegen kann er nicht einfach ignorieren. Peters Geliebte wird von der Gesellschaft als Teufel angesehen. Er unterwirft sich dem kollektiven Willen und stirbt als Folge des Verbotsbruchs.

Die namenlose Frau in der Mär *Peter von Staufenberg* zeigt zunächst keine Beziehung zum Element Wasser. Ihr Auftritt ist jedoch nicht mit dem Wasser ver-

[121] Ich zitiere nach der Ausgabe von Lutz Röhrich (1962).

bunden, anders als Gervasius' Wassergeist, der am Fluss der Lar und Maps Wassergeist, der an der normannischen Küste auftaucht. Nach der letzten Erscheinung verschwindet Peters Geliebte ebenso nicht im Wasser oder in Verbindung mit dem Wasser. Anders verhält es sich bei Gervasius' Wassergeist, der sich im Bad in die Gestalt einer Schlange verwandelt und entrinnt und bei Maps Wassergeist, der mit Weihwasser vertrieben wird. Trotz dessen nimmt Paracelsus Peters Geliebte trotzdem als Wassergeist in seine Abhandlung *Liber de nymphis, sylphis, pygmaeis et salamandris et de caeteris spiritibus* auf. Als weitere Stütze für ihre enge Beziehung mit dem Wassergeist Melusine ist der Herausgeber von *Peter von Staufenberg*, Schröder, davon überzeugt, dass die ortenauische Sage[122], nämlich *Peter von Staufenberg*, und die Familiensage des Hauses Lusignan, nämlich *Melusine*, aus der gleichen keltisch-germanischen Mythenwurzel entsprossen sind.[123]

Betrachtet man Peters Geliebte genauer, ist eine größere Ähnlichkeit mit Gervasius' und Maps Wassergeistern in bestimmten Eigenschaften festzustellen. Alle drei Frauenfiguren verstricken die Helden in Bedingungen, die ihr Zusammensein garantieren. Die Beschuldigung des Gebrauchs verführerischer Tricks bei den übernatürlichen Wesen wird implizit angedeutet, bis Peters Geliebte als Teufel bezeichnet wird, Raymunds Frau ihr wahres Gesicht in der Gestalt einer Schlange zeigt und Hennos Frau ihre wahre Natur als Drache verrät. Sie verfügen über eine übernatürliche Fähigkeit, ihre wahre Natur, die sich in der hässlichen Gestalt einer Schlange oder der eines Drachens äußert, in ihrer menschlichen Erscheinung zu verbergen, wie dies bei den Wassergeistern von Gervasius und Maps der Fall ist. Egenolfs übernatürliches Wesen verwandelt sich zwar nicht von einer menschlichen in die tierische Gestalt, sondern von einer visuell wahrnehmbaren in eine unsichtbare Existenz. Die Fähigkeit von Peters Geliebter aber, durch das Dach des Saals in Erscheinung zu treten, in dem sich die Hochzeits-Gesellschaft befindet, kann sich mit den Fähigkeiten von Hennos und Raymunds Frauen messen, die ihr Entkommen dadurch ermöglichen, entweder in die Luft zu springen oder im Wasser zu verschwinden. Diese übernatürlichen Fähigkeiten erregen umso mehr Schauder, wenn man auf das engelsgleiche Aussehen und die Frömmigkeit dieser Frauen zurückblickt, die sich darin zeigt, dass Peters Geliebte zum Beispiel stets Gott erwähnt und ihn drängt, zur Messe zu gehen, und bei Hennos Frau dadurch, dass sie oft in die Kirche geht und bei Wohltätigkeitsveranstaltungen stets großzügig ist. Aufgrund dieser Ähnlichkeit in den Eigenschaften wird Peters Geliebte ebenso als Wassergeist angesehen.

Die Beziehung von Egenolfs Wassergeist zum Protagonisten zeigt eher Unterschiede im Vergleich zu der Beziehung des Wassergeistes zum Protagonisten in

---

122 Die adelige Familie der Staufenbergs war auf der Burg Staufenberg in der Ortenau im mittleren Baden ansässig. Diese Sage wurde vielmals neu bearbeitet. Röhrich hat elf literarische Variationen gesammelt. Vgl. Röhrich (1962).

123 Vgl. Schröder (1913), S. 45.

den Geschichten von Gervasius und Map. Zum Beispiel, während die Wassergeister bei Gervasius und Map eine Ehe mit dem Helden der Geschichte eingehen, wird die Beziehung von Egenolfs Wassergeist zu Peter durch seinen Schwur garantiert, keine andere Frau ehelich zu sich zu nehmen. Egenolfs Wassergeist ist Peters heimliche Geliebte, die bis zur letzten Szene ausschließlich für Peter empfindet. Dieser Unterschied führt dazu, dass Peter sein Leben selbst entscheidet und diese Beziehung für eine Zeit lang geheim hält, während sich Henno auf seine Mutter und den Priester, Vertreter der Gesellschaft und Kirche, verlässt, um seiner Situation Herr zu werden.

Auf die Bedingung des übernatürlichen Wesens, die der Protagonist mit seinem Leben garantieren muss, reagieren Raymund und Peter ganz anders. Raymunds Zögern und Angst werden ausgelöst, als ihm die übernatürliche Frau die Folgen erklärt, sollte er sein Versprechen nicht halten. Er kann damit rechnen, „[that] he would lose all his prosperity, and […] [that] he would hardly even manage to preserve his ruined life" (Gervase: S. 89). Während die schlimmste Folge, die des Todes, für Raymund lediglich stark angedeutet wird, formuliert Peters Geliebte dieselbe eindeutig:

aber nimst ein elich wip,
so stirbet din vil stolzer lip,
darnach am dritten tage. (Egenolf: Vers 395-397).

Peter macht sich keine besonderen Gedanken über ihre Warnung. Was ihn interessiert, ist, ob „die rede war" (Egenolf: Vers 403) ist. Hier zeigt sich Peter in seinem Verhältnis zu Familie, Hof und Kirche selbstbewusster. Sein Selbstbewusstsein wird durch seine erfolgreichen Abenteuer begründet.

Der Wassergeist zählt all seine Abenteuer und Heldentaten auf und kennt die seinem Leben bedrohende Gefahren, denn das übernatürliche Wesen „huot din allen ziten" (Egenolf: Vers 338) und „in allen landen" (Egenolf: Vers 361). Diese fremde Frau erscheint nicht nur als sein Schutzengel, sondern bringt auch ihre Hingabe an Peter zur Sprache. Sie versucht seinen Argwohn gegen sie zu zerstreuen und erklärt, warum sie

hie so einig saz:
da han ich, frünt, gewartet din. (Egenolf: Vers 330-331)

Als Peter aus lauter Freude nach der Wahrhaftigkeit ihrer Rede fragt, schwört sie vor Gott:

ich will dir got ze bürgen geben
und darzuo lip unde leben,
ob ich unrechte sage dir,
daz got gehelfe niemer mir. (Egenolf: Vers 405-408).

Demut, die Gesinnung des Gott Dienenden, ist im Mittelalter die höchste Rittertugend. Bumke hebt diesbezüglich hervor: „Das Gebot: ‚Vor allen Dingen liebe

Gott' war daher auch für den höfischen Ritter grundlegend."[124] Es gibt für Peter nichts mehr zu verdächtigen und zu bezweifeln. Dennoch steht seine heimliche Liebe nach einer gewissen Zeit unter der Gefahr seiner Existenz. Peters Familie kümmert sich für ihn um eine eheliche Frau. Als Peters Geliebte ihn wiederholt an die Folge eines Vertragsbruchs, nämlich der des Todes, erinnert, ist er davon überzeugt, „mich nieman überreden kan" (Egenolf: Vers 727). Sein Selbstvertrauen befreit ihn von allen Bedenken gegen die Folge eines Vertragsbruchs, der des Todes. Peters Unfähigkeit an einer innerlichen Auseinandersetzung mit sich selbst beruht scheinbar auf der Tatsache, dass er ein selbstbewusster Ritter ist. Während Raymund innerlich mit seinen Wünschen, seinem Verlangen und seiner sexuellen Gier, kämpft, verlässt sich Peter auf sich selbst. Peter und seine Geliebte werden im Vergleich zu Raymund scheinbar von einer mysteriösen, in sich geschlossen Welt verblendet, ohne dass sie, irrtümlich, dem Kontakt mit der Außenwelt, mit der realen Welt, bedürfen.

Ein Rückblick auf Raymunds und Hennos Konfrontationen mit der Gesellschaft macht die Verschiebung der Akzentuierung auf das zunehmende Selbstbewusstsein klarer. Raymund lebt in der Burg Rousset. In der Geschichte ist keine Rede von seiner Familie und seinem Dienst. Seine Entscheidungen stoßen nicht auf den Druck der Familie oder der Gesellschaft. Die fehlende Beschreibung der gesellschaftlichen Umwelt des Protagonisten in der Geschichte von Gervasius (Protagonist: Raymund) wird in Maps Geschichte (Protagonist: Henno) durch die Handlungen verschiedener Charaktere, die diese gesellschaftliche Umgebung repräsentiert, behoben. Da taucht der Konflikt nicht zwischen dem Ehepaar, sondern zwischen der Schwiegermutter und der Schwiegertochter auf, denn Letzte geht noch eifriger in die Kirche und stiftet mehr als sie. Die Schwiegermutter spioniert und entdeckt das Geheimnis ihrer Schwiegertochter. Henno zweifelt nicht an ihrer Behauptung, dass seine Frau sich im Bad in einen Drachen verwandelt. Er vertreibt den vermeintlichen Teufel mit Hilfe eines Priesters.

Peter hat jedoch den Kampf um sein freies und von sich selbst bestimmtes Leben verloren. Sein Selbstbewusstsein fußt auf seiner Ehre als Ritter, die einerseits seine eigene Leistung gefordert hat, andererseits von der Anerkennung der Gesellschaft, im Mittelalter vor allem die gesellschaftlichen Autoritäten, z. B. Hof und Kirche, abhängig ist. In Egenolfs Geschichte (Protagonist: Peter) werden beide Situationen des Protagonisten dargestellt: Sein Selbstbewusstsein in der Konfrontation mit dem Wassergeist ist selbstsicherer als bei Raymund (wie oben bereits angführt) und seine kämpferische Stellung gegen die gesellschaftliche Beeinflussung endet nicht wie bei Henno in einer untertänigen Stellung, auch wenn Peters Versuch am Ende gescheitert ist. Seine uneheliche Beziehung lässt sich auf Dauer nicht verheimlichen, weil er allerdings ein Mitglied der Gesellschaft ist, in

[124] Vgl. Bumke, Joachim: *Höfische Kultur. Literatur und Gesellschaft im hohen Mittelalter.* München 1994, S. 417.

der er lebt, die an ihn Ansprüche stellt und auf ihn einwirkt. Er wehrt gelassen den Vorschlag einer ehelichen Frau ab, als seine Familie versucht, dies für ihn zu arrangieren. Er gebraucht sein junges Alter als Ausrede und äußert seinen Wunsch, frei zu leben. Seine Verweigerung stößt anfangs auf keine Schwierigkeit. Seine Gegenwehr versagt jedoch, als der König eine Ehe mit seiner Nichte verspricht. Er weist auf seinen niedrigen Rang hin, der als Ehemann für ein hochgeborenes Mädchen nicht angemessen ist. Der König sieht darin kein Problem, denn seine Nichte „müeste im [Peter] undertenig sin“ (Egenolf: Vers 901), wenn der König „ir ein armen kneht gebe“ (Egenolf: Vers 899). Der Ritter verteidigt sich weiterhin den Fürsten gegenüber und will sich nicht einer politischen Ehe unterwerfen. Die Beziehung mit der fremden Frau bedeutet für ihn ein freies Leben und Unabhängigkeit vom höfischen Leben. Im Mittelalter spielt die Kirche in der Gesellschaft bereits eine wichtige Rolle. Die Bischöfe, die genauso wie die Fürsten am Hof anwesend sind, fragen Peter, ob er eine Frau hat. Dass die Frage nicht von den Fürsten, sondern von den Bischöfen gestellt wird, ist mit der ungleichen Geschlechtsmoral am Hof und mit der kirchlichen Ehelehre der damaligen Zeit verbunden. Am Hof wird eine außereheliche Beziehung der Männer geduldet, nicht aber die der Frauen. Als Beispiel sei hier König Herwig von Seeland angeführt, der seine Verlobte, Kudrun, als seine Frau heimführen wollte, noch ehe die Hochzeit stattgefunden hatte. Sein Wunsch ging nicht in Erfüllung, denn Kudruns Mutter verweigerte seinen Wunsch. König Herwig wird daraufhin geraten, eine andere schöne Frau bis zur Hochzeit mit auf sein Schloss zu nehmen.[125] Der Tugendbegriff der Keuschheit betont eine „ausschließlich[e] Bindung an die Geliebte und den Verzicht auf Vielweiberei“[126]. Diese höfische Tugend unterscheidet sich deutlich von der christlichen Morallehre, wie Andreas Capellanus in „The Book on the Art of Loving Honestly“, das als Grundlage höfischer Liebe galt, als „reine Liebe“ vorstellte, die zwar „sexuelle Kontakte erlaubt, aber die vollständige Hingabe ausschließt“.[127] Die heimliche Liebe wird am Hof stillschweigend geduldet und anerkannt, nicht aber von der Kirche. Eine Frau, die man nicht sehen kann, muss ein Teufel sein. Peters Versuch, sich vor einer ehelichen Bindung zu wehren, scheitert. Er verrät sogar die Folge des Todes:

swenne ich nime ein elich wip,
so stirbet mir min junger lip
darnach an dem dritten tage. (Egenolf: Vers 925-927).

Die christlich-kirchliche Moral interessiert sich nicht für seine Liebe und sein Leben. Sie stellt lediglich fest, dass diese Frau ein Teufel ist und erfährt von Peter die Prophezeiung seines Todes, jedoch tut die Kirche nichts dagegen. Erst nach

---

[125] Vgl. Bumke, Joachim: *Höfische Kultur.* Literatur und Gesellschaft im hohen Mittelalter. München 1994, S. 559.

[126] Ebd., S. 528.

[127] Ebd., S. 514.

der eigenartigen Erscheinung des Fußes dieser Frau durch die Decke des Bankettraums kommt die Hilfe der Kirche, allerdings zu spät. Das Individuum wird geopfert, um die christliche Moral zu bewahren und um die Erbschaft der Familie zu garantieren.[128]

Peter als ein autonomes Individuum steht noch in einer frühen Phase. Seine Identität ist noch stark mit seiner sozialen Stellung und seinem sozialen Ansehen verbunden. Der Grund, warum er den Druck seiner Familie und der Fürsten auf Zeit abwehren kann, liegt in seinem Vertrauen zu sich selbst und in seinen Erfolgen begründet. Dieses Selbstbewusstsein ist jedoch nicht mehr widerstandsfähig, wenn dieses undifferenziert mit der sozialen Anerkennung zusammenhängt. Das Individuum, das sich einerseits in einer absoluten, privaten Sphäre der Liebenden entfaltet hat, verliert andererseits seine Legitimität, nachdem seine Partnerin von der Kirche als Teufel bezichtigt worden ist. Die privaten und gesellschaftlichen Elemente, die zur Selbsterkenntnis Beiträge leisten könnten, kreuzen sich nun in Peters Innerlichkeit, die er dem Leser aber verschweigt.

2.2.1.4 Thüring von Ringoltingen: Melusine

Das Vorkommen des Namens Melusine in der deutschsprachigen Literatur ist einem Berner Patrizier namens Thüring von Ringoltingen zu verdanken. Er wurde im Jahr 1456[129] von „Markgraf Rudolf von Hochberg, Herr zu Röttlen und Susenburg" (Thüring: S. 2) beauftragt, den Versroman Couldrettes *Le Roman de Mélusine*[130] vom Anfang des 15. Jahrhunderts in eine deutsche Prosaversion zu übersetzen.[131] Der andere, frühere, gleichnamige Prosaroman von Jean d'Arras,[132] der 1392/1393 entstand, nur wenige Jahre früher als Couldrettes Versroman, hat jedoch für dieses Werk keine erforschbare Rezeptionsgeschichte hinterlassen. Sie greifen beide auf eine gemeinsame Vorlage zurück und wurden von denjenigen, die mit den Lusignan genealogisch verbunden sind, beauftragt, ihre Familiengeschichte mit der „Meerjungfrau" (Thüring: S. 2) Melusine als Stammmutter literarisch zu bearbeiten. Der Name Melusine, etymologisch von der Fügung „mère des Lusignan" abgeleitet, erscheint erstmals als Titelfigur.[133]

---

128 Lundt vertritt ebenso diese Meinung. Vgl. Lundt, Bea: *Melusine und Merlin im Mittelalter.* München 1991, S. 134ff.

129 Thühring von Ringoltingen: *Melusine.* Nach den Handschriften kritisch herausgegeben von Karin Schneider. Berlin 1958, S. 29.

130 Couldrette: *Le Roman de Mélusine ou Histoire de Lusignan.* Ed. von Eleanor Roach. Paris 1982.

131 Vgl. Thüring (1958), S. 29.

132 d'Arras (1979).

133 Vgl. Spiewok (1994), S. 163-183, hier S. 167; Mertens (1992), S. 201-231, hier S. 208; Haug, Walter: *Francesco Petrarca – Nicolaus Cusanus – Thüring von Ringoltingen. Drei Probestücke zu einer Geschichte der Individualität im 14./15. Jahrhundert.* In: Frank, Manfred und Havekamp, Anselm (Hrsg.): *Individualität.* München 1988. S. 291-324, hier S. 319.

Thürings *Melusine* bleibt seiner Vorlage, dem Versroman von Couldrette, hinsichtlich der Handlung und der Reihenfolge der Handlung treu,[134] die sich wie folgt zusammenfassen lässt. Raymond, Sohn des veramten Grafen vom Forst, wird von seinem reichen Onkel, Grafen von Poitou, adoptiert. Raymonds Fleiß und Zuvorkommenheit gewinnt die starke Zuneigung seines Onkels Graf Amrich. Auf einer Jagd verlieren sie bei der Verfolgung eines Wildschweins die Gefolgsleute. Sie müssen im Wald Colombieres übernachten. Graf Amrich sagt Raymond aus Sternen wahr, dass einer in dieser Nacht seinen Herrn erschlägt. Was Graf Amrich wahrsagt, bewahrheitet sich aber an ihm selber. Ein Wildschwein greift sie an und Graf Amrich kämpft mit ihm. Als Raymond seinen in Gefahr geratenen Herrn mit dessen Speer zu retten versucht, trifft er versehentlich seinen Herrn. Nachdem er das Wildschwein getötet hat, jammert er über das Unglück, das ihnen geschehen ist. Ziellos reitet er klagend an einer Quelle vorbei, an der drei schöne Jungfrauen stehen, die Raymond vor Leid nicht bemerkt. Mit der Kritik über seine Unhöflichkeit beginnt seine erste Begegnung mit dieser fremden Frau. Diese edle Frau kennt Raymonds Namen und sein Unglück. Sie rät ihm, wie er aus diesem unerwarteten Unglück sein Glück machen kann. Angesichts Raymonds Zweifel an ihrer Herkunft schwört die fremde Frau vor Gott königlicher Abstammung zu sein. Raymond verspricht ihr Reichtum, dass er Ansehen und Glück erwerben kann, wenn er sie zur Frau nimmt, jedoch mit einer Bedingung, dass weder er noch jemand anderes samstags nach ihr sucht oder nach ihrem Unternehmen fragt. Raymond schwört ihr seine Treue und die Annahme ihrer Bedingung. Er folgt den Anweisungen der Jungfrau und tut so, als ob er seinen Onkel ebenso wie die anderen Gefolgsleute im Wald verloren hätte. Dadurch vermeidet er den Verdacht des Mordes. Nach dem Vorschlag der unbekannten Frau bittet Raymond zunächst seinen Vetter, Graf Bertram, Sohn des Grafen Amrich, um ein kleines Grundstück, nicht größer als das man es nicht mit einer Hirschhaut bedecken oder umschließen kann. Graf Bertram verspricht ihm bedenkenlos die Schenkung und verbrieft sie sofort. Danach markiert Raymond mit den schmal geschnittenen Streifen einer gekauften Hirschhaut kein kleines, sondern ein großes Grundstück. Graf Bertram verdächtigt Raymond, ein Gespenst bei der Quelle getroffen zu haben. Er stellt die Herkunft der Frau in Frage, als Raymond ihn um seine Anwesenheit bei der Hochzeit bittet. Raymond ist jedoch nach wie vor von der königlichen Abstammung seiner Braut überzeugt. Die Hochzeit findet feierlich in der Kapelle an der Quelle statt, an der Raymond Melusine zum ersten Mal begegnet ist. Die Diener verhalten sich, dem Wunsch

[134] Vgl. Thüring (1958), S. 33; komparatistische Artikel wären z. B. Keller, Beate: *Aspekte der Genealogie in mittelalterlichen und neuzeitlichen Versionen der Melusinengeschichte.* In: Heck, Kilian und Jahn, Bernhard: *Genealogie als Denkform in Mittelalter und Früher Neuzeit.* Tübingen 2000, S. 13-37; Störmer-Caysa, Uta: *Melusines Kinder bei Thüring von Ringoltingen.* In: *Beiträge zur Geschichte der deutschen Sprache und Literatur.* Tübingen 1999, S. 239-261.

ihrer Herrin Melusine folgend, dem gesellschaftlichen und adligen Stand der Gäste entsprechend angemessen.

Melusine baut nach ihrer Hochzeit mit Raymond das Schloss Lusignan, sowie weitere Schlösser und das Kloster Malieres,[135] und schenkt Raymond zehn Kinder, unter denen die meisten mit ihrer Geburt eigenartige Makel am Körper auf die Welt bringen. Die körperliche Missgestaltung beeinträchtigt aber nicht ihre ruhmvollen Heldentaten. Zum Beispiel: Uryan, der erste Sohn, mit einem roten und einem grünen Auge, und Gyot, der dritte Sohn, mit einem höher stehenden Auge als das andere, haben das Königreich Zypern vom Sultan von Babylon befreit. Uryan heiratet die einzige Tochter des Königs, nachdem dieser durch einen vergifteten Pfeil getötet wird, und erbt das Königreich Zypern. Gyot dagegen heiratet die einzige Tochter des Königs von Armenien, Bruder des verstorbenen alten Königs von Zypern, dessen Leben von einer schweren Krankheit bedroht wird. Nach seinem Tod wird Gyot der König von Armenien. Der zweite Sohn, Gideon, (Thüring: S. 33) mit einem feuerroten Gesicht, heiratet, durch seine Eltern arrangiert, die Tochter des Markgrafen.[136] Die kleineren Brüder, Anthoni, mit einem Abdruck einer Löwentatze auf einer Wange[137], und Reinhart, mit nur einem Auge mitten auf der Stirn, sind genauso tapfer und ritterlich wie ihre älteren Brüder. Anthoni heiratet die Fürstin von Luxemberg. Reinhart hilft bei der Befreiung des Königreichs Böhmen durch die Belagerung der Türken. Der alte König von Böhmen stirbt an der Wunde, die er durch ein Armbrustgeschoss erhalten hat. Nach der Befreiung des Landes von den Türken heiratet Reinhart die einzige Tochter des Königs von Böhmen. Nach der Hochzeit übernimmt Reinhart anschließend die Herrschaft des Königreichs Böhmen. Nachdem Geffroy, ein weiterer älterer Bruder, mit einem großen Zahn, der wie ein Eberzahn aussieht, sich wie seine Brüder von seinen Eltern verabschiedet, um nach Ehre zu streben, bittet sein Bruder, Froymond, mit einem behaarten Flecken auf der Nase, seine Eltern um Erlaubnis, ein Mönch in Maillieres zu werden. Raymond und Melusine erlauben es ihm.

Inzwischen stirbt der Graf vom Forst, Raymonds Vater. Raymonds Bruder, der jetzige Graf vom Forst, kommt zu Raymond zu Besuch. Er berichtet von Gerüchten, die Melusine entweder jeden Samstag Ehebruch begehen lassen, oder

---

135 In einem Hinweis auf das kommende Ereignis, im Zusammenhang mit Geffroy, wird die Identität des Kloster Malieres mit dem Kloster Maillieres deutlich: „So brannte er [Geffroy] das Kloster Malieres, das seine Herrin und Mutter so herrlich und kostbar erbaut hatte, zu Asche nieder und darinnen hundert Mönche und auch seinen Bruder, (...).“ Thüring (2004), S. 26; zu den Stellen zum Kloster Maillieres im Zusammenhang mit Geffroy siehe: Ebd., S. 51ff, S. 61ff.

136 Der Name seines Schwiegervaters wird nicht genannt, nur sein Titel: Markgraf. Wir haben es hier mit einer faktischen Leerstelle im Originaltext zu tun, wie dies häufig in älteren Texten der Fall ist.

137 Hier haben wir es wieder mit einer faktischen Leerstelle zu tun. Ob der Abdruck einer Löwentatze auf der linken oder der rechten Wange zu sehen ist, lässt sich an Hand des Originaltexts nicht feststellen.

die sie für ein Gespenst oder ein Ungeheuer halten lassen. Vor Zorn ergreift Raymond sein Schwert und bohrt damit ein Loch in die Tür der Kammer, die Melusine für sich als ihren Privatbereich hat bauen lassen und in der er noch nie gewesen ist. Durch das Loch sieht er Melusine nackt im Bad sitzen. Ihr Oberkörper ist der einer außergewöhnlich schönen, weiblichen Gestalt; ihr Unterkörper dagegen ist der eines hässlichen und bedrohlichen „Wurmschwantzes"[138]. Raymond ist erschrocken von ihrer Gestalt, findet aber seine Frau unschuldig hinsichtlich der Klage über ihre Untreue. Er schickt seinen Bruder fort und bereut seine Tat, die ihm großen Schaden bringen könnte. Melusine verhält sich so, als ob sie nicht wüsste, was er getan hat, zumal Raymond das Loch heimlich verstopft. Als die Nachricht Raymond erreicht, dass Geffroy aus Wut über die Entscheidung seines Bruders Froymond, ins Kloster zu gehen, das Kloster zu Maillieres samt allen Mönchen, darunter auch seinem Bruder, niedergebrannt hat, schiebt er die Schuld für diese grässliche Tat seines Sohnes auf Melusine. Er beschimpft sie öffentlich vor allen Leuten als Schlange und Wurm (Thüring: S. 67). Melusine bittet Raymond, den achten Sohn Horribel, der drei Augen hat, zu töten, um dessen latente Schandtaten zu verhindern. Sie verkündet zur gleichen Zeit, dass sie in Zukunft, durch ihr Erscheinen in der Luft, die Geburt eines neuen Herrn, oder an der Quelle den Wechsel des Herrn im Geschlecht Lusignan voraussagen wird. Melusine verwandelt sich danach in die Gestalt eines Wurms (Thüring: S. 69) und fliegt als solche mit lautem Schrei durch das Fenster. In der Nacht kommt sie wieder zurück, um ihre zwei jüngsten Söhne, Dietrich und Raymond, zu stillen, die keine befremdenden Zeichen am Körper tragen.

Die Geschichte der Melusine hört jedoch nicht mit einer großen Wende nach dem Tabubruch auf, wie dies oft in Geschichten über Mahrtenehen der Fall ist, sondern wird fortgesetzt. Inzwischen wird Geoffroy berühmt für seine Taten, der Tötung des Riesen im Lande Guerande und der Hilfe der Bevölkerung im Land Northumberland, die sich von einem Riesen bedroht fühlen. Während seines Weges, den entkommenen Riesen zu suchen, entdeckt er zufällig in einem Felsenloch das Geheimnis seiner Mutter und die Geschichte seiner Großeltern. Persine, Melusines Mutter, hat mit ihren drei Töchtern ihren Mann Helnia, König von Schottland, verlassen, weil er sein Versprechen nicht gehalten hat, seine Frau im Kindbett nicht zu besuchen.[139] Als ihre Töchter fünfzehn Jahr alt sind, erzählt

[138] Thüring von Ringoltingen: *Melusine*. In der Fassung des Buchs der Liebe (1587) mit 22 Holzschnitten, herausgegeben von Hans-Gert Roloff. Stuttgart 2000, S. 71. Das Wort Wurm bedeutet im Mittelhochdeutschen sowohl Schlange als auch Drache. Im Frühhochdeutschen, das Thüring gebrauchte, heißt das Wort Wurm neben den Bedeutungen „insekt" und „um sich fressendes geschwür" und besitzt die gleiche doppelte Bedeutung von „schlange" und „drache". Siehe: Lexer, Matthias: *Mittelhochdeutsches Handwörterbuch*. Stuttgart 1992, S. 395; Baufeld, Christa: *Kleines frühneuhochdeutsches Wörterbuch*. Tübingen 1996, S. 253.

[139] In der Sekundärliteratur vermutet man, dass es hier um eine tabuisierte Sexualität geht, die in der Volksüberlieferung nicht direkt zur Sprache kommt. Vgl. Lundt (1999), S. 150.

sie ihnen über die Untreue ihres Vaters. Melusine rächt sich mit ihren Schwestern an ihrem Vater, indem sie ihn in einem Felsen einschließt, in dem er stirbt. Der Vatermord entsetzt Persine. Sie verflucht ihre Tochter Melusine, die danach jeden Samstag unter der Verwandlung in eine Missgestalt, einem weiblichen Oberkörper und dem Schwanz einer Schlange oder eines Wurms (Thüring: S. 67) als Unterleib, leiden muss, bis schließlich ihr Mann seinen Schwur lebenslang hält. Dann darf sie wie ein Mensch sterben, ansonsten muss sie bis zum Jüngsten Tag leben. Ihre ältere Schwester, Meliore, wird Hüterin des Schlosses in Schottland, während die älteste Schwester, Plantine, im Königreich Aragonien auf dem Berg Canigou den Schatz ihres Vaters hütet. Anschließend erfährt Geffroy von seinem Vater, Raymond, wie dessen Vetter, Graf vom Forst, das Verschwinden seiner Mutter, Melusine, verursacht hat. Danach begeht Geffroy eine weitere Untat, indem er den Graf vom Forst, seinen Onkel, in den Tod treibt. Raymond fährt daraufhin nach Rom, um seine Sünden zu beichten. Danach zieht er sich in eine Klause zurück und stirbt in einem fremden Land. Melusines Schwester Meliore verspricht dem, der den Sperber[140] ohne Schlaf drei Tage und Nächte bewacht, die von ihr gehüteten Schätze, mit der Ausnahme ihres Leibes. Der König von Armenien, Sohn von Gyot, verlangt jedoch nach der erfüllten Aufgabe Meliores Leib und wird von einem Gespenst geschlagen und aus dem Schloss gestoßen. Der Schatz, den Plantine, die andere Schwester von Melusine, mit Hilfe eines Ungeheuers hütet, hat vielen Rittern, einschließlich eines Ritters aus England, ihr Leben gekostet. Als Geffroy sich für die Tötung dieses Ungeheuers ausgerüstet hat, wurde er schwer krank und starb. Raymond, der gleichnamige Sohn von Melusines Mann, wird Graf vom Forst und Dietrich, sein jüngerer Bruder, regiert Geffroys großes Land nach dessen Tod. Melusine wird am Ende der Geschichte in das Wappen der Familie aufgenommen, was damit offiziell und genealogisch ihre Familienzugehörigkeit für alle bestätigt.

An der Figur Melusine ist weiterhin die Ambivalenz ihrer Charakteristika zu erkennen, die bildlich durch ihren zwiespältigen Körper gekennzeichnet wird. Dies geschieht jeden Samstag in ihrer Kammer, ihrem ganz privatem Bereich, zu dem selbst Raymond, ihr Ehemann, keinen Zutritt hat, und lässt der uns über seine eigentliche Funktion rätseln. Bei den Wassergeistern, die in den früher identifizierten Textbeispielen (siehe 2.2.1.1 bis 2.2.1.3) diskutiert wurden, ist das Tierische dieser Wesen eher konkret gemeint. Maps Wassergeist lässt seine tierische Natur erkennen, als Hennos Mutter beobachtet, wie der Wassergeist während seiner Verwandlung vom Drachen in eine Frauengestalt ein Kleidungsstück mit seinen Zähnen zerreißt. Der Prozess der Verwandlung gleicht dem der Häutung einer Schlange, obwohl es im Text wörtlich um die Gestalt eines Drachen geht. Melusines tierischer Schwanz

[140] Über den Greifvogel Sperber weiß man vom Text her nur soviel: Meliore wohnt in einem Schloss, das durch einen Geist von Avalon beschützt wird, und hütet einen Sperber. Das Schloss heißt „Das Schloss mit dem Sperber".

verweist zum einen auf die Strafe wegen ihres Vatermords, zum anderen auf die Hoffnung ihrer Mutter, sich vor Männern zu schützen. Lundt zitiert in diesem Zusammenhang Zobeltitz, der schreibt: „Die Schuld, die in der Familie Melusines liegt, gehe auf die Missachtung der Schonfrist Persines im Kindbett zurück, eine Vergewaltigung der Mutter Melusines durch ihren Vater also.“ [141] Aufgrund dieser Meinung erlaubt dies, laut Zobeltitz, Melusine, „einen gewissen Freiraum, [sich] ausleben zu können“[142]. Mit einem menschlichen Oberkörper und einem tierhaften Unterkörper, der dem eines Schlangenschwanzes gleicht, kann kein sexueller Verkehr stattfinden. Durch diesen Umstand gewinnt Melusine ihren Freiraum, den sie beherrschen kann, während ihre Mutter, Presine, „vergeblich in ihrem Leben mit dem Mann“[143], nämlich Melusines Vater, das gleiche versucht hat und dann mit ihrem scheinbar erfolgreichen Fluch „die Triebhaftigkeit (...) ihres Mannes und ihre eigene“, zügeln wollte.[144] Dieser tierische Aspekt in der Natur Melusines erklärt – mit Hilfe der Vorgeschichte von Melusines Mutter – den Zusammenhang zwischen der tierischen Seite von Melusines Natur und Körper und dem Vatermord, den sie mit ihren Schwestern verübt hat. Die Funktion des Schlangenschwanzes, einen freien Raum für Melusine zu versorgen, impliziert das sich gewandelte Verhältnisses zwischen einem irdischen Mann und einer Wasserfrau: Das Sexuelle dominiert nicht mehr die Beziehung.

Es darf jedoch nicht übersehen werden, wie Melusines tierischer Körper im Zusammenhang mit ihren Vorläuferinnen steht. In Gervasius' Geschichte wird die verführerische Kunst der Schlange im Garten Eden eingeführt. Die metaphorische Bedeutung des schlangenähnlichen Körpers, die verführerische Kunst, wird durch den tierischen Körper offenbart. Die Kunst der Verlockung legt mehr den Akzent auf die rhetorische Technik als auf ihr schönes Aussehen. Als Raymond jammernd an Melusine vorbeireitet, reagiert er bei ihrer ersten Ansprache überhaupt nicht auf sie. Erst die zweite Ansprache, die ihr Wissen über ihn andeutet, zieht ihn aus der Versunkenheit seiner Trauer heraus. Es interessiert ihn, warum diese fremde Frau, Melusine, so viele Einzelheiten über ihn weiß. Die äußere Schönheit dieser Fremden hat zwar die Funktion, seine Zuneigung zu dieser ihm unbekannten Frau zu verstärken, doch spielt dies in diesem Text keine besonders wichtige Rolle. Was wichtig ist in derartigen Geschichten, ist die ambivalente Charakteristik des Wassergeistes: seine sexuelle Anziehungskraft und zu gleicher Zeit seine tödliche Bedrohung. Melusine besitzt diese Charakteristik, wie sie in Thürings Geschichte dargestellt wird. Daher ist es kein Wunder, dass Thüring gleich in seiner Vorrede Melusine ohne weiteres „ein Merfaye“[145] oder „eine Meerjungfrau“ (Thüring: S. 2)

141 Lundt (1999), S. 150.
142 Ebd., S. 152.
143 Ebd., S. 151.
144 Vgl. Ebd., S. 151f.
145 Thuhring (1958), S. 36.

nennt.[146] Sie steht vor einer Quelle, als Raymund ihr begegnet. Der Schlangen-/Drachenschwanz, ihr tierischer Körperteil, zeigt sich, wie z. B. bei Gervasius' und Maps Wassergeistern, im Bade, nämlich im Wasser. Bemerkenswert ist Melusines Fluchtweg: durch die Luft. Sie umkreist dreimal das Schloss Lusignan, ehe sie ganz verschwindet. Weiterhin prophezeit sie durch ihr Erscheinen entweder in der Luft oder im Wasser jedes Mal die Geburt eines neuen Herrschers oder einen Machtwechsel. Es ist interessant zu beobachten, wie der Verfasser durch zwei Orte, an denen Melusine erscheint, die deutliche Grenzlinie zwischen einer irdischen Schlange und einem luftigen Drachen verwischt und in eins vereinigt, das wiederum im Wasser verschwindet.

Die Geschichte der Melusine mit Raymond folgt der Struktur einer Mahrtenehe. Raymond lernt an einer Quelle die fremde Frau kennen und willigt in ihre Bedingung ein, dass er sie samstags allein und frei ließe. Als sein Vetter in Raymond Zweifel an Melusines Herkunft und ihrem Wesen hervorruft, überschreitet Raymond vor Wut die Grenze seines Versprechens, das er jahrelang bewahrt hat. Es scheint, dass diese Geschichte hiermit zu Ende kommt. Gervasius' Wassergeist reißt im entscheidenden Moment von Lust und sexueller Begierde überwältigt den Vorhang auf und steht daraufhin direkt dem Wassergeist in seiner tierischen Gestalt gegenüber. In dieser Geschichte jedoch versteckt Raymond sich hinter – oder richtiger vor – der Tür zu Melusines Kammer. Er kann aus diesem Grund ein wenig Abstand vor der gerade heimlich entdeckten Realität des wahren Wesens seiner Frau gewinnen, sowohl in seinem Handeln als auch gefühlsmäßig. Melusine gewinnt dadurch ebenso ein wenig Spielraum, damit sie weiter bei ihm bleiben kann. Diese Verzögerung der Handlung endet jedoch, als Raymond Melusine vor allen Leuten beschimpft. Da stehen sie einander gegenüber, umgeben von vielen Zeugen. Nach Melusines Abschied von Raymond erinnert diese Szene an die Geschichte *Peter von Staufenberg*, in der der Wassergeist traurig jammert, ohne dem Leser den Grund seines Grams zu verraten. Dort klagt Peters Geliebte:

da tuot mir we
ein wip du nimest zuo der e,
daz mich wol iemer rüwen mag. (Egenolf: Vers 985-987).

Hier klagt Melusine: „Ach Gott, ach Gott, ach Gott, Raymond, weh mir, dass du mir je vor die Augen kamst! Weh mir, dass mir deine schöne Gestalt und dein Benehmen je so gut gefiel! Weh mir, dass ich dich je bei der Quelle traf! (…)" (Thüring: S. 68). Ihr Jammern klingt traurig und verzweifelt. Man fragt sich eigentlich warum? Melusine beantwortet diese Frage, zumindest für sich selbst, indem sie erklärt:

[146] Eine weitere Stelle, an der die Bezeichnung einer „Merfaye" oder einer „Meerfee" vorkommt, ist im einleitenden Text in der Szene gegeben, in der Raymond Melusine beschimpft. Siehe: Thühring (1958), S. 92; Thühring (2004), S. 67.

„[D]enn wenn du mir treu geblieben und dein Gelübde gehalten hättest ehrlich und aufrichtig, dann wäre ich ganz natürlich bei dir geblieben und als ein ganz natürliches Weib gestorben und der Erde anheim gegeben, und meine Seele hätte meinen Körper verlassen und wäre sicher zur ewigen Seligkeit gelangt. Jetzt aber müssen mein Leib und Seele von nun an Mühen und Schmerzen erdulden und darin bleiben bis an den jüngsten Tag“ (Thüring: S. 68).

Sie hat sich jedoch nicht über ihren Vatermord ausgesprochen, der ihr ohne ihr reuiges Geständnis sicher die Seligkeit verweigert hätte. Thüring scheint die Lükke in der Erzählung *Peter von Staufenberg* geschlossen zu haben, indem er diese Handlung durch Geffroys Entdeckung im Felsloch nachträglich erzählt.

Durch das Schließen dieser Lücke wird erklärt, warum mysteriöse Wasserfrauen einen irdischen Mann suchen. Melusine zielt auf eine Befreiung des Fluchs ihrer Mutter wegen ihres Vatermordes ab. Hingegen sind Wassergeister bei Gervasius und Map ein bedrohendes Rätsel, das unerwartet gekommen und in einer abscheulichen Gestalt verschwunden ist. Was früher unerklärbar und dunkel geblieben ist, steht nun in einem kausalischen Zusammenhang. In diesem Kontext versteht man das zunehmende Selbstbewusstsein des Protagonisten, für den Wasserfrauen nicht mehr ein unbegreifliches Phänomen sind. Dieses Selbstbewusstsein, wie in Egenolfs Geschichte, ist jedoch stark mit der machtorientierten Leistung verbunden, die nur durch die gesellschaftliche Anerkennung möglich ist. Diese machtorientierte Leistung wird ausführlich dargelegt: Es wird berichtet, wie Raymond für sein Geschlecht das erste Grundstück ergattert, wie Melusine die Schlösser baut und wie ihre Kinder zum König gekrönt werden. Diese Geschichte wird in der Literaturkritik daher als eine genealogische Geschichte behandelt, die die Entstehung der adligen Familie Lusignan beschreibt.[147] Die folgende Analyse versucht festzustellen, inwieweit die Geschichte einer Mahrtenehe den Akzent in der Auseinandersetzung des Protagonisten mit seinem natürlichen Verlangen, oder mit der Gesellschaft, auf das zunehmende Selbstbewusstsein des Protagonisten, das die Reflexion über sich selbst und die eigene Beziehung zur Gesellschaft verlangt, verschiebt und diesen Prozess nachteilig beeinflusst.

2.2.1.5 Interpretative Zusammenfassung der besprochenen Geschichten

Die besprochenen vier Mahrtenehe-Geschichten von Gervasius, Map, Egenolf und Thüring wurden im Zeitrahmen von dreihundert Jahren verfasst. Viele Elemente und Einzelheiten in diesen Geschichten sind einander ähnlich. In dieser interpretativen Zusammenfassung soll es weniger um die ähnlichen, sondern um

---

[147] Zu diesem Thema siehe: Ertzdorff, Xenja von: *Die Fee als Ahnfrau. Zur „Melusine“ des Thüring von Ringoltingen.* In: Backes, Herbert (Hrsg.): *Festschrift für Hans Eggers zum 65.* Geburtstag. Tübingen 1972, S. 428-457; Keller (2000), S. 13-37; Störmer-Caysa (1999), S. 239-261. Viele Artikel, die zwar die genealogische Perspektive nicht direkt im Titel zur Sprache bringen, behandeln trotzdem diesen Aspekt.

die unähnlichen Elemente und Einzelheiten in diesen vier Geschichten gehen, um festzustellen, ob von der ersten bis zur letzten Geschichte eine Entwicklung im Charakter des Protagonisten stattfindet, und welcher Art diese Entwicklung ist.

Gervasius' und Maps Geschichten unterscheiden sich unter „theologisch-naturkundlicher Perspektive“[148] von Egenolfs und Thürings Geschichten. Mit der theologischen Perspektive ist der christlich belehrende Zweck der Geschichten gemeint. Mit der naturkundlichen Perspektive ist gemeint, dass die wahre Natur der Wassergeister biologisch gesehen einem Tier ähnlich ist – zum Beispiel einer Schlange oder einem Drachen. Beide Geschichten enthüllen Geister, die sich verkleideten, um irdische Männer zu betrügen. Die abschreckende Wirkung beim Leser wird verstärkt, indem sich die anfängliche Schönheit der Frauen am Ende als dämonische Hässlichkeit entpuppt.

Die Handlung in beiden Geschichten fängt mit einer angenehmen Überraschung für den Protagonisten an. Raymund in Gervasius' Geschichte ist von dem Reiz der fremden, scheinbar allwissenden Frau hingerissen und äußert daraufhin sogleich den Wunsch, ihren Körper zu besitzen, während Henno in Maps Geschichte seine Bedenken über die ihm anfänglich verdächtig erscheinende Begegnung mit dem Mädchen sofort zerstreut, nachdem es, weinend und hilflos, ihm von dem unglücklichen Verlauf seiner Reise berichtet. Jedoch passt zu dem schönen Anfang ein schreckliches Ende, da die Protagonisten in beiden Geschichten, nachdem sie Reichtum und Ansehen erlangen, welche ihnen die schönen, mysteriösen Frauen versprochen hatten, die wahre Natur ihrer Frauen entdecken, die sich als übernatürliche Wesen entpuppen. Raymunds Frau in Gervasius' Geschichte nimmt im Bad die Gestalt einer Schlange an, während in Maps Geschichte sich die Frau von Henno, indem sie sich häutet, von einer Drachengestalt[149] in eine Frauengestalt zurückverwandelt. Je stärker der Effekt ist, den das Aussehen der Wassergeister bei den irdischen Männern auslöst, und je glaubwürdiger ihre Rede auf sie wirkt, desto angsterfüllter ist die Wirkung dieser Geschichten auf den Leser. Diese Geschichten dienen durch ihr abscheuliches Ende, gesehen im Kontrast zur schönen Verkleidung der Wassergeister, dem Leser zur Warnung vor böswilligen Wassergeistern, obwohl der Grund ihres bösen Willens bis zum Ende der Geschichten unbekannt bleibt.

Die christlich belehrende Funktion dieser Geschichten stellt die Protagonisten Raymund und Henno nicht als Individuen heraus. Als Element der Motivkonstellation der Mahrtenehe, d.h. als irdische Männer, bleiben sie detailarm. In einer in schlichter Form skizzierten Handlung gibt es keinen Platz für ein persönliches Schicksal. Die Figuren zeigen noch keine Entwicklung hin zum Individuum im Laufe ihrer Begegnung mit dem unnatürlichen Wesen in der Gestalt einer

[148] Keller (2001), S. 268-295, hier S. 274. Beate Keller hat in ihrer Abhandlung Egenolfs Geschichte nicht berücksichtigt und Thürings Geschichte im Zusammenhang mit d'Arras' und Couldrettes Geschichten erörtert.

[149] Map betrachtet hier, seiner Zeit gemäß, „Schlange“ und „Drache“ als synonyme Wesen.

schönen Frau, während in Gervasius' Geschichte eine Bedingung den Weg zum Individuum enthält. Dabei ist zu beobachten, wie der Protagonist mit seinem Trieb konfrontiert wird. Raymund steht zweimal vor der Wahl: Erstmals zögert er, ob er überhaupt die Bedingung der unbekannten Frau annehmen soll. Ein weiteres Mal zögert er, ob er das Tabu verletzen soll. Die innere Erwägung des Protagonisten, sein innerer Kampf mit sich selbst ist ein Schritt hin zum Nachdenken über sein triebhaftes Verlangen. Hennos Geschichte dagegen zeigt den Einfluss, den die Kirche und die Familie auf den Protagonisten und sein Handeln haben. Beide Institutionen werden hier als absolute Autorität dargestellt, an denen man nicht zweifelt. Es ist hier nicht zu übersehen, dass die Motivkonstellation der Mahrtenehe von Anfang an die Gesellschaft als ausschlaggebenden Faktor zum Inhalt hat und, dass sie einen latenten Konflikt des Protagonisten mit der Gesellschaft in sich birgt. Jedoch ist in diesen zwei Geschichten noch lange nicht vom Individuum die Rede, sondern vielmehr von der allgemeinen Angst vor dem fremden Wesen, dem von ihm ausgelösten natürlichen Trieb, von dem, was die Kirche verbietet und dem heidnischem Glauben, den der Wassergeist verkörpert.

Egenolfs Geschichte zeigt einen Ritter, der durch seine Leistung und Errungenschaft selbstbewusst der Familie und Gesellschaft gegenübertritt. Protagonist Peter begegnet einer fremden Frau, die sich als Schutzengel für seinen bisher errungenen Ruhm entpuppt. Er führt, nachdem er ihre Bedingung angenommen hat, keine andere Frau ehelich zu sich zu nehmen, ein freies Leben mit der Frau, mit der er ein heimliches Verhältnis hat, bis er unter dem Druck seiner Familie und der Kirche ihre verborgene Existenz verrät, somit sein Versprechen bricht und die Beziehung beendet wird. Diese jungen Leuten zur Moralbildung dienende Geschichte[150] weist im Gegensatz zu Gervasius' und Maps Geschichten einen Verfasser auf, der an der Gestaltung eines Protagonisten interessiert ist, der nicht mehr als ein passives Opfer dargestellt wird. Bei der Begegnung mit der fremden Frau spart der Verfasser, Egenolf, nicht mit Worten über Peters ritterliche Abenteuer, die durch die Berichte der unbekannten Frau wiederholt zur Sprache kommen. Sein Selbstvertrauen führt ihn zur Überzeugung, dass er den Konflikt mit der Gesellschaft, verursacht durch seine uneheliche Beziehung zu einer mysteriösen Frau, überwinden kann. Die Legitimität seiner Beziehung zu seiner Geliebten wird jedoch bald von einem Bischof in Frage gestellt. Die Frau wird als Teufel angeklagt. Peter willigt in eine Hochzeit mit einer anderen Frau ein und stirbt infolge seines Vertragsbruchs, wie ihm seine Geliebte zuvor wiederholt prophezeit.

In den Geschichten von Gervasius und Map ist es der Wassergeist, der eine zügellose Sexualität auslöst. In der Geschichte von Egenolf hingegen erfährt der Wassergeist keine derartige Kritik. Des Verfassers Absicht ist es nicht, den Wasser-

[150] Am Ende der Geschichte sagt der Ich-Erzähler: „ir jungen lüte, ich gib üch rat,/ daz ir nach eren werben:/ swenn ir beginnent sterben,/ daz man der sele spreche wol." (Egenolf: Vers 1165-1169)

geist primär zu beschuldigen, vielmehr sucht er einen Anlass, um den Protagonisten in einen Konflikt mit der Gesellschaft zu bringen. Peter hebt sich von den schwach gezeichneten Figuren Raymund und Henno in Gervasius' und Maps Geschichten in mancher Hinsicht ab. Er ist ein gut aussehender und ruhmreicher Ritter. Die Begegnung mit dem übernatürlichen Wesen, einer mysteriösen, schönen Frau, erlaubt und garantiert ihm, ein freies und unbekümmertes Leben zu führen. Peter lebt zur gleichen Zeit in zwei Welten: der Welt, in der nur Peter und seine Geliebte existieren, und in der realen Gegenwartswelt, ohne seine Geliebte. Diese zwei Welten begegnen einander nicht zeitlich. Der Grund ist darin zu suchen, dass es sich hier um eine heimliche, uneheliche Beziehung handelt, zumal Peters Geliebte nur auftaucht, wenn er allein ist. Jedoch können diese zwei Welten nicht immer parallel oder ohne Spannung nebeneinander existieren. Der Konflikt erreicht seinen Höhepunkt, als Peters Familie eine Ehe für ihn zu arrangieren versucht. In der ersten Phase dieses Konfliktes verteidigt Peter tapfer seine Freiheit, indem er sich weigert, in die Vermittlung einer Ehe durch seine Familie einzuwilligen. Er unterwirft sich nicht, wie z. B. Henno in Maps Geschichte, der Autorität der Gesellschaft und zweifelt nicht an sich selbst. Selbstvertrauen prägt die Figur des Protagonisten sehr stark, und zwar in dem Maße, in dem sie zunehmend ihre eigenen Kräfte und Fähigkeiten in sich erkennt. Peter fügt sich jedoch am Ende der Autorität der Gesellschaft, als die Legitimität seiner Geliebten durch die Kirche in Frage gestellt wird. Es scheint, dass der Protagonist sich eher mit der Gesellschaft als mit sich selbst konfrontiert. In dieser Geschichte versucht ein ruhmreicher Ritter sich seine eigene Welt zu konstruieren, ohne die alte Ordnung der Gesellschaft zu ändern. Ein erfolgreiches Leben und die Konfrontation mit der Gesellschaft legen die Grundlage seiner Ich-Entdeckung.

Während Peter in Egenolfs Geschichte etwas einseitig, doch recht positiv charakterisiert wird, weist Raymond, der Protagonist in Thürings Geschichte, eine gemischte Persönlichkeit auf. Einerseits profitiert er von seinen Taten und gewinnt dadurch seine selbstbewussten Charakterzüge, andererseits begeht er Fehler, die er bereut und für die er sich schuldig fühlt. Bevor Raymond in Thürings Geschichte Melusine begegnet, hat er den Tod seines Onkels, seines Adoptivvaters, verursacht. Das aus Versehen begangene Verbrechen überschattet seine Beziehung zu Melusine, die in diesem Moment als seine Ratgeberin fungiert. Ihrem Vorschlag folgend erwirbt Raymond von seinem Vetter, Graf Bertram, ein Grundstück, auf dem Melusine das Schloss Lusignan baut. Dieser Erwerb erfolgt jedoch durch eine List, da er sich das erbetene Grundstück mit Worten erbittet, die er vorher sorgfältig formuliert hat und die mehrfach interpretiert werden können. Seine Bitte betrifft ein Grundstück, das sich mit dem Fell eines Hirschen bedecken lässt, also vermutlich ein recht kleines Grundstück sein muss. Raymond dagegen schneidet das Fell des gekauften, nicht selbst erlegten Hirsch in schmale Streifen, mit denen er den Umfang des erbetenen Grundstücks markiert, das im Endeffekt wesentlich größer ist als das, womit sich sein Vetter als Schenkung einverstanden erklärt hatte. Der Aufstieg des Geschlechtes Lusignan beginnt somit mit dem unkritisch zu beurteilenden Aspekt der Legitimität. Raymond ist erbost über die Gerüchte seines Bruders, die Melusine als Teufel oder zumindest Ehebrecherin verdächtigen. Raymond bricht sein Versprechen und macht heimlich die Entdeckung, wie sich Melusine zu einem Mischwesen verwandelt. Als Raymond erfährt, dass sein Sohn Geffroy das Kloster zu Maillieres in Brand gesteckt und alle Mönche, einschließlich seines Bruders Froymond, dem Feuertod übergeben hat, beschuldigt er Melusine, für Geffroys Verbrechen verantwortlich zu sein. Geffroys Verbrechen, der Mord eines Verwandten, erinnert Raymond wahrscheinlich daran, den Tod seines Adoptivvaters versehentlich verursacht zu haben. Das Schieben der Verantwortung auf Melusine kann als Versuch gesehen werden, seine Schuldgefühle zu verdrängen.

Ebenso wie Raymund stellen auch die anderen Figuren in Thürings Geschichte eine ambivalente Persönlichkeit dar. Melusine, Ahnherrin der Adelsfamilie Lusignan, ist mit einer verbrecherischen Vergangenheit behaftet. Zusammen mit ihren Schwestern hat sie ihren Vater in einem Felsen eingeschlossen, in dem er starb, weil er sein Versprechen brach, Melusines Mutter nicht im Kindbett zu besuchen. Als Ahnherrin der Adelsfamilie baut sie Lusignan Schlösser und Klöster und schenkt Raymond zehn Kinder, unter denen acht Kinder ein Land regieren. Geffroy, Raymonds Sohn, ist ebenso wie sein Vater ein Vertreter des gemischten Charakters: d.h. eine Mischung aus „Glanz und Verderben, [und] Gut und Böse".[151] Geffroy befreit das Land Guerande und das Land Northumberland von den Riesen, während er zugleich das Kloster zu Maillieres samt allen Mönchen, darunter auch seinem Bruder Froymond, niederbrennt, weil er die Entscheidung seines Bruders, ins Kloster zu gehen, nicht akzeptieren kann. Er schätzt ausschließlich ritterliche Taten, die ihm wie seinen anderen älteren Brüdern Ansehen und Reichtum gebracht haben. Er hegt den Verdacht, dass die Mönche Schuld an Froymonds Entsagung der Ritterschaft sind. Weiterhin treibt er seinen Onkel in den Tod, weil Graf von Forst, Raymonds Vetter, Melusines Verschwinden verursacht.

Im Vergleich zu den anderen Figuren in Thürings Geschichte schwankt Raymond stark unter dem Einfluss dieser Ambivalenz zwischen Handeln und Nachdenken. Als handelnder Raymond bedient er seinen Herrn und Onkel, Graf Amrich, fleißig und tüchtig, folgt jedoch zur gleichen Zeit Melusines hinterlistigem Rat, von seinem Vetter, dem Sohn von Graf Amrich, ein Grundstück zu erwerben. Als nachdenkender Raymond bereut er den aus Versehen verursachten Tod seines Herrn, den Verbotsbruch und die Beschimpfung Melusines in der Öffentlichkeit. Diese Taten bringen ihm ökonomische Sicherheit und dadurch die Autonomie, die er begehrt. Raymond kann sein Geheimnis in Bezug auf Melusine zu Anfang noch für sich behalten. Der Frage, die sein Vetter während seiner

---

[151] Mühlherr, Anna: *Geschichte und Liebe im Melusinenroman.* In: Haug, Walter und Wachinger, Burghart (Hrsg.): *Fortuna Vitrea. Arbeiten zur literarischen Traditionn zwischen dem 13. und 16. Jahrhundert.* Tübingen 1991, S. 328-337, hier S. 332.

Hochzeit über seine Braut stellt, begegnet er ausweichend. Doch sein Übermut steigt mit seinem wachsenden Selbstbewusstsein. Als Raymonds Bruder, Graf von Forst, mit in der Gesellschaft zirkulierenden Gerüchten aufwartet, bricht Raymond sein Versprechen, Melusines Tun samstags nicht nachzuforschen.

Die Figuren in den Wassergeistergeschichten sind zum größten Teil schwach und einseitig gezeichnete Figuren: Raymund und Henno in Gervasius' und Maps Geschichten, deren Charakter detailarm gezeichnet ist; ein selbstbewusster Peter in Egenolfs Geschichte, der sich nach einem kurzen Kampf gegen Familie und Kirche wieder der alten Gesellschaftsordnung fügt; und ein selbstbewusster und reflektierender Raymond, in Thürings Geschichte, der in mancher Hinsicht der am deutlichsten gezeichnete Charakter ist. Das wichtige Element der Ich-Bildung in der Motivkonstellation der Mahrtenehe stellt der Protagonist Raymond dar. Jedoch wird die Ich-Bildung in dieser Geschichte noch nicht deutlich gezeichnet, sondern in Form einer genealogischen Geschichte verschleiert präsentiert. Diese Darstellungsweise war im 15. Jahrhundert recht populär und fand häufig Anwendung.

2.2.2 *Fuchsgeister*

Die mythische Figur der Tushan-shi, der neunschwänzigen Füchsin, im Gründungsmythos Chinas wird einerseits als eine unsittliche, verführerische und verhängnisvolle literarische Figur betrachtet und andererseits als die Person angesehen, die die „legitime" Machtergreifung des Mitbegründers der legendären Xia-Dynastie, König Yu, prophezeit. Während diese zwiespältige Figur nicht narrativ in ihrer Geschichte charakterisiert, sondern erst durch die später entstandenen Texte geschaffen wird, werden die Fuchsgeister in den folgenden Textbeispielen der Fuchsgeistergeschichten deutlich ambivalent dargestellt. Sie erscheinen entweder als Unheil bringende Figuren oder sie dienen sowohl als Spiegelung der sittlich wertvollen als auch der verwerflichen Eigenschaften der Protagonisten und fördern ihren damit verbundenem Aufstieg bzw. Niedergang.

2.2.2.1 *Fuchsgeister in den Wei-, Jin-, Südlichen und Nördlichen Dynastien 魏晋南北朝 (220-589)*

Nach der Abdankung des Kaisers Xian 献帝 (181-234) der Han-Dynastie herrschte in China große Unruhe, bis die Sui-Dynastie 隋 (581-618) das Land wiedervereinigte. Die Kriege unter den verschiedenen Herrschern und der häufige Wechsel der Herrscher belasteten jedoch nicht die Entwicklung der chinesischen Literatur. In den Sechs Dynastien sind Dutzende von Erzählsammlungen entstanden.[152]

152 Liu Yuejin 刘跃进 (Hrsg.): *Zhongguo gudai wenxue tonglun. Weijin Nanbeichao juan* 中国古代文学通论·魏晋南北朝卷 [*Allgemeiner Überblick über die Literatur des alten Chinas. Band der Wei-, Jin-, Südlichen und Nördlichen Dynastien*]. Shenyang 2005, S. 69.

Das Unsicherheitsgefühl der Menschen begünstigte die schnelle Verbreitung des Buddhismus in China. Die Übersetzungen von kanonischen Schriften des Buddhismus und die Popularisierung des Daoismus[153] ebneten den Weg der Verbreitung der Geschichten über Geister und Dämonen.[154] Die Geistergeschichten in den Sechs Dynastien haben eine weitere Gedankenquelle, die auf die politische Ideologie des Konfuzianers Dong Zhongshu 董仲舒 (179-104 v. Chr.) zurückgreift. Nach seinem Prinzip der „Himmel-Mensch-Wechsel-wirkung" (*tianren ganying* 天人感应)[155] erhält

> jede Erscheinung über sich hinaus eine auf unzählige andere Erscheinungen hinweisende Bedeutung, was nicht zuletzt in der Politik weitreichende Folgen hatte: Konnte man doch nicht nur aus den Sternen, sondern praktisch fast aus jedem Ereignis Rückschlüsse auch auf die Qualität der Regierung ziehen.[156]

Die absonderlichen Erscheinungen und die Verwandlungen von Menschen in Dämonen und umgekehrt wurden aufgrund dessen in vielen Geschichten erzählt, um die innerliche Verbindung dieser wunderlichen Ereignisse mit den Handlungen der kaiserlichen Regierung zu deuten.[157] Vor diesem Hintergrund entstehen viele wunderliche Geschichten, die die Existenz der Götter und Geister bestätigen und sie in den Geschichten funktional belehrend fungieren lassen.

---

153 Die Gedanken von Zhuangzi (4. Jh. v. Chr.) und seinen Schülern, wie z. B. Fernhaltung vom Staatsdienst (Unabhängigkeit vom Irdischen) (you fangzi wai zhe 游房子外者), Einheit des inneren Selbst mit dem kosmischen Prinzip *Dao* (mit der Welt untrennbar, die ohne Anfang und Ende ist) (tiandi yu wo bingsheng, wangwu yu wo weiyi 天地与我并生, 万物与我为一) und Lebenserhaltung (*yangsheng* 养生), werden vom Glauben an Unsterbliche (*shenxian* 神仙) aufgenommen, die ohne Bedrohung durch den Tod leben. Vgl. Xu Dishan 许地山: *Daojiao shi* 道教史 [*Geschichte des Daoismus*]. Shanghai 2006, S. 54ff.

154 Der Kritiker Hu Yinglin 胡应麟 (1551-1602) fasste die Gründe der Entstehung der Geistergeschichten der Sechs Dynastien wie folgt zusammen: Das lange Leben wurde in den Wei-Jin-Dynastien angestrebt, daher war oft die Rede von Geistern und Verwandlungen. Die Verbreitung der Übersetzungen der buddhistischen Lehren in den Qi-Liang-Dynastien führte zur Rede vom Karma. (Wei Jin hao changsheng 魏晋好长生, gu duo lingbian zhi shuo 故多灵变之说; Qi Liang hong shidian 齐梁弘释典, gu duo yinguo zhi tan 故多因果之谈) Vgl. Zhang Qingmin 张庆民: *Weijin Nanbeichao zhiguai xiaoshuo tonglun* 魏晋南北朝志怪小说通论 [*Allgemeiner Überblick über die Geistergeschichten der Wei-Jin-Südlichen und Nördlichen Dynastien*]. Beijing 2000, S. 14.

155 Der Mensch reagiert auf Äußerungen des Himmels – wie etwa Regen oder Dürre – ebenso wie der Himmel auf Äußerungen des Menschen, wie etwa gute oder böse Taten, speziell solche, die vom Herrscher, dem höchsten Exponenten der Menschheit, vollzogen werden. Siehe: Bauer (2001), S. 123.

156 Ebd., S. 124.

157 Die Aufzeichnungen über das Ungewöhnliche schließen neben Geistergeschichten ebenso Berichte über *su* 俗 („vulgar", vertically anomalous in terms of the hierarchy of status, autority, and knowledy) und *fang* 方 („peripheral", horrizontally anomalous in terms of the ideology of the sacred center) ein. Zur Untersuchung verschiedener Themen zu ungewöhnlichen Aufzeichnungen hat Campany in einer umfangreichen Form beigetragen. Siehe: Campany, Robert Ford: *Strange Writing. Anomaly Accounts in Early Medieval China.* Albany 1996, S. 199.

Gan Bao 干宝(ca. 285 - ca. 360): A-zi 阿紫 ([Eine Füchsin namens] A-zi)

Als Inspiration der Niederschrift der Erzählsammlung *Sou shen ji* 搜神记 (*Aufzeichnungen über das Aufspüren von Geistern*) wurden im *Jinshu* 晋书 (*Geschichte der Jin-Dynastie*) zwei ungewöhnliche, Ereignisse in Gan Baos eigener Familie angeführt.[158] Das erste handelt von der Konkubine von Gans Vaters, die von Gans Mutter ins Grab von Gans Vaters gestoßen wurde. Danach wurde der Grabeingang versiegelt. Bei der Wieder-Öffnung des Grabes nach mehr als zehn Jahren, als die verstorbene Mutter neben ihrem Mann beerdigt werden sollte, fand man die Konkubine ohnmächtig auf dem Sarg liegen. Sie wurde nach Hause gebracht und kam nach einigen Tagen wieder zu sich. Sie erzählte, wie Gans Vater sich um sie gekümmert habe und wie sie dadurch die Fähigkeit gewonnen habe, der Familie Glück und Unheil zu prophezeien, und dass sich diese nachträglich als richtig erwiesen. Das zweite Ereignis fand bei Gans älteren Bruder statt. Er „starb" an einer schweren Krankheit, jedoch war sein Körper immer noch warm. Als er wieder erwachte, berichtete er über seine Begegnung mit Geistern. Diese zwei persönlichen Erlebnisse überzeugten Gan vom Glauben an die Existenz von Göttern und Geistern, die er dementsprechend in seiner Erzählsammlung *Sou shen ji* zu beweisen versuchte. Emmerich weist gleich im Anschluss an seine Nacherzählung dieser zwei Anekdoten auf die damalige Existenz von Menschen, die an Geister glaubten, und Skeptikern hin.[159] Gan Bao wurde von Liu Tan 刘惔 (4. Jh. n. Chr.), einem bekannten Gelehrten seiner Zeit, als „gui zhi Dong Hu 鬼之董狐" (Dong Hu für Geister) [160] kommentiert. Diese Bezeichnung ist eine Anerkennung der literarischen Leistung des Historiographen Gan Bao. Sie galt jedoch nur so lange, bis Li Jianguo belegt, dass Liu Tan eigentlich ein Skeptiker des Geister- und Götterglaubens ist, wie seine Überlieferungen zeigen. Vor diesem Hintergrund soll diese Benennung „Dong Hu für Geister" nun ironisch verstanden werden.[161] *Sou shen ji* enthielt eigentlich 30 Kapitel, die zum Teil bereits in der Song-Dynastie verloren gegangen sind. Der heutige Umfang mit 20 Kapiteln

[158] Fang Xuanling 房玄龄 (Komp.): *Jinshu* 晋书 [*Geschichte der Jin-Dynastie*]. In: *Sibu beiyao* 四部备要 [*Essentials der Vier Abteilungen*]. Herausgegeben von Lu Feida 陆费达. Taibei 1981, j. 82. Eine ausführliche Textkritik über die Biographie von Gan Bao zitiert neben der Quelle *Jinshu* noch zwei andere Textquellen, in denen die Version kürzer als die im *Jin Shu* sind. Vgl. Li Jianguo 李剑国: *Gubai doushao lu. Li Jianguo zixuan* ji 古稗斗筲录 李剑国自选集 [*Altes Hühnergras und kleiner Kübel. Ausgewählte Beiträge nach eigener Wahl des Autors*]. Tianjin 2004, S. 252ff.

[159] Vgl. Emmerich, Reinhard (Hrsg.): *Chinesische Literaturgeschichte.* Stuttgart und Weimar 2004, S. 132.

[160] Dong Hu 董狐 (7. Jh. v. Chr.) war ein amtlicher Geschichtsschreiber des Jin-Staates. Wegen seiner sachlichen und aufrichtigen Geschichtsschreibung wurde er später von Konfuzius als „guter Historiograph" gelobt.

[161] Vgl. Li Jianguo 李剑国 (2004), S. 282.

ist der Kompilation der Ming-Dynastie (1368 – 1644 明) zu verdanken,[162] die anhand von *leishu*[163] ermöglicht worden ist.[164]

Gan Baos Geschichte *A-zi* spielt in der Östlichen Han-Dynastie 东汉 (25-220) in Pei 沛 (in der heutigen Provinz Jiangsu 江苏). Der militärische Kommandant Chen Xian 陈羡 will seinen Untergebenen Wang Lingxiao 王灵孝 hinrichten lassen, weil Wang Lingxiao einmal desertiert hat, ohne einen Grund für seine Desertation zu nennen. Nach einiger Zeit flieht Wang Lingxiao zum zweiten Mal von seiner Truppe. Chen Xian verhaftet seine Frau, als er lange keine Spur von Wang Lingxiao findet. Seine Frau berichtet, wie es sich zugetragen hat. Xian sagt: „Er muss von einem Geist entführt worden sein. Wir sollen ihn suchen." (Gan Bao: j. 18, S. 500) Xian führt Dutzende von Wang Lingxiaos Kampfgefährten, Fußtruppen und berittene Truppen mit Jagdhunden, um Lingxiao zu finden. Sie kreisen außerhalb der Stadtmauer und Xian findet Wang Lingxiao schließlich in einem leeren Grab. Als der Geist das Geräusch von Menschen und Hunden hört, entkommt er schnell. Wang Lingxiao war, als man ihn im leeren Grab entdeckt, einem Fuchs(geist) ähnlich. Er antwortet auf jede Frage, die man ihm stellt, nur mit „A-zi" (Gan Bao: Ebd.), bis er, erst zehn Tage später, wieder zu sich kommt. A-zi ist der Name einer Füchsin. Erst nach mehr als zehn Tagen erzählt er von seinem Erlebnis. Die Füchsin erschien, so berichtet er, an einer Ecke seines Hauses und verwandelte sich in die Gestalt einer schönen Frau. Sie winkte ihm mit der Hand, ihr zu folgen. Das geschah nicht nur einmal. Schließlich folgt er ihr und schläft mit ihr.[165] Abends geht er mit ihr nach Hause (d.h. zum Grab, in dem man Wang Lingxiao später findet) und bemerkt nicht, dass sich seine Umgebung geändert hat, obwohl sie einem Hund[166] begegnen, was ihn hätte auf-

---

162 Die Kompilation ist Hu Yingling (1551-1602 胡应麟), dem Ming-zeitlichen Literaten, zuzuschreiben. Er hat die Geschichtensammlung *Sou Shen Ji* zusammengestellt, deren Geschichten in verschiedenen *leishu* (zum Begriff *leishu* 类书 siehe die folgende Fußnote) zerstreut sind. Seine Zusammenstellung diente als Vorlage für die späteren Auflagen. Vgl. Wang Zhizhong 王枝忠: *Sou shen ji. Sou shen houji* 搜神记 搜神后记 [*Aufzeichnungen über das Aufspüren von Geistern. Spätere Aufzeichnungen über das Aufspüren von Geistern*]. Shenyang 1999, S. 8f.

163 *Leishu* 类书 ist die chinesische Bezeichnung für Enzyklopädien mit Material, das verschiedenen Quellen entnommen und nach Sachgebieten geordnet worden ist.

164 Vgl. Gan Bao 干宝: *Sou shen ji quanyi* 搜神记全译 [*Aufzeichnungen über das Aufspüren von Geistern. Eine vollständige Übersetzung*]. Übersetzt ins moderne Chinesische und kommentiert von Huang Diming 黄涤明. Guiyang 1991, Vorwort. Die folgenden Zitatnachweise beziehen sich auf diese Ausgabe.

165 Wohin sie zuerst gehen, wird nicht gesagt. Hier haben wir es mit einer faktischen Leerstelle zu tun, wie dies häufig in den Texten, die in der Schriftsprache verfasst wurden, der Fall ist.

166 Jäger und Hunde sind die natürlichen Feinde des Fuchsgeistes, eine Tatsache, die sich fast durch die gesamte Fuchsliteratur zieht. An der Angst vor Jägern und Hunden lässt sich erkennen, dass man in der Frühphase der chinesischen Literatur mehr an das Aussehen eines Fuchses, z. B. seinen behaarten Körper, an seine Lebensgewohnheiten, z. B. seine Behausung in einer Höhle oder in einem Grab, und an seine Lebenssituation, z. B. die stets unter der Bedrohung von Jägern und Hunden stand, gedacht hat als an den Fuchsgeist als eine

merksam machen müssen. Er kommentiert sein Zusammensein mit A-zi nur als unvergleichbar spaßig. Am Ende der Geschichte zitiert der Autor die Äußerung eines daoistischen Mönchs, dass das geflohene Wesen ein Geist sei. Durch diese Aussage steht überzeugend fest, dass A-zi tatsächlich ein Fuchsgeist ist. Um die Herkunft des Fuchsgeistes zu ermitteln, steht ein Zitat aus dem Buch *Ming shan ji* (*Beschreibungen über bekannte Berge*) zur Verfügung: Der Fuchs entsteht aus einem unzüchtigen Weib im Altertum, das A-zi heißt. Sie nimmt die Gestalt einer Füchsin an. Geister nennen sich daher oft A-zi.

Die Geschichte *A-zi* ist eine der wenigen Geschichten der Mahrtenehen im *Sou shen ji*. In den anderen Geschichten im *Sou shen ji* läuft eine uneheliche Beziehung oft zwischen einem männlichen *übernatürlichen* Wesen und einem weiblichen *irdischen* Wesen ab. A-zi, ein weiblicher Fuchsgeist, verfügt über die Macht der Verwandlung. Sie kann sowohl ihre eigene Gestalt von der einer Füchsin in die einer schönen Frau verwandeln, als auch ein leeres Grab in die Form eines Gebäudes. Die Verwandlung eines leeren Grabes in ein Haus wird nicht explizit, sondern nur implizit in der Geschichte *A-zi* berichtet. Wang Lingxiao erwähnt, dass die Frau ihn zu sich nach Hause bringt. Der Ort, an dem er gefunden wird, ist jedoch ein leeres Grab. Das heißt, das Grab erscheint ihm als ein richtiges Haus. A-zi wird an zwei Textstellen direkt durch „Fuchs" ersetzt. Als Wang Lingxiao aus dem Grab geholt wird, sieht er einem Fuchs ähnlich. Das deutet darauf hin, dass die wahre Natur des Geistes, der ihn betört, eine Füchsin ist. Am Ende des Textes wird eine Klärung des Namen A-zi angeführt: Die Füchsin hat ihren Ursprung in einem unzüchtigen Weib der dunklen historischen Vergangenheit, das A-zi heißt. Dieser tiefe Rückgriff auf ihre Herkunft verleugnet jedoch nicht die Tatsache, dass A-zi ein Fuchsgeist ist.

Die Geschichte geht immer davon aus, dass der ambivalente Charakter, nämlich äußerlich schön, jedoch Unheil bringend – den A-zi besitzt – in einem Fuchs(geist) verborgen ist. Um die magische Kraft der Fuchsgeister abzuwehren, können z. B. Hunde zur Verfügung stehen. Sie sind der natürliche Feind der Fuchsgeister. Zweimal erscheinen Hunde auch in dieser Geschichte. Der Fuchsgeist flieht erstmals, als sich Chen Xian mit seinen Leuten und Hunden dem angeblich „leeren" (Gan Bao: Ebd.) Grab nähert. Das zweite Erscheinen eines Hundes in der Erzählung findet in der Erinnerung von Wang Lingxiao statt. Er erwähnt einen Hund, dem er mit dieser fremden Frau begegnet und vor dem sie nicht geflohen ist. Die in seiner Zeit allgemein bekannte Behauptung, dass ein Fuchsgeist Hunde scheut, ist Wang Lingxiao vermutlich bekannt. Deshalb lässt er wohl absichtlich die Bemerkung über den Hund fallen, um sich des Menschseins dieser Frau zu versichern. Es kann aber auch sein, dass Wang Lingxiao die Wahr-

---

literarische Figur. Li Jianguo begründet dies damit, dass der Fuchs als ein mittelgroßes Tier das Leben eines Jägers nicht bedroht. Im Gegenteil, Jäger können mühelos auf die Fuchsjagd gehen. Vgl. Li Jianguo 李剑国: *Zhongguo hu wenhua* 中国狐文化 [*Die Kultur des Fuchses Chinas*]. Beijing 2002, S. 354.

heit nicht wahrhaben will und fest daran glaubt, dass seine Begleiterin ein Mensch ist. Es kann jedoch ebenso sein, dass diese Eigenschaft eines Fuchsgeistes, dessen Existenz durch einen Hund bedroht werden kann, in den früheren Geschichten nicht immer konsequent von den Verfassern dieser Fuchsgeistergeschichten beachtet wurde und erst mit Gan Bao unsere Aufmerksamkeit erweckt.[167] Fuchsgeister können also unter Umständen ferngehalten werden, selbst wenn sie in der Lage sind, verführerische Illusionen zu zaubern.

Die Struktur der Mahrtenehe ist in diesem Text gut erkennbar. Die Geschichte zwischen Wang Lingxiao und A-zi wird jedoch nicht ganz geradlinig erzählt. Am Ende wird in Form einer Rückblende, in der Wang Lingxiao berichtet, auf die erste Begegnung zwischen Wang Lingxiao und A-zi ganz allgemein Bezug genommen. In dieser ersten Begegnung befindet sich die schöne Frau an der Ecke seines Hauses. Das scheint jedoch mehr ein privater Raum zu sein, in dem niemand ihre Kommunikation mit Wang Lingxiao stören kann. Wang Lingxiao wird von dieser schönen Frau verführt und verlässt mit ihr, dem Fuchsgeist, sein Haus und seinen Militär-Dienst. Er kommt aber von der ersten Desertion zurück. Warum er zurückkommt, verschweigt der Text. Sicher ist, dass der Zauber des Fuchsgeistes scheinbar unüberwindlich ist. Selbst die Drohung seines Vorgesetzten, Chen Xian, ihn hinzurichten, hält Wang Lingxiao nicht davon ab, ein zweites Mal zu desertieren. Die Rettung vor seiner weiteren Gefährdung durch den Fuchsgeist kommt für Wang Lingxiao jedoch nicht zu spät, obwohl er kurz nach seiner Rettung durch seine Kameraden im Militär scheinbar geistig verwirrt ist und Schwierigkeiten in der Kommunikation mit Menschen hat. Nach einigen Tagen kann er jedoch wieder klar denken und sich anderen gegenüber deutlich mitteilen. Bemerkenswert an dieser Geschichte ist, dass die Trennung von der Füchsin, nicht von ihm, Wang Lingxiao, ausgeht, sondern durch seinen militärischen Kommandanten geschieht. Er würde am liebsten weiterhin mit der Füchsin zusammenbleiben, weil ihm das Leben mit ihr gefallen hat. Die wahre Natur der Füchsin kennt er nicht, geschweige denn, dass, wenn er ihre wahre Natur erkennen würde, müsste, dass er einen Verbotsbruch begehe. Doch hier zeigt sich ein großer Unterschied in der Trennung der Fuchsgeister und der Wassergeister von ihren irdischen Männern: In den Fuchsgeistergeschichten fehlt es an einer konkreten Bedingung im Zustandekommen des Verhältnisses zwischen den Partnern. Dieser Unterschied wird in diesem Kapitel mehrmals thematisiert werden.

Der Fuchsgeist ist für Wang Lingxiao schön, anlockend und verführerisch. Woran Wang Lingxiao sich nach der Rettungsaktion durch seine Kampfgefährten erinnert, ist an etwas Schönes, nämlich: an die erste Begegnung mit der schönen Frau, an ihr Haus und die Freude, die er in ihrer Gegenwart empfand. Für Ande-

[167] Wang Shaoying weist in seinem Kommentar auf diese von ihm als widersprüchlich bezeichnete Textstelle hin und schreibt, dass es sich hier um einen Fehler in der Überlieferung handelt. Jedoch ist diese Textstelle in den anderen Überlieferungen identisch mit meiner zitierten Version. Siehe: Gan Bao 干宝 (1979), S. 222.

re, z. B. seine Frau und die Kampfgefährten, die ihn gerettet haben, ist das ein schreckliches Ereignis. Der geistig verwirrte Wang Lingxiao ist bereit, für den Fuchsgeist alles aufzugeben: seine Familie, seinen Militär-Dienst, ja sogar sein Leben. Das Schauderhafte für seine Familie und seine Retter ist, zu sehen, dass Wang Lingxiao eine Zeit lang außer dem Namen des Fuchsgeistes A-zi nichts anderes sprechen kann und sich äußerlich ebenso zum Fuchs hin verändert hat. Jedoch bereut Wang Lingxiao in dieser Phase seines Lebens nichts; im Gegenteil, seine Sehnsucht nach dem Leben mit dem Fuchsgeist bleibt. Das Ende der Geschichte zeigt, wie Fuchsgeister mit der bösartigen Weiblichkeit und der unangemessen Sexualität im Zusammenhang stehen: A-zi ist im Altertum der Name eines unzüchtigen Weibes. Sie hat eine dunkle Herkunft und übt auf alle Männer, die mit ihr Kontakt haben, eine unüberwindbare Magie aus. Der Leser sollte sich von solchen Geistern fernhalten.

In dieser Geschichte hat Wang Lingxiao keine Gelegenheit, sich direkt mit der schrecklichen Welt, die die Füchsin in ihrer Person repräsentiert, auseinanderzusetzen. Als er im leeren Grab gefunden wird, hat er keinen nüchternen Kopf. Sein Geist scheint umnebelt zu sein. Alle Versuche einer Kommunikation mit ihm scheitern, weil er nur den Namen des Fuchsgeistes im Kopf hat und diesen aussprechen kann. Er hat das leere Grab als eine unreale Verwandlung des Fuchsgeistes gar nicht wahrgenommen. Kein Wunder, dass er demzufolge seine Tat, die Vernachlässigung seiner Pflichten gegenüber seiner Familie[168] und dem Militär, nicht bereut oder gar darüber reflektiert. Hat Wang Lingxiao überhaupt darüber nachgedacht, was er tut, ehe er den Verlockungen der Füchsin folgte? Er trifft den Fuchsgeist zufällig bei sich zu Hause. Das heißt, er handelt reaktiv. Das heißt, er reagiert positiv auf den Fuchsgeist, der ihm in Gestalt einer schönen Frau erscheint und ihm mehrmals mit der Hand zuwinkt, um ihr zu folgen, obwohl er zwischenzeitlich zu zögern scheint. Nach dem ersten heimlichen Verlassen seiner Familie und seines Dienstes kehrt er zu diesen Plätzen seiner Verantwortung und Pflicht zurück. Der Anlass bleibt ein Rätsel. Es scheint nicht die Einmischung von Seiten der Gesellschaft der Grund dafür gewesen zu sein, dass er zurückkehrte, denn schließlich verlässt er seine Familie und seinen Militär-Dienst problemlos ein zweites Mal. Als er gerettet wird, befindet er sich fast im Zustand des Unbewussten. Daher kreuzen

---

[168] Leser aus einem anderen Kulturkreis, besonders aus einem christlichen, mögen Wang Lingxiaos Tat mit einem Ehebruch assoziieren. Vom Ehebruch ist hier jedoch nicht die Rede, denn so lange ein Mann die Stellung seiner Frau als die erste Frau im Haushalt, der wichtigsten und einflussreichsten, gegenüber seinen Konkubinen nicht ohne triftigen Grund ändert, kann man nicht von Ehebruch sprechen. Im alten China wurde es erlaubt, dass ein Mann andere Frauen als Konkubinen zu sich nimmt, so lange sein Haushalt es sich finanziell leisten konnte. Die allgemein akzeptierte ehrenhafte Ausrede ist die Existenz eines männlichen Nachkommen. Sie ist jedoch nicht die notwendige Voraussetzung dafür, dass ein Mann eine Konkubine zu sich nimmt. Wang Lingxiao hat A-zi nicht erklärt, dass sie die Stellung seiner Frau ersetzen soll. Daher hat seine Tat die Norm der Gesellschaft keineswegs verletzt. Er hat aber seine Familie verlassen. Es ist jedoch seine Pflicht, die Familie zu versorgen.

sich Wang Xiaolings schöne, illusionäre Welt, die er mit A-zi teilt, und die schreckliche, getarnte Welt von A-zi einander nie richtig. Der Schnittpunkt der zwei Welten, der durch die Enthüllung der wahren Natur der Geister ermöglicht wird, soll dem Protagonisten den Denkanstoß über sich selbst und sein Verhältnis zur Gesellschaft geben. Diese Begegnung der zwei Welten fehlt noch in der Geschichte A-zi. Der Fuchsgeist verrät dem Protagonisten selber nicht, wer und was er eigentlich ist. Er stellt auch keine harte Bedingung, wie dies ein Wassergeist tun würde, der den Protagonisten zum Nachdenken über seine Tat anregen würde. Der Verfasser kontrastiert hier lediglich die Leidenschaft des Protagonisten Wang Lingxiao, die er für den Fuchsgeist empfindet und die ihn fast zum Wahnsinn treibt, und die verführerisch schöne Verwandlungsfähigkeit des Fuchsgeistes, um dem Leser ein schauderhaftes und mysteriöses Bild zu präsentieren.

Yang Xuanzhi 杨衒之 (dat. 547): Sun Yan 孙岩 ([Ein Mann namens] Sun Yan)

Yang Xuanzhi war einst ein Direktor für die kaiserliche Bibliothek (*bishujian* 秘书监)[169] am Hof der Nördlichen Wei-Dynastie 北魏 (386-534), die in den Zeitrahmen der Sechs Dynastien eingeordnet ist. Die Zeit der Sechs Dynastien wird auch das Zeitalter der Verbreitung des Buddhismus genannt. Die Nördliche Wei-Dynastie hat dazu einen großen Beitrag geleistet, indem sie zahlreiche Klöster in ihrer Hauptstadt, Luoyang 洛阳, gebaut hat. Yang Xuanzhi hat in seinem Vorwort für das Werk *Luoyang qielan ji* 洛阳伽蓝记 (*Aufzeichnungen über die Klöster von Luoyang*) über die Verlegung der Hauptstadt von Luoyang nach Ye 邺 (heute: Linzhang 临漳, Provinz Hebei 河北) und über den Untergang der Klöster in der ehemaligen Hauptstadt Luoyang berichtet. Der Verfall der Klöster hat ihn veranlasst, die exemplarischen Klöster aufzuzeichnen, um sie schriftlich zu bewahren.[170] Dieses Werk enthält fünf Kapitel, welche immer von der Beschreibung der Klöster ausgehend darüber hinaus auch die Umgebung und die mit ihr verbundenen Personen charakterisieren. Dass das Werk eine „kulturgeschichtliche Quelle"[171] ist, lässt sich beispielsweise anhand der Geschichte *Sun Yan* zeigen.

---

169 Hucker, Charles O.: *A Dictionary of Official Titles in Imperial China.* Stanford 1985, S. 376f.; Vgl. Qu Dafeng 瞿大风: *Gudai tushu guanli jigou – Bishujian* 古代图书管理机构 - 秘书监 [*Die Verwaltungsinstitutionen von Büchern im alten China – Bishujian*]. In: *Neimenggu shehui kexue* 内蒙古社会科学 [*Inner Mongolia Social Sciences*] 3 (1987), S. 66.

170 Yang Xuanzhi 杨衒之: *Luoyang qielan ji* 洛阳伽蓝记 [*Aufzeichnungen über die Klöster von Luoyang*]. Korrigiert und übersetzt von Zhou Zhenfu 周振甫. Beijing 2001, S. 6f. Im *Guang hong ming ji* 广弘明集 (*Erweiterung der Sammlung der Verbreitung des Buddhismus*) soll die rücksichtslose Ausbeutung der Bevölkerung durch die Adligen, um prächtige Klöster zu bauen, bei Yang Xuanzhi den Anstoß zur Niederschrift erregt haben. Das Werk entstand zwischen 550-559 n.Chr. Vgl. Sengyou 僧祐; Daoxuan 道宣: *Hong ming ji; Guang hong ming ji* 弘明集; 广弘明集 [*Sammlung zur Verbreitung des Buddhismus; Erweiterung der Sammlung zur Verbreitung des Buddhismus*]. Shanghai 1991, S. 133.

171 Emmerich (2004), S. 138.

Die Geschichte *Sun Yan* befindet sich im Kapitel IV, das den Titel *Chengxi* 城西 (*Der westliche Teil der Stadt [Luoyang]*) trägt.[172] Nach der Beschreibung der Klöster und ihrer Geschichte im westlichen Teil der Stadt Luoyang zählt der Autor die Siedlungen (*li* 里)[173] auf, die ganz gezielt mit mancherlei Berufstätigen, z. B. Händlern, Musikanten, Schnapsbrauern und Sarglieferanten, besiedelt wurden. Es geht hier um in der Geschichte *Sun Yan*, dessen Titelheld ein Trauerliedsänger ist. Er heiratet eine Frau, die drei Jahre lang mit ihm in einem Ehebett schläft, ohne ihre Kleidung auszuziehen. Eines Tages wartet er, bis seine Frau eingeschlafen ist, um heimlich ihre Kleidung aufzuknöpfen. Zum Vorschein kommt ein Fuchsschwanz mit Haaren, der etwa drei *chi* 尺[174] lang ist. Das beängstigt Yan. Ein Fuchsgeist verfügt über die Verwandlungsfähigkeit, die jedoch unter bestimmten Umständen ganz oder teilweise versagt. Beispielsweise hat Sun Yans Frau sich im Schlaf durch ihren Schwanz verraten. Er verstößt sie. Bevor die Frau das Haus verlässt, schneidet sie Yans Haare ab und geht fort. Yans Nachbarn eilen ihr nach, um sie weitweg zu treiben. Die Geschichte *Sun Yan* stellt den gleichnamigen Protagonisten als Opfer dar, der der Verführung eines Fuchsgeistes anheim gefallen ist. Er kompensiert die Angst vor Fuchsgeistern mit der Möglichkeit, sie mit Hilfe der Anderen, hier seiner Nachbarn, zu vertreiben. – In der Geschichte *A-zi* sind zum Beispiel die Anderen Wang Lingxiaos Kommandant und seine Kampfkameraden. – Sun Yans Frau verwandelt sich daraufhin schnell in die Gestalt einer Füchsin. Ab diesem Moment ist eine Verfolgung zwecklos. Sie soll es geschafft haben, hundertdreißig Männern infolge ihrer Verführungskunst die Haare von ihr abzuschneiden.

Das Abschneiden der Haare scheint hier das schreckliche Ergebnis aus der Begegnung mit einem Fuchsgeist zu sein. Der Autor berichtet kurz von der Begegnung des Fuchsgeistes, der Frau von Sun Yan, mit anderen Männern und der damit verbundenen, gleichen Folge. Jedes Mal verwandelt sich der weibliche Fuchsgeist in eine Frauengestalt, die sehr schön gekleidet ist. Als sie unterwegs ist, sieht man sie gern und tritt ihr näher. Doch den ihr näher Gekommenen schneidet sie die Haare ab. Infolgedessen werden die Frauen jener Zeit, die bunte Kleidung tragen, als Fuchsgeister betrachtet. Den Zeitrahmen für diese Art von Geschichten, in denen die Männer Opfer sind, bilden die Monate März bis Oktober.

Dieser Geschichte der Mahrtenehe fehlt die Beschreibung der ersten Begegnung des irdischen Mannes mit dem Fuchsgeist. Da jedoch die erste Begegnung

---

172 Die fünf Kapitel tragen die Titel: *Chengnei* 城内 (*Innenstadt*), *Chengdong* 城东 (*Der östliche Teil der Stadt*), *Chengnan* 城南 (*Der südliche Teil der Stadt*), *Chengxi* 城西 (*Der westliche Teil der Stadt*) und *Chengbei* 城北 (*Der nördliche Teil der Stadt*), d.h. die fünf Himmelsrichtungen (einschließlich der Mitte als eine der Himmelsrichtungen).

173 *Li* 里 ist eine Form der Siedlung, die bis zur Tang-Dynastie existierte. Die meistens viereckige Siedlungs-form ist von einer Mauer umgeben und mit einem Tor versehen. In der Tang-Dynastie wurde diese Siedlungsform, wenn sie sich in einer Stadt befand, *fang* 坊 genannt. In der Song-Dynastie wurden die Mauern für *li* und *fang* abgerissen.

174 *Chi* 尺 ist ein chinesisches Längenmaß, ca. ein Drittel Meter lang.

mit anderen Männern, die der Fuchsgeist trifft, nachdem er aus dem Haus verstoßen wurde, beschrieben wird, kann das erste Zusammentreffen zwischen Sun Yan und seiner Frau, dem Fuchsgeist, konstrukiert werden. Am Ende der Erzählung werden mehr als hundert Opfer genannt, die die Füchsin in der schönen Frauengestalt verführt haben soll. Der Grund für das Abschneiden der Haare der Männer liegt in ihrer Schönheit. Man könnte vermuten, das Haare-Abscheiden bliebe im Vergleich mit dem verführerischen Fuchsgeist in der Geschichte *A-zi*, in der der Protagonist fast ohnmächtig und schwerkrank wurde, weniger folgenschwer. Jedoch wird das Abschneiden der Haare als verhängnisvoll betrachtet. Dies aus dem Kontext eines Zitats des *Xiaojing* 孝经 (*Klassiker der Kindespietät*) her leicht zu verstehen. Konfuzius sagte:

> 夫孝,德之本也。教之所由生也。(...) 身体发肤,受之父母,不敢毁伤,孝之始也。[175]
>
> Fu xiao, de zhi ben ye. Jiao zhi suo you sheng ye. (...) Shengti fa fu, shou zhi fumu, bugan hui shang, xiao zhi shi ye.
>
> Die Kindespietät ist die Grundlage der Tugenden, und daraus entsteht die gute Erziehung. (...) Der Körper, die Haare und die Haut erhält man von den Eltern. Die Kindespietät beginnt mit der Ehrfurcht, dass man sie nicht beschädigen darf.

Die Kindespietät betont die Liebe der Kinder zu ihren Eltern. Sie bildet die Grundlage der fünf menschlichen Beziehungen, die als *wulun* 五伦 bekannt sind (wie z. B. die Beziehungen zwischen König und Untertanen, Vater und Sohn, Mann und Frau, zwischen Brüdern[176] und engen Freunden).[177] Was Konfuzius' Zitat betrifft, so beruht es auf der bereits im alten China allgemein gültigen Einstellung, dass Haare mit den Gliedern und anderen Organen ein unteilbares Ganzes bilden. Im Strafgesetz der Zhou-Dynastie 周 (ca. 11. Jh. v. Chr.-770 v. Chr.) wurde das Abscheiden der Haare (laut einer Anmerkung von Zheng Xuan 郑玄 (127-200), Kommentator der klassischen Werke des Konfuzianismus der Östlichen Han-Dynastie) ursprünglich als Ersatzstrafe für eine der fünf Körperstrafen[178], der Kastrationsstrafe, für Adlige gedacht, wenn sie ein unerlaubtes sexuelles Verhältnis hatten. Aus ihr hervorgegangen sind Strafen für leichte Verbrechen, z. B. die Prü-

---

175 Das Zitat wurde von der Verfasserin ins Deutsche übertragen. Zum Original siehe: Li Longji 李隆基 [Kaiser Xuan der Tang-Dynastie 唐玄宗 (685-762)] (kommentiert): *Xiaojing* 孝经 [*Klassiker der Kindespietät*]. Beijing 1999, S. 2.

176 Frauen wurden in den fünf menschlichen Beziehungen erst berücksichtigt, wenn sie als Ehefrau fungierten.

177 Vgl. Zang Zhifei 臧知非: *Renlun benyuan: «Xiaojing» yu zhongguo wenhua* 人伦本原:《孝经》与中国文化[*Ursprung der menschlichen Beziehungen: «Klassiker der Kindespietät» und die chinesische Kultur*]. Kaifeng 2004, S. 44 ff.; zum Thema *xiao* 孝 siehe: Knapp, Keith Nathaniel: *Accounts of Filial Sons: Ru Ideology in Early Medieval China*. Berkeley 1996.

178 Die anderen vier Strafen neben der Kastrationsstrafe (*gong* 宫) sind Tätowierung von Schandzeichen ins Gesicht (*mo/qing* 墨/黥), Abscheiden der Nase (*yi* 劓), Abhacken der Füße (*fei/yue* 剕/刖) und die Enthauptung (*dapi* 大辟).

gelstrafe für Körperverletzung und Diebstahl.[179] Vor diesem Hintergrund ist es kein Wunder, dass das Abschneiden der Haare eine verhängnisvolle Folge im Umgang mit Fuchsgeistern ist. Eine weitere Erklärung zur Szene des Haare-Abschneidens gibt Wang Qing. Sie erklärt in ihrer Abhandlung *Die Fuchsgeistergeschichten in der chinesischen Frühzeit*, dass das Abschneiden der Haare seitens der Fuchsgeister etwas mit der Frisur zu tun hat, die die Volksgruppen mitbrachten, die von auswärts kamen und sich ansiedelten und die Bevölkerung im zentralen China, die unter dem Einfluss des Konfuzianismus stand, beunruhigte. Das Abscheiden der Haare durch Fuchsgeister wurde mehrfach als begleitendes Phänomen, das mit der Ansiedlung verschiedener Volksgruppen einherging, sowohl in der offiziellen Geschichtsschreibung als auch in Geistergeschichten beschrieben.[180]

Verführerische Fuchsgeister erwecken nicht nur in einem außerehelichen Verhältnis unsittliches Verlangen. Selbst in einer Ehe mit einem Fuchsgeist, wie es bei Sun Yan der Fall ist, verbirgt sich eine derartige Gefahr. Die eheliche Beziehung zwischen der Füchsin in Frauengestalt und Sun Yan währt, bis er etwas Entsetzliches entdeckt: Unter der Kleidung, die seine Frau selbst nachts beim Schlafen stets anhat, verbirgt sich ein Fuchsschwanz, den seine Frau gewöhnlich während des Tages mit Hilfe ihrer Verwandlungskunst unsichtbar macht. Diese Verwandlungsfähigkeit versagt jedoch nachts, während sie in tiefem Schlaf liegt, sodass sie ihm für ihre ungewöhnliche Körperverhüllung, hinter der sie ihre wahre Natur versteckt, entweder einen uns unbekannten, glaubhaften Grund genannt oder ihm den Versuch, sie nach dem Einschlafen auszuziehen, einfach verboten hat. Wenn das Letztere der Fall sein sollte, handelt es sich hier wiederum um das Sehverbot bezüglich des weiblich nackten Körpers, das in der Wassergeistliteratur als häufiges Motiv behandelt wurde. Das Sehtabu, das sich in dieser Geschichte nur vermuten lässt und das sehr selten als Motiv in chinesischen Geistergeschichten auftaucht, ist jedoch in einer älteren Erzählsammlung enthalten, nämlich der von Cao Pi 曹丕 (187-226), *Lie Yi Zhuan* 列异传[181] (*Überlieferungen über einige Seltsamkeiten*). Die Totengeistergeschichte *Tan sheng* 谈生 (*Herr Tan*), ein Beispiel aus

179 Vgl. Su Jing 粟劲: *Qinlü tonglun* 秦律通论 [*Allgemeine Einführung in die Gesetze der Qin-Dynastie*]. Jinan 1985, S. 250.

180 Wang Qing 王青: *Zhongguo zaoqi huguai gushi: wenhua pianjian xia de huren xingxiang* 中国早期狐怪故事: 文化偏见下的胡人形象 [*Die Fuchsgeistergeschichten in der chinesischen Frühzeit:* Die Figuren von Ausländischern in der Perspektive des kulturellen Vorturteils]. In: Ge Xiaoyin 葛晓音 (Hrsg.): *Han Wei Liuchao wenxue yu zongjiao* 汉魏六朝文学与宗教 [*Literatur und Religionen in der Han, Wei und den Sechs Dynastien*]. Shanghai 2005, S. 453-478, hier S. 466.

181 Diese Erzählsammlung enthält einige Geschichten, die in der Zeit nach dem Tod von Cao Pi entstanden sind. Ouyang Xiu 欧阳修 (1007-1072), Literat und Kritiker in der Song-Dynastie, korrigierte daraufhin die Autorschaft und nannte ohne Beleg Zhang Hua (232-300 张华) als Autor von *Li yi zhuan*. Gebräuchlicher wäre, *Li yi zhuan* Cao Pi zuzuschreiben. Vgl. Ye Guigang 叶桂冈: *Zhongguo gudai shida zhiguai xiaoshuo shangxi* 中国古代十大志怪小说赏析 [*Kommentare zu zehn chinesischen Erzählsammlungen über wundersame Begebenheiten aus dem alten China*]. Beijing 1992, S. 102ff.

dieser Erzählsammlung, erzählt von einem weiblichen Totengeist, der einen irdischen Mann heiratet. Sie bittet ihn, dass er in den ersten drei Jahren kein Feuer zur Beleuchtung ihres Schlafzimmers benutzt, um zu verhindern, dass er sie nackt oder spärlich bekleidet sieht, während sie in tiefem Schlaf liegt. Zwei Jahre haben sie zusammen gelebt, in denen seine Frau ihm einen Sohn geschenkt hat, bis Herr Tan seine Neugier nicht mehr unterdrücken kann und seine Frau eines Nachts bei Licht beobachtet. Ihr Oberkörper ist ein normaler, weiblicher Körper, während ihr Unterkörper nur aus Knochen besteht. Angesichts des Verbotbruchs verkündet seine Frau ihm die Trennung.[182] Das gemeinsame an derartigen Geschichten ist, dass das Zusammensein nach der Entdeckung der wahren Natur der Frau, die nun als Geist den Menschen erschreckend erscheint, abgebrochen wird, egal ob die Entdeckung mittels der Einmischung durch Andere geschieht, wie bei Wang Lingxiao in der Geschichte *A-zi* oder durch den Protagonisten selbst, wie bei Sun Yan.

Interessant zu beobachten ist, wie diese beiden Geschichten parallel zu Gervasius' Geschichte stehen. In Gervasius' Geschichte geht es um ein Geheimnis des übernatürlichen Wesens. Der Wassergeist verbietet Raymund, sie nackt zu sehen. Dieses Verbot erinnert an die Geschichte von Psyche. Sie darf Amor nicht bei Licht sehen. Das ist nicht besonders schwierig, weil Amor erst am Abend zu Psyche kommt. Doch eine Ehe mit einer immer gut gekleideten Frau ist dagegen fast unmöglich. Sie dauert hier, in der Geschichte *Sun Yan*, allerdings drei Jahre. Aus der Analyse der Geschichte von Raymund ergibt sich die Vermutung über das Sehtabu, das besagt, man soll sein sexuelles Verlangen zu einer falschen Zeit und an einem falschen Ort zügeln. Diese Vermutung hilft ebenso bei der Entschlüsselung des Rätsels mit dem Fuchsgeist in der Geschichte *Sun Yan*. Dort wird lediglich erwähnt, dass die Frau immer völlig bekleidet schläft. Das heißt aber nicht, dass die Kleidung zum Verbergen ihrer wahren Natur zu jeder Zeit benötigt wird, denn sonst wäre das Geheimnis wahrscheinlich schon kurz nach der Eheschließung entdeckt worden, und nicht erst drei Jahre später. Der Grund, warum sie bekleidet schläft, wird durch ihre nicht immer funktionierende Verwandlungsfähigkeit erklärt, die in anderen Fuchsgeistergeschichten genauer beschrieben wird, z. B. in Pu Songlings Fuchsgeistergeschichten *Dong-sheng* 董生 (*Herr Dong*) (Nach Rösels Übersetzung: *Die Fuchskrankheit*) und *Jiu you* 酒友 (*Der Trinkgefährte*).[183] Die menschliche Gestalt, die Fuchsgeister durch ihre übernatürliche Verwandlungsfähigkeit gewinnen, verliert in bestimmten Fällen, z. B. in der Begegnung mit ihrem natürlichen Feind, dem Hund, seine Kraft. Diese Eigenschaft kommt bereits in der Geschichte *A-zi* vor. Dies geschieht ebenso, wenn die Fuchsgeister sich nicht vernünftig kontrollieren können, z. B. unter den Umständen der Trun-

[182] Ebd., S. 95.

[183] Vgl. Pu Songling: *Umgang mit Chrysanthemen. 81 Erzählungen der ersten vier Bücher aus der Sammlung Liao-dschai-dschi-yi*. Deutsch von Gottfried Rösel. Zürich 1987, S. 132ff. und S. 219ff.

kenheit oder des tiefen Schlafs.[184] Betrachten wir das Sehverbot unter dem Aspekt einer belehrenden Geschichte, dann warnt dieses Tabu implizit vor der übermäßigen Hingabe an die Sexualität. Eine nackte Frau zu beobachten scheint unsittlich zu sein, weil dies nicht der Erzeugung von Nachkommen dient, sondern nur dem sinnlichen Gelüsten. Hier wird genau wie in den Wassergeistergeschichten eine warnende, dämonisierende, weibliche Figur sowie ein zu rettender Protagonist als Opfer dargestellt.

In beiden Geschichten, sowohl in der Geschichte *A-zi* als auch in der Geschichte *Sun Yan*, werden dem Leser die verheerenden Folgen im Umgang mit dem Unheil bringenden Fuchsgeist anschaulich vor Augen geführt. Der Fuchsgeist erscheint stets als eine schöne Frau, die die unzüchtigen, sexuellen Wünsche im Protagonisten weckt. Daraufhin gerät er in eine Situation, in der er seine Pflichten gegenüber seinem Dienst und seiner Familie, oder die in der Gesellschaft allgemein üblichen, akzeptierten Sitten verletzt und demzufolge bestraft wird. Hier möchte ich darauf hinweisen, dass derartige Geschichten weiter die chinesische Fuchsgeisterliteratur bis in die Qing-Dynastie begleiteten. Der Grund dafür liegt zum einen darin, dass die späteren Autoren, die sich ebenso für die Fuchsgeistergeschichten interessierten, ihre Quellen aus dem Volk schöpften und teils unverändert in ihre Sammlungen aufnahmen. Die unveränderten Geschichten bringen menschliche Grundbedürfnisse primärer zum Ausdruck als die modifizierten oder erfundenen Geschichten. Zum anderen liegt der Grund darin, dass die schlichte Erzählform *zhiguai* 志怪 (ungewöhnliche Begebenheiten)[185] im Hintergrund der Geschichtsschreibung geschätzt wird, so dass die mündliche Überlieferung auf eine schlichte Weise aufbewahrt werden kann.

2.2.2.2 Fuchsgeister in der Tang-Dynastie 唐 (618-907)

Die *Tang-chuanqi* 唐传奇, nämlich wundersame Erzählungen der Tang-Dynastie,[186] genießen zusammen mit den *Tang-Gedichten*, d.h. den Gedichten der Tang-Dynastie, seit der Song-Dynastie den Ruf „Wunder der Epoche" zu sein.[187] Diese so genannten „außerordentlichen" oder „erstaunlichen" Geschichten beschränken sich nicht ausschließlich auf Götter- und Geistergeschichten. Sie thematisieren darüber hinaus sowohl Liebesgeschichten unter Menschen als auch Heldengeschichten und Geschichten von historischen Personen.[188] Das Interesse

---

184 Li Jianguo 李剑国 (2002), S. 353f.

185 Zum Begriff *zhiguai* siehe: Punkt 1.5 der vorliegenden Arbeit.

186 Zum Begriff *chuanqi* siehe: Punkt 1.5 der vorliegenden Arbeit.

187 Vgl. Liu Kairong 刘开荣: *Tangdai xiaoshuo yanjiu* 唐代小说研究 [*Studien zu den Erzählungen der Tang-Dynastie*]. Beijing 1947, S. 1.

188 Jiang Yin 蒋寅(Hrsg.): *Zhongguo gudai wenxue tonglun* 中国古代文学通论•隋唐五代卷 [*Allgemeine Literaturgeschichte des alten Chinas. Band Sui, Tang, Wudai*]. Shenyang 2005, S. 242 ff.

der Autoren liegt als im „Außerordentlichen" oder „Erstaunlichen", egal ob es dabei um Geister oder Menschen geht.

Die *Tang-chuanqi* heben sich bereits durch die Länge der Erzählungen von den Fuchsgeistergeschichten der Sechs Dynastien ab. Hier ein konkretes, vergleichendes Beispiel: die Geschichte *A-zi* der Sechs Dynastien enthält ca. 300 Schriftzeichen, während die im Folgenden zu analysierende Geschichte *Fräulein Ren* mit dem Umfang von ca. 4000 Schriftzeichen einen großen Fortschritt zeigt. Ich möchte hier auf die enge Beziehung zwischen der Gattung „Erzählung" und der Geschichtsschreibung in China hinweisen, auf die ich bereits unter Punkt 1.5 eingegangen bin. Bevor ich jedoch mit der Analyse der *Tang-chuanqi*-Geschichten anfangen kann, ist es notwendig eine klare Grenze zwischen den Geistergeschichten der Erzählsammlung und den Berichten über wunderliche Ereignisse und deren Beschreibung zu ziehen. Diese Geistergeschichten aus der Frühgeschichte Chinas, konkret aus den Sechs Dynastien, beginnen mit einer kurzen persönlichen Information über den Protagonisten und berichten dann sachlich über das wunderliche Ereignis. Die *Tang-chuanqi* setzt die Tradition des informativen Textanfangs fort – eine Tradition, die bis in die Qing-Dynastie weiterhin gepflegt wird – und bereichert die Handlung meist durch lebhafte Gespräche in Form der „direkten Rede". Durch diese Änderung kann von einer Emanzipation der chinesischen Erzählung gesprochen werden.

Um zu erklären, warum die *chuanqi*-Erzählungen ihre Blütezeit in der Tang-Dynastie erlebt haben, wird oft auf die höfische Beamtenprüfung[189] zurückgegriffen. Diese Auffassung stammt von einem Literaturkritiker namens Zhao Yanwei 赵彦卫 (12. Jh.)[190] der Song-Dynastie und wird ebenso von Lu Xun, einem der bekanntesten chinesischen Schriftsteller und Literatur-Kritiker des 20. Jahrhunderts vertreten.[191] Das Auswahlverfahren der Beamten am Hof geschah in der Han-Dynastie auf Empfehlung regionaler Beamter. Als Kriterien galten die Kindespietät, die Tugenden, z. B. Aufrichtigkeit, Entschlossenheit und Unbestechlichkeit, die Fähigkeiten bei der Verwaltung in einer niedrigen amtlichen Stellung und umfangreiches Wissen im Konfuzianismus.[192] Die Empfehlung von hohen Beamten verlor in der Tang-Dynastie nicht ganz an Bedeutung, obwohl das Aus-

---

189 Die chinesische Beamtenprüfung entstand in der Sui-Dynastie (581-618) und wurde erst im Jahre 1905 abgeschafft. Ihre Aufgabe liegt darin, Kandidaten für den öffentlichen Dienst auszuwählen. Vgl. Wang Bingzhao 王炳照 und Xu Yong 徐勇 (Hrsg.): *Keju zhidu yanjiu* 科举制度研究 [*Untersuchungen zur chinesischen Beamtenprüfung*]. Shijiazhuang 2002, S. 38. Eine umfangreiche Studie über die chinesiche Beamtenprüfung bietet Bejamin A. Elman. Siehe: Elman, Bejamin A.: *A Cultural History of Civil Examinations in Late Imperial China*. Berkeley and Los Angeles 2000.

190 Jiang Yin 蒋寅 (2005), S. 255.

191 Lu Xun 鲁迅: *Zhongguo xiaoshuo shilüe* 中国小说史略 [*Kurze Geschichte der chinesischen xiaoshuo*]. Hangzhou 2002, S. 50.

192 Wang Bingzhao 王炳照 und Xu Yong 徐勇 (2002), S. 8ff.

wahlverfahren hauptsächlich durch bestandene Prüfungen erfolgte.[193] Dennoch hatten bekannte Gelehrte im Auswahlprozess von Beamtenkandidaten ebenfalls ein Mitspracherecht. Um bei bekannten Gelehrten einen positiven Eindruck zu erwecken, reichten ihnen selbstbewusste Prüfungskandidaten ihre Werke in Form von Rollen ein, darunter meistens Gedichte und *chuanqi*-Erzählungen.[194] Nach Zhao Yanwei und Lu Xun verdankt die Epoche der *chuanqi*-Erzählungen ihre Popularität dieser so genannten *xingjuan* 行卷 (Rollenunterbereitung)[195].

Lin Chen stellte in seinem Buch *Geschichte der Götter- und Geistergeschichten* Zhao Yanweis und Lu Xuns Erklärung jedoch in Frage. Die *chuanqi*-Erzählungen waren zwar beliebt, aber es ist fraglich, ob man sie in der Tang-Dynastie als ernsthafte Literatur akzeptiert hat.[196] Li Jianguo weist diese Erklärung mit dem einzigen Beleg, den er für eine historische „Rollenunterbreitung" gefunden hatte, ebenso zurück, und weist darauf hin, dass die einzureichenden „Rollen" von ihrem gewünschten Adressaten abgelehnt wurden.[197] Sowohl die Übereinstimmung von Zhao Yanwei und Lu Xun für ihre Begründung des Gedeihens der *chuanqi*-Erzählungen mit der „Rollenunterbreitung" als auch die Kritik von Lin Chen und Li Jianguo stützt sich auf die Tatsache, dass viele zeitgenössische Autoren sich in der Tang-Dynastie mit *chuanqi*-Erzählungen beschäftigten. Das ist weiterhin eine Erklärung für den Boom von *chuanqi*-Erzählungen, die mit einem der folgenden Textbeispiele besonders eng verbunden ist und implizit im Text selber steht. Am Ende mancher *chuanqi*-Erzählungen, die meist in Form einzelner Geschichten überliefert wurden, wird von ihrer Entstehungs-geschichte berichtet. Sie wurden oft von einer Person, ähnlich wie Dantes *Decameron*, im Kreis einer Gesellschaft mündlich vorgetragen – eine Gesellschaft, die sich auf Reisen aus dienstlichen Gründen zufällig gebildet hatte und die danach von anderen aus diesem Kreis niedergeschrieben wurde. Der intensive Austausch „außerordentlicher" Geschichten inspirierte Gebildete, *chuanqi*-Erzählungen vom Mündlichen ins Schriftliche zu transferieren.[198]

Hinsichtlich der Beamtenprüfung möchte ich auf zwei Punkte im Zusammenhang mit den Fuchsgeistergeschichten besonders aufmerksam machen. Erstens ist die Beamtenprüfung seit der Tang-Dynastie zu einer wichtigen Quelle für die Berufung von Personen aus dem Volk zum Beamtendienst am kaiserlichen Hof geworden. Die Prüfungskandidaten stammen nicht nur aus den gebildeten und Grundstückbesitzenden Ständen, sondern ebenso aus ärmlichen Familien. Die

---

193 Wu Zongguo 吴宗国: *Tangdai keju zhidu yanjiu* 唐代科举制度研究 [*Untersuchung des Systems der chinesischen Beamtenprüfung in der Tang-Dynastie*]. Shenyang 1992, S. 10; Wang Bingzhao 王炳照 und Xu Yong 徐勇 (2002), S. 40.

194 Jiang Yin 蒋寅 (2005), S. 255; Lu Xun 鲁迅 (2002), S. 50.

195 Schmidt-Glintzer (1990), S. 272.

196 Zu einer ausführlich belegten Kritik siehe: Lin Chen 林辰: *Shenguai xiaoshuo shi* 神怪小说史 [*Geschichte der Götter- und Geistergeschichten*]. Hangzhou 1998, S. 179ff.

197 Li Jianguo 李剑国 (1998), S. 11.

198 Jiang Yin 蒋寅 (2005), S. 256.

Beamtenprüfung öffnete damals somit auch armen Menschen in China den Zugang zum kaiserlichen Hof, zu höheren Positionen und gesellschaftlichen Ständen. Zweitens müssen die Kandidaten der Tang-Dynastie, die entweder die staatlichen Schulen absolviert haben – und die demzufolge *sheng tu* 生徒 genannt werden – oder die die Qualifikationsprüfung, die in einer Präfektur stattfindet, bestanden haben – und die als *xiang gong* 乡贡 bekannt sind –, zur Beamtenprüfung in die damalige Hauptstadt Chang'an 长安 (heute: Xi'an 西安) fahren.[199] Die lange Reise ermöglichte vielen von ihnen eine Existenz außerhalb der Familie und außerhalb des Stammes aufzubauen, die mit dem Abenteuerleben der Ritter im Mittelalter in Europa gewissermaßen vergleichbar ist. Das Erlebnis der Selbstverwirklichung wird durch die Komponenten „Prüfung des erworbenen Wissens" und „Prüfung des literarischen Talents" bestimmt. Diese Komponenten bilden allein die Grundlage für die Existenz des Protagonisten. Ebenso sind sie für das Verständnis der Autorschaft sowie für die Handlungsbestandteile dieser Geschichte von Bedeutung.

Nach dem Blick auf die gesellschaftlichen und inländischen Hintergründe der *chuanqi*-Erzählung werden dazu noch die literarischen und ausländischen Hintergründe eingeführt. Obwohl der Buddhismus bereits in der Han-Dynastie nach China kam, stand diese neu nach China gelangte Religion lange Zeit im Schatten des einheimischen Daoismus, mittels desssen Gedanken man sie zu verstehen versuchte.[200] Seit dem 5. Jahrhundert übersetzten die ausländischen, buddhistischen Mönche Sutras ins klassische Chinesisch, während die chinesisch-buddhistischen Mönche nach Westen (im damaligen Sinn, heute: Indien) reisten, um Sutras nach China zurückzubringen.[201] Dieser Prozess erreichte in der Tang-Dynastie seinen Höhepunkt. Durch die Vermittelung der Sutras wurden die *Jatakas*, Geburtsgeschichten Buddhas, nach China übersetzt. Die Übersetzung des *Jataka* im Chinesisch des *Wubaiben shengjing* 五百本生经 (500 *Geburtsgeschichten*) von Mönchen aus Mahayana (*dacheng* 大乘 Buddhismus des Großen Fahrzeugs) im 5. Jahrhundert ist leider nicht vollständig überliefert. Viele Zitate und Wiedergaben im *Jinglü yixiang* 经律异相 (*Unwahre Erscheinungen im Sutra-Pikata und Vinaya-Pitaka*) von Sengmin 僧旻 (6. Jh.) und Baochang 宝唱 (6. Jh.) und im *Fayuan zhulin* 法苑珠林 (*Wald der Edelsteine im Garten von Darhma*) von Daoshi 道世 (7. Jh.) enthalten die Geburtsgeschichten Buddhas.[202] In den *Jatakas* verwandelt sich Buddha in verschiedene Daseinsformen, z. B. in Menschen aus verschiedenen gesellschaftlichen Schichten und in Tiere aller Arten. In diesen Geschich-

199 Wu Zongguo 吴宗国 (1992), S. 43ff.; Elman (2000), S. 137ff; für eine kurze Vorstellung des Themas siehe: Hucker (1985), S. 5ff.

200 Xue Huiqi 薛惠琪: *Liuchao fojiao zhiguai xiaoshuo yanjiu* 六朝佛教志怪小说研究 [*A Study of the Buddhist Myterious Story in the Six Dynastsies*]. Taibei 1996, S. 25ff.

201 Ebd., S. 29.

202 Wang Xiaoping 王晓平 (Hrsg.*): Fodian • zhiguai • wuyu* 佛典 • 志怪 • 物語 [*Kanonische Schriften des Buddhismus • Geistergeschichten • (japanische) Erzählungen*]. Nanchang 1990, S. 18f.

ten existiert die Grenze zwischen Menschen und Tieren und die zwischen Lebenden und Toten nicht mehr. Der Körper kann sich verkleinern und vergrößern. Die Zeit wird in eine unvergleichbare Dimension eingeführt. Die Phantasie in der chinesischen Literatur, die sich vor der Qin-Dynastie bereits entwickelt hat, z. B. im *Zhuangzi*, wurde nach der Han-Dynastie, der Politisierung des Konfuzianimus, abgeschwächt. Die Verbreitung der Sutras hat die Phantasie in der chinesischen Literatur verstärkt und Beiträge zu Motiven und Erzählmethoden der chinesischen Erzählung geleistet.[203]

Shen Jiji 沈既济 (ca. 741 - ca. 805): Renshi zhuan 任氏传 (Fräulein Ren[204])

Shen Jiji war einst ein Historiograph am Hof der Tang-Dynastie und stammte aus der Provinz Jiangsu 江苏.[205] Er hat zwei *chuanqi*-Erzählungen geschrieben. Eine von ihnen trägt den Titel *Zhen Zhong ji* 枕中记 (*Der Kopfkissentraum*) und die andere Erzählung *Fräulein Ren*. Die zuletzt genannte Geschichte zählt zu den bekanntesten Fuchsgeschichten in China.

Der Protagonist Zheng-liu 郑六[206] ist arm und sucht in der reichen Familie seiner Frau einen Unterschlupf. Wei Yin 韦崟, ein Cousin von Zheng-lius Frau und Mitglied dieser reichen Familie, sieht in Zheng-liu einen Gleichgesinnten in Sachen Wein und Weib. Eines Tages reiten sie beide gemeinsam, Wei Yin auf seinem Pferd und Zheng-liu auf seinem Esel, zum Trinken in den Stadtteil Xinchang aus. Zheng lässt unterwegs Wei Yin alleine zum Zielort weiterreiten, verspricht ihm jedoch, nachzukommen. Das Versprechen wird aber wegen Zhengs Begegnung mit Fräulein Ren nicht eingehalten. Fräulein Ren befindet sich mit zwei anderen Frauen auf Reisen. Sie ist besonders schön. Vor Bewunderung und Freude reitet Zheng-liu auf seinem Esel mal vor ihr, mal hinter ihr. Sie anzusprechen wagt er jedoch nicht. Diese Frau wirft von Zeit zu Zeit einen Blick auf ihn und drückt damit scheinbar eine Einladung zur Annäherung aus. Dies ermutigt Zheng-liu, sie scherzend zu fragen, warum eine Frau so schön wie sie zu Fuß geht. Ihre kluge Antwort lautet: „weil der Reiter sein Tier nicht ausleihen will“[207]. Dies trägt ihr den Esel und die Begleitung von Zheng-liu ein.

---

203 Vgl. Wang Xiaoping 王晓平 (1990), S. 66 und S. 76; Wang Li 王立: *Fojing wenxue yu gudai xiaoshuo muti bijiao yanjiu* 佛经文学与古代小说母题比较研究 [*A Comparative Study of Buddhist Literature and the Motifs of Ancient Stories*]. Beijing 2006, S. 14ff.

204 Zur deutschen Übersetzung der Erzählung *Fräulein Ren* siehe: Bauer, Wolfgang und Franke, Herbert: *Die goldene Truhe*. München 1964. Der chinesische Titel enthält das Zeichen *zhuan* 传, die Bezeichnung der narrativen Untergattung, die von der Lebensgeschichte einer Person handelt. Für den Einfluss der Geschichtsschreibung auf diese Untergattung siehe Punkt 1.5 der vorliegenden Arbeit.

205 Jiang Yin 蒋寅 (2005), S. 235.

206 Sein wirklicher Name ist vergessen. Zheng-liu bedeutet, dass er als der sechste Sohn seiner Familie geboren wurde.

207 Li Fang 李昉 (Komp.) (1994), Bd. 3, j. 452, S. 2177-2180, hier S. 2177.

In der Dunkelheit gelangen sie an ein Haus. Dort soll Zheng-liu mit einer Dienerin vor dem Tor warten, bis die ältere Schwester von Fräulein Ren ihn empfängt. Die Dienerin verrät Zheng-liu den Familiennamen der schönen Frau Ren. Mit Fräulein Ren verbringt Zheng den Abend und die darauf folgende Nacht. Bevor es tagt, fordert Ren ihn auf, sofort aufzubrechen, bevor ihre Brüder vom Amtlichen Konservatorium des Palastes zurückkommen. Sie verabreden sich für einen späteren Zeitpunkt.

Das Tor des Stadtteils, durch das Zheng entkommen könnte, ist jedoch noch nicht geöffnet. Vor dem verschlossenen Tor verkauft ein Mann Kuchen. Bei ihm versucht Zheng mehr Information über Fräulein Ren zu erhalten. Zu seinem Erstaunen antwortet der Verkäufer, dass das Haus der Familie Ren kein richtiges Haus ist. Zheng behauptet jedoch beharrlich, ein richtiges Haus existiere, bis der Bäcker zu der Erkenntnis kommt, dass Zheng womöglich einem Fuchsgeist begegnet sein könnte, der oft Männer verführt. Zheng schämt sich zu gestehen, dass dies der Fall sein könnte. Am Tag sieht er tatsächlich vor Ort nur die Ruine eines Hauses. Als Wei Yin ihn später, nachdem sie wieder zueinander finden, nach dem Grund seiner Abwesenheit fragt, erfindet Zheng eine Ausrede und sagt ihm nichts von seinem Treffen mit Fräulein Ren. Trotzdem wünscht er sich ein Wiedersehen mit ihr.

Etwa zehn Tage später begegnen sich Fräulein Ren und Zheng-liu zufällig auf der Straße. Als Fräulein Ren seinen Ruf hört, versucht sie sich zu verstecken. Erst nachdem Zheng ihr seine Liebe erklärt hat, schlägt sie ihm vor, dass er eine bestimmte Wohnung mieten und sich Möbel bei seinem Cousin Wei Yin ausleihen soll, dessen Abschied von Zheng-liu sie schon am Tag ihrer ersten Begegnung vorausgesehen hatte, was ihr Gespräch mit Zheng verrät. Als Wei Yin von Ren und ihrer Schönheit erfährt, will er sich mit eigenen Augen von den Lobworten seines Dieners überzeugen, den er zu Ren geschickt hatte, um Informationen zu sammeln. Als er sie zum ersten Mal erblickt, begehrt Wei Yin sie sofort und will sie noch vor Ort zu besitzen. Ren kann jedoch seinen stürmischen Liebesversuch abwehren, indem sie ihr Bedauern über Zheng-lius Machtlosigkeit in diesem Moment äußert, der dem Versuch der Gewaltanwendung ihr gegenüber nicht Einhalt gebieten kann, und kritisiert Wei Yin somit indirekt. Auch wirft sie ihm vor, Zheng-lius ökonomische Abhängigkeit ihm gegenüber auszunutzen. Ihre Kritik löst bei Wei Yin Respekt aus und hat eine ökonomische Unterstützung von Zheng und Fräulein Ren zur Folge. Ren vergilt Weis Wohltat Zheng gegenüber damit, dass sie ihn mit zwei hübschen Mädchen, die ihm gefallen, zusammenbringt. Eines der zwei Mädchen ist ihre Nichte, die als Musikantin bei einem General tätig ist. Unter Berücksichtigung der gesellschaftlichen Schichten im alten China ist mit einer Kurtisane oft eine Assoziation von unbändiger Sexualität verbunden ist. Durch die Tatsache, dass Rens Verwandte, z. B. ihre Nichte, Musikanten sind, wird die wahre Natur von Fräulein Ren angedeutet: Sie könnte ein weiblicher Fuchsgeist sein. Es ist kein Zufall, wenn man die frühe Entwicklung der

Fuchsgeistergeschichten Chinas verfolgt, dass Fräulein Ren, der weibliche Fuchsgeist, im Umfeld von Musikanten erscheint und sie ihre wahre Natur dadurch erahnen lässt. Im Abschnitt 2.1.2 wurde dargelegt, dass der Fuchs anfangs in der mystischen Überlieferung vom Mitbegründer der Xia-Dynastie, Yu, durch die Bezeichnung „neunschwänziger Fuchs“ als Glückverheißung verehrt und bereits in der Han-Dynastie im Buch *Jiaoshi yilin* 焦氏易林 (*Jiaos Erläuterung über Wandlungen*) von Jiao Yanshou 焦延寿 (1. Jh. v. Chr.) als Krankheitserreger dargestellt wurde. Fuchsgeister, vor allem weibliche, wurden in den Geistergeschichten vor der Tang-Dynastie beschuldigt, sollten sie den Protagonisten verführen und zum Geschlechtsverkehr bewegen, seine physische und psychische Gesundheit zu schädigen. Physische Schäden des Protagonisten, die durch einen weiblichen Fuchsgeist angerichtet werden, beschäftigten die Autoren nach der Tang-Dynastie besonders. Sie setzten sich mit diesen detaillierter auseinander. Huntington bezeichnet in ihrem Diskussionsrahmen „Foxes and Sex“ diese Beziehung zwischen einem Fuchsgeist und einem menschlichen, männlichen Wesen als „sexual parasitism“. Sie führt an: „They [Fuchsgeister] drained humans of sexual energy to achieve immortality, a process that led to emaciation and eventual death for their victims.“[208] Die Fuchsgeschichten hatten sich bis in die Tang-Dynastie im Hinblick auf die Beziehung „Foxes and Sex“ noch nicht derart weit entwickelt. In der Geschichte *A-zi* hätte Wang Lingxiao beinahe seine Sprachfähigkeit und sein menschliches Aussehen verloren, während Sun Yan vom weiblichen Fuchsgeist lediglich die Haare abgeschnitten bekommen hat. Auf die direkte Verbindung zwischen dem Fuchsgeist und der unbändigen Sexualität weist der Autor der Geschichte *A-zi* hin: A-zi war im Altertum der Name eines unzüchtigen Weibs.

In dieser tangzeitigen Fuchsgeistergeschichte richtet der Autor zugleich seine Aufmerksamkeit auf die Intelligenz, die Fräulein Ren von den frühzeitigen dämonischen und rein sinnlichen Fuchsgeistern unterscheidet. Rens Klugheit beeindruckt Zheng in einer Geschäftstransaktion, die sie ihm unterbreitet. Sie rät Zheng, sich ein Pferd mit einem Fleck auf der Kruppe zu einem niedrigen Preis zu kaufen und dieses dann gegen einen hohen Preis zu verkaufen. Er führt ihren Ratschlag aus, obwohl er später wegen der Spötterei der Brüder seiner Frau nicht ganz die von Fräulein Ren gewünschte Summe erhält. Nebst ihrer ungewöhnlichen Fähigkeit, etwas voraussehen zu können, benimmt Fräulein Ren sich anders als gewöhnliche Frauen. Sie näht nichts, sondern lässt sich fertige Kleidung kaufen. Als der Kleiderverkäufer Ren zu Gesicht bekommt, wundert er sich über ihr himmlisches Wesen und ahnt ein Unheil, wenn sie nicht dorthin zurückgebracht wird, wohin sie gehört.

Ein Jahr später wird Zheng-liu von der Militärbehörde zum leitenden Offizier der Bezirkstruppe von Huaili 槐里 befördert. Am meisten leidet er darunter, dass er sich nur während des Tages bei Ren aufhalten kann und nachts zurück zu sei-

208 Huntington (2003), S. 178.

ner Frau muss. Er will die Gelegenheit seiner Beförderung und Versetzung dazu benutzen, zusammen mit Ren sein Amt anzutreten. Ren will aber auf seine Rückkehr warten. Wei Yin, der von Zheng-liu beauftragt wurde, versucht ebenfalls Fräulein Ren zu überreden, mit ihm zu reisen. Sie aber lehnt die Einladung zur Mitreise mit der Begründung ab, dass ein Wahrsager ihr davon abgeraten habe, in diesem Jahr westwärts zu reisen. Zheng und Wei lachen sie daraufhin wegen ihres Aberglaubens aus, zumal sie sonst immer so geistreich und klug ist. Sie bitten hartnäckig um ihre Mitreise, obwohl Ren ein Unheil befürchtet.

Auf der Reise begegnet Ren einem Jagdhund, der gleich zu ihr springt. Ren stürzt vom Pferd und verwandelt sich augenblicklich in ihre wahre Natur. Sie flieht nach Süden. Zheng-liu versucht den Hund aufzuhalten, doch scheitert dieser Versuch. Erst nach einem *Li* 里 (ca. ein halber Kilometer) wird Ren zum Opfer des Jagdhundes. Zheng-liu kauft die Leiche Rens dem Jäger ab und begräbt sie. Als Wei Yin, nachdem Zheng-liu nach Chang'an (heute: Xi'an) zurückgekehrt ist, nach Fräulein Ren fragt, erzählt ihm Zheng-liu, dass Ren, die kein menschliches Wesen war, tot ist. Zusammen fahren die beiden zum Grab, um ihren Tod zu betrauern. Später wird Zheng-liu zum Gesandten der Generalaufsicht ernannt und lebt von nun an im lang ersehnten Wohlstand.

Der Familienname *ren* 任 von Fräulein Ren ist ein Homophon zur Bezeichnung des Menschen *ren* 人. Der Literaturwissenschaftler Li Jianguo deutet an, dass der Autor damit ihre menschlichen Tugenden trotz ihrer Existenz als Fuchsgeist andeuten könnte.[209] Um seine Annahme zu unterstützen, ist die Bezeichnung des Verkäufers für Backwaren nennenswert. Er wurde wie Ansiedler anderer Volksgruppen aus dem westlichen Gebiet von Han-Chinesen ein Hu-Mensch genannt. Diese Bezeichnung *hu* 胡 zeigt einerseits seine Herkunft als Ansiedler an und ist andererseits phonetisch mit dem Tiernamen für den Fuchs, *hu* 狐, identisch. Es ist kein Zufall, dass der Bäcker Zheng-liu verrät, dass Fräulein Ren ein Fuchsgeist ist. Die menschlichen Züge an Fräulein Ren werden in der Literaturgeschichte als eine große Wende in den Fuchsgeistergeschichten bezeichnet. Zhou Xianshens Beobachtung, dass die Humanisierung des Fuchsgeistes Ren eine Bereicherung der dargestellten Handlung und Charakterisierung des Fuchsgeistes ermöglichte, hat einen hervorragenden Beitrag in dieser Hinsicht geleistet.[210] Die Einstellung dem humanisierten Fuchsgeist gegenüber macht es jedoch schwierig, den Fuchsgeist im Rahmen der Motivkonstellation der Mahrtenehe zu analysieren. Die Eigenschaften des Fuchsgeistes Ren wurden deshalb oft nur kurz zusammengefasst und haben sich dann zu den Themen der Humanisierung oder der Entdämonisierung[211] des Fuchsgeistes gesellt. Die Füchsin war nun keine Un-

---

209 Li Jianguo 李剑国 (2002), S. 343.

210 Zhou Xianshen 周先慎: *Gudian xiaoshuo jianshang.* 古典小说鉴赏 [*Kommentare zu chinesischen Erzählungen und Romanen der Kaiserzeit*]. Beijing 2004, S. 43ff.

211 Vgl. Li Jianguo 李剑国 (2002), S. 111f.; Monschein (1988), S. 134f.; Shi Lin beginnt seine Analyse mit dem Satz: „Abgesehen davon, dass Fräulein Ren ein Fuchsgeist ist, ist uns ei-

heilstifterin mehr. Im Folgenden wird der Aspekt berücksichtigt, wie sich Zheng-liu mit der Identitätssuche des Fuchsgeistes konfrontiert sieht und inwiefern diese Identität die Motivkonstellation der Mahrtenehe beeinflusst.

Die Geschichte *Fräulein Ren* enthält die wesentlichen Züge der Motivkonstellation der Mahrtenehe. Die erste Begegnung zwischen den beiden findet statt, als Zheng-liu, der sich sonst stets in Gesellschaft von Wei Yin befindet, allein ist. Der allein unternommene Ausritt ermöglicht Zheng, Abstand zu nehmen von den Einflüssen der gesellschaftlichen Werte, die ihn in Weis Gegenwart stets bedrängen und seine Handlungsfreiheit begrenzen. Als er am nächsten Morgen, nach der Übernachtung bei Fräulein Ren, das noch verschlossene Stadttor erreicht, begegnet er dem Backwarenverkäufer, der als Unbekannter keine direkte Beziehung zu seinem Leben hat. Die Konfrontation mit sich selbst erfolgt erst, als der Verkäufer ihn fragt, ob er vielleicht einem Fuchsgeist begegnet ist, der stets Männer zu sich lockt. Zhengs Gefühle schwanken nach den Worten des Backwarenverkäufers zwischen Scham und Begehren. Anfangs versucht er die Frage des Bäckers zu ignorieren, doch als er mit eigenen Augen die Ruine, die am letzten Abend noch das prächtige Haus von Fräulein Ren war, zu Gesicht bekommt, muss er zwar einsehen, dass er am Vortag einem Fuchsgeist begegnet ist, verheimlicht dieses Geheimnis aber Wei Yin. Einerseits leidet er unter der Herkunft und der wahren Natur dieser unbekannten, schönen Frau, andererseits begehrt er sie wiederzusehen. Die Macht seiner Sehnsucht lässt sich an seinem unüberlegten Ausruf erkennen, als er Fräulein Ren plötzlich und unerwartet zehn Tage nach ihrer ersten Begegnung auf der Straße wiedererblickt.

Ihre Identität als Fuchsgeist bringt Fräulein Ren selbst bei ihrer zweiten Begegnung mit Zheng-liu zur Sprache. Sie fragt ihn, warum er sich ihr noch nähert, „da du jetzt doch alles weißt“[212]. Einerseits dient die Rhetorik, d.h. wie sie beide über ihre Herkunft sprechen, ohne das Wort „Fuchsgeist“ zu benutzen, dem Zweck, Fräulein Ren anders, als in einem entdämonisierten Bild, darzustellen. Andererseits fällt es Zheng-liu auf diese Art und Weise leichter, die Tatsache ihrer wahren Natur zu umgehen und gleichzeitig sein Schamgefühl, Opfer einer Verlockung geworden zu sein, zu unterdrücken und anderen gegenüber zu verbergen, wie er dies vor dem Kuchenverkäufer und Wei Yin gegenüber tat. Er genießt es, durch sie seine sexuellen Bedürfnisse befriedigen zu können und gleichzeitig durch Fräulein Rens Ratschlag beim Geschäft des Pferdekaufs und -verkaufs ökonomisch zu profitieren.

Als die Identität des Fuchsgeistes Ren zum Konflikt mit der Gesellschaft wegen ihres fremden Wesens und mit seinen Wünschen führt, gibt Zheng-liu sein Vertrauen in den Fuchsgeist auf. Dem Vorschlag von Fräulein Ren folgend, kauft

---

ne schöne und tüchtige Frau aus der niedrigen Schicht in der Stadt dargestellt worden.“ Siehe: Shi Lin 石麟: *Chuanqi xiaoshuo tonglun* 传奇小说通论 [*Allgemeine Einführung in die chuanqi-Geschichten*]. Zhengzhou 2005, S. 114.

212 Li Fang 李昉 (Komp.) (1994), Bd. 3, j. 452, S. 2177-2180, hier S. 2178.

Zheng-liu auf dem Markt ein Ross mit einem Flecken auf der Kruppe. Er soll solange warten, dieses Pferd wieder zu verkaufen, bis ihm jemand dafür dreißigtausend Geldstücke bietet. Als ihm ein Käufer erst eine Summe von zwanzigtausend Geldstücken anbietet und dann diese auf fünfundzwanzigtausend erhöht, weigert Zheng-liu sich zunächst seinen Mindestpreis, der höher liegt, nicht aufzugeben, wie ihm dies Fräulein Ren geraten hat. Doch die Brüder seiner Frau spotten über seine Eigenart,[213] woraufhin er das Pferd für die niedrigere Summe verkauft und sich auf diese Weise scheinbar der Gesellschaft unterwirft, indem er sich ihr anpasst. Denn er könnte eigentlich leicht die Summe von mehr als dreißigtausend Geldstücken bekommen – eine Summe, die Fräulein Ren ihm als Mindestpreis vorgeschlagen hat. Denn zufällig hat ein Beamter, der für die staatlichen Pferde verantwortlich ist und dem eines der ihm anvertrauten Pferde starb, ein Pferd, das genau die gleiche Markierung hat wie Zhengs Pferd. Da dieser Beamte in Kürze seines Amtes enthoben wird und somit Rechenschaft für die Pflege der ihm anvertrauten Pferde ablegen muss, hätte er für den Verlust, nämlich den Tod des Pferdes und dessen Ersatz mindestens sechzigtausend Geldstücke gezahlt. Somit war Zhengs Preis von fünfundzwanzigtausend Geldstücken für sein Pferd, ein absoluter Sonderpreis. Letztenendes hat seine Nicht-Berücksichtigung von Fräulein Rens Existenz als Fuchsgeist ihr das Leben gekostet. Er hat ihren Willen nicht respektiert, weil er beim neuen Amtsantritt bloß an seine eigenen Lüste gedacht hat. Nachdem Fräulein Ren ihm seine Bitte für ihre Begleitung zum neuen Amt abgeschlagen hat, bittet er Wei Yin um Hilfe und Unterstützung, sie dennoch dazu zu überreden, ihn nach Huaili zu begleiten. Während sich Wei Yin über ihre Vorhersage, es befinde sich eine Gefahr in Form einer tödlichen Bedrohung auf dem Weg zum Amtsantritt, lustig macht, scheint Zheng-liu zuerst verblüfft zu sein, doch dann stimmt er sofort in das Gelächter Wei Yins ein, der sich diese Idee belustigt, die ihm eigentümlich erscheint. In dem Moment, in dem Zheng-liu verblüfft ist, könnte man annehmen, dass er in einem inneren Konflikt geraten ist, zumal er die wahre Natur von Fräulein Ren kennt. Er schließt sich jedoch nach kurzer Überlegung Wei Yin an und ignoriert ihre Individualität, die in dem von ihnen ausgelachten „Aberglauben“ existiert. Zheng-liu verrät zwar nicht das Geheimnis, dass sie ein Fuchsgeist ist, verletzt aber vor und mit seinem besten Freund, Wei Yin, ihre Würde, indem sie sich über ihre Warnung belustigen. Das führt zu einem wichtigen Punkt in der Motivkonstellation der Mahrtenehe, nämlich zu der Trennung von Fräulein Ren. Diese Trennung endet mit dem Tod von Fräulein Ren durch den Jagdhund.

Zheng-liu vertraut in dieser Situation auf sich selbst und führt seine Geliebte, Fräulein Ren, dadurch indirekt in den Tod. Dieses Selbstvertrauen hat er bereits bei der ersten Begegnung mit Fräulein Ren, denn er entscheidet sich, ihre wahre

[213] In Bauers und Frankes Übersetzung fehlt diese Szene, in der die Brüder seiner Frau über Zheng-liu spotten. Vgl. Bauer, Wolfgang und Franke, Herbert (Übers.), (1964) S. 73f.

Natur vor allen zu verheimlichen und weiterhin seinen Umgang mit ihr zu pflegen. Auf Fräulein Rens Frage, warum er dies tut, antwortet er: „Und wenn ich es weiß, was schadet das?“.[214] Dieses falsche Selbstvertrauen entschlüsselt die wesentliche Tendenz in allen Fuchsgeistergeschichten der Sechs Dynastien. Die Fuchsgeister in den Geschichten der Sechs Dynastien sind mit einer tödlichen Gefahr verbunden. In den hier besprochenen Geschichten *A-zi* und *Sun Yan* ist diese Gefahr, unbewusst und unfähig in der Sprache Ausdruck zu gewinnen, ein Zustand des beschädigten Verstands, so wie die Haare, die Symbol des von den Eltern erhaltenen Körpers sind, nachdem sie abgeschnitten wurden, einen Zustand des beschädigten Körpers anzeigen. Die Geschichten werden erzählt, um den Menschen die Existenz von Göttern und Geistern zu beweisen und sie vor Leid und Schaden zu bewahren.

In der Tang-Dynastie findet man zwar Geschichten, die denen der Sechs Dynastien ähnlich sind, doch gibt es in dieser Zeit ebenso Geschichten, die die neue Tendenz des Selbstbewusstseins der neu aufgestiegenen gesellschaftlichen Schicht deutlich machen[215]. Zheng-liu bekleidet zwar eine niedrige, militärische Position, als er Fräulein Ren kennen lernt, doch als er in eine höhere Position befördert wird, möchte Fräulein Ren ihn aber nicht mit zum Amtsantritt begleiten. Zheng-liu „überredet“ sie, mit ihm zu gehen, doch ignoriert er damit ihre wahre Identität und stellt sie somit in Frage. Das führt schließlich zu ihrem Tod. Dass ein Fuchsgeist keinen, der eine höhere amtliche Stellung bekleidet, verführen kann, wird in zwei anderen Fuchsgeistergeschichten aus der Tang-Dynastie zum Ausdruck gebracht.

Die Geschichte *Li Nun* 李黁 (*[Ein Mann namens] Li Nun*)[216] von Dai Fu 戴孚 (8. Jh.) berichtet, dass Li Nun seine erste militärische Stellung in Dongping erhält und unterwegs zum Amtsantritt in Gucheng im Laden eines Neuansässigen, der Backwaren verkauft, einige Zeit verweilt. Die Frau des Ladenbesitzers, Zheng-shi 郑氏 (Frau Zheng), ist so eine überwältigende Schönheit, dass Li Nun sie mit 15000 Geldstücken für sich kauft. Sie leben drei Jahre lang in Dongping 东平. In dieser Zeit schenkt sie ihm einen Sohn. Als Li Nun mit einer Versetzung in die Hauptstadt befördert wird, bricht er mit Frau Zheng zum Ort seiner neuen Stellung auf. In Gucheng 故城, dem Wohnort seines ehemaligen Ehemannes, halten sie sich länger auf und feiern mit einem Bankett Li Nuns Beförderung, das über zehn Tage dauert. Als Li Nun Frau Zheng drängt, weiter zu reisen, sagt sie stets unter dem Vorwand einer Krankheit ab. Li Nun will sie nicht weiter drängen, obwohl schon wieder über zehn Tage verstrichen sind. Li Nun muss jedoch wegen der amtlichen Frist, die ihm gegeben wurde, aufbrechen. Kaum aber haben sie das

214 Ebd., S. 68.

215 Durch die Beamtenprüfung entstand eine Schicht der Gebildeten, die nicht von der Erbschaft einer adligen Familie abhängig waren, um ihren neuen gesellschaftlichen Status zu erreichen.

216 Li Fang 李昉 (Komp.) (1994), Bd. 3, j. 451, S. 2175-2176.

Stadttor erreicht, klagt Frau Zheng über Bauchschmerzen. Sie steigt vom Pferd und läuft wie ein Wind fort. Li Nun und seine Diener können ihr per Pferd nur mühsam folgen. Während die anderen nach einer langen Verfolgung eine Pause machen, versucht Li Nun ihr allein zu folgen. Er hat sie fast eingeholt, doch da verschwindet sie plötzlich in einem kleinen Loch. Er ruft sie unter Tränen, ist aber erfolglos. Die Bauern der Umgebung stopfen danach das Loch mit Gräsern zu. Am nächsten Tag räuchern sie das Loch aus und heben es danach aus. Sie finden dort einen Fuchs, dessen Füße noch in Seidensocken stecken. Er ist tot.

Monschein deutet darauf hin, dass „[z]ur T'ang-Zeit die zuvor im bäuerlichen Milieu spielenden Erzählungen immer mehr durch solche ersetzt werden, die ihre Personen aus dem neu entstandenen Mittelstand rekrutieren."[217] Diese Behauptung wird im Zusammenhang mit dem Prüfungssystem gesehen. Am Anfang von Unterkapitel 2.2.2.2 wurde auf das Prüfungssystem seit der Sui-Dynastie hingewiesen. Das ist der Weg, auf dem Leute der niederen Schicht eine hohe gesellschaftliche Position erlangen können. Zheng-liu und Li Nun sind jedoch kein ideales Beispiel dafür, weil sie am Anfang ihrer Geschichten schon Offiziere mit einem niedrigen Rang sind. Eine derartige Stellung, wie die eines Offizieres zum Beispiel, kann man ebenso dank seiner Erbschaft in der Familie bekommen. Das ist eine Ergänzungsform zum Prüfungssystem. Eine höhere Stellung ist jedoch mit einer weiteren Prüfung verbunden. Es gab auch diejenigen, die eine Prüfung für Zivilbeamte bestanden haben und dann zum höheren militärischen Amt befördert wurden.[218] Eine Beziehung zu einem schönen, weiblichen Fuchsgeist bricht jedoch notgedrungen durch einen amtlichen Aufstieg ab. Das zeigt nicht nur die Ehre an, die dem Betroffenen vom Kaiser verliehen wurde, sondern ebenso den Willen des Himmels, weil ein Fuchsgeist ein übernatürliches Phänomen ist. Der Fuchsgeist, der in den Sechs Dynastien noch stets Unheil bringt, sollte nun vor allem Ehrfurcht vor einem tugendhaften Mann haben. In diesem Prozess kommt somit zum Vorschein, wie man durch die narrative Form die unberechenbare und mysteriöse Natur, deren Vertreter hier Fuchsgeister sind, bewältigt. Im Mittelpunkt des Interesses der Fuchsgeistergeschichten stehen primär nicht mehr die rätselhaften Erlebnisse an sich, sondern das Verhalten und der Umgang des Protagonisten mit dem weiblichen Fuchsgeist. Dies ist der Grundgedanke, der dazu führt, dass der Auftritt einer Unheilbringenden oder hilfsbereiten Füchsin meist auf das Verhalten und die Taten des Protagonisten angewiesen ist, wie dies z. B. in den Geschichten *Frühlingsspaziergang am Westteich* von Liu Fu 刘斧 (ca. 1040 - nach 1113), auf die im folgenden Abschnitt eingegangen wird, und in der Geschichte *Li Nun* von Dai Fu der Fall ist. Der Fuchsgeist verhält sich vor der Trennung mit dem beförderten irdischen Mann ent-

---

217 Monschein (1988), S. 109.

218 Chen Zhixue 陈志学: *Shilun tangdai wuguan de rushi tujing* 试论唐代武官的入仕途径 [*Erläuterungen zur Laufbahn von Militärbeamten der Tang-Dynastie*]. In: *Zhonghua wenhua luntan* 中华文化论坛 [*Chinesisches Kulturforum*] 3 (2002), S. 57-65, hier S. 57ff.

sprechend tugendhaft, wieso es trotzdem zur erzwungenen Trennug kommt, erklärt die Geschichte *Wang Xuan* 王璿 (*[Ein Mann namens] Wang Xuan*)[219] von Dai Fu. Der junge Wang Xuan, der spätere Präfekt, wird von einem Fuchsgeist verführt. Der schöne, weibliche Fuchsgeist benimmt sich jedem gegenüber würdevoll und korrekt. An jedem fünften Mai, dem Drachenbootfest, und an anderen Festen bringt sie immer Geschenke mit. Als Wang Xuan jedoch in ein hohes Amt befördert wird, erscheint sie nicht mehr in der Öffentlichkeit. Die Erklärung in der Geschichte lautet: Ist das Gehalt von jemandem hoch genug, muss sich ein Geist von ihm fernhalten.

Im Vergleich zu den Fuchsgeistergeschichten in den Sechs Dynastien tendieren die der Tang-Dynastie dazu, einen selbstbewussten Protagonisten darzustellen, der nicht mehr von Fuchsgeistern verschreckt und bis auf den Tod von ihnen bedroht wird. Fuchsgeister spiegeln vielmehr moralisch den tugendhaften Protagonisten wider, wie er in dieser Entwicklungsphase der Fuchsgeistergeschichte zu finden war. Die Protagonisten der Tang-Dynastie sind meistens Männer, die durch das Prüfungssystem befördert wurden. Das gilt auch für die Protagonisten der Song-Dynastie, doch wird die Betonung der Gelehrsamkeit in den Fuchsgeistergeschichten der Song-Dynastie viel deutlicher hervorgehoben als in den früheren Dynastien.

2.2.2.3 Fuchsgeister in der Song-Dynastie 宋 (960-1279)

Der Protagonist in den Fuchsgeistergeschichten der Song-Dynastie ist allgemein ein Gelehrter. Das ist jedoch nicht sonderlich ungewöhnlich, da ein Gelehrter sich eher als andere Protagonisten von der Dichtkunst des weiblichen Fuchsgeistes angesprochen fühlt, zumal zivile Beamte in der Song-Dynastie jeweils auf verschiedenen Ebenen der Beamtenschaft bevorrechtigter sind als Militärverwalter. Nicht nur qualitativ, sondern auch quantitativ, werden vornehmlich Gelehrte der Bevölkerung in chinesischen Fuchsgeistergeschichten präsentiert, welche sich an die Song-Dynastie anlehnen. Das Phänomen basiert auf dem Aufschwung des Bildungswesens in der Song-Dynastie. Der Buchdruck ermöglichte es, den Wissensdurst der Menschen zu stillen. Das von Li Fang 李昉 zusammengestellte enzyklopädische Sammelwerk *Erweiterte Aufzeichnungen aus der Regierungsperiode Taiping*, in dem Fuchsgeistergeschichten der frühen Dynastien nach der Kategorie *hu* 狐 (*Fuchs*) eingeordnet werden und unter denen z. B. die Erzählung *Fräulein Ren* bis in die Gegenwart überliefert wird, ist ein gutes Beispiel für die in der Song-Dynastie staatlich geförderte Unterstützung der Literatur. Das staatliche und private Bildungswesen, das durch die Beamtenprüfung begründet wurde, verschaff-

[219] Li Fang 李昉 (Komp.) (1994), Bd. 3, j. 451, S. 2175.

te Lernenden aus verschiedenen größeren Bevölkerungsgruppen den Zugang zur Teilnahme an der Verwaltung des Landes, um die Harmonie in der Welt herzustellen – was das Ideal des Konfuzianismus ist. Vom Aspekt der Selbstkultivierung aus gesehen, tauchen Neo-Konfuzianer in der Song-Dynastie auf, um die Tradition des Konfuzianismus, dass der Lernprozess des Wissens dem Prozess der Selbstkultivierung gleicht, weiter zu pflegen. In der frühen Phase des Neo-Konfuzianismus kommen die Schüler noch zu ihnen, um Privatunterricht zu erhalten, doch in der späteren Phase des Neo-Konfuzianismus unterrichten sie ihre Schüler in *shuyuan* 书院 (Akademien), die teils privat und teils staatlich finanziert werden. Diese zwei Aspekte in der Entwicklung des Bildungswesens in der Song-Dynastie, die Herausbildung des Selbstbewusstseins durch errungenes Wissen und die Hochschätzung der moralischen Selbstkultivierung des Menschen, spiegeln sich deutlich in den Fuchsgeistergeschichten wider.

Liu Fu 刘斧 (ca. 1040 - nach 1113): Xichi chunyou 西池春游 (Frühlingsspaziergang am Westteich)[220]

Als Quelle für die Biographie von Liu Fu steht nur seine Erzählsammlung *Blaue zusammenhängende Muster an höfischen Toren, gelehrte Kritik*[221] zur Verfügung. Er hatte viele Kontakte zu Literaten seiner Zeit[222]. Diese Sammlung besteht aus drei Typen von Erzählungen: Der eine ist mit einem Autorennamen versehen; der zweite hat eine handfeste, nachweisbare Quelle, die mehr oder weniger von Liu Fu modifiziert wurde; und der dritte Typ scheint von Liu Fu selbst zu stammen, zumal sich derartige Geschichten stark von den anderen Geschichten unterscheiden.[223]Die Erzählung *Frühlingsspaziergang am Westteich* zählt zu der letzten Kategorie.

---

220 Die Übersetzung „Teich" ist dem Original treu. Darunter sollte man sich aber kein kleines Gewässer vorstellen, was das Wort auf Deutsch und auf Chinesisch wörtlich bedeutet. Der Westteich (Xichi 西池, offizieller Name: Teich Jinming 金明池) in Bianjing 汴京 (heute: Kaifeng 开封) ist ein Gewässer mit einem Querschnitt von ca. 3,5 km. Eine Frühlingswanderung am Westteich war in der Song-Dynastie ein feierlicher Anlass. Vgl. Yuan Lükun 袁闾琨: *Tang Song chuanqi zongji. Nanbei song* 唐宋传奇总集·南北宋 [*Die Gesamtsammlung der chuanqi-Geschichten der Tang- und Song-Dynastie. Band der Nördliche und Südliche Song-Dynastie*]. Zhengzhou 2001, S. 375.

221 Qingsuo 青琐, nach Ouyang Jian, greift ursprünglich auf in blau bemalte, zusammenhängende Muster an höfigen Toren und Fenstern zurück. Liu Fus Buchtitel lehnt sich an diese Bedeutung an, um die Qualität der Erzählungen und Kritiken zu betonen. Vgl. Ouyang Jian 欧阳健: Qingsuo gaoyi 青琐高议 [*Blaue zusammenhängende Muster an höfischen Toren, gelehrte Kritik*]. Shenyang 1999, S. 14.

222 Liu Fus Umgang mit Literaten findet man in einer Erzählung mit einem Ich-Erzähler. Vgl. Ouyang Jian 欧阳健 (1999), S. 7ff.; Li Jianguo 李剑国: *《qingsuo gaoyi》 kaoyi* 《青琐高议》考疑 [*Kritike Anmerkungen zum Qingsuo gaoyi*]. In: *Nankai xuebao* 南开学报 [*Nankai Journal* (Philosophy and Social Science Edition)] 6 (1989), S. 1-10 und S. 15, hier S. 2.

223 Li Jianguo 李剑国: *Songdai zhiguai chuanqi xulu* 宋代志怪传奇叙录 [*Synopsis der Geistergeschichten und der wundersamen Begebenheiten der Song-Dynastie*]. Tianjin 1997, S. 186.

Hou Chengshu 侯成叔, der Protagonist der Erzählung, ist unverheiratet und lebt von seiner Hand und seinem Wissen.[224] Zwei Tage hintereinander erblickt er in der Ferne beim Spaziergang am jenseitigen Ufer des Westteiches eine schöne Frau mit ihrer Zofe. Chengshu hält das für verdächtig, weil der Ort sehr abgelegen ist. Beim letzten Mal überreicht die Zofe, initiiert von der fremden Frau, am Ausgang des Westteichs Chengshu ein Gedicht. Darin geht es um eine literarische Anspielung, die, als Frage stilisiert, wissen will, warum er nicht nach der schönen Landschaft sucht, wenn ein Weg zur Pfirsichblütenquelle[225] weist. Dem Gedicht ist eine Verabredung am übernächsten Tag, am gleichen Ort, hinzugefügt. Chengshu gefällt das Gedicht, während die Schrift selbst, mit der es geschrieben wurde, so kraftlos erscheint, als stammt sie von einem minderjährigen Kind. Dieses Detail zeigt, dass Chengshu als Gelehrter Kalligraphie schätzt und darin sich seine Stärke gegenüber der fremden Frau zeigt.

Nach der ersten Verabredung am Westteich erhält Chengshu weitere drei Gedichte. Als Chengshu endlich zu ihr eingeladen wird, entschuldigt sich Dugu-shi 独孤氏 (Fräulein Dugu) für die verschobene Verabredung und erklärt ihm, dass ihre Eltern erst jetzt für einen Monat abgereist und ihre Brüder zu einer Hochzeit eingeladen sind. In dieser Nacht kommt ihre Nachbarin, Frau Wang, um Fräulein Dugu zu ihrer „Hochzeit" zu gratulieren. Als der Tag anbricht, drängt Fräulein Dugu ihren Liebhaber Chengshu, er solle schnell aufbrechen, weil ihre Brüder bald zurückkommen und ihre Nachbarn in Kürze wach werden können. Eine weitere Verabredung soll ihm die Zofe mitteilen.

Als Chengshu wieder zu Hause ist, hegt er den Verdacht, dass Fräulein Dugu ein Geist sein könnte. Einen Monat hat er nichts von ihr gehört. Er erkundigt sich am Westteich nach ihr, aber niemand kennt weder sie noch die Familie Dugu. Ein alter Mann unter einer Trauerweide erzählt Chengshu, dass diese Frau kein Totengeist, sondern ein Fuchsgeist ist, wie Chengshu dies schon vorher vermutet hatte. Sie sucht einen Ehemann für sich, so erzählt ihm der Alte. Einmal, so berichtet der Alte weiter, hat Fräulein Dugu einen jungen, hübschen Bauernjungen verführt und ihm ein Kind geboren. Sie kam immer erst am Abend, um das Kind zu stillen. Seine Familie fing an sie zu mißbilligen und verletzte bei einer Gelegenheit ihre Füße. Seitdem kommt sie nicht mehr zu ihm. Der alte Mann verrät Chengshu, dass eine Beziehung mit ihr harmlos ist, so lange er ihrer Liebe treu bleibt; wenn nicht, dann bedeutet sie zwar keine tödliche Bedrohung für ihn, aber Unheil. Chengshu nimmt die Warnung nicht ernst,

224 Seine genaue Berufstätigkeit fehlt im Original.

225 Das ist ein Zitat aus der Geschichte *Taohuayuan ji* 桃花源记 (*Aufzeichnung der Pfirsichblütenquelle*), die dem bekannten Einsiedler, Tao Qian 陶潜 (364-427), auch unter dem Namen Tao Yuanming 陶渊明 bekannt, Tao Yuanmingzugeschrieben wird. Die Pfirsichblütenquelle ist nach dieser Geschichte eine Welt, die außerhalb der Gesellschaft existiert. Sie wird dem irdischen Paradies gleichgesetzt und ist eine Utopie der Gelehrten, eine Welt, in der man harmonisch und friedlich leben kann. Siehe: Tao Yuanming (Tao Qian): *Der Pfirsichblütenquelle. Gesammelte Gedichte.* Herausgegeben von Karl-Heinz Pohl. München 1985.

sondern fragt den Alten: „Wie kann ein Fuchsgeist, der sich verliebt, gefährlich sein?“[226] Der alte Mann will ihn überzeugen, indem er ihre Fähigkeit der Wahrsagung, ihre poetische Kunst und ihre Kompetenz in Gesang und Tanz erwähnt. Reich an Informationen über Fräulein Dugu kehrt Chengshu nach Hause zurück.

Als er eines Tages wegen der Hitze aus dem Haus geht, bringt ihm die Zofe ein neues Gedicht, das einen neuen Zeitpunkt für ein Treffen enthält. Fräulein Dugu hat alles im Griff und weiß von seinen Erkundigungen bei dem alten Mann. Das Gedicht spielt auf den liebevollen Zheng-liu an, den Protagonisten in der Geschichte *Fräulein Ren*, die ich unter Punkt 2.2.2.2 behandelt habe. Chengshu begehrt inzwischen die schöne Zofe von Fräulein Dugu und stellt ihr hartnäckig nach, obwohl die Zofe sich wehrt und ihm schließlich von der Eifersucht ihrer Herrin erzählt, die sogar ihren Tod verursachen kann. Schon das *Gesetzbuch der Tang-Dynastie* erlaubt, dass Dienerinnen Konkubinen werden können, wenn sie Kinder gebären, die ihr Hausherr gezeugt hat. Dieses Gesetz gibt dem Hausherrn implizit das Recht, mit seinen Dienerinnen in sexuellen Kontakt zu treten.[227] Beim Abschied erklärt ihm die Zofe, dass ihre Abwehr nicht heißt, dass sie seine Zuneigung nicht erwidert, sondern dass sie die Eifersucht ihrer Herrin fürchtet. Die Zofe tritt danach in der Erzählung nicht mehr in Erscheinung. Wegen der Hitze schläft Chengshu ein andermal draußen unter einem Baum in einer an der Grenze der Zivilisation liegenden Gegend. Als es dunkel wird, taucht Fräulein Dugu vor ihm auf. Auf seine Frage, warum sie so lange nichts von sich hat hören lassen, antwortet sie, dass sie sich vor ihm schämt, weil Chengshu inzwischen von ihrer Herkunft weiß. Sie lädt ihn zu sich ein und verbringt die Nacht mit ihm. Hier erkennt man wiederum eine Anspielung auf die Erzählung *Fräulein Ren*.

Dem Vorschlag von Fräulein Dugu folgend, mietet Chengshu ein Haus für sie. Fräulein Dugu verhält sich als Herrin des Hauses angemessen und versorgt alle, die zum Haushalt gehören. Was sie von den Menschen unterscheidet, ist, dass sie sich immer heimlich die Haare frisiert, keine Näharbeiten tätigt, keine wilden Tiere isst und nicht viel trinkt. Jedes Mal wenn sie Kinder gebärt, sind sie einige Tage später nach ihrer Geburt wieder verschwunden. Nach sieben Jahren reist Chengshu wegen der Verleihung einer amtlichen Stelle in die Hauptstadt Bianjing 汴京 (heute: Kaifeng 开封, Provinz Henan 河南) und besucht dort das Kloster Xiangguo (Xiangguo si 相国寺). Ein daoistischer Mönch verkündet ihm, nachdem er sein Gesicht kurz betrachtet hat,[228] dass er von einem Geist besessen ist. Chengshu ist sehr verängstigt, verrät dem Mönch jedoch nichts über sein Privatleben. Als er wieder nach Hause zurückkehrt, merkt Fräulein Dugu seine

---

226 Zhou Zhenfu 周振甫: *Zhongguo gudian xiaoshuo jicui* Song yuan juan 中国古典小说集粹 宋元卷 [*Sammlung von klassischen xiaoshuo aus dem alten China. Band der Song- und Yuan-Dynastie*]. Beijing 2001, S. 124.

227 Shi Fengyi 史凤仪: *Zhongguo gudai hunyin yu jiating* 中国古代婚姻与家庭 [*Ehe und Familie im alten China*]. Wuhan 1987, S. 78.

228 Hier wird auf die chinesische Physiognomik (*mianxiang* 面相) Bezug genommen.

Schwermütigkeit, worauf Chengshu ihr von den Worten des Mönchs erzählt. Fräulein Dugu gibt ihm eine Pille, die ihm hilft, wieder gesund zu werden, obwohl nur ein daoistischer Mönch in der Lage ist, ihm die Schäden seiner Besessenheit vom Gesicht abzulesen. Als der Mönch ihn im Kloster Xiangguo wiedersieht, wundert er sich über seine schnelle Heilung. Diesmal verheimlicht Chengshu ihm nichts. Der Mönch sagt, dass man es ihm, Chengshu, nicht anmerkt, wenn ein Geist seiner Gesundheit schadet. Als Chengshu wieder zu Hause ist, bittet er Fräulein Dugu um eine Konkubine, die ihnen beim Zuwachs von Nachkommen behilflich sein kann. Sie verweigert ihm seine Bitte und teilt ihm mit, dass sie von seiner Beziehung zu ihrer Zofe weiß, und dass sie die Zofe deshalb aus dem Haus vertrieben hat.

Chengshu hat einen reichen Onkel mütterlicherseits in Nanyang 南阳, den er nach über zehnjähriger Trennung besuchen will. Beim Abschied schärft ihm Fräulein Dugu ein, dass er wegen einer neuen Beziehung nicht die alte vergessen solle, und dass durch den künftig zu erwerbenden Reichtum seinerseits die Gerechtigkeit nicht beeinträchtigt werden dürfe. Der Gouverneur von Nanyang verspricht Chengshu, eine Empfehlung an den Kaiser zu schicken und für Chengshu eine Amtsstelle in Nanyang zu beantragen, weil der Gouverneur als ehemaliger oberster Vorgesetzter Chengshus Fähigkeiten kennt. Obwohl Chengshu die Frage seines Onkels nach der Familie seiner Frau ignoriert, lässt sein Onkel ihn viel Reisschnaps trinken und erfährt auf diese Weise von ihm die Wahrheit. Er organisiert daraufhin für Chengshu die Ehe mit Fräulein Hao, der Tochter der reichen Familie Hao. Chengshu schickt nach seiner Heirat und seinem Amtsantritt einen Boten zu Fräulein Dugu, um ihr dankbar Lebewohl zu sagen. Fräulein Dugu antwortet ihm mit scharfer Kritik, dass er trotz ihrer Bitte die Treue verletzt und die Gerechtigkeit beeinträchtigt habe.

Später, während Chengshus Dienstreise nach Guangzhou, bringt ein Diener seiner Frau einen handschriftlichen Brief, der von Chengshu selbst verfasst sei. In diesem Brief beauftragt er sie, alles zu verkaufen und zu ihm zu ziehen. Zur gleichen Zeit bekommt Chengshu einen handschriftlichen Brief von seiner Frau. Sie ist angeblich schwerkrank und hofft auf ein baldiges Wiedersehen mit ihm. Als beide sich endlich in der Hauptstadt treffen, haben ihre Reisen fast ihr ganzes Eigentum gekostet. Als sie einen weiteren Brief empfangen, kommt ans Licht, dass die vorher erhaltenen Briefe vom Fuchsgeist Dugu stammen. Dass Chengshu danach mit seiner Frau in Armut leben muss, ist ein Racheakt von Fräulein Dugu für den Treuebruch Chengshus ihr gegenüber. Ein Jahr später stirbt Chengshus Frau. Fast zur gleichen Zeit verliert Chengshu seine amtliche Stelle. Als er einmal in abgetragener Kleidung Fräulein Dugu begegnet, die in einem Wagen sitzt, schenkt sie ihm Geld und teilt ihm mit, dass sie wieder verheiratet ist und sich deswegen nicht länger mit ihm aufhalten kann.

Das Verbotsmotiv, das die Geschichte *Sun Yan* von Yang Xuanzhi noch implizit enthält, wird hier zur Sprache gebracht. Die Motivkonstellation der Mahrtenehe in dieser Geschichte hat ein ähnliches Gerüst wie die der europäischen Wassergeistergeschichten. Die Begegnung des übernatürlichen Wesens mit dem irdischen Mann führt zu einem zeitlich begrenzten Zusammensein. Das Beisammensein wird durch den Anspruch auf Treue seitens des irdischen Mannes, den das übernatürliche Wesen erhebt, überschattet. Nach dem Überschreiten des Verbots bricht die eheliche Beziehung oder die Liebesbeziehung. Jedoch unterscheidet sich das Verbotsmotiv in dieser chinesischen Geschichte in mancher Beziehung von denen der bisher als Beispiele analysierten Wassergeistergeschichten.

Der Protagonist in der Erzählung *Frühlingsspaziergang am Westteich* hört nicht direkt aus dem Mund des übernatürlichen Wesens das Verbot der Untreue. Warum taucht das Verbotsmotiv in den Fuchsgeistergeschichten so selten auf und wenn, dann nur auf indirekte Weise? Hier muss die Ehe im kaiserlichen China kurz erklärt werden. Der Ehegatte kann neben der Ehegattin andere Frauen haben, die so genannten Konkubinen. In alten Schriften, z. B. im *Liji* 礼记 (*Das Buch der Riten*)[229] und im *Du duan* 独断 (*Eigenständige Beurteilung*) von Cai Yong 蔡邕 (133-192),[230] wird die Anzahl der Konkubinen bestimmt, die ein Mann haben kann, und dokumentiert, welche Eigenschaften und welche gesellschaftliche Stellung einer Ehefrau entspricht, und zwar der eines Kaisers, Fürsten, hochrangigen Beamten, rangniedrigen Beamten, Gelehrten[231] und dem einfachem Volk. Diese Bestimmung existiert zwar nicht im Gesetzbuch jeder Dynastie, doch kommen die Bezeichnungen von Ehefrau und Konkubine darin durchweg in Bezug auf die Ehe vor. Eine klare Linie wird zwischen der Ehegattin und den Konkubinen gezogen. Die Konkubine hat zwar eine sexuelle Beziehung zum Hausherrn, jedoch kein Recht auf eine gesellschaftliche Stellung, weil eine von der Gesellschaft akzeptierte Ehe im traditionellen China grundlegend die Sechs Eti-

---

229 Dai Sheng 戴圣 (1990), Bd. 2, S. 1000.

230 Zur Übersetzung des Buchtitels siehe: Schmidt-Glintzer, Helwig: *Geschichte der chinesischen Literatur*, München 1990, S. 140. Zur literarischen Anspielung siehe: Jiang Zongfu 蒋宗福: *Cai Yong «Du duan» mingming de youlai ji hanyi* 蔡邕《独断》命名的由来及含义[*Ursprung und Bedeutung der Benennung von Cai Yongs «Du duan»*]. In: *Zhongzhou jingu* 中国今古 [*Zhongzhou today* & *Yesterday*]. 4 (1993), S. 40-41.

231 *Shi* 士 entsteht in China zwischen dem 8. und dem 3. Jahrhundert v. Chr. als eine neue Sozialschicht. Etymologisch greift der Begriff auf Kämpfer oder Krieger zurück, die sich mit Adligen an der Herrschaft beteiligen. In der Unruhe der Frühlings- und Herbstperiode 春秋 (770-476 v. Chr.) fliehen Beamte mit Büchern unter die Leute. Die vielen kleinen Fürstenstaaten laden sie als Berater zu sich ein, um ihre eigene Konkurrenzfähigkeit zu stärken. Diese Gelehrten beraten Fürsten, überreden andere Fürsten, Partner zu werden, entwickeln zahlreiche Denkschulen und nehmen private Schüler auf, um ihre eigene Denkschule zu verbreiten. Sie bilden eine neue gesellschaftliche Schicht zwischen hochrangigen Beamten und dem einfachen Volk. Diese gesellschaftliche Schicht stirbt in der Sui- und Tang-Dynastie langsam aus, weil das einfache Volk durch die Beamtenprüfung, die in der Sui-Dynastie entstand und erst 1905 abgeschafft wurde, inzwischen vollen Zugang zur Beamtenlaufbahn gewonnen hat. Seither bezeichnet dieser Begriff alle Gelehrten, die als Beamte tätig sind oder dies werden wollen. In Cai Yongs *Du duan* bezieht sich der Begriff *Shi* auf die gesellschaftliche Schicht zwischen rangälteren Beamten und dem einfachen Volk.

ketten[232] voraussetzt. Zum Beispiel darf die Familie der Konkubine keine Kontakte zu der Familie ihres Hausherrn haben. Die Konkubine muss weiterhin der Hausherrin dienen, wie die Hausherrin ihrer Schwiegermutter.[233] Selbst wenn die Hausherrin stirbt oder von ihrem Mann aus dem Haus verstoßen wird, darf eine Konkubine nach dem *Tanglü* 唐律 (*Das Gesetzbuch der Tang-Dynastie*), auf das sich die Gesetzbücher der späteren Dynastien stützen, nicht gesellschaftlich zur Position der Ehegattin befördert werden.[234] An dieser Stelle wird in den Gesetzbüchern zur Dienerin, die mit dem Hausherrn eine sexuelle Beziehung hat, angemerkt, dass sie zu den Leuten von niedrigster Herkunft gehört und nicht in die offizielle Rolle der sexuellen Partnerin des Hausherrn passt.[235] Eine Dienerin kann jedoch durch ihren sexuellen Umgang mit dem Hausherrn zur Konkubine werden, wenn sie dem Hausherrn Kinder schenkt.[236] In den meisten Fuchsgeistergeschichten hat der Protagonist längst schon vor dem Kennenlernen des Fuchsgeistes offiziell eine Ehefrau (eine Ausnahme ist die Geschichte *Sun Yan*). Das heißt, dass diese Fuchsgeister die Rolle einer Konkubine einnehmen, nicht aber die Rolle der Ehefrau. Vor diesem Hintergrund ist es nicht schwer zu verstehen, dass das Verbotsmotiv selten von Wichtigkeit ist, weil die Rolle der Konkubine diese Möglichkeit beschränkt.

Obwohl die Ehe von Fräulein Dugu mit Chengshu für seinen Onkel, dem Vertreter der Familie von Chengshu und der Gesellschaft, gesetzlich ungültig ist, verhält sich Fräulein Dugu trotzdem genauso wie die Ehefrau von Chengshu. Sie treibt ihre Zofe aus dem Haus, nachdem Chengshu mit ihr geschlafen hat. Sie hat vermutlich aus ihrer schlechten Erfahrung mit der vorhin erwähnten Bauern-

---

232 Nach dem *Buch der Riten* sind die Sechs Etiketten im traditionellen China wie folgt: 1. *nacai* 纳采: Die Familie eines jungen Mannes, der nach einer Schwiegertochter sucht, schickt eine Heiratsvermittlerin zur Familie der von den Eltern des jungen Mannes gewünschten jungen Frau; 2. *wenming* 问名: Nach der Einwilligung der Eltern dieser jungen Frau bittet die Heiratsvermittlerin um die Geburtsdaten ihrer Tochter; 3. *naji* 纳吉: Die Geburtsdaten der Quasi-Heiratspartner werden nach der chinesischen Astrologie überprüft, ob das Zusammenleben beider kompatibel ist; 4. *nahui* 纳徽: Verwandte der Familie der männlichen Partei zusammen mit der Heiratsvermittlerin bringen der Familie der jungen Frau die Verlobungsurkunde und das Mitgift, und die Familie der jungen Frau macht ein Gegengeschenk; 5. *qingqi* 请期: Die Familie des Verlobten bespricht mit der Familie der Verlobten den von ihnen ausgewählten Hochzeitstermin; 6. *qinying* 亲迎: Der Bräutigam mit der Hochzeitsprozession holt die Braut von ihrem Elternhaus ab und bringt sie mit einer Sänfte zu seinem Elternhaus zur Zeremonie der Hochzeit.

233 Zhang Deqiang 张德强: *Shanbian zhong de hunyin he jiating* 嬗变中的婚姻和家庭 [*Die Entwicklung von Ehe und Familie*]. Lanzhou 1993, S. 57ff.

234 Qiao Wei 乔伟: *Tanglü yanjiu* 唐律研究 [*Studien zum Gesetzbuch der Tang-Dynastie*]. Jinan 1985, S. 385. Diese Straftat wird mit einer Freiheitsstrafe von zwei Jahren bemessen. In der Qing-Dynastie ist es üblich, dass eine Konkubine ihren Status zur Ehefrau wechseln kann. Vgl. Zhang Deqiang 张德强 (1993), S. 59.

235 Hier möchte ich auf die Affäre zwischen Chengshu und der Zofe hinweisen. Vor diesem Hintergrund ist es nicht eigenartig, dass die Zofe Chengshu den Grund ihrer Abwehr seiner Liebesanträge erklärt.

236 Qiao Wei 乔伟 (1985), S. 386.

familie gelernt. Sie weiß, dass die Rolle der Ehefrau durch die Rolle der Mutter zerstört werden kann. Sie versteckt ihre Kinder, die sie Chengshu geboren hat. Das Dilemma ist, dass dadurch die vermeintliche Kinderlosigkeit die Existenz ihrer Ehe bedroht. Schon das *Gesetzbuch der Tang-Dynastie* spricht von den „Sieben Schlechtigkeiten als Gründe zum Verstoßen der Ehefrau",[237] die ausschließlich die Ehefrau betreffen, nämlich: Kinderlosigkeit; unzüchtiges Verhalten gegenüber den Schwiegereltern; pietätloses Benehmen; Geschwätzigkeit; diebisches Verhalten; Eifersucht und schwere Erkrankung der Ehefrau, sodass sie ihren ehelichen Pflichten nicht mehr nachkommen kann.[238] Die Rolle der Ehefrau verbindet sich bei Fräulein Dugu nicht reibungslos mit der Rolle der Mutter. Sie verlässt Chengshu und rächt sich an ihm für seine Untreue, nachdem er eine andere Frau zu sich genommen hat. Die Motivkonstellation der Mahrtenehe findet in dieser Geschichte auch in Bezug auf Fräulein Dugu Anwendung.

Im Vergleich zu Fräulein Dugus Verzweiflung über die Untreue ihres Mannes zeigt sich Chengshu als selbstsicherer Mann. Er fühlt sich von ihr als Gelehrter verstanden. Doch enthüllt seine Anerkennung ihrer Dichtkunst einerseits seine Sehnsucht nach Anerkennung seiner eigenen Gelehrsamkeit, die er später efolgreich bei dem Gouverneur in Nanyang finden wird, der sich von seinem Wissen beeindruckt zeigt; andererseits zeigt sich sein scheinbar übermäßiges Selbstvertrauen auch bei der Warnung des alten Mannes unter der Trauerweide: Er ist überzeugt davon, dass ein verliebter Fuchsgeist keinen Schaden verursachen kann. Die gleiche Einstellung des Protagonisten findet man ebenso in der Geschichte *Fräulein Ren*. Wie der Protagonist in der Geschichte *Fräulein Ren* gerät auch Chengshu in Konflikt mit der Gesellschaft. Ein daoistischer Mönch liest ihm förmlich die tödliche Situation, in der er sich befindet, vom Gesicht ab und kritisiert ihn, da er durch den Umgang mit einem Geist gegen die Riten der Gesellschaft verstoße. Chengshus Versuch, selber sein Problem zu lösen, indem er sich neben seiner Frau eine Konkubine wünscht, wird von Fräulein Dugu abgelehnt. Als ihm eine amtliche Stellung unterbreitet und zugleich die Hand einer Frau aus reicher Familie angeboten wird, entscheidet er sich für die bessere Karriere, die ihm durch eine anständige, gesellschaftlich akzeptable Ehe gesichert wird. Außerdem ist für einen Gelehrten die Berufung zu einem offiziellen Amtsantritt die höchste Anerkennung. Die Fuchsgeistergeschichten in der Tang-Dynastie er-

---

[237] *Qichu* 七出, „Sieben Schlechtigkeiten zum Verstoßen", bestimmen die Pflichten der Partner in einer Ehe, die als der kleinste Bestandteil der Gesellschaft zu betrachten ist. Sie zeugen Kinder, die ihren Ahnen Opfergaben bringen; die Frau soll gesund sein, um ihren Pflichten nachgehen zu können, z. B. an Opferriten teilnehmen und den Schwiegereltern alltäglich dienen. Außerdem darf die Frau nicht geschwätzig oder eifersüchtig sein, damit unter den Familienmitgliedern und den Konkubinen Frieden herrscht. Letztlich darf die Frau nicht heimlich ihre Eltern und Geschwister finanziell fördern.

[238] Ebd., S. 380. Diese Gründe zum Verstoß der Ehefrau gelten nicht als verbindlich, sondern sind von der Entscheidung der Eltern des Mannes oder von der des Mannes allein abhängig.

zählen immer wieder, dass ein Fuchsgeist den Protagonisten kurz vor seinem offiziellen Amtsantritt verlässt, ja verlassen muss, denn er soll als Geist aus Ehrfurcht Abstand von Chengshu halten, dessen Gelehrsamkeit und Tugendhaftigkeit durch die kaiserliche Beförderung gekrönt werden. Das tugendhafte Verhalten des Fuchsgeistes spiegelt sich gegensätzlich in dem Schicksal des Protagonisten wider. In dem Fall von Chengshu sieht dieses Schicksal so aus: Er verliert am Ende der Geschichte seine Amtsstelle und leidet unter dem Tod seiner Frau, der als Strafe für Chengshus Untreue zu verstehen ist, und muss somit arm weiterleben. Dass der eigentliche Grund für Chengshus trauriges Schicksal bei ihm selbst liegt, wird durch seinen Umgang mit Fräulein Dugu deutlich zum Ausdruck gebracht, denn nachdem er ihr seinen herzlosen Abschiedsbrief schickt, kann er kaum mehr als ihre Rache erwarten.

Man muss zugeben, dass der Gestalt von Fräulein Dugu im Vergleich mit Fräulein Ren mehr dämonische Züge zugeschrieben werden. Durch seinen geschlechtlichen Verkehr mit Fräulein Dugu ist Chengshus Gesundheit stark belastet, was der daoistische Mönch ihm sofort vom Gesicht abgelesen hat. In der Geschichte *Fräulein Ren* dagegen wird der Zusammenhang von Sexualität und Fuchsgeist nur dadurch angedeutet, dass der Erzähler fast nebenbei erwähnt, dass Fräulein Rens Verwandte als Musikanten berufstätig sind – ein fragwürdiger Berufsstand zu der Zeit. Die dämonischen Züge von Fräulein Dugu verdeutlichen zugleich auch, dass Fräulein Dugu für die moralische Kritik an Chengshu steht: Sie zeigt das verwerfliche Verhalten von Chengshu auf. Sie ist es, die abermals wiederholt, dass er trotz einer neuen Liebe nicht ihr Liebesverhältnis vergessen solle, und dass er sich trotz der Errungenschaft seines neuen, materiellen Reichtums daran erinnern soll, dass Fräulein Dugu ihn bis zum Amtsantritt finanziert und sich im Alltag um ihn gekümmert hat. Im *Gesetzbuch der Tang-Dynastie* schließen sich an die „Sieben Schlechtigkeiten zum Verstoßen“ (*qichu* 七出) die „Drei Ausnahmen gegen die Gründe für einen Verstoß“ (*sanbuqu* 三不去) an. Diese drei Ausnahmen, die einen Verstoß nicht rechtfertigen, sind: wenn die Ehefrau drei Trauerjahre über den Tod der Schwiegereltern vollendet hat; wenn der Ehemann vor der Heirat arm war und später, während der Ehe, reich wird; wenn die Frau nach dem Verstoß aus dem Haus und dem Ehebett keine Unterkunft findet. Stattdessen wird die Betroffene mit hundert Schlägen für ihr Vergehen bestraft und muss die Ehe weiterführen.[239] Chengshu lässt jedoch Fräulein Dugu im Stich, nachdem ihm der Gouverneur von Nanyang eine neue Amtsanstellung versprochen hat. Es ist kein Einzelfall in diesen Geschichten, dass man im Schicksal des Protagonisten eine radikale Änderung erlebt, nachdem durch die Erfindung der Beamtenprüfung seit der Sui-Dynastie jeder Mann freien Zugang zu einer amtlichen Karriere und dementsprechend zu Reichtum hatte. Hier wird auf zwei Ebenen auf die mögliche Teilnahme des Einzelnen an der Verwal-

239 Ebd., S. 381.

tung des Landes, im Zusammenhang mit seiner Selbstkultivierung, aufmerksam gemacht: Erstens ist die erfolgreiche Teilnahme an der Verwaltung des Landes das konkrete Ziel der Selbstkultivierung des Einzelnen; und zweitens setzt das Ziel die moralische Selbstkultivierung des Einzelnen voraus.

Das Selbstbewusstsein, sein Schicksal selbst erfolgreich in die Hand zu nehmen, drückt sich indirekt in der Enthüllung der Vorgeschichte des Fuchsgeistes, hier Fräulein Dugus, aus. Vor der Song-Dynastie wird die Motivation der Fuchsgeister gewöhnlich im Text nicht explizit angegeben. In dieser Erzählung aus der Song-Zeit erklärt zum Beispiel der alte Mann unter der Trauerweide, was Fräulein Dugu sich von Männern wünscht und warum sie sich an Männern rächen will. Ihre misslungenen Beziehungen zu anderen Männern und ihre Kompetenz in der Dicht- und Gesangskunst helfen dem Leser, sich einen mysteriösen Geist, Fräulein Dugu, konkret vorzustellen. Diese Konkretisierung des unberechenbaren Fuchsgeistes ist beispielsweise ebenso in den folgenden zwei Fuchsgeistergeschichten der Song-Dynastie zu finden. Die Geschichte von Li Xianmin 李献民 (um 1111), *Xishu yiyu* 西蜀异遇 (*Das wundersame Erlebnis im westlichen Shu*), erzählt die Liebesgeschichte zwischen einem Gelehrten, Li Dadao 李达道, und einem weiblichen Fuchsgeist, Song Yuan 宋媛. Ihr Zusammensein wird zweimal unterbrochen. Beim ersten Mal zeigt ein daoistischer Gott dem Protagonisten, Li Dadao, das wahre Gesicht des Fuchsgeistes. Beim zweiten Mal wirft ein gewisser Kong einen Brief in Li Dadaos Zimmer. Der Brief berichtet, dass Kong von Song Yuans Schwester verführt worden ist. Er rät Li Dadao aufgrund seiner eigenen schlechten Erfahrung mit Song Yuans Schwester, dem anderen weiblichen Fuchsgeist in dieser Geschichte, von der Beziehung mit Song Yuan ab. Der Mann erklärt ihm, wie man den Geist in den Fuchsgeistergeschichten vertreiben kann. Als Li Dadao diesen Mann im Traum wiedersieht, wird dieser Mann wegen seines Verrats an Song Yuans Schwester und der Warnung Li Dadaos von den Fuchsgeistern ermordet.[240]

In der zweiten Geschichte, *Xiaolian* 小莲 (*[Eine Füchsin namens] Xiaolian*), eine Geschichte aus der Erzählsammlung *Blaue zusammenhängende Muster an höfischen Toren, gelehrte Kritik* von Liu Fu, geht es um die Beziehung zwischen einem irdischen Mann, namentlich Li, und einem Fuchsgeist, Xiaolian. Als Li auf eine andere Amtstelle versetzt wird, kann Xiaolian nicht mitkommen, weil sie am letzten Tag jedes Monats nach dem chinesischen Mondkalender verpflichtet ist, sich beim unterirdischen Zuständigen dieser Gegend, oft als *chenghuang* 城隍 (Stadtgott) oder *tudi* 土地 (Erdgott) bekannt, zu melden.[241] Eines Abends kommt Xiaolian zu Li und bittet ihn, einen Fuchs von einem Jäger zu kaufen. Sie erklärt ihm, dass sie in ihrer letzten Reinkarnation eine Konkubine war und bei ihrem Mann, nämlich ihrem Hausherrn, die rechtmäßige Ehefrau angeschwärzt hat. Die Ehefrau starb vor Kummer und Groll. Sie klagte Xiaolian bei den Verantwortlichen

[240] Zhou Zhenfu 周振甫 (2001), S. 144ff.

[241] Xiaolian erklärt Li, dass die Verbundenheit der Geister mit einer bestimmten Gegend in gewissem Sinn der Einwohnermeldeordnung der menschlichen Welt gleicht.

im Reich der Toten an. Daraufhin wurde Xiaolian als Fuchs im gegenwärtigen, irdischen Leben bestraft. Xiaolian sollte am folgenden Tag von einem Jäger getötet werden und danach als Speise in die Mägen der Menschen kommen. Wenn es so geschieht, kann sie kein weiteres Leben mehr haben. Sie bittet Li daher, in der Erde beerdigen zu werden, damit sie in den Kreislauf der Wiedergeburt gelange.[242] An dieser Erklärung, wie Xiaolians Leben in einem Kreislauf funktioniert, lässt sich der buddhistische Ursprung dieser Geschichte erkennen, denn im Buddhismus greift jedes Ereignis und jede Tat im gegenwärtigen Leben auf die Taten im vergangenen Leben zurück.

Diese Erzähltechnik, dass eine oder mehrere Erzählungen in einer Haupthandlung verschachelt werden, ist für diese drei Fuchsgeistergeschichten markant. Mit dem Gebrauch „Haupthandlung" beabsichtige ich, auf den Unterschied vom Begriff der Rahmenhandlung aufmerksam zu machen. Er bezieht sich nicht auf eine Gruppe, die etwas Gemeinsames erlebt hat und sich aufgrund dessen gegenseitig Geschichten erzählt. In den Fuchsgeistergeschichten geht es darum, dass die Haupthandlung durch eine andere Erzählperspektive ergänzt wird. Im weitesten Sinne kann man diese Erzähltechnik die Binnenerzählung bezeichnen. Diese Technik unterscheidet sich von dem kurzen Rückblick, den Wang Lingxiao in der Geschichte *A-zi* gibt, als er erzählt, dass er von A-zi verführt wurde, und von der Andeutung des Kuchenkäufers in der Geschichte *Fräulein Ren*, der bloß die Verführungsversuche des weiblichen Fuchsgeistes erwähnte, nicht erzählte. Die Erzählungen innerhalb dieser drei Fuchsgeistergeschichten bilden die zweite Textebene, indem Nebenfiguren, z. B. der Greis unter der Trauerweide in der Geschichte *Spaziergang am Westteich* und Herr Kong in der Geschichte *Das wundersame Erlebnis im westlichen Shu*, und Hauptfiguren, z. B. Xiaolian in der gleichnamigen Geschichte, als Erzähler in der Haupthandlung fungieren. Jiang Shuzhuo verweist hinsichtlich dieser Erzähltechnik auf den Einfluss der *Jatakas*, in denen die eingeschachelten Geschichten in der Haupthandlung üblich sind.[243]

Im Vergleich mit den Fuchsgeistergeschichten in der Tang-Dynastie identifiziert sich der Protagonist in der Song-Dynastie mit der Rolle des konfuzianischen Gelehrten, der seine Gelehrsamkeit schätzt und dadurch seine Selbstsicherheit gewinnt. Die Erscheinung des mysteriösen Fuchsgeistes, der in den Sechs Dynastien ohne besonderen Grund auftritt und Schäden anrichtet, erklärt in der Tang-Dynastie den Aufschwung der verschiedenen tugendhaften Protagonisten. Jedoch bleiben trotzdem viele Fragen über den weiblichen Fuchsgeist offen, z. B. wie sein Leben vor der Begegnung mit einem irdischen Mann abläuft. In der Song-Dynastie werden seine Vorgeschichte und seine gegenwärtige Situation erzählerisch

242 Yuan Lükun 袁闾琨 (2001), S. 323ff.

243 Jiang Shuzhuo 蒋述卓: «*Jinglü Yixiang*» *dui Liang Chen Sui Tang xiaoshuo de yingxiang* 《经律异相》对梁陈隋唐小说的影响 [*The Influence of Jing lü yi xiang on the Fiction of Liang, [C]hen, [S]ui, [T]ang Dynasties*]. *In: Zhongguo bijiao wenxue* 中国比较文学 [*Comparative Literature in China*] 4 (1996), S. 71-85, hier S. 81f.

dargestellt. Das Erzählen ist ein Medium sowohl für den Autor als auch für den Leser zur Überwindung der Furcht vor dem weiblichen Fuchsgeist und der damit verbundenen Distanz vor diesem übernatürlichen Wesen. Das Erzählen über die Einzelheiten in den Fuchsgeistergeschichten zeigt gerade das Selbstbewusstsein des Ich, das mit der Beamtenprüfung an Selbstsicherheit gewinnt. In diesem Zusammenhang wird umso deutlicher die Relevanz der moralischen Selbstkultivierung des Protagonisten hervorgehoben. Das heißt, dass der Mittelpunkt des Interesses beim Erzählen der Fuchsgeistergeschichten auf diese Weise von der Angst vor dem Fuchsgeist auf das zunehmende Selbstbewusstsein des Protagonisten verschoben wird, das durch Anerkennung in der Gesellschaft geweckt wird.

2.2.2.4 Interpretative Zusammenfassung der besprochenen Geschichten

Gan Bao 干宝 (ca. 285 - ca. 360), Yang Xuanzhi 杨衒之 (dat. 547), Shen Jiji 沈既济 (ca. 741 - ca. 805) und Liu Fu 刘斧 (ca. 1040 - nach 1113), die Autoren der besprochenen vier Mahrtenehe-Geschichten, lebten in einem Abstand von zwei bis drei Jahrhunderten. Trotz der großen Zeitspanne, die die Unterschiede zwischen ihnen aufzeigt, besteht jedoch eine Kontinuität der Motivkonstellation der Mahrtenehe in ihnen, wenn man die vier Geschichten miteinander vergleicht. Im Rahmen der Motivkonstellation der Mahrtenehe gehe ich darauf ein, wie Fuchsgeister und irdische Männer in den Geschichten dargestellt werden und was man daraus schlussfolgern kann.

Der Fuchsgeist in diesen Geschichten ist eine Figur, die an der Grenze zwischen dem Weltlichen und dem Übernatürlichen steht. Gan Baos weiblicher Fuchsgeist, A-zi, hat seine Behausung in einem Grab – ein Symbol der Distanzierung von den Lebenden. Ihr gelegentliches Erscheinen im weltlichen Bereich, z. B. bei Wang Lingxiao zu Hause, dient ausschließlich dazu, ihre Anziehungskraft an ihm auszuüben und ihn schließlich ins Grab zu locken. Im Kontrast zu A-zi erscheint Yang Xuanzhis Fuchsgeist als Ehefrau des Protagonisten Sun Yan. Mit ihm wohnt sie, anders als A-zi, unter einem Dach im westlichen Teil der Stadt Luoyang. Diese weltliche Umgebung befindet sich zwar nicht in der Wildnis wie ein Grab, sondern in einer Siedlung, deren Einwohner jedoch Berufe wie z. B. Trauerliedersänger[244]ausüben, die die Grenze zwischen dem Weltlichen und dem Jenseits deutlich machen. Die Fuchsgeister in Shen Jijis und Liu Fus Fuchsgeistergeschichten haben ihre Unterkunft in einem verlassen Haus, das ebenso dieses Symbol der Grenze andeutet.

Räumlich befindet sich der weibliche Fuchsgeist, wie gesagt, an der Grenze des Weltlichen und des Jenseits. Selbst wenn sie wegen ihres Umgangs mit dem Protagonisten am gesellschaftlichen Leben teilnimmt, spielt sie nur eine Rolle am

244 Im europäischen Sprachraum wurde eine Frau, die gegen Bezahlung einen Toten laut beweint, solange er aufgebahrt ist, als Klageweib bezeichnet.

Rande der Gesellschaft. Doch in der Geschichte *Sun Yan* nimmt sie stets die Rolle einer Konkubine ein. Wang Lingxiao und Zheng-liu haben eine Ehefrau, bevor A-zi und Fräulein Ren sich in ihr Leben einmischen. Fräulein Dugus Heirat wird nur ungern von der Gesellschaft anerkannt, weil die Ehe nicht nach den tradionellen Riten durchgeführt wurde und beide Familienmitglieder an diesem Prozess nicht teilgenommen haben. Kang Xiaofei sieht einen Zusammenhang zwischen der örtlichen Grenze der Behausung und der gesellschaftlichen Randstellung der Füchsin. Sie bemerkt bei der Analyse der Fuchsgeistergeschichten der Tang-Dynastie Folgendes: „For the Tang literati class, fox women represented a familiar category: courtesans who lived outside of their formal family circle but provided them sensual and emotional pleasures."[245] In einem Überblick über die Fuchsgeistergeschichten bezeichnet Kang Xiaofei die Fuchsgeister mit „The Power of the ‚betwixt and between'".[246] Sie stellt „the ambiguous and paradoxical stage of being" in den Vordergrund. Der Ausdruck „boundary-crossing animals and spirits" ist für die räumliche und charakteristische Beschreibung der Fuchsgeister zutreffend. In Anlehnung an Mary Douglas gibt Kang Xiaofei folgende Schilderung der Fuchsgeister wieder: „The marginality of such beings discharges both danger and power to the dominant patterns of the existing social structure."[247]

Im Zusammenhang mit dieser Studie möchte ich „the power of the betwixt and between" als die Schönheit und die übernatürliche Fähigkeit des Fuchsgeistes auslegen, der sich selbst und Gegenstände verwandeln kann. Die Schönheit des weiblichen Fuchsgeistes ist einerseits der Auslöser der unzüchtigen Sexualität. Wang Lingxiao vergisst nach seiner Begegnung mit A-zi seine Pflicht im Militärdienst und in der Familie. A-zi, ein lüsternes Wesen, veranlasst seine zweimalige Desertion. Sun Yan entkleidet heimlich seine Frau, nachdem sie eingeschlafen ist. Die heimliche Beobachtung des weiblichen Körpers, selbst wenn es der seiner eigenen Frau ist, ist nach konfuzianischer Moralvorstellung ein unmäßiges Verlangen. Andererseits kann ein weiblicher Fuchsgeist Tugendhaftigkeit verkörpern. In diesem Fall veranschaulicht ihre Schönheit ihre inneren Tugenden, z. B. ihrem Ehemann gegenüber gehorsam zu sein und sich in der Öffentlichkeit ordentlich zu benehmen. Ein deratiger Fuchsgeist gilt als ideales Spiegelbild des Protagonisten. Kang Xiaofei führt an: „[F]emale foxes in the tales were endowed with ravishing physical charm and admirable human virtues that Tang literati would expect from an ideal woman".[248] Fräulein Ren ist eine Vertreterin dieser Gruppe, die „depicted with sympathy and compasion" wird.[249] Das Thema der übernatürlichen Fähigkeit des Fuchsgeistes wird in den Fuchsgeistergeschichten ambivalent

---

245 Kang Xiaofei: *The Cult of the Fox. Power, Gender, and Popular Religion in Late Imperial and Modern China.* New York 2006, S. 26.

246 Ebd., S. 6.

247 Ebd.

248 Ebd., S. 26.

249 Ebd.

dargestellt. Sie wird in den Geschichten *A-zi* und *Sun Yan* als unheimlich und gefährlich angesehen. Beide Füchsinnen verheimlichen mittels ihrer übernatürlichen Fähigkeit ihre wahre Natur als Fuchsgeist und fügen dem Protagonisten am Ende körperliche und psychische Schäden zu. Fräulein Ren repäsentiert hingegen die sympathische Seite der übernatürlichen Fähigkeit. Dank ihrer Vorhersage profitiert Zheng-liu ökonomisch von einem Pferdegeschäft. Ihre magische Kraft hilft ihr, den Protagonisten als liebenswert zu erkennen. An Fräulein Dugu erkennt man dagegen eine Mischung dieser zwei Charakteristika. Einerseits scheint das Zusammensein mit Fräulein Dugu Chengshus Gesundheit schädlich zu sein. Chengshus Handeln und Verhalten sind unter ihrer Kontrolle. Sie rächt sich an Chengshu, als er sein Versprechen bricht. Andererseits verhält sich Fräulein Dugu ihm und den Dienern gegenüber moralisch. Was sie von Chengshu erwartet, entspricht dem Anspruch, den die Gesellschaft an ihn als Gelehrten stellt, nämlich Loyalität und Gerechtigkeit walten zu lassen. Um die Frage, warum der Fuchsgeist unterschiedlich charakterisiert wird, beantworten zu können, gehe ich nun auf die Analyse des Protagonisten der Fuchsgeistergeschichten ein.

Auffallend ist zuerst der Beruf, den der Protagonist ausübt. Wang Lingxiao ist zum Beispiel Soldat in einer Truppe und hat einen sehr niedrigen sozialen Status. Sun Yan ist Trauerliedsänger, ein unwichtiges Wesen in der Gesellschaft. Geschäftsleute und Handwerker üben im alten China keinen respektvollen Beruf aus. Selbst heute noch lässt sich dieses Phänomen in der Gesellschaft erkennen. Zheng-liu, in der Geschichte *Fräulein Ren* ist Beamter, jedoch eines niedrigen Ranges. Seine später wichtigere Karriere erreicht er jedoch ohne Hilfe einer Füchsin, sondern durch eigene Kraft. Hou Chengshu ist ein armer Gelehrter, der „von seiner Hand und seinem Wissen“[250] lebt. Der Gouverneur von Nanyang erkennt seine Gelehrsamkeit und fördert ihn. Damit beginnt Hou Chengshus richtige Karriere. Die Protagonisten der Fuchsgeistergeschichten beschäftigen sich hier mit ihrer eigenen sozialen Rolle. Es ist dabei die Tendenz zu beobachten, dass die Fuchsgeistergeschichten ihren Schwerpunkt auf Beamte und Gelehrte legen. Nach dem Wahlsystem der Beamtenschaft sind Beamte und Gelehrte diejenigen, die durch ihre Dichtkunst und das erworbene Wissen eine Chance haben, ihr Schicksal selbst in die Hand nehmen zu können.

Der selbstbewusste Protagonist in der Song-Dynastie unterscheidet sich insofern von dem vor der Tang-Dynastie, als das Erscheinen der Fuchsgeister nun mehr oder weniger von dem Protagonisten abhängig ist. In den Geschichten *A-zi* und *Sun Yan* sind die Protagonisten ausschließlich die Opfer der Geister. Sie wurden ahnungslos in das Verhältnis mit einem Fuchsgeist hineingezogen und zuletzt von ihren Kollegen oder Nachbarn wieder gerettet. Zheng-liu, der Protagonist der tangzeitlichen Fuchsgeistergeschichte, wird vom Kuchenverkäufer informiert, dass Fräulein Ren ein Fuchsgeist ist. Für ihn bringt der Umgang mit

---

250 Zhou Zhenfu 周振甫 (2001), S. 122.

Fräulein Ren zu keiner bösartigen Überraschung. In dieser Geschichte zielt die Hervorhebung des tugendhaften Fuchsgeistes darauf ab, dem Protagonisten ein Spiegelbild zu sein. Auf diese Weise wird der Aufschwung von Zheng-liu legitimierend erklärt. Das Ziel, durch den politischen Aufschwung an der Verwaltung des Landes teilzunehmen und Frieden in der Welt zu stiften, ist selbstverständlich für Konfuzianer relevant, jedoch ist der Prozess der Selbstkultivierung für sie von noch viel größerer Bedeutung. Hou Chengshu ist ein Gegenbild der idealen konfuianischen Ich-Bildung. Um seine Karriere zu fördern, lässt er die Füchsin Dugu im Stich, ohne zu bedenken, was die Folgen sein könnten. Dass er sich nur auf sich selbst verlassen will, belegt das zunehmende Selbstbewusstsein des Protagonisten in derartigen Fuchsgeistergeschichten.

Selbstbewusstsein gewinnt der Protagonist außerdem durch das Medium des Erzählens. Das Erzählen ist seit jeher das Medium der Bewältigung von Problemen. Die Angst vor der unberechenbaren Natur, z. B. hier den unheimlichen Fuchsgeistern, wird gemindert, wenn man liest, wie der Fuchsgeist A-zi vor dem Jagdhund und zahlreichen Soldaten flieht und wie der Fuchsgeist, die Ehefrau von Sun Yan die Verfolgung seiner Nachbarn scheut. In der Geschichte *Frühlingsspaziergang am Westteich* entwickelt sich das Erzählen. Der Umfang der Narration nimmt zu. Die Vorgeschichte in dieser Erzählung, die durch einen unbekannten Geist erzählt wird, weist auf die Ausführlichkeit in den Details und auf eine kausale Reihenfolge der Begegenheiten. Dadurch erscheint das Ende nicht mehr rätselhaft, sondern logisch. Das Erzählen erfolgt nicht nur auf der Ebene des Textes, d.h. der Erzählung selber, sondern kann auch auf der Ebene einer Binnenerzählung durch eine Nebenfigur innerhalb des Textes vorkommen. In der Geschichte *Fräulein Ren* erzählt der Kuchenverkäufer, wie Fräulein Ren andere Männer verführt. Zheng-liu erzählt Wei Yin, wer Fräulein Ren wirklich war und wie sie von einem Jagdhund getötet wurde. Zum Schluss berichtet der Autor, dass ihn das mündliche Erzählen im Kreise seiner Freunde so gerührt hat, dass er diese Geschichte niederschrieb.

Nach der Tang-Dynastie fungiert das Medium des Erzählens auf einer höheren Ebene. Die Fuchsgeistergeschichten überwinden die erste Phase, in der die Angst vor fremden Fuchsgeistern durch das Erzählen bewältigt wird, und konzentrieren sich auf den Aufschwung neuer gesellschaftlichen Schichten. In den Fuchsgeistergeschichten nach der Tang-Dynastie wird nicht nur der Aufschwung neuer gesellschaftlichen Schichten, z. B. der Gelehrten, gerühmt, sondern zugleich auch an sie ein moralischer Anspruch gestellt.

2.3 Vergleichende Zusammenfassung

Nachdem die europäischen Wassergeistergeschichten und die chinesischen Fuchsgeistergeschichten jeweils getrennt interpretativ zusammengefasst wurden, lassen sich hier die Figuren, Wassergeister, Fuchsgeister und Protagonisten, und die

Struktur der Mahrtenehe unter vergleichenden Aspekten beleuchten. In Unterkapitel 2.2 wurden insgesamt vier Wassergeister- und vier Fuchsgeistergeschichten behandelt, die nach dem Kriterium „Selbstbewusstsein des Protagonisten" zwei vergleichbare Gruppen bilden.

Die erste vergleichbare Gruppe der Geschichten besteht aus den Geschichten *A-zi* von Gan Bao und *Sun Yan* von Yang Xuanzhi in den Sechs Dynastien Chinas, den Geschichten *De oculis apertis post peccatum* von Gervasius und *Item de aparicionibus* von Map im 12. und 13. Jahrhundert Europas. Trotz verschiedener Kulturhintergründe lässt sich die Gemeinsamkeit erkennen, dass die Autoren der vier Geschichten nicht nur an die Existenz von Geistern glauben, sondern in der ersten Phase der Entwicklung der Geistergeschichten auch ihren Fokus auf das Mysterium der Geister legen. Das Mysterium der Geister liegt zuerst darin begründet, dass man nicht weiß, was die Geister zu einer Liebesbeziehung mit einem irdischen Mann motiviert. Die Schlußszene, in der sich der Geist in seine wahre Gestalt verwandelt, löst die mysteriöse Wirkung in den Geschichten aus. Wassergeister entpuppen sich als Gestalt mit einem Schlangen- oder Drachenschwanz, während Fuchsgeister sich in ihre natürliche Fuchsgestalt zurückverwandeln. Bemerkenswert ist, dass die Gestalt der Wassergeister konkret und ungewöhnlich geschildert wird, während die Fuchsgeister entweder menschlich oder tierisch dargestellt werden. Die Konkretisierung der Gestalt der Wassergeister greift auf die Figuren der Sirenen aus der Antike zurück, die im Mittelalter von der katholischen Kirche beim Kirchenbau wieder aufgenommen wurden, um Dämonen und Geister zu veranschaulichen. Die „normalen" Gestalten vor und nach der Verwandlung eines Fuchsgeistes vermindern jedoch die Angst der Menschen vor ihr nicht. In den oben genannten zwei Wassergeistergeschichten, die für den Protagonisten nicht bedrohlich enden, leidet der Protagonist dagegen in den zwei Fuchsgeistergeschichten physisch und psychisch in seinem Umgang mit einem Fuchsgeist. Die konkrete körperliche und geistige Schädigung in den Fuchsgeistergeschichten hat ihren Ursprung in der Einstellung, dass Geister Unheil bringen.[251] Fuchsgeister haben außerdem im Vergleich mit Wassergeistern die zusätzliche Fähigkeit, neben der eigenen Gestalt auch Gegenstände verwandeln zu können.[252] Das abscheuliche Grab in Gan Baos Geschichte *A-zi* bildet einen scharfen Kontrast zu dem von der Protagonistin verwandelten Haus und ruft im Leser eine beängstigende Illusion hervor. Fuchsgeister in den Sechs Dynastien weichen in dieser Zeit grundlegend von der Figur des glückverheißenden, neunschwänzigen Fuchses aus mythischer Quelle ab.

Ins Blickfeld fällt der Status der Autoren dieser vier Geistergeschichten. Ihre Gemeinsamkeit liegt darin, dass alle Autoren am kaiserlichen Hof arbeiten. Gan

---

251 Liu Zhongyu 刘仲宇 (1997), S. 139ff.

252 Thürings Melusine stehen bei ihrer Hochzeit eine Menge Ritter und Diener zur Verfügung. Ob es sich dabei bloß um ein „Trugbild" handelt, wie die Gäste auf den ersten Blick glauben, darüber wissen wir vom Originaltext her sehr wenig. Auf jeden Fall ist die Fähigkeit der Verwandlung anderer Gegenstände in der europäischen Literatur nicht thematisiert.

Bao ist ein Historiker am Hof und Yang Xuanzhi ist in der höfischen Bibliothek tätig[253], während Gervasius und Map Richter am könglichen Hof in England sind. Sie haben Zugang zu den schriftlichen Überlieferungen der Geschichten über das Ungewöhnliche. Als Hauptgrund für das Interesse der Gelehrten an diesen Geschichten muss genannt werden, dass sie die für sie als wirklich, jedoch anormal geltenden Geschichten sammeln, um das Wissen des Ungewöhnlichen zu archivieren und um *boxue* 博学 (broad knowledge)[254] zu gewinnen. Doch ist ebenso die Funktion der Belehrung durch Geistergeschichten nicht zu ignorieren. Le Goff weist hinsichtlich der Geschichte *Item de aparicionibus* von Map darauf hin, dass „die Sage zwar im Rahmen einer christlichen Erklärung steht (vorher und nachher), daß sie aber selbst nur wenige christliche Elemente enthält".[255] Zu Unrecht bewertet er die Geschichte *De oculis apertis post peccatum* von Gervasius, als ob sich „kein christliches Element" in dem Abenteuer des Herrn von du Chateau-Rousset befinde. Schon der Titel der Geschichte verrät den christlichen Zusammenhang, der besonders im Vorwort durch die Einführung der Geschichte der Verbannung aus dem Garten Eden hervorgehoben wird. Die Absicht der christlichen Kirche, den Menschen vom Kampf mit dem Teufel und seinen Gefolgen zu befreien, erfolgt auf verschiedene Weise,[256] unter anderem auch durch diese Geschichten.

Aus obiger Analyse lässt sich schlussfolgern, dass diese Geschichten ungewöhnliche Phänomene, die der Meinung der Autoren nach existieren, und deren Gefahren thematisieren. Von daher gesehen ist es kein Wunder, dass diese Geschichten über ein schlichtes Handlungsgerüst verfügen, ohne die Charaktere der Protagonistin und des Protagonisten besonders herauszubilden und ohne ausführliche Einzelheiten zur Liebesgeschichte zwischen der Beiden zum Ausdruck zu bringen. In Bezug auf das Thema des Selbstbewusstseins ist zu erwähnen, dass die Christianisierung bewirkt, dass man als Einzelner für sich selbst verantwortlich ist,[257] obwohl vom „Erwachen des Selbstbewusstseins" lange noch nicht die Rede ist.

Die zweite Gruppe der Geistergeschichten besteht aus den chinesischen Geschichten *Fräulein Ren* von Shen Jiji und *Frühlingsspaziergang am Westteich* von Liu Fu aus dem 8.-12. Jahrhundert und den deutschsprachigen Geschichten *Peter von Staufenberg* von Egenolf und *Melusine* von Thüring aus dem 14. und 15. Jahrhun-

253 Campany (1996), S. 177. In Bezug auf „Anomaly Accounts in Early Mediaval China" hat Company die ungewöhnlichen Geschichten unter dem Aspekt „The Making of the Texts: Who, How, Why" betrachtet. Vgl. Ebd., S. 161ff.

254 Dewoskin deutet darauf hin: „While 'broad Knowledge' (po-hsüeh, Pinyin: *boxue*) becomes the primary criterion for intellectual eminence in the early Six Dynasties, recited as a virtue time and again in the biographies and anecdotes about outstanding men like Ko Hung and Changhua, we find no myths that account for their having 'broad knowledge,' no records that the course of training or [their] accidents of birth." Siehe: Dewoskin, Kenneth J.: *The Six Dynasties Chih-kuai and the Birth of Fiction.* In: Plaks, Andrew H. (Hrsg.): *Chinese Narrative. Critical and Theoretical Essays.* Princeton 1997, S. 21-52, hier S. 34f.

255 Le Goff (1984), S. 147-174, hier S. 162.

256 Vgl. Dinzelbacher (1993), S. 127.

257 Ebd., S. 20.

dert. Sowohl die Fuchsgeister und die Wassergeister der ersten als auch die der zweiten Gruppe werden aus männlicher Sicht dargestellt, und zwar in einem Grenzstatus, der durch ihr Befinden zwischen der weltlichen Welt und der überirdischen Welt veranschaulicht wird. Fuchs- und Wassergeister werden unterschiedlich in den Geschichten behandelt. In der ersten Gruppe werden sie aus der menschlichen Welt vertrieben: In der Geschichte *Item de aparicionibus* fordert Henno einen Priester auf, zu ihm nach Hause zu kommen, um mit Weihwasser den Wassergeist zu verbannen. In der Geschichte *A-zi* jagt der militärische Kommandant Chen Xian mit seinen Soldaten und einem Jagdhund den Fuchsgeist fort. In der Geschichte *Sun Yan* dagegen fordert der Protagonist den Fuchsgeist auf, ihn zu verlassen. Seine Nachbarschaft nimmt danach am Vertreiben des überirdischen Wesens teil. Zusammenfassend lässt sich festhalten: Wassergeister und Fuchsgeister in dieser Gruppe werden negativ dargestellt und als ein beängstigendes Wesen empfunden.

In der zweiten Gruppe verlieren Wassergeister und Fuchsgeister zwar ihren dämonischen Charakter nicht gänzlich, werden jedoch durch eine Vorgeschichte, z. B. Melusines Mord an ihrem Vater und Fräulein Dugus unglückliche Erfahrungen im Umgang mit irdischen Männern, relativiert. Sie verfügen außerdem über tugendhafte Charaktereigenschaften, wie dies z. B. Melusines Frömmigkeit und Fräulein Rens Treue zu ihrem Geliebten zeigen. Dass die Figur eines Geistes eine enge Beziehung zu einem irdischen Mann oder zu seiner Welt hat, ist ein deutliches Zeichen, dass der Protagonist mehr Selbstbewusstsein durch seine eigenen Leistungen gewinnt. In den Geschichten *Peter von Staufenberg* und *Melusine* haben deren Autoren viel Aufmerksamkeit auf die Verdienste, die die Ritter errungen haben, gelegt. Der selbstsichere Peter trifft sich mit seiner Geliebten wieder, obwohl ein Bischof sie als Teufel beschuldigt. Diese Beschuldigung lässt sich bezweifeln, weil Peters Geliebte ihren Fuß zeigt, der wie ein menschlicher Fuß aussieht. Nach der christlichen Vorstellung hat der Teufel einen lahmen Fuß, der vom Sturz aus dem Himmel in den Abgrund gelähmt wurde. Seine Tiergestalt wird sehr oft durch seinen Pferdefuß angedeutet.[258] Jedoch ist diese Beschuldigung hier nicht zutreffend. In der Geschichte *Melusine* wird die problematische Herkunft des Wassergeistes durch seine königliche Herkunft relativiert; der Mord an Melusines Vater wird kausal als Rache für ein anderes Verbrechen erklärt, das ihr Vater an ihrer Mutter begangen hat. Die Tatsache, dass Melusine ein Wassergeist ist, erregt in dieser genealogischen Geschichte keine negative Assoziation mehr, sondern erklärt die Legitimierung des Aufstiegs der Familie, zu dem das übernatürliche, weibliche Wesen Beiträge geleistet hat.

Eine Parallele zum Erwachen des Selbstbewusstseins des Protagonisten in den chinesischen Fuchsgeistergeschichten kann anhand der Geschichten *Fräulein Ren* und *Frühlingsspaziergang am Westteich* aufgezeigt werden. Die einfache Bevölke-

---

[258] Vgl. Grimm, Jacob: *Deutsche Mythologie*. In 3 Bänden, hier Bd. 1. Wiesbaden 1992, S. 53ff.

rung ändert durch das Streben nach Tugend und Wissen teilweise ihr Schicksal. Besonders dank der Beamtenprüfung als Auswahlsystem zur Berufung von Beamten werden die von der Gesellschaft anerkannten Gelehrten selbstsicherer. Selbst in den Geistergeschichten, die in der chinesischen Literatur als etwas nicht Ernsthaftes rezipiert werden, ist zu beobachten, dass mehr Buchgelehrte oder Beamte statt Personen aus einer niedrigen Schicht (z. B. Soldat Wang Lingxiao in der Geschichte *A-zi* und Trauerliedsänger Sun Yan in der gleichnamigen Geschichte) die Rolle des Protagonisten annehmen.

Neben dem Interesse an dem Aufstieg des Einzelnen und der Familie durch die Beamtenprüfung in den chinesischen Fuchsgeistergeschichten sowie durch die Kämpfe der Ritter in den westeuropäischen Wassergeistergeschichten spielt die moralische Instanz in beiden Arten von Geistergeschichten aus den zwei verschiedenen Kulturen eine relevante Rolle. Die christliche Kirche als europäische moralische Instanz verlangt von ihren Gläubigen, die Verantwortung für ihre Taten selbst zu tragen. Das Nachdenken des Protagonisten in diesen Geschichten über die eigenen Taten basiert hierauf. In der Geschichte *Melusine* führt der Autor dem Leser den Gedankengang des Protagonisten mittels dessen Monologs oder durch die auktoriale Sicht vor Augen. Dadurch findet das Thema des Selbstbewusstseins zum einen gesellschaftlich und zum anderen individuell Berücksichtigung. In den Fuchsgeistergeschichten, obwohl Gelehrte selber erst seit der Tang-Dynastie zunehmend die Rolle des Protagonisten spielen, dominieren in diesen Geschichten konfuzianische Wertanschauungen, wie z. B. die Verantwortung des Protagonisten für die Familie und für den öffentlichen Dienst (*A-zi*) als auch seine Loyalität bzw. seine Gerechtigkeit in der Familie (*Frühlingsspaziergang am Westteich*). Aus manchen Textstellen ist die Lehre des Buddhismus in gemischter Form herauszulesen. In der Geschichte *A-zi* wird auf ein unzüchtiges Weib im alten China hingewiesen, das genau wie der weibliche Fuchsgeist A-zi heißt. Die dahinter stehende Erklärung basiert entweder auf „wandering cloud-souls“[259] im chinesischen Volksglauben oder auf der Reinkarnation des Buddhismus. Unter der Rache von Fräulein Dugu versteht man die Vergeltungsidee des Buddhismus.

Zuletzt gehe ich noch kurz auf die Funktion des Erzählens in den Geistergeschichten ein. Schon in der Antike wird das Erzählen gebraucht, um Probleme, die damals unverständlich und unerklärbar erschienen, zu bewältigen. In der ersten Gruppe der Geschichten dienen das Erzählen und das Aufschreiben der mündlichen Überlieferung dazu, das Wissen über das Ungewöhnliche zu archivieren. Campany hat nach Untersuchung der chinesischen Literatur bis zur Han-Dynastie die Motivation zusammenfasst, warum man „Anomaly Accounts“ erklärt. Er

[259] Im *Xici* (A4. 1-4), Kommentar zum *Buch der Wandlung*, wird erklärt: „They [The Sages] [understood that] essence and pneuma [combine to] form strange creatures and that wandering cloud-souls are responsible for anomalies; this is how they knew the actual circumstances of ghosts and spirits (精气为物游魂为变是故知鬼神之情状)“. Siehe: Campany (1996), S. 347.

schreibt folgendes: „Anomaly accounts allowed writers to deal with a certain rather large but, so far (at least in any written form), scantily treated subject matter; and they allowed writers to take a certain previously untaken approach to that subject matter.“[260] „The subject matter“ enthält „the 'unseen and hidden' (youming 幽明 etc.) world alluded to in the titles of many works – gods, ghosts, spirits, demons, the afterlife“ und „anomalies of all other sorts“.[261] Die Annäherung an übernatürliche Wesen, die durch das Erzählen praktiziert wird, führt zur Lösung eigener Probleme. Die zweite Gruppe der Geschichten wird um die Vorgeschichte von Geistern ergänzt, in der ihre Motivation für ihre Annäherung an die menschliche Welt erklärt wird. Sowohl durch den Erzählakt selbst als auch auf der Ebene der Binnenerzählung, nämlich des Erzählens einer Figur über Geister, wird eine kausale Kette der ungewöhnlichen Ereignisse sichtbar. Man fühlt sich, als lebe man in einem Raum, der einem nicht fremd ist. Dieses Sicherheitsgefühl ist deutlich in dem Maße zu spüren, wie das Selbstbewusstsein des Protagonisten wächst.

Die obige komparatistische Analyse zeigt eine deutliche Änderung in der Motivkonstellation der Mahrtenehe, sowohl in der westeuropäischen als auch in der chinesischen Literatur. Im Zusammenhang mit dem Thema des Ich ist zu beobachten, dass die Protagonisten in der ersten Entwicklungsphase der Geistergeschichten als Opfer unzüchtiger Wasser- und Fuchsgeister charakterisiert werden. Der Protagonist wird von außen, durch eine fremde Person von der ihm drohenden Lebensgefahr befreit, die von seiner Beziehung mit einer übernatürlichen Frau ausgeht. In der zweiten Entwicklungsphase sind Wasser- und Fuchsgeister nicht mehr vordergründig für den Aufstieg des heldenhaften Ritters oder des tugendhaften Gelehrten, der seine Familie verherrlicht, verantwortlich. Dieser Prozess enthält einerseits das Erwachen des Selbstbewusstseins im Protagonisten, das in der Ich-Entwicklung vorausgesetzt wird, zeigt jedoch andererseits auch, dass sich der Protagonist stark mit seinem sozialen Status identifiziert und stark an seiner gesellschaftlichen Anerkennung interessiert ist. Ein nachdenkendes, reflektierendes und von der Mitwelt und Umwelt differenziertes Ich ist in der zu erwarten.

2.4 *Exkurs: Ein kurzer Blick in die Literatur der Ming-Dynastie 明 (1368-1644)*

Auf die Fuchsgeistergeschichten in der Ming-Dynastie gehe ich hier nicht detailliert ein. Der Grund liegt darin, dass diese Fuchsgeistergeschichten in der Schriftsprache, die der Gegenstand der vorliegenden Arbeit sind,[262] in diesem Zeitraum in Bezug auf das Thema der Ich-Bildung keine nennenswerte Entwicklung erlebt haben. Der folgende kurze Exkurs dient allerdings dazu, über die Fuchsgeister in anderen literarischen Gattungen der chinesischen Literatur zu informieren.

---

260 Ebd., S. 199.
261 Ebd.
262 Vgl. Punkt 1.5 der vorliegenden Studie.

Während die Schriftsprache weiterhin hauptsächlich im Bereich der staatlichen Beamtenprüfung und in Angelegenheiten der kaiserlichen Herrschaft dominiert, gewinnt die Umgangsprache in der Erzählliteratur allmählich an Bedeutung, z. B. in Gesprächtextsbüchern (*huaben* 话本),[263] dramatischen Werken und Romanen. Damit verlieren die Erzählungen in der Schriftsprache angesichts der zunehmenden, erfolgreichen Praxis der Umgangsprache in der narrativen Literatur Chinas in der Ming-Dynastie ihren Glanz, bevor sie vor allem durch Pu Songling und andere Autoren ihre Wiederbelebung in der Erzählliteratur erfahren. Dieser Übergangszeit, die der Ming-Dynastie angehört, entstammen die Textbeispiele in Kapitel 3. Diese Zeit ist für die folgenden Merkmale in der chinesischen Literatur charakteristisch.

Zuerst sind einige Romane in der Umgangssprache entstanden, in denen ein weiblicher Fuchsgeist die Protagonistin ist oder eine wichtige Rolle spielt, wie z. B. in den Romanen *San-sui pingyao zhuan* 三遂平妖传 (*Die Rebellion des Hexenmeisters und ihre Unterdrückung durch die Drei Suis*)[264] von Luo Guanzhong 罗贯中 (ca. 1360), *Die Metamorphosen der Götter*[265] von Xu Zhonglin 许仲琳, Erzählungen, wie z. B. die Erzählung aus Ling Mengchus 凌蒙初 (1580-1644) *Erke paian jingqi* 二刻拍案惊奇 (*Vor Erstauen angesichts der seltsamen Dinge auf die Tischplatte schlagen*, Bd. II) *Zeng zhima shipo jiaxing,*[266] *xie caoyao qiaoxie zhenou* 赠芝麻识破假形；撷草药巧邂真偶 (*Sesam schenken und hinter die Truggestalt kommen; Heilkräuter sammeln und glücklich eine echte Verbindung herbeiführen*)[267] und das Drama *Jiaopa ji* 蕉帕计 (*Ein Taschentuch aus Bananenblatt*). Die Fuchsgeister erscheinen meistens einseitig

[263] Der Ursprung des *huaben* 话本 geht auf die Song-Dynastie zurück. Der wirtschaftliche Aufschwung in der Song-Dynstie bringt die volkstümliche Kultur voran. Viele Geschichtenerzähler bieten eine Unterhaltungsmöglichkeit. Damit entsteht das Genre *Huaben*. Lu Xun in seinem *Zhongguo xiaoshuo shilue* 中国小说史略 (*Kurze Geschichte der chinesischen Romandichtung*) unterscheidet das *Huaben*, Notizen der mündlichen Geschichten, von dem *nihuaben* 拟话本, künstliche Bearbeitung der Geschichten für Geschichtenerzähler. Emmerich stellt Lu Xuns Annahme in Frage. Auf jeden Fall haben die Huaben ein festes Schema: Einleitungsgedicht, eingeschobene Erörterungen, Einstimmungsgeschichte (die in manchen *Huaben* fehlt), Überleitung und Hauptgeschichte. Vgl. Lu Xun (1981), S. 87; Emmerich (2004), S. 247; Shi Lin 石麟 (2005), S. 22ff.; Baus, Wolf: *Die umgangssprachliche Novelle als Mittel der Volkserzählung. Die Diffamierung der Revolte im 31. Chüan des P'ai-an ching-ch'i.* In: *NOAG* 114 (1973), S. 51-56.

[264] Die „*Drei suis*" (*san-sui* 三遂) werden die Hauptkämpfer gegen die Revolte genannt, die alle ein Schriftzeichen „*sui*" im Namen führen. Siehe: Monschein (1988), S. 231; Vgl. Lu Xun (1981), S. 183.

[265] Grube, Wilhelm (Übers.): *Feng-shen-yen-i. Die Metamorphosen der Götter. Historisch-mythischer Roman aus dem Chinesischen.* Übersetzung der Kapitel 1-46. Durch eine Inhaltsangabe der Kapitel 47-100 ergänzt, eingeleitet und herausgegeben von Herbert Müller, 2 Bd. Siehe: Monschein (1988), S. 204.

[266] Dieses *nihuaben* 拟话本 beinhaltet zwei Geschichten. Die Geschichte *Zeng zhima shipo jiaxing* 赠芝麻识破假形 (*Sesam schenken und hinter die Truggestalt kommen*) ist die erste, die so genannte Einstimmungsgeschichte.

[267] Siehe: Monschein (1988), S. 251ff. Hier möchte ich auf einen Fehler von Monschein hinweisen: das chinesische Zeichen für „xing" sollte statt „刑" das mit letzterem verwechselbare Zeichen „形" sein.

als „aggressiv-sexuelle bzw. vampirische“[268] Figuren. Diese absolut negative Charakterisierung von Fuchsgeistern lässt sich in der Fuchsgeistergeschichte *Hu Meiniang zhuan* 胡媚娘传 (*Fräuleich Hu Meiniang*) von Li Changqi 李昌祺 (1376-1452) aus seiner Sammlung *Jiandeng yuhua* 剪灯余话 (*Weitere Gespräche beim Zurechtschneiden des Lampendochtes*) erkennen, die in der Schriftsprache verfasst ist. Diese Geschichte ist aus Handlungsbestandteilen zusammengestellt, die von alten Fuchsgeistergeschichten her allgemein bekannt sind. Betrachtet man die Geschichte *Fräulein Hu Meiniang*, so erkennt man in ihr sofort die Handlung der Geschichte *Li Nun*, in der der Protagonist eine Konkubine kauft, deren wahre Natur ihm völlig unbekannt ist; weiterhin die Handlung in der Geschichte *Wang Xuan*, in der der weibliche Fuchsgeist sich jedem gegenüber würdevoll und korrekt benimmt; ferner die Handlung der Geschichte *Fräulein Ren*, in der der weibliche Fuchsgeist ihm als Beraterin zur Seite steht, jedoch nicht mit ihm zum Amtsantritt geht; und nicht zuletzt die Handlung der Geschichte *Frühlingsspaziergang am Westteich*, in der der Protagonist einem daoistischen Mönch begegnet, der in ihm die Besessenheit von einem Geist beobachtet.[269] Bei Ling Mengchu, dem Verfasser dieser Montageerzählung, vorkommt, ist neu, dass ein daoistischer Mönch zur Rettung gerufen wird. Er liest sein Anklagemanifest vor, um die bösartige Füchsin zu beschuldigen. Hu Meiniang 胡媚娘, die Füchsin, wird durch einen kräftigen Donnerschlag getötet. Im Anklagemanifest wird Meiniangs Annäherung an den Protagonisten Xiao Yu 萧裕 damit begründet, dass Meiniang, die Verkörperung der extremen *yin*-Kraft 阴, sich durch Xiao Yus ursprüngliches *yang* 阳 der Unsterblichkeit bemächtigt hat. Dies ist eine untere Stufe einer Form der daoistischen Schule der Inneren Alchemie (*Neidan*[270] 内丹), eine Methode der Ordnung des inneren und äußeren Daseins, um sich selbst zu erleuchten. Die unteren Stufen der Inneren Alchemie erzielen keine existenzielle oder intellektuelle Integration in die Welt und keine Erleuchtung, sondern erstreben durch die körperliche Pflege, z. B. die Verstärkung der Knochen, die Unsterblichkeit.

Ein weiterer interessanter Punkt, der nur in den umgangssprachlichen Romanen der Ming-Dynastie zu beobachten ist, bezieht sich auf die Beschuldigung der Protagonistin durch den Erzähler, dass der Untergang einer Herrschaft durch einen aggressiv-sexuellen Fuchsgeist verursacht wird. Im Roman *Feng shen yanyi*, der auf einer inoffiziellen historischen Geschichte basiert, verführt Daji 妲己, die neunschwänzige Füchsin, den letzten König der Shang-Dynastie, dessen verschwenderische und sadistische Untaten auf ihre verführerischen Künste zurück-

---

268 Ebd., S. 251.

269 Die ersten drei Geschichten wurden unter Punkt 2.2.2.2, die letzte unter Punkt 2.2.2.3 analysiert.

270 Es geht hier um die Praktiken des Daoismums. *Neidan* 内丹 (wörterliche Übersetzung: Innerer Zinnober) entsteht in der Song- und Yuan-Dynastie Chinas, weil waidan 外丹 (wörterliche Übersetzung: Äußerer Zinnober) besonders durch Quecksilber den Menschen tödlich gefährdet.

geführt werden. Diesbezüglich weise ich hier ebenso auf die neunschwänzige Füchsin Tushan-shi unter Punkt 2.1.2.1 hin, auf die die Legitimierung des Mitbegründers der Xia-Dynastie zurückgeht. Sowohl gutwillige als auch böswillige Fuchsgeister zeigen somit ausschließlich das Herrschafts- und Anerkennungsprinzip einer patriarchalischen Gesellschaft auf. Sie dienen entweder im Hintergrund der Karriere des Protagonisten, oder sie tragen die Schuld seiner Missetaten. Daji, der weibliche Fuchsgeist im Roman *Die Metamorphosen der Götter*, vertritt unzweifelhaft die extreme Dämonisierung der literarischen Figur der Fuchsgeister.

3. Stoffstrukturen

Im zweiten Kapitel wurden die Vorgeschichte der Mahrtenehe sowie die Entwicklung der Figuren Wasser- und Fuchsgeister aus literarischer Sicht aufgezeichnet. Die historische Entwicklung der Mahrtenehe-Geschichten und der darin agierenden Protagonistinnen erfolgt, sowohl in der westeuropäischen als auch in der chinesischen Literatur, in einem Zeitraum, der über Jahrtausende umfasst. Die jeweilige Entwicklung weist in der westeuropäischen und chinesischen Literaturgeschichte in groben Zügen Parallelen auf: die einander ähnlich sind, jedoch aus Gründen eigener kultureller und gesellschaftlicher Wertvorstellung stark voneinander abweichen. Diese Abweichungen lassen sich vor allem anhand der moralischen und sittlichen Anschauungen innerhalb der jeweiligen Gesellschaft und Kultur beobachten, die in Europa vom Christentum und in China vom Konfuzianismus beeinflusst wurden, und die in der jeweils wichtigen gesellschaftlichen Schicht, in China durch die Beamtenprüfung und in Europa durch das Rittertum, geprägt wurden und ihren Ausdruck fanden. Die Analyse der Verhaltensmuster der Protagonisten zeigte auf, dass Züge des Selbstbewusstseins in den Textbeispielen enthalten sind, jedoch ist das Ich in den früheren Geschichten noch nicht thematisiert. Als aber die Wassergeistergeschichten in der deutschen Literatur um 1800 und die Fuchsgeistergeschichten in der chinesischen Literatur vom Ende des 17. bis zum Ende des 18. Jahrhunderts ihre Blütezeit erreichen, rückt auch das Thema des Ich in den Mittelpunkt der Wasser- und Fuchsgeistergeschichten und der literarischen Diskussion.

3.1 Einschlägige deutschsprachige Literatur

Der optimistische Glaube an die Vernunft des Menschen in Europa, die die Aufklärung postuliert, wird um 1800 in Frage gestellt. Die Wassergeister, die mit Sinnlichkeit, Naturverbundenheit und Unberechenbarkeit assoziert sind, werden wiederbelebt, um das Thema des Ich auch aus anderen Perspektiven zu betrachten, nicht nur aus der Perspektive der Vernunft. Vor diesem Hintergrund vertreten Tieck, Fouqué und Goethe eine gut bestimmte Perspektive in diesem Problemfeld, nämlich die der In-Frage-Stellung der Verabsolutierung der Vernunft, die der Einheit von Geist und Natur und die der Beziehung des Einzelnen zur Gesellschaft.

3.1.1 *Deutschsprachige Autoren und deren Wassergeistergeschichten*

3.1.1.1 *Ludwig Tieck:* Sehr wunderbare Historie von der Melusina

Die Popularität von Thürings *Melusine* (1456) erklärt sich durch mehrere Handschriften und Inkunabeln mit mehr oder weniger großen Abweichungen[1] in den darauf folgenden Jahrhunderten.[2] Die dramatischen Bearbeitungen von Hans Sachs (1494-1576) und seinem Nachfolger, Jakob Ayrer (um 1544-1605),[3] an Thürings Werk bedeuten noch lange nicht, dass eine ernsthafte Rezeption dieser Bearbeitung beim literarisch gebildeten Publikum erfolgreich war. Der nächste an Thürings deutscher Bearbeitung interessierte Literat, Friedrich Wilhelm Zachariä (1726-1777), „ließ diese kleine Schrift von sechzig Seiten [eine Erzählung namens *Zwey schöne Neue Mährlein*] anonym erscheinen".[4] Jedoch enthüllt diese anonyme Veröffentlichung das Interesse des Herausgebers und des Lesers am Volksbuch. Die Zeit, in der Ludwig Tieck mit seiner literarischen Beschäftigung beginnt, ist durch das Phänomen der so genannten „Wiederentdeckung des »Volksbuchs« gekennzeichnet[5].

Ludwig Tiecks frühe Schaffensphase spiegelt diese „Produktions- und die Rezeptionsgeschichte des Volksbuchs"[6] wider. Vor seiner Jena-Zeit (1799/1801) beginnt Tieck bereits mit seiner Studie der „altdeutschen Sachen", z. B. über Hans Sachs.[7] Die Ergebnisse seiner Studie sind fruchtbringend.[8] Während seiner Jena-Zeit werden die frühen Romantiker „in Jena nahezu vollzählig"[9] versammelt, unter ihnen auch August Wilhelm Schlegel, dem zusammen mit Tieck „die führenden Rollen der Erneuerung altdeutscher Poesie"[10] zuerkannt werden. Tiecks *Sehr wunderbare Historie von der Melusina* findet somit seine Entstehung in der Stadt an der Saale.[11]

---

1 Nach Schneider liegt der Unterschied in den Handschriften und den Inkunabeln in ihrer Vorlage begründet. Sie sind in drei Gruppen klassifiziert: 1) Nach Thürings *Melusine*; 2) Nach Couldrettes *Melusine*; 3) Eine Mischung von beiden. Vgl. Thühring (1958), S. 19ff.

2 Vgl. Mertens (1992), S. 201-231, hier S. 215.

3 Ayrers Drama trägt den Titel: *Tragedi, erster Theil, von der schönen Melusina vnd jhrem Verderben vnd Vntergang. Tragedi, ander Theil, von der Melusina, wie goffrius gehauset vnd sein Endt genommen hat.* Siehe: Keller, Adelbert von (Hrsg.): *Ayrers Dramen*, Bd. 3. Stuttgart 1865.

4 Grätz, Manfred: *Das Märchen in der deutschen Aufklärung. Vom Feenmärchen zum Volksmärchen.* Stuttgart 1988, S. 94.

5 Ebd., S. 88ff.

6 Ebd., S. 88.

7 Brinker-Gabler, Gisela: *Poetisch-wissenschaftliche Mittelalter-Rezeption. Ludwig Tiecks Erneuerung altdeutscher Literatur.* Stuttgart 1980, S. 72.

8 Im Jahre 1797 erschienen Tiecks *Liebesgeschichte der schönen Magelone und des Grafen Peter von Provence*, *Geschichte von den Heymons Kindern* und *Denkwürdige Geschichtschronik der Schildbürger.* Vgl. Günzel, Klaus: *König der Romantik. Das Leben des Dichters Ludwig Tieck in Briefen, Selbstzeugnissen und Berichten.* Berlin 1981, S. 136.

9 Ebd., S. 185.

10 Brinker-Gabler (1980), S. 75.

11 In Novalis' Brief vom 23. Februar 1800 an Tieck nennt Novalis diese Geschichte verkürzt „Wundersame Melusine". Vgl. Günzel (1981), S. 203.

Von der Handlung her steht Tiecks *Melusina* Thürings *Melusine* sehr nahe.[12] Als Basis für die folgende Untersuchung wird auf die Behandlung der Thüringschen *Melusine*-Erzählung unter Punkt 2.2.1.4 hingewiesen. Auf den ersten Blick könnte man von einer bloßen Bearbeitung von Thürings Text durch Tieck sprechen. In einem ausführlichen Beitrag zum Vergleich von Tiecks *Melusina* und Thürings *Melusine* tendiert Malzew dazu, „dass sie [Tiecks Fassung] den Namen einer Übersetzung verdient."[13] Damit würde Tieck jedoch nicht einverstanden sein, denn er unterscheidet streng eine Übersetzung von einer Bearbeitung, was aus seiner Polemik gegen den Buchhändler Carl August Nicolai aus dem Jahr 1798 deutlich hervorgeht.[14] Dort berichtet Tieck unter anderem, dass er „in Jena das Märchen von der Melusina 1800 bei schönem Wetter, in einer anmuthigen Gartenwohnung[,] geschrieben"[15] habe. In einem Brief an Tieck erwähnt Novalis, dass „Du [Tieck] eine »Wundersame Melusine« gedichtet hast".[16] Die Treue zur Vorlage schätzt Tieck hoch ein. Er schreibt im Vorbericht zur dritten Lieferung für *Romantische Dichtungen*: „Je freier er [der Dichter] sie [die meisten Sagen, die sich im Volk erhalten haben] umschafft, um so leichter wird ihm seine Arbeit werden."[17] In diesem Vorbericht manifestiert Tieck seine ästhetischen Gedanken über den Umgang mit volkstümlichen Stoffen:

> Mein Versuch, die gute, alte Geschichte in einer ruhigen, treuherzigen Prosa, die sich aber nicht über den Gegenstand erheben, oder ihn gar parodiren will, wieder zu erzählen, war damals der erste [Versuch dieser Art] in Deutschland. Dieser Ton ist nachher oft genug, auch wohl bis zum Ueberdruß, wiederholt worden. Er ziemt nicht vielen Gegenständen, und muß sich auch bei den passenden kurz fassen. Im *getreuen Eckart*, der [*wundersamen Liebesgeschichte der schönen*] *Magelona* [*und des Grafen Peter aus der Provence*], und der [*Sehr wunderbaren Historie von*] *Melusina* kehrt er [dieser Ton] nur theilweise wieder.[18]

In den folgenden Abschnitten dieses Kapitels wird Tiecks neue Akzentuierung, d.h. seine Skepsis der Aufklärung gegenüber, vor dem Hintergrund der Wiederbelebung der Volksbücher behandelt.

Tieck setzt seine Bearbeitung des Thüringschen Textes immerhin in einen Rahmen ein, der jedoch bewusst völlig anders wirkt als bei Thüring. Tieck entkleidet die Geschichte ihres genealogischen Inhalts und kommt direkt auf sein eigentli-

---

12 Durch Tiecks Korrektur eines „charakterischen [sic] Übersetzungsfehlers Thürings" vermutet Mertens, dass Tieck Zugang zu einer französischen Fassung gehabt haben muss. Vgl. Mertens (1992), S. 201-231, hier S. 216.

13 Malzew, Helena: *Menschenmann und Wasserfrau. Ihre Beziehung in der Literatur der deutschen Romantik.* Berlin 2004, S. 172.

14 Vgl. Günzel (1981), S. 174ff.

15 Tieck, Ludwig: *Vorbericht zur dritten Lieferung.* In: Ders.: *Schriften.* In 28 Bänden, hier Bd. 11. Berlin 1829, S. VII-XC, hier S. LVII.

16 Günzel (1981), S. 203.

17 Tieck (1829), Bd. 11, S. VII-XC, hier S. LVII.

18 Ebd., S. XLIII.

ches Thema zu sprechen. Er tilgt alle Spuren einer genealogischen Geschichte und legt den Akzent „auf die Person, nicht auf die Familie".[19] Er schreibt:

> Wie oftmals durch Gunst der Frauen Männer zu hohem Glück und Ehre gelangt sind, davon findet man in der Geschichte viele Beispiele, unter andern auch in folgender sehr wunderbaren Historie, die vielen nur ein Mährchen dünken möchte, weil einige Umstände zusammen treffen, die fast an das Unwahrscheinliche gränzen. (Tieck: S. 69).[20]

Bemerkenswert ist, dass Tieck in *Melusina* von Frauen und Männern redet, nicht von übernatürlichen Wesen und Menschen. Tiecks Einleitung zu seiner Geschichte weist damit auf die erste Intention der Umgestaltung seiner *Melusina* hin: Die generationsgebundene Geschlechtergeschichte einer adligen Familie in der Melusina-Geschichte steht nicht mehr im Mittelpunkt von Tiecks neuer Bearbeitung der Erzählung, sondern hier handelt es sich vielmehr um eine allgemeingültige Geschichte über Männer und Frauen.

Tiecks Akzentuierung, die er dieser Geschichte durch seine Erneuerungen gibt und die er selbst eigens hervorhebt, wird nach dieser Einführung in die Stoffstruktur in der Diskussion über den Gehalt der Erzählung schrittweise aufgearbeitet. In der Analyse der Stoffstruktur Tiecks *Melusina* gilt es, seine neue Akzentuierung im Zusammenhang mit der zeitgenössischen Skepsis gegenüber dem positivistischen Weltverständnis und der zweckrationalen und erkenntnisorientierten Aufklärung zu erörtern.

3.1.1.2 Friedrich de la Motte Fouqué: Undine

Ebenso wie der weibliche Wassergeist, Undine, durch Vermählung mit dem irdischen Ritter, Huldbrand, eine Seele erworben hat, wird auch diese Erzählung, *Undine*, in der deutschen Literaturgeschichte durch die Feder von Friedrich de la Motte Fouqué „unsterblich"[21]. Diese Erzählung, die 1811 im Frühlingsheft der von Fouqué selber herausgegebenen Zeitschrift *Die Jahreszeiten* zum ersten Mal erschien[22], hat bei seinen literarischen Zeitgenossen viel Beifall hervorgerufen. Goethe lobt die Erzählung im Gespräch mit Eckermann im Jahr 1828 mit dem Adjektiv „allerliebst"[23]. E.T.A. Hoffmann ist so von der Geschichte begeistert, dass er sie in Zusammenarbeit mit Fouqué mit dem gleichnamigen Titel, *Undine*,

---

19 Mertens (1992), S. 201-231, hier S. 216.

20 Die Zitatnachweise beziehen sich auf: Tieck, Ludwig: *Sehr wunderbare Historie von der Melusina.* In: Ders.: *Schriften.* In 28 Bänden, hier Bd. 13. Berlin 1829, S. 69-170. Im Folgenden erscheinen der Name des Autors und die Seitenangaben im Anschluß an die Zitate.

21 Schmidt, Arno: *Fouqué und einige seiner Zeitgenossen.* Darmstadt 1959, S. 186.

22 Als Jahr der Entstehung vermutet Schmidt Anfang 1809. Die Erstveröffentlichung datiert er fälschlicherweise mit 1812. Vgl. Ebd.

23 Eckermann, Johann Peter: *Gespräche mit Goethe in den letzten Jahren seines Lebens.* In: Goethe, Johann Wolfgang von: *Sämtliche Werke. Briefe, Tagebücher und Gespäche.* In 40 Bänden, hier Bd. 12 (39), herausgegeben von Christoph Michel. Frankfurt/M. 1999, S. 274.

auf die Opernbühne bringt.[24] Zahlreiche weitere Inspirationen in der europäischen Literatur und mehrere Opern-Libretti[25] reichen bis in die Gegenwart.[26]

Selbst der Name Undine (lat. Unda = Welle) verweist auf ihre Verbundenheit mit dem Element Wasser. Ursprünglich greift die Lehre von den vier Elementen auf die schon „im Hellenismus ausgebildete ‚peripatetische' Lehre" zurück, die da lautet, dass „Wasser", „Erde", „Luft" und „Feuer" sowohl die Uranfänge als auch die letzten Einheiten aller wahrnehmbaren Materie sind.[27] Das Wasser gilt bis ins letzte Drittel des 18. Jahrhunderts „allgemein als eines der klassischen Elemente".[28] Selbst wenn es ihm in seiner Studie *Paracelsus in der deutschen Romantik* spezifisch um die Vorstellung der Elementargeister geht, listet Goldammer einige mittelalterliche Autoren und Paracelsus' Zeitgenossen auf, die sich mit Wassergeistern befasst haben.[29] Die Bezeichnung „Undine" (Paracelsus' Gebrauch: Undina) für die ganze Gruppe der Wassergeister verdankt sich allein Paracelsus. Die Idee der Beseelung der Undine, des Wasser-Elementargeistes, durch ihre Vermählung mit ihrem irdischen Mann Huldbrand, stammt aus Paracelsus' Schrift *Liber de nymphis, sylphis, pygmaeis et salamandris et de caeteris spiritibus,* dem Buch über die Nymphen. Für Fouqué sind „einige spezifisch der Paracelsischen Leitgedanken", hier im Fall der Elementargeister, „durch das Medium der Böhmeschen Paracel sus-Rezeption bekanntgeworden".[30] Fouqué verweist selbst auf Paracelsus, als er die Frage eines Lesers nach der Quelle seiner *Undine* beantwortet. Konkret inhaltlich inspiriert wird Fouqués *Undine* durch Paracelsus' Kritik an den Leuten,

24 Hoffmanns Oper *Undine* wurde 1816 in Berlin uraufgeführt.

25 Da wären zum Beispiel zumindest zwei Opern zu erwähnen, die selbst heute noch auf international bekannten Bühnen in namhaften Opernhäusern aufgeführt werden: Erstens, die Oper *Undine (1845)* des deutschen Komponisten Albert Lortzing, dessen Libretti völlig auf de la Motte Fouqués Text basiert; und zweitens die Oper des tschechischen Komponisten Anton Dvorak, deren Titel, *Rusalka: Die Wassernymphe (1901)*, ein wesentlich komplizierteres Libretto hat, dessen Text von dem tschechischen Dichter und Dramaturgen Jaroslav Kvapil stammt und der für seine Quellen sowohl den Prosaroman *Melusine* (1392/1393) des französischen Dichters Jean d'Arras benutzte, als auch Hans Christian Andersons Märchen *Die kleine Seejungfer* (Eine Variation der Übersetzung des Titels in der Reclam-Ausgabe lautet: *Die kleine Seejungfrau.* Siehe: Andersen, Hans Christian: *Märchen.* Übersetzung von Heinrich Denhardt. Stuttgart 2003, S. 83.) und Gerhart Hauptmanns *Die versunkene Glocke.* Siehe: The Earl of Harewood (ed.): *The definitive Kobbe's Opera Book 1919*[5] (Fifth Edition 1987), New York 1987, S. 792-796.

26 Über die Bewunderung der Kritik und die literarischen Bearbeitung der *Undine* möchte ich auf die folgenden Quellen hinweisen: Ebd.; Trüpel-Rüdel (1987), S. 62.

27 Vgl. Schelling, Friedrich Wilhelm Joseph: *Ergänzungsband zu Werke Band 5 bis 9. Wissenschaftshistorischer Bericht zu Schellings Naturphilosophischen Schriften 1797-1800.* In: Ders.: *Historisch-kritische Ausgabe.* Herausgegeben von Manfred Durner u.a. Stuttgart 1994, S. 9.

28 Vgl. Ebd., S. 132.

29 Goldammer, Kurt: *Paracelsus in der deutschen Romantik. Eine Untersuchung zur Geschichte der Paracelsus-Rezeption und zu geistesgeschichtlichen Hintergründen der Romantik.* Wien 1980, S. 102ff.

30 Ebd., S. 73.

die an Wasserfrauen verehlicht seien, solche oftmals für Teufelinnen hielten, und sich nicht mehr nach deren Verschwinden für gebunden erachteten, sondern vielmehr zur zweiten Ehe schritten. Das bringe aber den Tod, und zwar verdientermaaßen. [31]

Der Name „Undine" wird erst nach dem Erscheinen von Fouqués Erzählung als Eigenname gebraucht.

Fouqués Beschäftigung mit dem Wassergeist Undine hat ihren Hintergrund in einem ereignisreichen Zeitalter, in dem sich die Naturwissenschaften weit entwikkelt haben und der Positivismus als herrschende Weltsicht herausbildet. Die Thematik des Ich steht im Mittelpunkt der Philosophie. Immanuel Kant, wie im ersten Kapitel bereits eingehend erörtert, rühmt einerseits die Vernunft des Menschen, die sich aufgrund höherer Erkenntnisstufe vom Verstand des Menschen unterscheidet, und unterstreicht andererseits, dass die Erkenntnis des „Dings an sich" nur durch seine Erscheinung möglich ist. Johann Gottlieb Fichte verleiht wiederum die absolute Stellung dem Ich, das sich selbst und das Nicht-Ich bestimmt. Friedrich Wilhelm Joseph von Schelling sieht nicht nur das Objekt in der Natur, sondern auch das Subjekt. In Bezug auf die Frage, wie die „Natur außer uns" trotz ihrer Unabhängigkeit auf uns wirkt, erklärt Schelling dies in Anlehnung an Spinoza folgendermaßen: „Er [Spinoza] sah' ein, daß in unserer Natur Ideales und Reales, (Gedanke und Gegenstand) innigst vereinigt sind."[32] Über diese innere Vereinigung sagt Schelling mit eigenen Worten, „daß in den Dingen außer euch selbst ein Geist herrsche, der dem eurigen analog ist."[33] Mit diesem Geist wird hier das „Leben" gemeint.[34] Geist und Natur, hier das Ich und dessen Umgebung, werden infolge der Fichteschen Verachtung der Natur in unseren Erkenntnissen als voneinander getrennt angesehen, während Schelling sie nach ihrem Wesen eigentlich zusammengehörig findet.

Um die Dynamik der Natur zu verdeutlichen, personifizieren die Autoren der Romantik die vier Elemente, darunter auch Wassergeister. August Wilhelm Schlegel appelliert an seine Zeitgenossen: „Der Depoetisierungsprozeß hat freilich lange genug gedauert, es ist einmal Zeit, daß Luft, Feuer, Wasser, Erde wieder poetisiert werden".[35] In Fouqués *Undine* identifiziert sich die Protagonistin, Vertreterin der wilden Natur, mit einem der vier Elemente, dem Wasser. In der folgenden Analyse der Stoffstruktur wird gezeigt, wie auch die Figur Undine mit dem Element Wasser identifiziert wird: Wie die ihr zugeschriebenen Charakteristika, z. B. Spontaneität und Unberechenbarkeit, Schellings philosophische Idee der belebten Natur verkörpern und wo die innerliche Vereinigung von Undine als Natur und von Huldbrand als das Ich oder Geist in der Elementargeistergeschichte stattfindet.

---

31 Fouqué, Friedrich de la Motte: *Notiz*. In: *Die Musen*. 3-4 (1812), S. 198-199.

32 Schelling (1994), *Ergänzungsband zu Werke Band 5 bis 9*, S. 90.

33 Ebd., S. 99.

34 Ebd.

35 A. W. Schlegel, Brief an Schleiermacher, vom 9.6.1800. Siehe: Jonas, L. und Dilthey, W. (Hrsg.): *Aus Schleiermachers Leben. In Briefen*. In 4 Bänden, hier Bd. 3. Berlin 1861, S. 181.

3.1.1.3 Johann Wolfgang von Goethe: Die neue Melusine

Mit dem Titel *Die neue Melusine* verweist Goethe den Leser auf seine Figur Melusine in der Erneuerung. Als Goethe 1770 zum ersten Mal in Sesenheim das „Märchen"[36] mündlich vorträgt, das in seinem autobiographischen Werk *Dichtung und Wahrheit* als Urform seiner Niederschrift *Die neue Melusine* angesehen wird, scheint seine Bearbeitung der Vorlage von Thürings *Melusine*, die Goethe als Kind gelesen hat,[37] noch nahe zu stehen. Im Vorwort für die Veröffentlichung der ersten Hälfte von Goethes *Die neue Melusine* in Cottas *Taschenbuch für Damen auf das Jahr 1817* blickt Goethe vergleichend auf seinen mündlichen Vortrag in Sesenheim zurück:

> Man hat das Märchen verlangt, von welchem ich zu Ende des zweyten Bandes meiner Bekenntnisse [*Dichtung und Wahrheit*, Zweiter Teil, Zehntes Buch] gesprochen [habe]. Leider werde ich es jetzt in seiner ersten unschuldigen Freyheit nicht überliefern.[38]

Goethes Gebrauch von „unschuldig" erinnert daran, dass er als Kind die Geschichte *Die schöne Melusine* kennen gelernt hat und dieses Wort zur kontrastierenden Beschreibung des treu überlieferten Inhalts gebraucht. Goethe erinnert in *Dichtung und Wahrheit* an seine Begegnung mit diesem Material wie folgt:

> Wir [Goethe und seine Spielgefährten] Kinder hatte also das Glück, diese schätzbaren Überreste der Mittelzeit [des Mittelalters] auf einem Tischchen vor der Haustür eines Büchertrödlers täglich zu finden, und sie uns für ein paar Kreuzer zuzueignen.[39]

In gekauften billigen Büchern stößt Goethe auf derartige Geschichten, „die zwar in ihrer gegenwärtigen Gestalt [in Volksbüchern] nicht vortrefflich genannt werden können, deren Inhalt jedoch uns manches Verdienst voriger Zeiten in unschuldiger Weise näher bringt".[40] Mit der Phrase „seiner ersten unschuldigen Freyheit" deutet Goethe an, dass seine phantasievolle Freiheit in seiner Erstfassung des Märchens noch nicht so weit gegangen ist, wie das in Cottas *Taschenbuch für Damen* der Fall ist.

Im Vorwort für die Veröffentlichung in Cottas *Taschenbuch für Damen auf das Jahr 1817* fährt Goethe in Bezug auf seine Erneuerung von Thührings Erzählung *Melusine* fort: „[E]s ist lange nachher aufgeschrieben worden, und deutet in seiner jetzigen Ausbildung auf eine reifere Zeit [hin] als die ist, mit der wir uns dort [*Dichtung und Wahrheit*] beschäftigten."[41] Diese „jetzige Ausbildung" lässt sich bereits zwanzig

---

36 So nennt Goethe in *Dichtung und Wahrheit* seine Melusine-Geschichte, als er sie in Sesenheim vortrug. Vgl. Ders.: *Aus meinem Leben. Dichtung und Wahrheit. Zweiter Teil.* In: Ders.: *Sämtliche Werke. Briefe, Tagebücher und Gespäche.* In 40 Bänden, hier Bd. 14, herausgegeben von Klaus-Detlef Müller. Frankfurt/M. 1986, S. 485.

37 Ebd., S. 42.

38 Goethe, Johann Wolfgang von: *Die neue Melusine.* [Teil I] In: *Taschenbuch für Damen auf das Jahr 1817.* Tübingen 1817, S. 1-24, hier S. 1.

39 Goethe (1986), Bd. 14, Frankfurter Ausgabe, S. 42.

40 Ebd., S. 35.

41 Goethe (1817), S. 1-24, hier S. 1.

Jahre zuvor erkennen, als Goethe 1797 an Schiller schrieb: „Das Märchen mit dem Weibchen im Kasten lacht mich manchmal auch wieder an, es will aber noch nicht recht reif werden".[42] Im selben Jahr erwähnt Goethe in einem anderen Brief an Schiller noch einmal das „undenische Pygmeenweibchen"[43]. Dieses „Reisegeschichtchen" wird, wie in diesem Brief vorhergesagt, auf einer „Reise", aber nicht auf der versprochenen, nach ein paar Monaten, sondern erst während der zehn Jahre später nach Karlsbad unternommenen Reise niedergeschrieben, und es wird erst in zwei Teilen, im *Taschenbuch für Damen auf das Jahr* 1817 und 1819, veröffentlicht. Verglichen mit dem Arbeitsprozess der *Wanderjahre* ist eine parallele Entwicklung zu skizzieren. Goethe teilt 1796 Schiller seinen „Plan auf eine weitere Fortsetzung" der *Lehrjahre* mit. Ein Jahr danach fängt Goethe an, dieses „Weibchen im Kasten" schriftlich zu formulieren. Als Goethe dieses „undenische Pygmeenweibchen" geschrieben hat, zählt die Geschichte bereits zu seinem „wunderlich anziehend[en] Ganze[n]" „unter dem Titel *Wilhelm Meisters Wanderjahre*".[44] Als das „Märchen" 1821 endgültig in Form einer eingeschobenen Erzählung in der ersten Fassung der *Wanderjahre* erscheint, wird die Rahmenhandlung des „Märchens" dem „wunderlich anziehend[en] Ganze[n]" *der Wanderjahre* entsprechend geändert. Diese Geschichte in der zweiten Fassung der *Wanderjahre* im Jahre 1829 wurde im Vergleich mit der in der ersten Fassung nichts geändert.

Als Goethes Erzählung *Die neue Melusine* im Roman *Wilhelm Meister Wanderjahre* ihren Platz findet, hat Goethe zwei wichtige Änderungen getätigt. Er unternimmt Änderungen in der Figurgestaltung von einem Wassergeist hin zu einer Zwergenprinzessin, als er diese Erzählung zu Papier bringt. Die Rahmenhandlung dieser Erzählung im Roman der *Wanderjahre* unterscheidet sich von der ihrer Veröffentlichung im *Taschenbuch für Damen auf das Jahr 1817*. Die folgende Analyse der Stoffstruktur wird die Fragen beantworten, wie die Änderung der Figurgestaltung und die Änderung der Rahmenhandlung das Thema der Entsagung in den *Wanderjahren* aus eigener Perspektive beleuchten und wie die Thematisierung der Entsagung unter der Thematik des Ich verstanden werden kann.

3.1.2 Stoffstrukturen der einschlägigen deutschsprachigen Literatur

Im zweiten Kapitel wurde eine Reihe von Wassergeistergeschichten in der westeuropäischen Literatur vor dem 16. Jahrhundert und Fuchsgeistergeschichten in der chinesischen Literaur vor dem 14. Jahrhundert behandelt. Die Motivkonstellation der Mahrtenehe als Maßstab für die Auswahl der Textbeispiele bewegt sich stets im Rahmen einer ehelichen Beziehung oder einer Liebesziehung eines überirdi-

---

42 Staiger, Emil (Hrsg.): *Der Briefwechsel zwischen Schiller und Goethe.* Frankfurt/M. 1987, S. 353.

43 Ebd., S. 436.

44 Goethe, Johann Wolfgang von: *Poetische Werke.* In 16 Bänden, hier Bd. 16, herausgegeben von Siegfried Seidel. Berlin 1960, S. 196.

schen, weiblichen Wesens mit einem irdischen Mann. Die drei wichtigen Schritte in einer derartigen Beziehung, d.h. wie sie anfängt, eine Zeit lang andauert und schließlich endet, werden nun in weiteren Textbeispielen des dritten Kapitels differenziert weiterverfolgt. Dabei stellt sich die Frage, was die beiden Seiten, d.h. die überirdischen Wesen und die irdischen Männer in den hier zur Diskussion stehenden Geschichten, zusammenführt. Die folgende Untersuchung, die sich der Motivation der Charaktere widmet, befasst sich vornehmlich mit zwei Gruppen: Der Motivation der irdischen Männer in ihrer Beziehung zu Wassergeistern und der Motivation der Wassergeister in ihrer Beziehung zu irdischen Männern.

3.1.2.1 Motivation

3.1.2.1.1 Motivation der irdischen Männer in ihrer Beziehung zu Wassergeistern

In Bezug auf die Motivation von Reymund in seiner Beziehung zu Melusina hat Ludwig Tieck, wie wir unter 3.1.1.1 gesehen haben, seine eigene Intention gleich zu Beginn der Geschichte im Vergleich zu seiner Vorlage, Thürings *Melusine*, hervorgehoben. Der Unterschied liegt darin, dass Tieck die Motivation der Charaktere, die bereits in Thürings *Melusine* identifiziert ist, in den Kontext setzt, dass Reymund schon von klein auf, aufgrund der alten Rittergeschichten, die er von seinem Vater gehört hat, zielbewusst nach dem Leben eines erfolgreichen Ritters strebt. In diesen Geschichten erreichten die Protagonisten nicht nur durch große Taten und höchste Ehren ihr Ziel, sondern ebenso durch „wunderbare Begebenheiten" (Tieck: S. 69). Als Tiecks Reymund Melusinas Versprechen hört, dass er durch sie Glück und Ansehen erwerben kann, glaubt er, dass er ebenso wie die Protagonisten in den alten Rittergeschichten auf dem Weg ist, eine wunderbare Gegebenheit zu erleben. Tieck erklärt dem Leser, wie Reymund die tief in ihm wurzelnde Motivation, ein ruhmreicher Ritter zu werden, problemlos in andere Motivationen integriert.

Die Grundsituation der Begegnung ist in beiden Versionen die gleiche: Raymond/Reymund ist in Gefahr, ehe er Melusine/Melusina begegnet, wegen des Todes seines Adoptivvaters in Mordverdacht zu geraten. Melusine/Melusina, die schöne Jungfrau, rät Raymond/Reymund, wie er diesen Verdacht vermeiden kann. Um ihrer Not zu entkommen, befolgen beide, der Raymond bei Thüring und der Reymund bei Tieck, Melusinas Rat. Die weiteren Anziehungskräfte der Melusina-Figur entsprechen dem konventionellen Inhalt der früheren Wassergeistergeschichten von Gervasius, Map und Egenolf. Melusina, die schöne Frau mit einer anmutigen Figur, versichert Reymund, sie sei, ebenso wie er, ein gläubiger Christ. Außerdem verspricht sie Reymund Glück und Ansehen. Kein Wunder, dass Reymund, ebenso wie sein Namensvetter Raymond bei Thüring, der ehelichen Beziehung mit Melusina zustimmt, obwohl sie ihn samstags unter die Bedingung des Seh- und Erkundigungsverbots stellt. Plötzlich kann er aus seiner Not erlöst werden und wird mit Glück und Reichtum belohnt. Ihre Frömmigkeit und Schönheit, die ihre edle Herkunft zu bestätigen scheinen, sind weitere überzeugende Belege, die für Reymund wichtig sind und die Grundlage seiner Motivation bilden, mit Melusina eine Beziehung eingehen zu wollen. Diese Motivation wird der Hauptmotivation, ein erfolgreiches Leben durch eine „wunderbare Begebenheit" zu führen, wie dies in den Rittergeschichten von einst der Fall war, untergeordnet.

Auf den ersten Blick scheint Huldbrand, der Held in Friedrich de la Motte Fouqués Erzählung *Undine*, ein von Tiecks Reymund bewunderter Protagonist der alten Rittergeschichten zu sein. Er führt das Leben eines Ritters und pflegt die Pflichten des Rittertums. Seinen Abenteuern fehlt es nicht an wunderbaren Gegebenheiten, durch die Huldbrand jedoch nicht zu einem reichen, ruhmreichen Ritter wird.

Als Ritter Huldbrand, der Protagonist in Fouqués Undine, Bertalda, die Pflegetochter eines Herzogs, im Scherz um einen ihrer Handschuhe bittet und infolgedessen von ihr aufgefordert wird, in den unheimlichen Forst zu reiten, der sich zwischen der Reichsstadt, in der beide ihre Unterkunft haben, und der Seespitze befindet, auf der das Fischerpaar wohnt, weiß er noch nichts von der Existenz der Undine. Das heißt, Undine war nicht das Ziel seiner Fahrt in den Forst. Jedoch wird die Begegnung mit einer schönen Frau wie Bertalda während eines Abenteuers von jungen Rittern allgemein erwartet, wie Huldbrand beim Erzählen seiner Erlebnisse zugibt: „Ich [Huldbrand] merkte, daß sie [Bertalda] auch mich ansah, und wie es nun bei uns jungen Rittern zu kommen pflegt: hatte ich erst brav geritten, so ging es nun noch ganz anders los" (Fouqué: S. 37).[45] Daher überrascht es nicht, dass Huldbrand Undine lüstern mustert, als sie die Fischerhütte betritt.

Ein Reiz, den Huldbrand gegenüber Undine verspürt, liegt in ihrem sinnlichen Charme begründet. Huldbrand bleibt bei der ersten Begegnung mit Undine „staunend" über „ein wunderschönes Blondchen" (Fouqué: S. 11f.) stehen. Sie strahlt für ihn eine ganz besondere Anziehungskraft aus, besonders wenn sie sich nicht kultiviert benimmt. Überraschend weicht Undine seinem gierigen Blick nicht aus und spricht ihn sogar ohne Schamgefühl an. Ihr Eigensinn und Ungehorsam ihren Pflegeeltern gegenüber bei der Erkundigung nach Huldbrands Erlebnissen im Forst schrecken ihn nicht ab. Im Gegenteil, „Huldbrand [kann] jetzt in ihrem Zorn fast weniger noch die Augen von ihr wegbringen als vorher in ihrer Freundlichkeit" (Fouqué: S. 14). Undine verlässt wegen der Unzufriedenheit ihrer Pflegeeltern die Fischerhütte und verschwindet in der Dunkelheit. Als Huldbrand sie auf einer Insel wiederfindet, empfängt Undine ihn mit „ihre[n] Arme[n] um seinen Nacken" (Fouqué: S. 31). Anstatt seine Erlebnisse zu erzählen, umschlingt Huldbrand „inbrünstig küssend die schmeichelnde Schöne" (Fouqué: S. 32). Un-

---

45 Die Zitate beziehen sich auf: Fouqué, Friedrich de la Motte: Undine. In: Ders.: *Sämtliche Romane und Novellenbücher*. In 15 Bänden, hier Bd. 2, Herausgegeben von Wolfgang Möhrig. Hildesheim 1992, S. 1-188. Im Folgenden erscheinen der Name des Autors und die Seitenangaben im Anschluß an die Zitate.

dines physische Anmut lässt sich ebenso an ihrer Stimme feststellen. Während ihr Pflegevater um ihre Rückkehr nach Hause bittet, singt sie ihm in Volksliedversen das Unabänderliche ihrer Situation vor:

Aus dunstigem Tal die Welle
Sie rann und sucht' ihr Glück.
Sie kam ins Meer zur Stelle,
Und rinnt nicht mehr zurück" (Fouqué: S. 33).

Anscheinend strebt Huldbrand wie die Ritter in den Wassergeistergeschichten der Vergangenheit nach Reichtum und Ruhm, den die Wassergeister oft dem Protagonisten versprechen. Während seines Aufenthalts auf der Halbinsel, die infolge des über seine Ufer getretenen Waldstroms zu einer Insel geworden ist und keine Verbindung mit dem Festland mehr hat, erinnert Huldbrand sich beim Anblick seines Pferdes, Wappenschilds und Schwerts an seine Rittertaten und tröstet sich mit einer erfundenen Illusion: „Undine sei gar keine Fischerstochter, sei vielmehr, aller Wahrscheinlichkeit nach, aus einem wundersamen, hochfürstlichen Hause der Fremde gebürtig" (Fouqué: S. 52). Eine Ehe mit einer Frau aus einer adligen Familie eröffnet einem Ritter eine brillante Zukunft. Wenn dies Huldbrands Ziel ist, kann er eigentlich warten, bis die Flut sinkt und dann problemlos in die Reichsstadt zurückkehren, weil Bertalda, die Pflegetochter eines Herzogs, Undine gegenüber die bessere Ehe-Kandidatin ist. Daher soll das Bedauern des Protagonisten ausschließlich als Sehnsucht nach Heldentaten verstanden werden, und nicht als Sehnsucht nach Bertalda oder den stets in den Rittergeschichten vorkommenden und mit Heldentaten verbundenen Reichtum und Ruhm. Es kann in Frage gestellt werden, ob Huldbrand wegen der Flut die Möglichkeit verliert, sich für Bertalda zu entscheiden. Als Gegenargument lassen sich seine Sympathien für die Familienatmosphäre des Fischerpaares und für die idyllische Landschaft anführen. Als Huldbrand auf Einladung des Fischers die Fischerhütte erreicht, ist in ihm ein Gefühl, „als sei er mit diesem kleinen Haushalt verwandt und eben jetzt aus der Ferne dahin heimgekehrt" (Fouqué: S. 9). Als der Priester der Möglichkeit Ausdruckt gibt, dass die Halbinsel durch die Flut vom Festland getrennt werden könnte, phantasiert Huldbrand von einem idyllischen Bild: „[D]ie blühende Insel, auf welcher er lebte, grünte und lachte immer frischer in sein Gemüt herein." (Fouqué: S. 66).

Undine zieht einerseits Huldbrand an, erregt andererseits in ihm eine starke, innerliche Unruhe. Er assoziiert Undine mit allem Gruseligen und Wunderbaren, was er im Forst gesehen hat:

> Huldbrand sah fragend nach seinem Wirte; fast kam es ihm vor, als sei die ganze liebliche Erscheinung, die so schnell in die Nacht wieder untergetaucht war, nichts anderes gewesen, als eine Fortsetzung der wunderlichen Gebilde, die früher im Forste ihr loses Spiel mit ihm getrieben hatten (Fouqué: S. 16).

Zur Zeit der Hochzeit verwickelt er sich immer noch in den Gedanken, dass „er an eine Fey oder sonst ein böslich neckendes Wesen der Geisterwelt angetraut

[sey]“ (Fouqué: S. 76). Vor der Eheschließung verneint Undine aber diese Frage seinerseits. Sein Zweifel an Undines Existenz als irdische Frau wird jedoch von seiner Vorstellung vertrieben, dass Undine seinen Schutz braucht. Bei der Suche nach Undine, die von der Fischerhütte weglief in die Dunkelheit, bereut Huldbrand, dass er Undine nichts von seinen Erlebnissen im Forst erzählt hat und somit der Forst so attraktiv für Undine erscheint, dass sie sich der latenten Gefahr, in der sie sich befindet, nicht bewusst ist. Er bildet sich ein, dass „Undine in Todesängsten unter ihnen [diesen ungeheueren Bildern] sei, und allein“ (Fouqué: S. 30). Nicht nur vor Geistern im Forst nimmt Huldbrand Undine in Schutz, sondern auch vor der strengen Pflegemutter, die Undine stets tadelt. Außerdem fühlt sich er in seiner Ehre verletzt, da die alte Frau Undine in seiner Gegenwart schalt. Huldbrands Wunsch, Undine zu heiraten, wird vor dem Priester zum Ausdruck gebracht und die Hochzeit in aller Eile vollzogen, da Huldbrand den Vorwürfen der alten Frau entgehen möchte. Die Ehe ist nicht sofort an eine Bedingung geknüpft. Huldbrand erfährt sie von Undine erst nach der Hochzeit. Huldbrand hat in seiner Beziehung zu Undine keine vorherbestimmte Motivation, wie dies für die Protagonisten in den Geschichten von Thüring und Tieck der Fall ist (Thüring verwendete als Hauptmotivation das Entgehen des Mordverdachts und Tieck das Streben nach dem erfolgreichen Leben eines Ritters).

Johann Wolfgang von Goethe gibt in seiner Erzählung *Die neue Melusine* das ritterliche Gewand seines Protagonisten völlig auf und setzt seine Geschichte in eine bürgerliche Szene. Diese Änderung bedeutet jedoch nicht, dass die alten Rittergeschichten für Goethe ihren Glanz verloren haben und dem Zeitalter entsprechend nunmehr unpassend sind. Goethe denkt wahrscheinlich an die alten Rittergeschichten, als er die Protagonistin der Geschichte als die entscheidende Instanz bestimmt, die auf das Bestehen all der von ihr gewählten Prüfungen besteht, während ihr Wagen und ihr Kästchen zu den von ihr bestimmten Stationen gebracht werden muss und sie dazu einen irdischen Mann wählt. Allerdings nennt Goethe seine Erzählung *Die neue Melusine.* Er greif zum einen die historische Figur, die eine lange, literarische Tradition aufweist, erneut auf, kündigt aber andererseits ihr Anderssein an, indem er sie mit dem Adjektiv „neu“ versieht. Anhand der Motivation der irdischen Männer, eine Beziehung mit einem überirdischen, weiblichen Wesen einzugehen, lässt sich deutlich der Unterschied zwischen den historischen Charakteren und Goethes Protagonisten erkennen.

Der namenlose Erzähler in Goethes Erzählung *Die neue Melusine*, als Einschub in seinen Roman *Wilhelm Meisters Wanderjahre* gedacht, ist statt eines Ritters ein Taugenichts. Er wandert ziellos und ohne Lebensplanung durch die Welt und ist sich sogar nicht einmal „des nächsten Tages ganz sicher“ (Goethe: S. 175).[46] In finanzieller Bedrängnis versucht er durch seinen schmeichlerischen Umgang mit

[46] Die Zitatnachweise beziehen sich auf: Goethe, Johann Wolfgang von: *Die neue Melusine.* In. Ders.: *Sämtliche Werke, Briefe, Tagebücher und Gespräche.* In 40 Bänden, hier Bd. 10, herausgegeben von Gerhard Neumann u.a. Frankfurt/M. 1989, S. 174-198.

der Wirtin oder der Köchin des jeweiligen Gasthofs, in dem er gerade Rast macht, begünstigt zu werden. Die Motivation in seinem Wanderleben ist zweifellos ökonomisch geprägt.

Der Ich-Erzähler ist entsprechend für die Beobachtung seiner Umgebung sensibilisiert. Bevor er in einer kleinen Stadt seine alte Methode des Schmeichelns benutzt, um Geld zu sparen, tritt ein Wagen in sein Blickfeld: zweisitzig, mit vier Pferden bespannt. Die Größe und Ausstattung des Wagens erklärt im gewissen Maße die ungewöhnliche Herkunft des Mitfahrers. Seine Aufmerksamkeit ist nun ganz der Frage gewidmet, wer der Mitfahrer sein könnte, denn in dem Wagen sitzt ein Frauenzimmer. Zunächst fehlt eine nähere Beschreibung ihres Aussehens durch ein kurzes, deskriptives Adjektiv. Was jedoch an ihr auffällig ist: die Frau hat keine Kammerfrau und keine Bediensteten. Des Erzählers Reihenfolge der Beschreibung zeigt sein Interesse an, das zunächst einmal weniger der Frau selbst – zumindest nicht auf den ersten Blick – gilt als anderen Dingen.

Erst beim Aussteigen der Frau merkt der Ich-Erzähler, der Protagonist und nutzlose Taugenichts in dieser Geschichte, dass es sich um „eine schöne Gestalt" mit einem „liebenswürdig[en] Gesicht" (Goethe: S. 175) handelt. Er bestätigt ohne Zögern mit seinen „feurig[en]" Handküssen ihr gegenüber seine Achtung und Zuneigung, obwohl er erst nach „geraum[er] Zeit" (Goethe: S. 176) beim besten Abendessen, das er je bestellt hat, die Möglichkeit hat, sie anzublicken. In diesem Moment kommt es ihm vor, „als wenn sie mit jeder Minute schöner würde" (Goethe: Ebd.). Dieser Rausch gründet sich auf seine Sicherheit. Er bestellt im Auftrag der ihm unbekannten Frau selbstsicher das Abendessen und Goethe lässt ihn erzählen: „in meinem Übermut Wirt, Wirtin und Gesinde kaum über die Achsel ansah" (Goethe: Ebd.). Diesmal muss er weder der Wirtin noch der Köchin billige, schmeichelnde Komplimente machen, und kann trotzdem ein gutes Essen bestellen.

Anders als der konventionelle Protagonist in den Wassergeistergeschichten, zum Beispiel von Thüring, der vom Wassergeist in eine intime Beziehung gelockt und verführt wird, spielt der Ich-Erzähler bei Goethe eine verführerische Rolle zu Beginn der Beziehung. Bei der Unterhaltung zu Tisch versucht der namenlose Ich-Erzähler, das Gespräch auf die Themen „Neigung und Liebe" (Goethe: Ebd.) zu lenken. Sein Versuch bleibt jedoch vergeblich, weil die unbekannte Frau seine Schmeichelei ihr gegenüber während des Gesprächs verweigert. Die Umgangskunst, die er immer erfolgreich bei Wirtinnen und Köchinnen geübt hat, verliert bei der würdigen Frau ihren Glanz. Am nächsten Tag, als sie sich wiedersehen, scheint ihm die Frau „schön und schöner als gestern" zu sein, so dass er, durch ihre Schönheit erregt, sie heftig umarmt. Die sinnliche Zuneigung in ihm wächst offenbar, während sich die unbekannte Frau gelassen aus seiner enthusiastischen Umarmung befreit. Die Hauptmotivation des Protagonisten in seiner Beziehung zu der unbekannten, namenlosen Frau bleibt jedoch unverändert das Materielle. Dies drückt recht deutlich die Szene aus, bevor die „Prüfungen" beginnen, nämlich der Transport ihres Kästchens: „Sie drückte mir zuletzt einen Beutel mit Gold in die Hand, und ich meine Lippen auf ihre Hände" (Goethe: S. 177).

3.1.2.1.2 Die Motivation der Wassergeister in ihrer Beziehung zu irdischen Männern

Scheint im vorhergehenden Teil dieses Kapitels die Beziehung der irdischen Männer zu überirdischen, weiblichen Wesen das Ergebnis einiger Zufälle zu sein, so wird im umgekehrten Fall, die Beziehung eines weiblichen, überirdischen Wesens zu einem irdischen Mann von Anfang an von der älteren Generation der überirdischen, weiblichen Wesen bestimmt.

Inhaltlich unterscheidet sich die Motivation von Melusina/Melusine in Bezug auf ihre Annäherung an den Protagonisten bei Tieck und Thüring in keiner Weise voneinander. Sie geht auf den Fluch ihrer Mutter zurück, die Melusia, ihre jüngste Tochter, dazu verwünscht, samstags vom Nabel abwärts eine Schlange zu werden. Die eheliche Beziehung mit einem irdischen Mann, unter der Bedingung der Treue ihres Ehemannes, kann ihr jedoch dazu verhelfen, ihr ganzes Leben bei ihm zu bleiben und schließlich wie alle anderen irdischen Wesen zu sterben, wodurch sie vom Dasein ihres überirdischen Wesens befreit und erlöst wird. Tiecks Abweichung von Thürings Version zeigt sich nur an einer einzigen Stelle: er verlegt die undeutliche Entschleierung der Motivation von der Szene des Abschieds bei Thüring in die früher vorkommende Szene des von Reymund heimlich beobachteten Bades in Melusinas Gemach. Dort singt Melusina in Volksliedversen im Kreuzreim:

Rauscht und weint ihr Wasserquellen
In der stillen Einsamkeit,
Die Erlösung ist noch weit,
Meine Thränen mehren eure Wellen.

Ach! Wann wirst du, Trauer, enden,
von mir nehmen meine Schmach?
Immer ist die Strafe wach,
Keiner kann das bös Verhängnis wenden. (Tieck: S. 115-116)

Wörter wie „Erlösung", „Strafe" und „Verhängnis" spielen auf den Fluch ihrer Mutter und Melusinas Motivation auf ihre erwünschte eheliche Verbindung mit Reymund an.

Während diese Äußerung über ihre Motivation noch wenig zum besseren Verständnis ihrer Situation beiträgt, gibt Melusina bei ihrem erzwungenen Abschied von Reymund ihrer Hoffnung auf Erlösung und ihrer Klage über die Folge des Eidbruchs ihres Ehemannes und seiner öffentlichen Beschimpfung ihrer Person Ausdruck. Tieck gestaltet Thürings Prosatext in Knittelverse um, um dadurch dieser langen Klage volle Ausdruckskraft zu geben. Melusina hatte eigentlich gehofft:

hätt'st Du den Eid gehalten treu und wahr,
So blieb ich bei Dir, Reymund, immerdar,

Bis endlich uns der bittre Tod geschieden,
In Erde ruhte dann mein Leib im Frieden,
Die Seele wär' aus Leid im [sic!] Freud gekommen,
Aus Fegefeur in Himmelslicht genommen" (Tieck: S. 129).

Die Hoffnung wird jedoch nicht erfüllt. Die Folge ist:

Nun aber bleiben Leib und Seel beisammen
Bis glüht der jüngste Tag in seinen Flammen (Tieck: Ebd.).

An dieser Stelle betont Melusina ihre zwei Wünsche: das Zusammensein mit Reymund bis zu ihrem Tod und die Trennung ihrer Seele vom Leib nach ihrem Tod. Der zweite Wunsch geht erst dann in Erfüllung, wenn der erste Wunsch verwirklicht worden ist. Anders formuliert: Das Zusammensein mit Reymund erzielt den Tod, der Melusina endgültig vom Fluch ihrer Mutter erlöst. Doch nennt sie diesen Tod einen „bitteren" Tod. Das Adjektiv zeigt ihre zwiespältige Einstellung zu diesem Ereignis. Eigentlich geht es hier weniger um Melusinas Wünsche, als um die Vorbestimmung ihres Schicksals durch ihre Mutter.

Meluisas Sohn, Geoffroy, entdeckt bei Tieck wie bei Thüring das Geheimnis seiner Mutter, Melusine, und seiner Großmutter mütterlicherseits. Persine, Melusines Mutter, rächt sich an ihrer Tochter Melusine für den Vatermord, den sie begangen hat, indem sie Melusina verflucht, die sich von nun an jeden Samstag in ein Mischwesen mit einem teils Menschen- und teils Schlangenkörper verwandeln muss, während ihr zukünftiger Ehemann ihr zu schwören hat,

sie des Tags nie zu verlangen,
Zu lassen sie in ihren stillen Zimmern
Und sich nicht um ihr Wesen zu bekümmern" (Tieck: S. 144).

Dem Fluch ihrer Mutter zufolge soll Melusina einen irdischen Mann heiraten, um sich vom Dasein eines überirdischen Wesens zu erlösen. Melusinas Hauptmotivation in ihrer Beziehung zu einem irdischen Mann ist somit durch den Fluch ihrer Mutter bestimmt. Doch stellt sich die Frage, warum muss es gerade Reymund sein?

Melusina gibt uns erst über ihre „Liebe auf ersten Blick" während der Verabschiedung von Reymund eine Erklärung. Sie klagt:

O wehe mir, daß ich beim Bronnen rein und kalt,
Dich fand, mein Reymund dort im grünen Wald!
O Weh, daß ich gefühlt nach Dir verlangen,
Weh mir, daß ich den schönen Leib umfangen! (Tieck: S. 128).

Dieser Aussage zufolge ergibt sich die Schlussfolgerung, dass Reymunds Aussehen und sein Körperbau Melusina, als sie ihren Geliebten das erste Mal erblickt, angezogen haben. Ihre Liebe zu Reymund als Motivation für ihre Beziehung zu Reymund ist ohne Zweifel der Hauptbeweggrund ihres Handelns und wird vor allem dort deutlich, wo sie ihrem Leid und dem ihres Verzichts mit der Phrase des „bitt[e]re[n] Tod[es]" (Tieck: S. 129) Ausdruck verleiht.

Während Tiecks Melusina noch unter der Macht der Mutter steht, unterwirft Fouqué seine Undine dem Befehl des Vaters. Mit anderen Worten: Von Tiecks *Melusina* zu Fouqués *Undine* erleben wir die Wende von einer matriarchalischen zu einer patriarchalischen Motivation für das Handeln des übernatürlichen, weiblichen Wesens.

Undine tritt dem Fischer gegenüber mit der Anrede „Vater" auf, als sie seine Hütte betritt. Dieser Fischer ist jedoch nicht ihr biologischer Vater, sondern ihr Pflegevater. Ihre Pflegeeltern haben sie auf der Schwelle vor der Tür gefunden, nachdem ihre leibeigene Tochter eines Tages in den ihrer Hütte nahen See gefallen und verschwunden ist. Als Mädchen „von etwa drei, vier Jahren" (Fouqué: S. 22) spricht das Findelkind plötzlich „von Schlössern, von kristallnen Dächern" (Fouqué: S. 24), was ihre Pflegeeltern in Verwunderung versetzt. Diese Erinnerung lässt jedoch ihrer Pflegetochter wahre und edle Abstammung erahnen. Der Fischer, ihr Pflegevater, vermutet, dass Undines Heimat weit entfernt liegt, weil er in fünfzehn Jahren nichts von ihrer Herkunft hat erforschen können und Undine oft von absonderlichen Dingen spricht. Sie besteht darauf, ihren eigenen Namen zu behalten, obwohl er den Pflegeeltern heidnisch erscheint. Sie kann sich bloß detailliert an die letzte Szene vor ihrem Fall ins Wasser erinnern. Sie war während einer Spazierfahrt in Begleitung ihrer Mutter aus der Barke in den See gefallen. Unter den Bäumen am Ufer des Sees kam sie wieder zu sich. Obwohl Undine von der Begleitung ihrer überirdischen Mutter spricht, hängt ihre Annäherung an die irdische Welt von ihrem Vater ab. In dieser Hinsicht unterscheidet sich Undines Motivation in ihrer Beziehung zu ihrem irdischen Ehemann von Melusinas Motivation, die auf den Fluch ihrer Mutter zurückgeht.

Anders als Melusina bei Tieck, die das Geheimnis ihrer Annäherung an Reymund in Zusammenhang mit der Vorgeschichte ihres Geschlechts durch ihren Sohn[47] erst nach ihrem Abschied von ihrem Ehemann offenbart, verrät Undine selbst, gleich nach der Hochzeitsnacht, Huldbrand ihre Herkunft. Undine erzählt Huldbrand über den damit verbundenen Willen ihres Vaters, sie in die irdische Welt zu schicken, sodass sie durch ihre Eheschließung mit einem irdischen Mann eine Seele erlangt. Im Gegensatz zu Melusina ist Undine ein anderes Wesen, eine literarische Figur, die Fouqué nach dem Vorbild von Paracelsus' Elementargeistern[48] geschaffen hat. Diese Undinen sind eine Gruppe der vier Elementargeister, die ebenso den Wassergeistern angehören und die fast wie Menschen aussehen, jedoch von diesen getrennt in ihrem eigenen Element leben. Sie wohnen im Wasser, d.h. in Seen, Strömen und Bächen, und nennen sich ebenso Menschen, weil sie vom Aussehen her nicht anders als wie Menschen sind. Was sie von den

[47] Melusina hat ihm vorher zwar ihr vorbestimmtes Schicksal angedeutet, dies aber nicht mit deutlichen Worten erklärt. Erst ihr Sohn hat die ganze Vorgeschichte seiner Mutter und Großmutter mütterlicherseits zu einem späteren Zeitpunkt ans Licht gebracht (Vgl. Tieck: S. 142ff.).

[48] Paracelsus (1932): Bd. 4, S. 41-79.

Menschen unterscheidet: sie haben keine Seele. Die Konsequenz eines Lebens ohne Seele besteht darin, dass diese Wesen nach ihrem Tod keine Spur ihres Daseins hinterlassen, während die Menschen durch ihre Seele nach ihrem Tod „zu einem reinern Leben" (Fouqué: Ebd.) erwachen können. Undines Vater, „ein mächtiger Wasserfürst im Mittelländischen Meere" (Fouqué: S. 86), schickt seine einzige Tochter in die Welt der Menschen, damit sie „einer Seele teilhaftig werden" (Fouqué: Ebd.) kann. Seine Lebensphilosophie hinter dieser Handlung lautet: „[A]lles will höher als es steht" (Fouqué: Ebd.). Die eventuelle Beseelung Undines erfolgt „durch den innigsten Verein der Liebe mit einem eures [Huldbrands] Geschlechtes" (Fouqué: Ebd.). Unter dieser innigsten, auf der Liebe basierenden Zusammenschließung ist die sexuelle Vereinigung und nicht die Zeremonie der Hochzeit zu verstehen. Das bestätigt sowohl Undines Frömmigkeit dem Priester als auch ihr Gehorsam ihren Pflegeeltern gegenüber, hingegen benimmt sie sich während der Hochzeitszeremonie noch recht eigensinnig.[49]

Die Motivation in Johann Wolfgang von Goethes *Neue Melusine* greift in ihrer Beziehung zum Ich-Erzähler ebenso wie die vorher behandelten zwei Geschichten von Tieck und Fouqué auf die ältere Generation der überirdischen, weiblichen Wesen zurück. In Goethes *Die neue Melusine* handelt es sich nicht mehr um die Entscheidung eines Elternteils, z. B. durch Melusinas Mutter wie bei Tieck und Thüring oder durch Undines Vater wie bei Fouqué, sondern um die Entscheidung durch die weise, scheinbar männliche Beratergruppe ihres Reiches.

Die Protagonistin der *Neue[n] Melusine* stammt aus dem Königshaus der Zwerge. Die Zwerge, das älteste Volk neben Drachen, Riesen und Rittern, leiden, laut der *Neuen Melusine*, vor allem unter der Degenerationsentwicklung der Welt, „[da] nämlich auf der Welt nichts ewig bestehen kann, sondern alles, was einmal groß gewesen, klein werden [muss] (...)" (Goethe: S. 648). Die königliche Familie ist „wegen ihres reinen Blutes diesem Schicksal am ersten unterworfen" (Goethe: Ebd.). Der Rat der Königshäuser hat zwar eine Notlösung gegen den „gänzlichen Verfall" des Zwergenvolkes gefunden, nämlich dass „von Zeit zu Zeit eine Prinzessin aus dem königlichen Hause heraus [sic!] in's Land gesendet werde, um sich mit einem ehrsamen Ritter zu vermählen, (...)" (Goethe: Ebd.), allerdings mit aller Vorsicht zu dieser Maßnahme. Die Mission dieser Zwergprinzessin folgt dem Verlust ihres jüngeren Bruders, der wegen seinem winzigen Körper aus Ver-

49 Ich möchte darauf hinweisen, dass die Domestizierung einer naturhaften und eigensinnigen Kind-Frau durch die erste sexuelle Vereinigung mit einem männlichen Wesen, egal ob göttlicher oder irdischer Natur, die häufig durch einen Akt der Täuschung herbeigeführt wird, wie z. B. im Fall von Brünhilde im *Lied der Nibelungen*, und oft gewalttätig sein kann, auf eine alt hergebrachte, sowie mittelalterliche literarische Tradition zurückgeht. Ich möchte hier nur an die weiblichen Figuren, sowohl in der nord- und altgermanischen Literatur als auch an die weiblichen Figuren, selbst von Göttern oder deren Verhältnis mit Göttern, in der griechischen Literatur erinnern, die hier als Beispiel dieser Tradition dienen mögen. Dieses Element mag sublim ebenso in der Beziehung von Huldbrand und Undine eine Rolle spielen.

sehen der Wärterinnen aus den Windeln verloren gegangen ist. Somit ist die Hauptmotivation der *Neuen Melusine* in ihrer Beziehung zum Ich-Erzähler diese: das Zwergengeschlecht wieder aufleben zu lassen.

Dieser Motivation zufolge soll die neue Melusine einen Ritter aufgrund seiner stärkeren, vor allem seiner körperlich größeren Nachkommen wegen, zu sich nehmen. Sie nennt ihre Mission eine „Wallfahrt" (Goethe: S. 650). Diese Aufgabe ist vom ganzen Zwergenreich längst gut vorbereitet. Bevor sie in die Menschenwelt geschickt wird, hat sie zu lernen, was sie dort erwarten kann und wie sie richtig darauf reagieren soll. Zu vermuten ist, dass sie gelernt hat, wie sie einen richtigen Ritter von anderen irdischen Wesen unterscheiden kann, zumal die Wahl eines irdischen Lebensgefährten ihre einzige Aufgabe ist. Die neue Melusine behauptet, dass sie unter den Geprüften den Ich-Erzähler für den besten Kandidaten zur Erneuerung und Verewigung ihres Könighauses hält. Die Frage stellt sich, ob der Ich-Erzähler wirklich ein Ritter ist.

Nach der Erschaffungsgeschichte, die von der *Neuen Melusine* erzählt wird, hat Gott nach der Erschaffung der Welt zunächst einmal die „Zwerglein" entstehen lassen, um „seine Wunder im Innern der Erde" (Goethe: S. 647) zu offenbaren. Die Anmaßung der Zwerge, die Herrschaft der Erde zu ergreifen, ist der Grund für die Erschaffung der Drachen, damit sie die Zwerge ins Gebirge zurückdrängen. Die Drachen leben in den Höhlen und Spalten der Berge und bedrohen mit ihrem Feuer die Existenz der Zwerge. Um den Zwergen aus ihrer Not und ihrem Kummer zu helfen, hat Gott die Riesen hervorgebracht. Diese begehen jedoch etwas Böses[50] gegen die guten Zwerge, nachdem sie die Oberhand gegen die Drachen gewonnen haben. Die Ritter sollen deshalb nach dem Willen Gottes für die Zwerge gegen die Drachen und Riesen kämpfen und „mit den Zwerglein in guter Eintracht" (Goethe: S. 648) leben. Ein Ritter hat nach dieser Erschaffungsgeschichte die Aufgabe, die Zwerge vor den Drachen und Riesen zu schützen.

Der Ich-Erzähler zweifelt an sich selbst, ob er ein Ritter ist oder nicht. Er glaubt nicht einmal, dass seine Vorfahren „von Gott unmittelbar erschaffen" (Goethe: Ebd.) worden sind. Wenn man den Maßstab eines traditionellen Ritters, ob er gegen Drachen und Riesen kämpfen kann, anlegt, ist der Ich-Erzähler in Goethes „neuen Melusine" kein Ritter, weil davon in der Erzählung keine Rede ist. Eine Gefahr für die Zwergenprinzessin, wie sie in der „neuen Melusine" dargestellt wird, ist z. B. die Beunruhigung der Ameisen, mit denen die Zwerge kein gutes Verhältnis haben. Gegen diese Feinde hat sie, die neue Melusine, ihr Kästchen, denn dieses wunderliche Kästchen, das innen wie der Sommerpalast ihrer Eltern aussieht, bietet ihr eine Zuflucht, wenn sie sich bedroht fühlt, in der sie sich von ihrer Menschenähnlichen Gestalt in ihre eigentliche Zwergenfigur zurückverwandeln kann. Als der Ich-Erzähler ihr zum ersten Mal

50 Der Originaltext gibt weiter keinen Aufschluss darüber, was die bösen Taten der Riesen sind (Vgl. Goethe: S. 648).

seine Dienste anbietet, bekommt er die Aufgabe, das Kästchen zu ihrer Unterkunft im Posthaus zu tragen. Das ist gleichfalls die Prüfung, die die neue Melusine dem Ich-Erzähler stellt, um festzustellen, ob er für sie der richtige Kandidat als Ehemann ist. Behutsam mit dem Kästchen umzugehen, bedeutet für die neue Melusine in diesem Kontext gleichzeitig das Angebot des Ich-Erzählers, ihrer Person seinen Schutz anzubieten.

Das Handeln des Ich-Erzählers resultiert ausschließlich aus der Forderung der *Neuen Melusine*, ihr Kästchen mit größter Sorgfalt den von ihr bestimmten Zielorten näher zu bringen, bis er einmal im Streit mit dem Geliebten einer Freundin, die er unterwegs kennen gelernt hat, sein Schwert zieht und sich dadurch verletzt. Obwohl der Kampf nicht der „neuen Melusine" wegen geführt wird, schiebt der Ich-Erzähler die Schuld seiner Verletzung auf sie, „auf ihr Erscheinen, auf [ihr] Verschwinden, auf die Langweile, [und] auf die Sehnsucht[,] die ich [der Ich-Erzähler] empfinden mußte" (Goethe: S. 639). Er schwört mit seinem Leben, sich mit der „neuen Melusine" zu verbinden. Dieser Entschluss des Ich-Erzählers, der mit dem Entschluss eines traditionellen Ritters, den Drachen oder Riesen zu töten, vergleichbar ist – d.h. der Ich-Erzähler ist bereit, ein Lebensrisiko einzugehen – lässt ihn die Liebe der „neuen Melusine" gewinnen.

3.1.2.2 Erste Begegnungen

Die Begegnung irdischer Männer mit überirdischen, weiblichen Wassergeistern ist zugleich eine Auseinandersetzung mit ihrer eigenen Motivation. Während die überirdischen, weiblichen Wesen ihren Ehe-Kandidaten suchen, indem sie ihrem vorbestimmten Schicksal folgen, scheinen ihre irdischen Partner durch seine eigene Motivtion in dieses Schicksal mit hineingerissen zu werden.

Was Tiecks Melusina bei ihrer Begegnung mit Reymund sagt, unterscheidet sich kaum von Thürings Melusine. Melusina spricht Reymund mit seinen Namen an und schlägt ihm eine Lösung seiner Notsituation vor, die darin besteht, dem Verdacht des Mordes an seinem Onkel zu entgehen. Dies erinnert an Gervasius' und Egenolfs Protagonistinnen. Gervasius' Wassergeist kennt ebenso den Namen des Protagonisten. Egenolfs Protagonistin dagegen entpuppt sich als Peters langjährige Beschützerin vor Gefahren während seiner Abenteuer. Hat Melusina, als sie Reymund das erste Mal erblickte, seinen Namen und seine Erlebnisse mit Hilfe ihrer übernatürlichen Kräfte erkannt? Ihr Rat, wie Reymund sein Lehnswesen erwerben kann, lässt vermuten, dass ihre Begegnung mit Reymund geplant ist. Ein weiterer Beweis für die geplante Begegnung mit ihm ist der Ort des sich Kennenlernens, denn der Waldbrunnen verrät Melusinas Wesen als das eines Wassergeistes. Die Wichtigkeit dieses Brunnens, ihres Ursprungs, kommt dann zum Vorschein, als sie Reymund rät, ein Landstück zu erwerben, das sich vom Waldbrunnen an erstrecken soll. All ihre Bemühungen zielen darauf ab, sich mit einem irdischen Mann, hier Reymund, zu vermählen.

Melusinas absichtlicher Auftritt findet zu einem unglücklichen Zeitpunkt in Reymunds Leben statt, an dem er von wunderbaren Begebenheiten, großer Taten und den höchsten Ehren träumt, wie dies in alten Geschichten über Ritter erzählt wird. Dies ist jedoch eine Erfindung im Vergleich zu Tiecks Vorlage. Dort strebt der Protagonist mit leidenschaftlichem Eifer nach einem erfolgreichen Leben, wie dies stets in den alten Rittergeschichten beschrieben wurde. Er illustriert dadurch, dass er eine Erbschaft seiner Kultur antritt, hier genauer gesagt: das Erbe der Rittergeschichten im Rahmen der Geschichten über Wassergeister, zu denen auch Melusina gehört, die dem Protagonisten in den alten Geschichten stets Glück, Reichtum und einen guten Ruf versprachen. Sein zielstrebiger Lebensplan beginnt mit seinem fleißigen Dienst als Pflegesohn des Grafen Emmerich, endet jedoch mit dem versehentlichen Mord an seinem Pflegevater. Er fragt sich, ob sein Eifer und Fleiß, die seiner Meinung nach seinen Traum vom Rittertum fördern, im Zusammenhang mit dem versehentlichen Mord an seinem Adoptivvater stehen. Diese Reflexion findet bei ihm nach dem Tod des Grafen Emmerich statt. In beiden Texten, dem von Thüring und dem von Tieck, sind Reymunds Klagen über sein Glück, seine Untat und den eventuell möglichen Verdacht der Leute, dass der Mord an Graf Emmerich ein absichtlicher Mord war, fast identisch, doch mit einer Ausnahme: Tieck hat Reymunds schuldbewusster Reflexion mit einem Sonett eine bessere Form gegeben. Der entscheidende Unterschied ist, dass Tieck gleich, nachdem er das soeben beschriebene Jammern von Reymund wiedergegeben hat, auch dessen weitere Gedanken dem Leser vor Augen führt, während Thüring nur zusammenfassend beschreibt, dass Raymond weiterhin jammert und klagt. Malzew betont Reymunds weitere Besinnung: Da weiß Reymund plötzlich nicht, „ob er die Mordtat mit Fleiß begangen hatte“.[51] Im Zusammenhang mit der Einleitung, dass Reymund von den alten Rittergeschichten ermutigt und beeindruckt wurde, wäre dies womöglich als eine Kritik Tiecks am Glauben der Vorbestimmung im Handeln des Protagonisten zu verstehen, weil der „Fleiß“ jedoch entgegen seines Wunschs steht. Reymund repräsentiert das Leben eines erfolgreichen jungen Mannes und strebt zielbewusst nach seinem Glück. Jedoch kommt immer wieder etwas Unerwartetes dazwischen, zum Beispiel das, was Graf Emmrich einst anhand der Himmelserscheinung vorhersah.

Tiecks Reymund reflektiert über sein Verhalten, das unter dem Einfluss „alter Geschichten“ steht, als er Melusina begegnet. Bemerkenswert ist, dass Reymund bei Melusinas Versprechen von „Glück, Reichthum und Macht“ (Tieck: S. 78) sofort wieder die Möglichkeit der Verwirklichung seines gewünschten ritterlichen Lebenskonzepts sieht. Nachdem Melusina ihn ihrer Frömmigkeit dem Christentum gegenüber versichert hatte, „bekam er seinen Muth und auch seine Farbe wieder, denn alle Zweifel waren nun bei ihm verschwunden“ (Tieck: S. 79). Zur gleichen Zeit ist ebenso sein Zweifel an einem zielbewussten, vorbestimmten

---

51 Malzew (2004), S. 173.

Schicksal verschwunden. Melusinas Hauptmotivation, einen irdischen Mann zu ehelichen, vereint sich somit mit Reymunds.

Im Vergleich mit Tiecks Melusina, die selber unterwegs nach einem irdischen Ehe-Kandidaten ist und ihm eine brillante Zukunft verspricht, wartet Fouqués Undine auf der Seespitze in der Fischerhütte „am Rande der Zivilisation, in unmittelbarer Beziehung zum Wasser und seinen Bewohnern“[52], die ihrem Ehe-Kandidaten keinen Aufstieg versprechen kann. Sie wurde auf Wunsch ihres Vaters in die irdische Welt geschickt, um durch die Vermählung mit einem irdischen Mann eine Seele zu erwerben. Zwischen dieser „Erdzunge“ (Fouqué: S. 4) in den See und der zivilisierten Reichsstadt liegt „ein sehr wilder Wald“ (Fouqué: Ebd.), der die Menschen abschreckt. Daher ist hier, in diesem Wald, „wenig oder gar nichts“ (Fouqué: Ebd.) Menschliches anzutreffen. In diesem Wald wohnt Undines Onkel Kühleborn, die Vertretung der männlichen Autorität aus dem Wasserreich. Er sorgt für Undine und ihre eventuelle Ehe, denn er ist es, der Huldbrands Schritte auf die Halbinsel zur Fischerhütte und zu Undine führt. Im Gegensatz zu Melusina weiß Undine jedoch nicht, wen sie treffen wird. Als sie in die Fischerhütte eintritt und Huldbrand sieht, „blieb [sie] staunend vor dem schönen Jünglinge stehn“ (Fouqué: S. 12). Dieses Schicksalstreffen hat Undine jedoch geahnt. Sie fragt Huldbrand: „Ei Du schöner, Du freundlicher Gast, wie bist Du denn endlich in unsere arme Hütte gekommen? Mußtest Du denn Jahre lang in der Welt herumstreifen, bevor Du dich auch einmal zu uns fandest? Kommst Du aus dem wüsten Walde, Du schöner Freund?“ (Fouqué: Ebd.). Das gleiche Gefühl auch Undine zu kennen und mit dem Fischer-Ehepaar bekannt zu sein, hat Huldbrand, ihm scheint, „als sey er mit diesem kleinen Haushalt verwandt und eben jetzt aus der Ferne dahin heimgekehrt“ (Fouqué: S. 9).

Bei der Begegnung versucht Undine Huldbrands Schicksalsweg zu ihr zu entschlüsseln und bittet ihn trotzig um die Erzählung seiner Erlebnisse im Wald. Huldbrands Bericht über sein Reiten durch den Wald lässt Folgendes deutlich werden. Erstens kennt Undine den Wald und seine Bewohner gut. Das „schwarze Ding“ an einem Baum spricht Huldbrands Pferd mit menschlicher Stimme als „Herr Naseweiß“ an (Fouqué: S. 39-40). Das wundert Undine nicht. Sie kommentiert diese Geschichte spaßig so: „Das beste bei der Geschichte ist, daß sie ihn doch nicht wirklich gebraten haben“ (Fouqué: S. 40). Dem Bach gegenüber drückt Undine ihren Dank für seine Hilfe beim Aufhalten von Huldbrands scheu gewordenem, unkontrollierbarem Pferd mit einer direkten Anrede „lieber Bach“ (Fouqué: S. 41) aus, die ihr Vertrauen zu diesem Bach zum Ausdruck bringt. Zweitens steht Kühleborn, Vertreter von Undines Vater, hinter der Begegnung zwischen Huldbrand und Undine. Huldbrand beschreibt die unvermeidliche, mächtige Kraft Kühleborn wie folgt: „So trieb es [ein ganz weißes, undeutliches Antlitz] uns [Huldbrand und sein Pferd] von Schritt zu Schritt, immer von dem

52 Trüpel-Rüdel (1987), S. 66.

Fußsteige abwärts, und ließ uns überhaupt nur nach einer einzigen Richtung hin den Weg noch frei" (Fouqué: S. 45). Undine steht als Elementargeist nicht allein. Selbst Kühleborn, der sich ein Einsiedler im Wald nennt, steht seiner Elementar-Verwandten zur Seite. Dies wird im Verlauf der Handlung immer klarer.

Obige Analyse erbringt den Nachweis einer gezielten Begegnung von Seiten der Wassergeister, obwohl Undine vor ihrer Begegnung mit Huldbrand noch nicht genau weiß, wen sie erwartet, und der irdische Protagonist, Huldbrand, zufällig – durch seine scherzhafte Bitte um Bertaldas Handschuh – in den Wald reitet und dadurch von Kühleborn auf den Weg zu Undine gezwungen wird. Huldbrands verborgene Motivation, während eines seiner Abenteuer eine Schönheit kennen zu lernen, wird dadurch nicht enttäuscht. Die Anziehungskraft Undines besteht für ihn hauptsächlich darin, dass Undine ein Naturwesen ohne Seele, launisch und unkultiviert ist. Doch gerade diese mit der Natur verbundenen Seite an ihr beunruhigt ihn. In Bezug auf Huldbrands widersprüchliche Wahrnehmungen hinsichtlich Undine möchte ich auf Punkt 3.1.2.1.1 hinweisen, in dem dieser Aspekt eingehend diskutiert worden ist. Undines zwiespältige Wesen spiegelt sich zugleich in der Natur wider, die in der Erzählung beispielsweise durch den Wald und den See zum Ausdruck kommt, denn sowohl der Wald als auch der See erregen trotz ihrer idyllischen Anmut zugleich auch Angstgefühle, so dass man sich plötzlich bedroht fühlt. Undines naives und spontanes Verhalten wirkt auf die gleiche Weise einerseits anziehend, andererseits beängstigend.

Zu Beginn seines Waldbesuches macht Huldbrand sich über diejenigen Leute lustig, die den Wald unheimlich finden. Er fühlt sich in diesem wohl und berichtet von einem „vergnüglichen" Wald: „Die Baumstämme blitzten (so) rot und schlank im Morgenlichte, das sich hell auf dem grünen Rasen hinstreckte, die Blätter flüsterten (so) lustig miteinander" (Fouqué: S. 38-39). Erst danach löst der Wald Angst und Entsetzen bei Huldbrand aus. Ein „schwarze[s] Ding" am Baum sammelt Zweige, um Huldbrands Pferd zu braten. Das Pferd wäre vor Schrecken fast in den Abgrund gesprungen, hätte nicht plötzlich ein Bach seinen Weg versperrt, der sein ungebändigtes Pferd zum Stillstand brachte. Huldbrand wird ebenso wie sein Pferd von Entsetzen gepackt, als er unterirdische Zwerge „durch den grünen festen Boden" hindurch sehen kann und die Zwerge „alle die spitzigen, metallschmutzigen Finger gegen mich [Huldbrand]" ausrecken und „wilder und wilder, und dichter und dichter, und toller und toller" (Fouqué: S. 44) gegen ihn (Huldbrand) heraufklimmen.

Die Umgebung des Sees scheint anfangs ebenso idyllisch zu sein. Das Wasser umarmt wie eine Geliebte die Halbinsel, auf der Gräser, Blumen und Bäume wachsen. Alles ändert sich an dem Abend, an dem Undine von ihren Pflegeeltern wegläuft. Auf der Suche nach Undine hört Huldbrand das „Geheul der Wellen und Stürme, [das] Krachen der Bäume" (Fouqué: S. 28). Die „gänzliche Umgestaltung der kaum noch so still anmutigen Gegend" (Fouqué: Ebd.) lässt Huldbrand an seinem ersten, positiven Eindruck der Halbinsel zweifeln. Er fragt sich, ob „die ganze

Landzunge samt der Hütte und ihren Bewohnern fast eine trügrisch neckende Bildung [Gebilde]" (Fouqué: Ebd.) ist. Diese „menschlichem Geschick entzogenen[,] unterschiedlichen Gesichter des Sees" werden mit Undines „Launenhaftigkeit und Unkalkulierbarkeit" verglichen.[53] Der Fischer erkennt darin die Ähnlichkeit zwischen dem Verhältnis seiner Frau zu Undine und seinem Verhältnis zum See. Er erklärt es seiner Frau so: „Du [des Fischers Frau] hast es mit Undinen und ich mit dem See. Reißt mir der doch auch oftmals meine Dämme und Netze durch, aber ich hab' ihn dennoch gern und Du mit allem Kreuz und Elend das zierliche Kindchen auch. Nicht wahr?" (Fouqué: S. 11). Die Begegnung von Undine und Huldbrand zeigt einerseits die Bemühung des Wasserreichs auf, einen Ehe-Kandidaten Undine nahe zu bringen, andererseits ebenso Undines und Huldbrands Bemühungen ihrer gegenseitigen Annäherung, die von Seiten Huldbrands jedoch im Schatten seiner Angstgefühle vor der manchmal bedrohenden Natur stehen.

In Goethes *Die neue Melusine* begegnet die Protagonistin ihrem irdischen Mann, dem Ich-Erzähler, nicht an einem Ort, aus dem wie bei Thüring und Tieck ebenso der Protagonist stammt, oder an dem wie bei Fouqué ebenso die Protagonistin wohnhaft ist, sondern in einem Posthaus, in dem man unterwegs übernachten kann. Das Merkmal der Beweglichkeit wird durch den Begriff „Kutsche" zum Ausdruck gebracht, der damals, im 18. Jahrhundert, gebräuchlicher als „Wagen" war.[54] Eine Reise mit einer Kutsche zu damaliger Zeit ist zwar mit einer Reise im heutigen Auto unvergleichbar, jedoch fand sie ebenso „mit unglaublicher Schnelle"[55] statt. Wenn im Mittelalter das Reiten auf einem Pferd hohe Geschwindigkeit und freie Beweglichkeit bedeutete, so gilt zu Goethes Zeiten das Reisen in einer Kutsche als eine neue Art dieses Abenteuers.

Daher ist es kein Wunder, warum die neue Melusine den Protagonisten, der anfangs in einer Kutsche reist und dann aus finanzieller Not die Kutsche aufgeben muss, für einen Ritter hält. Um einem derartigen Ritter zu begegnen, wird unbedingt vorausgesetzt, dass ihre Reise ebenso in einer Kutsche stattfindet. Nun, die Protagonistin in der Erzählung ist mit einer vierspännigen Kutsche unterwegs, die ihr einen adligen Status verleiht, um einen irdischen Partner zu finden und das Blut des Königreichs ein wenig aufzufrischen.[56] Nicht die Protagonistin selber, sondern die Kutsche hält die Aufmerksamkeit des Protagonisten gefangen. Diese Kutsche gehört vermutlich zu der Ausstattung, die das Königreich der Königstochter ebenso wie das Kästchen mit auf den Weg gegeben hat. Doch verfügt der Wagen außerdem über zwei kleine, magische Taschen an der Seite des Wagens, aus denen der Protagonist Gold- und Silbermünzen entnehmen und damit

53 Vgl. Trüpel-Rüdel (1987), S. 67f.

54 Gauger, Hans-Martin: *Goethe unterwegs – in der Kutsche*. In: *Goethe-Jahrbuch*. 120 (2003), S. 196-215, hier S. 197.

55 Vgl. Ebd., S. 202f.

56 Gauger legt ausführlich dar, dass die Kutsche vor der Erfindung des Autos ein Statussymbol war. Vgl. Ebd., S. 200f.

die von der neuen Melusine geforderte Reise bezahlen kann, egal ob die Protagonistin , ohne dass er davon etwas ahnt, in der Kutsche sichtlich anwesend oder im Kästchen versteckt mitreist. Diese Magie funktioniert erst dann nicht mehr, nachdem der Ich-Erzähler aus dem Zwergenreich entkommen ist. Man kann wohl sagen, dass die Ratgeber des Königs die weisesten Männer im Reich sind, die diese Sache sorgfältig durchgedacht haben, um die Suche der Königstochter nach einem irdischen Mann „aus gutem Hause“ zu erleichtern.

Obwohl die neue Melusine am Königshof unterrichtet worden ist, wie sie sich in der Menschenwelt zurechtfinden kann und wie sie gut ausgestattet ist – z. B. mit ihrem Zauberring, mit dessen Hilfe sie so groß wie eine irdische Frau werden kann; mit ihrem Kästchen, in dem sie ihre Zwergenfigur in Sicherheit bringen und verstecken kann; und mit ihrem Wagen, der ihrer Reise dient – scheint ihre Suche nach einem passenden Ehe-Kandidaten nicht leicht zu sein. Als der Ich-Erzähler sie zum ersten Mal beim Aussteigen aus ihrem Wagen erblickt, bemerkt er sofort die Traurigkeit auf ihrem Gesicht. Anders als in den vorigen Geschichten, in denen erst das Grußwort der Protagonistin die Aufmerksamkeit des Proagonisten auf sie lenkt, geschieht dies hier umgekehrt. Die neue Melusine ist scheinbar vor Trübseligkeit tief in Gedanken versunken, als der Ich-Erzähler ihr zum ersten Mal seinen Dienst anbietet. Er muss aus diesem Grund nochmals fragen, ob seine Dienste benötigt werden. Wie aus einem Traum erwachend erwidert sie ihm: „O ja!“ (Goethe: S. 175) und gibt ihm sogleich den Auftrag, das Kästchen mit aller Sorgfalt auf ihr Zimmer zu bringen. In ihm, dem Protagonisten und Ich-Erzähler, sieht die neue Melusine sogleich einen möglichen Ehe-Kandidaten.

Im Gegensatz zur gut ausgerüsteten neuen Melusine wandert der Ich-Erzähler planlos in der Welt umher. Das Geräusch der Kutsche lenkt seine Aufmerksamkeit von seinem Gedanken, Köchinnen oder Wirtinnen aufzusuchen und ihnen zu schmeicheln, auf den angekommenen Wagen. Der zufällige Anblick der Luxuskutsche führt ihn zur Begegnung mit dem überirdischen, weiblichen Wesen, der neuen Melusine. Sie beauftragt ihn, das Abendessen zu bestellen. Dadurch gewinnt er das Gefühl, ein selbstbewusster Herr zu sein. Als der Ich-Erzähler die Königstochter am nächsten Tag wiedersieht, nimmt sie Abschied von ihm. Sie gibt ihm einen Beutel Gold. Somit sind seine ökonomischen Wünsche vorerst erfüllt, denn die neue Melusine betrachtet ihn ihrer Motivation zufolge zunächst einmal nur als einen Prüfungskandidaten.

3.1.2.3 Bedingungen

Für Friedrich Panzer, der den Begriff der „gestörten Mahrtenehe“ etabliert hat, bildet eine Bedingung, die ein weibliches, überirdisches Wesen einem irdischen Mann innerhalb ihrer Liebesbeziehung oder ihrer ehelichen Beziehung stellt, den Angelpunkt in einer gestörten Mahrtenehe. Die Bedingungen der Wassergeistergeschichten, die in dieser Studie behandelt wurden, beziehen sich auf das Sehverbot, das Verbot der körperlichen Verletzung und das Treuegelöbnis. Der Bruch der Bedingungen hat in diesen Erzählungen zur Trennung von Wassergeistern und irdischen Männern geführt. Die in diesem Unterkapitel zu analysierenden Beispieltexte enthalten ebenfalls diesen Kern der Motivkonstellation der Mahrtenehe.

Melusina, die Protagonistin in Tiecks gleichnamiger Erzählung, stellt ihrem Liebhaber, Reymund, eine Bedingung, die er einzuhalten hat, nachdem er seine Bereitschaft geäußert hat, „alles das zu thun, was Ihr [Melusina] mir [Reymund] gebieten werdet" (Tieck: S. 79). Reymund ergänzt anschließend, dass seine Bereitschaft auf sein „Vermögen" und seine „Kräfte" (Tieck: Ebd.) beschränkt bleiben muss. Melusinas Bedingung überschreitet weder sein „Vermögen" noch seine „Kräfte". Er soll in der Ehe mit Melusia die Bedingung beachten, dass er samstags nicht nach ihr fragt. Die Tatsache, dass die Kontrolle in dieser Situation in seinen Händen liegt, ist Reymund bewusst. Daher willigt er auch sofort ein. Melusinas Bedingung zielt auf die Beständigkeit von Reymunds Liebe zu ihr ab, die ihr ein lebenslanges Zusammensein mit Reymund garantieren soll, damit Melusina vom Fluch ihrer Mutter, samstags als Mischwesen zu erscheinen, befreit werden und wie eine irdische Frau sterben kann. Hinter dem Erkundungsverbot verbirgt sich Melusinas Befürchtung, dass ihre an jedem Samstag stattfindende Verwandlung in eine Gestalt mit einem Schlangenschwanz Reymunds Liebe zu ihr töten kann.

Reymund war vor seiner Begegnung mit Melusina im Zweifel gewesen, ob Glück durch Streben erworben werden kann, schließlich begann er seine Missetat, den Tod seines Pflegevaters, wie er gesteht, „mit Fleiß" (Tieck: S. 76). Anders als in seiner Vorlage, Thürings *Melusine*, in der ein direkter Hinweis auf die Überzeugung von Wissen und Vernunft des Protagonisten fehlt, legt Tieck Ausdrücke wie „belügen" und „betrügen" in Reymunds Mund, mit denen er seinem Zweifel Ausdruck gibt, dass Wissen und Vernunft ihm Glück bringen können. Reymund klagt z. B. über das unzuverlässige Glück in den folgenden Versen:

> Ach Glück! wie hast Du mich so arg belogen,
> (...)
> Wollt' ihn [Reymunds Pflegevater] erretten, wurde schlimm betrogen" (Tieck: Ebd.).

Denn alte Rittergeschichten haben Reymund beeindruckt, sodass er glaubt, dass man sich durch heroische Taten in gesellschaftliche Höhen schwingen kann. Die Voraussetzungen für heldenhafte Taten seines Sohnes meint Reymunds Vater in der Ferne bei seinem Verwandten, Graf Emmerich zu erblicken, weil er „neben seinem Reichthum in vielen Wissenschaften wohlerfahren [ist], sonderlich in der Kunst der Astronomie" (Tieck: S. 70). Er glaubt, dass materieller Besitz und geistiges Wissen seinem Sohn eher das Glück bringen können, das er sucht, als seine eigene Liebe zu seinem Sohn. Seine Liebe allein verspricht nichts, steht in diesem speziellen Fall sogar dem Glück „im Wege" (Tieck: S. 72). Nach seiner Adoption in die Familie seines Pflegevaters, Graf Emmerich, lernt Reymund fleißig technische Regeln im Umgang mit Menschen, mit seinem Pferd und seinem Schwert. Die durch sein Lernen erworbenen Kenntnisse haben jedoch nicht verhindern können, dass der ungewollte Mord an seinem Pflegevater ihn ins Unglück stürzt. Die Unberechenbarkeit des Geschicks führt Reymund zur Zerrissenheit seines Gemüts. Das selbstbewusste und handlungsfähige Ich verliert seinen sicheren und festen Boden.

Erst als Melusina erscheint, geben ihre Worte Reymund wieder Mut, weil der Unfall nicht als vorsätzlicher Mord erkennbar ist und außerhalb Reymunds direkter Kontrolle lag. Melusinas Argumente werden zum einen durch ihre Behauptung „von göttlicher Hülfe" und zum anderen durch die Vorhersage von Reymunds Pflegevater gestützt, die er anhand wissenschaftlicher, astronomischer Beobachtungen macht. Reymunds religiöser Glaube und das Ergebnis der astronomischen Beobachtungen bestärken sein Selbstvertrauen.Und nichts anders als sein Selbstvertrauen verlangt Melusinas Bedingung von ihm. Er soll sein Handeln unter Kontrolle bringen können. Diese Aufgabe nimmt Reymund, nach dem Wiedergewinn seiner Identität und seines selbstbewussten Ich, problemlos an.

Fouqués Undine stellt Huldbrand, ihrem zukünftigen Ehemann - nicht wie Tiecks Melusina - vor ihrer Vermählung ihre Bedingung, obwohl Undine ebenso unsicher ist wie Melusina und nicht weiß, ob Huldbrand ihre wahre Herkunft als verabscheuenswürdig empfinden würde. Daher geht sie auf Huldbrands Frage, als er in der Hochzeitsnacht plötzlich wissen will, was sie mit „Erdgeistern" (Fouqué: S. 76) gemeint hat, als der Priester an die Tür klopfte nicht ein. Undine antwortet mit „Märchen! Kindermärchen" (Fouqué: Ebd.). Undines praktisches Ziel, durch ihre Vermählung mit einem irdischen Mann eine Seele zu erwerben, erfolgt eigentlich schon durch die physische Vereinigung in der Hochzeitsnacht, während Melusinas Befreiung vom Fluch ihrer Mutter ein beiderseitiges Versprechen eines lebenslangen Zusammenseins voraussetzt. Der Grund, warum Undine nicht nach dem Erwerb einer Seele Huldbrand verlässt, liegt darin, dass sie, eine romantische Figur, dem romantischen „Prinzip der Ganzheit"[57] folgt, das besonders in der Naturwissenschaft und der Naturphilosophie ein fundamentaler Begriff der Romantik ist. Fouqué konzipiert die Annäherung von Undine, einem überirdischen Wesen aus der scheinbar willkürlichen Natur, an Huldbrand, ein irdisches Wesen aus der kultivierten Gesellschaft, nach dem romantischen Prinzip der Ganzheit, dem ebenso menschliche und eheliche Beziehungen unterliegen. Undine wünscht mit Huldbrand und in ihrer eventuellen Ehe mit ihm eine totale, gänzliche Liebe zu erleben, entsprechend der romantischen Vorstellung der Ganzheit in der Natur. Nachdem Undine nun ihre Seele erworben hat, beginnt sie nach einer „ganzen" Liebe zu streben. Sie gesteht Huldbrand ihren „Betrug", dass sie vor der Vermählung seiner Frage nach ihrem Verhältnis zu Erdgeistern und Kühleborn mit dem Wort „Kindermärchen" ausgewichen ist, und verrät ihm sowohl ihre Herkunft als auch das Geheimnis der Wassergeister, nämlich dass sie nur durch

[57] Köchy, Kristian: *Ganzheit und Wissenschaft. Das historische Fallbeispiel der romantischen Naturforschung.* Würzburg 1997, S. 127.

die Ehe mit einem irdischen Mann eine Seele erlangen können. Dieses Geständnis entspricht der Intention des Autors, die darin besteht, Huldbrand bewusst einem beinahe natürlichen Wesen gegenüber zu stellen, das er anfangs, als er noch keine Ahnung von ihrer Herkunft hatte, sympathisch und verlockend fand, das er jedoch nach der Enthüllung ihrer Herkunft als befremdend empfindet.

Undines Geständnis ist jedoch noch nicht vollständig, als Huldbrand sie mit einer stürmischen Umarmung und seinem Schwur unterbricht, „sein holdes Weib niemals zu verlassen“ (Fouqué: S. 87). Eigentlich „wollte [Undine] noch sagen“, d.h. was sie eigentlich zu Wort bringen wollte, war eine weitere Bedingung, die sie erst später auf Burg Ringstetten als Bitte zum Ausdruck bringt:

> So schilst auch Du bisweilen und wetterleuchtest mit Zung' und Augen (...). Aber thu' das nie gegen mich, auf einem Wasser, oder wo wir auch nur einem Gewässer nahe sind. Siehe, dann bekämen die Verwandten ein Recht über mich. Unerbittlich würden sie mich von Dir reißen in ihrem Grimm, weil sie meinten, daß eine ihres Geschlechts beleidigt sei, und ich müßte lebenslang drunten in den Kristallpalästen wohnen und dürfte nie wieder zu Dir herauf, oder sendeten sie mich zu Dir herauf“ (Fouqué: S. 134-135).

Diese zusätzliche Bedingung bedeutet zweierlei: Zum einen führt das Verletzen dieser Bedingung zur Trennung ihrer Beziehung zu ihrem Mann, wie dies gewöhnlich in den Wassergeistergeschichten der Fall ist. Zum anderen hat das ganze Element, d.h. der gesamte Bereich „Wasser“ Macht über Undine. Sie, als ein Teil dieser Wasserwelt, ist für immer deren Gesetzen unterworfen. Gerade ihre Zugehörigkeit zu einer Welt, die für ihren Mann, Huldbrand, befremdend ist, stört ihn jetzt, obwohl er anfangs diese Welt in der Abgeschiedenheit und Isolation auf der Insel wie ein zu Hause empfunden hatte.

Als Huldbrand auf der Donaufahrt, trotz Undines Warnung, sie als „Hexe“ und „Gauklerin“ beschimpft, verschwindet Undine in der Flut des Flusses mit einer letzten Warnung: „[N]ur bleibe treu, daß ich sie Dir abwehren kann“ (Fouqué: S. 161). Das Treuegelöbnis hatte Egenolf schon vor Fouqués *Undine* in seiner Versdichtung *Peter von Staufenberg* bereits thematisiert. Dort trägt Peter seiner Untreue gemäß sofort Rechnung. Hier hingegen dauert es einige Zeit bis Undine Huldbrand mit dem Gesetz des Wasserreichs vertraut machen kann. Als Huldbrand sich für die Heirat Bertaldas entschließt, vermittelt ihm Undine im Traum, dass er habe ihre Bedingung verletzt. Doch scheinen sich Undine und Huldbrand weiterhin innerlich verbunden zu sein. Dies verdeutlichen Undines Tränen, die als Zeichen ihres Elementes und ihrer Liebe stehen. Auch Huldbrand bedient sich dieses Zeichens. Diesbezüglich lautet der Text wie folgt:

> Anfänglich konnte er [Huldbrand] nichts, als immer recht bitterlich weinen, wie die arme, freundliche Undine geweint hatte (...) Und dann streckte er die Hand aus, wie sie es gethan hatte, und weinte immer wieder von neuem, wie sie“ (Fouqué: S. 163).

Diese innerliche Übereinstimmung der Beiden zeigt sich ebenso von Seiten Undines:

> Dafür kam auch um diese Zeit oftmals die gute Undine zu Huldbrands Träumen; sie streichelte ihn sanft und freundlich und ging dann stillweinend wieder fort, so daß er im Erwachen oftmals nicht recht wusste, wovon seine Wangen so naß waren; kam es von ihren oder bloß von seinen Tränen?“ (Fouqué: S. 163-164).

Tatsächlich „weinte sie [Undine] sehr“ „unter den hellen Kristallgewölben“ (Fouqué: S. 171), wie sie ihm mittels eines Traumes zu verstehen gab. Das heißt, durch seine innere Verbindung mit ihr hat er ihre Trauer geahnt. Diese Verbindung wird bestätigt, als Undine Kühleborn sagt: „[Huldbrand] hat mich aus traurigem Herzen lieb“ (Fouqué: S. 172). Undine hat zwar keinen Zugang in die Burg mehr, nachdem sie den Brunnen versiegelt hat, weiß jedoch ebenfalls mittels durch dieser inneren Verbundenheit mit Huldbrand von seiner Trauer und seinen Tränen.

Als der Fischer, Undines Pflegevater, die Burg besucht und seine Tochter Bertalda nach Hause holt, kündigt Huldbrand seinen Heiratsplan mit Bertalda an. Undine lässt ihn „im Geiste über dem Mittelmeer [schweben] und zur Warnung dies[,] unser [Undines und Kühleborns] Gespräch [träumen]“, damit ihre Warnung ihn erreicht, denn nach „Elementar-Gesetzen“ führt Huldbrands Hochzeit mit Bertalda „zu des Zweiweibrigen Tode“ (Fouqué: Ebd.). Die Annäherung zweier Welten, die zu Anfang der Beziehung zwischen Undine und Huldbrand in Aussicht gestellt war, ist durch Huldbrands Liebesverrat gescheitert. Die innerliche Verbindung zwischen den Beiden ist dadurch gebrochen worden. Als Kompensation für die gescheiterte gegenseitige Annäherung von Undine und Huldbrand fügt der Autor ein symbolisches Ende im Prinzip der Ganzheit hinzu, indem er Huldbrand durch Undines Kuss sterben und seinen Grabhügel von einem Quellwasser umgeben lässt, sodass „die arme, verstoßene Undine auf diese Art noch immer mit freundlichen Armen ihren Liebling umfasse“ (Fouqué: S. 188).

Goethes Melusine stellt dem Protagonisten – wie Fouqués Undine – keine konventionelle Bedingung, die sich auf das Sehverbot bezieht. Bei der ersten Bedingung geht es um den Transport eines Kästchens, das von der neuen Melusine dem Ich-Erzähler übergeben werden soll. Diese Bedingung ist nicht wie die in Tiecks Geschichte *Melusina* mit der Verheißung von Reichtum, Ansehen und einem guten Ruf für Reymund verbunden, sondern unmittelbar mit einem Beutel Gold. Lubkoll hat Goethes neue Modifikation in der Motivkonstellation der Mahrtenehe im Zusammenhang mit der bürgerlichen Gesellschaft wie folgt zusammenfasst:

> Die Ökonomisierung der Beziehungen, den Tausch von Sexualität und Geld hat Goethe immer wieder im Symbol des Goldes, im Signifikanten des Kästchens ‚verschlüsselt' dargestellt – dies vielleicht zuletzt unter Bezugnahme auf die Französische Revolution, die den bürgerlichen Vertragscharakter der Liebe kodifiziert hat.[58]

[58] Lubkoll, Christine: *In den Kasten gesteckt: Goethes ‚Neue Melusine'.* In: Roebling, Irmgard (Hrsg.): *Sehnsucht und Sirene. Vierzehn Abhandlungen zu Wasserphantasien.* Pfaffenweiler 1991, S. 49-63, hier S. 54.

Die Ökonomisierung der Liebesbeziehung in der *Neue[n] Melusine* wird mit der zweiten, von der Geliebten gestellten Bedingung nachdrücklich zum Ausdruck gebracht. In der zweiten Bedingung soll sich der Protagonist „nun vor Wein und Weibern“ hüten, nachdem die neue Melusine ihm „noch mehr Gold“ (Goethe: S. 637) überließ.

Neben der Perspektive der Ökonomisierung der Liebesbeziehungen hebt Goethe seine Thematik der „Entsagung“, die im Untertitel von *Wilhelm Meisters Wanderjahre* enthalten ist, in dieser Erzählung – wie in den anderen Erzählungen der *Wanderjahre* – hervor. Die neue Melusine hat bei weisen Männern in ihrem Zwergenreich gelernt, was sie „zu tun und zu lassen habe“ (Goethe: S. 649), bevor sie mit ihrer Suche nach einem irdischen, männlichen Partner beginnt. Die neue Melusine, als Gelernte der Kunst der Entsagung, lehrt den Protagonisten weiterhin, wie er mit seinen Wünschen und sinnlichen Verlangen zukünftig umgehen soll. Sie rät ihm, „Ausbrüche einer plötzlichen leidenschaftlichen Neigung zurück[zuhalten]“, als der Ich-Erzähler sie fest in seine Arme schließt, um ihr einen Kuss zu geben. Dieser Rat gilt laut der neuen Melusine nicht nur im Umgang mit ihr selbst, sondern ebenso im Umgang mit allen weiblichen Wesen, denn der Protagonist trinkt unmäßig viel und verspielt viel Geld, sodass er in Finanznot gerät. So lautet der zweite Ratschlag der neuen Melusine: Er soll sich „vor Wein und Weibern“ hüten. Eine ähnliche Meinung drückt Undine in ihrer dritten Bedingung aus: ihrer Zwergenfigur „niemals vorwurfsweise zu gedenken“, d.h.: „nimm dich, [Huldbrand] vor Wein und Zorn mehr als jemals in acht“ (Goethe: S. 643). Als der Protagonist sein Wort nicht hält, indem er die neue Melusine beschuldigt, eine „Nixe“ und ein „Zwerg“ zu sein, gibt sie buchstäblich diesem Schlüsselwort Ausdruck: „[D]u [der Protagonist] verscherzest ein großes Glück, und auch ich [die Protagonistin] muß meinen liebsten Wünschen entsagen“ (Goethe: S. 646).

Goethes *Neue Melusine* weicht zwar von dem traditionellen Sehverbot ab, bleibt jedoch dem Element der „Enthüllung der wahren Natur“ des Wassergeistes treu. Das Kästchen der neuen Melusine ist mit dem heimlichen Zimmer der Melusine bei Thüring und Tieck vergleichbar. Ein Blick in das Kästchen ist durch die „besondere Funktion“ des Verschlusses ausgeschlossen, dass „es [das Kästchen] niemand in der Zwischenzeit zu eröffnen imstande ist“ (Goethe: S. 636). Ein zufälliger Blick in das Kästchen führt beinahe zu einer Trennung der Liebesbeziehung der beiden, wie dies oft in den Wassergeistergeschichten der Fall ist. Die dritte Bedingung unterscheidet sich zwar von der Bedingung der öffentlichen Enthüllung der wahren Herkunft der Protagonistin, wie in der Geschichte bei Thüring und Tieck oder der öffentlichen Beleidigung in der Geschichte bei Fouqué, wirkt jedoch ähnlich: Die Verletzung der dritten Bedingung führt zum Verlassen des Wassergeistes der irdischen Welt. Goethes *Neue Melusine* bietet allerdings dem Protagonisten eine Möglichkeit, wie er weiter mit ihr zusammen bleiben kann. Er müsste seine Welt verlassen und mit ihr ins Zwergenreich einkehren. In der Tat tritt der Protagonist mit Hilfe des Rings der neuen Melusine in ihre Zwergenreich ein. Goethes *Die neue Melusine* variiert von ihren Vorläufern sowohl in der Figurgestaltung als auch in den Folgen der Verletzung der Bedingungen des Wassergeistes.

3.1.2.4 Einige Liebesbeziehungen vor und deren Fortbestehen während der Ehe

Angesichts der schönen, weiblichen Wassergeister verhalten sich ihre irdischen Geliebten ihnen gegenüber recht unterschiedlich: Reymund reaktiv, Huldbrand halb aktiv und halb verängstigt und der Ich-Erzähler, der Geliebte der neuen Melusine übertrieben in seiner Hingabe.

Man kann mit der *Melusine* von Thüring begründen, deren Handlung auf der Liebesbeziehung der Hauptfiguren basiert, warum Reymunds Liebeswerbung in Tiecks *Melusina* reaktiv dargestellt wird: Reymunds innerer Konflikt ist hier wichtiger als in Tiecks Vorlage, der Erzählung von Thüring. Bedeutend ist, dass Tieck bei seiner Erneuerung der Thüringischen Erzählung den Akzent der Geschichte nicht auf eine vage interne Beziehung der Protagonisten zueinander legt, sondern auf die inneren Zweifel der Partner an der Nützlichkeit der Erkenntnis als auch an der Berechenbarkeit des Schicksals als Ursprung der inneren Zerrissenheit der Protagonisten.

Reymund begegnet Melusina in Tiecks Erzählung, als er in seine erste Identitätskrise gerät. Er zweifelt an seinem Selbstbewusstsein und an seinem Wissen. Seine Trauer über den von ihm verursachten Tod seines Pflegevaters vereinnahmt ihn zunehmend und seine Selbstzweifel verursachen in ihm eine innere Unsicherheit. Melusina verhilft Reymund, sein Selbstbewusstsein wieder zurück zu gewinnen, indem sie das „Unglück“, das seinem Pflegevater geschehen ist, als vorhergesehenes Schicksal erklärt, schließlich habe er auf die kosmologische Wissenschaft seines Pflegevaters vertraut. Die Aussicht auf eine erfolgreiche Zukunft liegt damit wieder in Reymunds Hand, d.h. solange er Melusinas Bedingung einhält, ihr samstags nicht nachzuforschen. Diese Bedingung wirkt sich bei Reymund als ein Paradox aus. Einerseits scheint er wieder in der Lage zu sein, seine Zukunft kontrollieren zu können, weil er als der Handelnde aufgrund dieser Bedingung wieder eine auf seinem Wissen basierende Entscheidung treffen kann, solange er sein Wort hält. Seine Selbstsicherheit basiert auf seinem Überblick, den er über seine Situation zu haben glaubt. Andererseits bleiben Melusinas Aktivitäten samstags wegen ihrer Bedingung für Reymund im Ungewissen. Dadurch entsteht die Gefahr, dass Reymund infolge dieses Paradoxes, dem des Scheins und dem des Seins, seine Handlungsfreiheit erneut verliert und wieder in Unsicherheit und in innere Zerrissenheit über sich selbst gerät.

Der zweite große Moment des Handlungsablaufs tritt ein, nachdem Reymunds Neugier in Bezug auf Melusinas Geheimnis durch seinen Bruder während dessen Besuchs geweckt wird. Reymunds inneres Vorhaben, die Wahrheit ans Licht zu bringen, kommt zwar nicht explizit zum Ausdruck, wird aber durch die Beschreibung seiner Gedanken bestätigt. In diesem Moment „schienen [die Worte seines Bruders] ihm recht und gut" (Tieck: S. 114), weil Reymund sie als Argument benutzen kann, um sein Handeln, das seine Wissenslücke über Melusinas Samstags-Aktivität zu schließen beabsichtigt, als moralisch richtig zu legitimieren. Das Vertrauen in der Ehe ist Reymund weniger wichtig, als „alles selber zu sehn" (Tieck: Ebd.). Tatsache ist, dass seine Frau ihrem Ehemann gegenüber treu und deshalb unschuldig ist, obwohl sie samstags Reymund ihr Unternehmen verheimlicht. Während er Melusinas Tun heimlich beobachtet, hört Reymund den Gesang seiner Frau, mit dem sie ihre Vorgeschichte andeutet. Anders als Huldbrand in Fouqués *Undine* ignoriert Reymund diese Andeutungen über Melusinas Herkunft. Er tut am nächsten Morgen, an dem Melusina wieder zu ihm zurückkommt, so, als ob nichts geschehen wäre. Es kommt nicht wie in Undines Fall vor, dass ihr Geständnis über ihre wahre Natur mit einem Kuss Huldbrands endet. Im Gegenteil, Reymund verschweigt ihr seine Gemütsbewegung, glaubt dem, was er vor Augen sieht, und fragt nicht, ob Melusinas verheimlichtes Tun samstags einen logischen Anlass hat. Diese Unklarheit führt schließlich zu Reymunds Trennung von Melusina.

Im Kontrast zu Reymunds weltlichem Streben baut Melusina neben Städten auch Klöster. Sie freut sich über die Leistungen ihrer Söhne, die sich durch ihren Mut und ihre Kraft Respekt und Ruhm errungen haben, und unterstützt gleichzeitig den Wunsch von Freymund, einem ihrer Söhne, ins Kloster Mailliers zu gehen. Sie glaubt ohne Zweifel an Gott und sucht bei Gott eine Erklärung für die Unfälle, die sich unerwartet ereignet haben, wie z. B. für den Brand des Klosters Mailliers. Im Gegensatz zu Reymunds praktischem Glauben an Wissen und Vernunft wird Melusina als eine archaische, doch gefühlvolle Figur dargestellt. Während ihrer Hochzeitsnacht dominieren in ihrem Schlafgemach Teppiche und Vorhänge, deren Motive mythische Figuren sind, wie z. B. Venus und Mars. In der Kammer, die sie für sich hat bauen lassen, singt sie mit einer Zitter in der Hand ein Lied, das aus Volksliedversen im Kreuzreim besteht und so schön gesungen wird, dass Reymund „bewegt und erschüttert" (Tieck: S. 116) ist. Tieck ist bewusst bei seiner Gestaltung einer sinnlichen Melusine von seiner Vorlage, Thürings *Meluine*, abgewichen, um seine Sympathie für ihre sinnliche Schönheit, die kontrastiv zu Reymunds Glauben an Wissen und Vernunft steht, deutlicher hervorzuheben.

Huldbrand und Undine haben sowohl vor als auch nach ihrer Hochzeit eine interessante Liebesbeziehung. Huldbrand verkörpert das Ich, den von der Natur entfremdeten Geist. Durch Zufall, weil er Bertalda, dem Adoptivkind eines Herzogs, schmeicheln will, betritt er einen Wald. Zu Beginn genießt er seine Zeit im Wald, d.h. in der Natur, befürchtet dann aber, dass er sich im Wald verwirren könnte. Diese widersprüchliche Einstellung zur Natur bildet eine anschauliche Parallele zu seinem Verhalten zu Undine, die im Gegensatz zu Huldbrand die Natur verkörpert. Fouqués *Undine* enthält zwei Annäherungsversuche. Beim ersten Versuch kommt Huldbrand in eine Gegend, deren Ausgang zur zivilisierten Welt durch das von Kühleborn verzauberte Hochwasser verschlossen ist. In dieser kleinen Welt lernt Huldbrand in der Fischerhütte, in der Gesellschaft des Fischer-Ehepaars und am See Gefühle kennen, die scheinbar in ihm tief verwurzelt sind. Hier fühlt er sich „mit diesem kleinen Haushalt verwandt und eben [erst] jetzt aus der Ferne dahin heimgekehrt" (Fouqué: S. 9). Noch intensiver ist diese Zuneigung bei Undine zu spüren. Undine ist aus Ärger vor ihrem Pflegevater in die Dunkelheit geflüchtet. Diese Unberechenbarkeit ihrer Laune stört Reymund jedoch nicht. Er versucht beharrlich diese nur kurz gesehene junge Frau wiederzufinden. Nachdem er sie wiederfindet, lässt er ihren Wunsch, etwas über sein Erlebnis im Wald zu hören, in Erfüllung gehen. Ihre Spontaneität spricht ihn ebenso an. Deshalb stört es ihn, dass die Frau des Fischers Undine wegen ihrer Unberechenbarkeit schilt. Jedoch begleitet Huldbrand gleichzeitig ein Angstgefühl, als er die geflüchtete Undine sucht. Es ist ein gemischtes Gefühl aus Freude und Angst, denn er ist sich sowohl der Gegensätzlichkeit als auch des harmonischen Einklangs ihrer beiden Wesen bewusst.

Genau das gleiche Gefühl hat Undine, als sie ganz bewusst mit dem Priester, den Kühleborn durch die Flut zu ihrer Hochzeit geführt hat, über die Seele spricht. Mit Erwartung und Zögern sagt Undine zu ihm: „Es muß etwas Liebes, aber auch etwas höchst Furchtbares um eine Seele sein." (Fouqué: S. 74). Die Beseelung des Menschen ist eine Metapher für das Erwachen des Selbstbewusstseins. Die Unberechenbarkeit der Laune und die Spontaneität dagegen veranschaulichen die Dynamik der Natur, die Undine in sich trägt. Die Natur, hier Undine, ist sichtbarer doch unbewusster Geist, im Sinne von Friedrich Schellings pantheistischen Ansichten über das Universum. Undine ahnt jedoch ihre „Beseelung", die in ihrer Ehe mit ihrem irdischen Mann, Huldbrand, stattfindet und dazu führt, dass sie jetzt sowohl Liebe als auch Leiden eines Menschen in der irdischen Welt empfinden kann, in der die Natur bedrohend und dem Menschen entfremdet ist.

Undine kann ihren Onkel Kühleborn nicht daran hindern, in ihrer Nähe aufzutauchen. Seine Besuche beunruhigen und betrüben Huldbrand, weil dieser Verwandte Huldbrand daran erinnert, dass Undine nicht zu seiner Welt gehört. Auch Bertalda teilt diese Auffassung, nachdem Undine sie in ihrer Offenherzlichkeit über ihre Herkunft aufgeklärt hat. Seitdem kommt Undine ihr „mehr gespenstisch als menschlich" (Fouqué: S. 123) vor. Bertalda mischt sich allmählich immer mehr in die Beziehungen zwischen Undine und Huldbrand ein, der unentschieden zwischen beiden hin und her schwankt. Nicht zu vergessen ist, dass Bertalda die leibliche Tochter des Fischers ist. Auffällig an ihr ist, dass die Charakterzüge der Unberechenbarkeit und der Spontaneität, die eigentlich Undine von Natur aus angehören, doch die in ihrer Ehe mit Huldbrand immer mehr in den Hintergrund treten, nun Bertalda zugeschrieben werden. Exemplarisch ist Bertaldas Verlassen der Burg Ringstetten, ohne persönlich Abschied zu nehmen. Diese Szene erinnert an Undine, die ebenso launisch aus der Fischerhütte in die Dunkelheit fortlief. Diesmal geht es um das Mädchen, das von Kind auf mit Undine verwechselt wurde. Die Sympathie, die Huldbrand für Bertalda empfindet, liegt in seiner Sympathie für die Natur begründet, der Huldbrand sich annähern will, ohne dabei den nötigen Abstand aufgeben zu müssen. Diesen sicheren Abstand findet er anscheinend in seinem Verhältnis zu Bertalda, die, verglichen mit Undine, weniger impulsiv, unberechenbar, launisch und spontan ist. Im Vergleich mit Reymund, der das Ich bezweifelt und sich ihm kritisch entgegensetzt, sucht Huldbrand in der Natur ein anderes Ich, kein unberechenbares, launisches Ich, sondern ein Ich, dessen Zueinanderfinden mit dem seinen eine Ganzheit bildet – eine führende, typisch dominierende Idee der Romantik.

In der Liebesbeziehung der Erzählung *Die neue Melusine* vergleicht sich der Protagonist, der gierig und ausschließlich auf Geld und Genuss bedacht ist, mit der Protagonistin, einer maßvollen und disziplinierten Prinzessin. Die Liebe des Protagonisten, d.h. des Ich-Erzählers, zu seiner Geliebten, der neuen Melusine, wird als fragwürdig dargestellt. Beispielsweise benutzt der Ich-Erzähler einerseits den Superlativ, wenn er seine Geliebte als „das allerliebste kleine Wesen", „bestes Herz" und „das Niedlichste" (Goethe: S. 641ff.) bezeichnet, andererseits kann er sich nur eine Weile „mit dem Andenken an sie beschäftigen" (Goethe: S. 637), weil finanzieller Profit in seiner Beziehung zu ihr im Zentrum seines Handelns steht. Er sehnt sich erst dann nach seiner Liebsten, als er wegen seinem leichtsinnigen und leidenschaftlichen Umgang mit Geld in finanzielle Not gerät. Diese Sehnsucht ist derart eng mit seiner Geldgier verbunden, dass er „nun gar nicht mehr ohne sie und ohne ihr Geld leben zu können" (Goethe: Ebd.) glaubt. Die Ökonomisierung der Liebesbeziehung[59] zieht sich durch die ganze Erzählung hindurch. Darüber reflektiert der Ich-Erzähler, indem er als gewordener Barbier seinen Reifesprozess distanziert kommentiert. Als zutreffendes Beispiel beschreibt er seine Reaktion auf das Geheimnis des Zwergenreichs, von dem er während einer vertraulichen Aussprache mit der Zwergin erfährt. Derzeit stellte er der Prinzessin viele Fragen und fühlte sich betrübt, als er erfuhr, dass seine Geliebte sich von ihm trennen und ins Zwergenreich zurückkehren muss. Seine Liebe zu der neuen Melusine ist jedoch nicht stärker als seine Geldgier, so dass er aufhört, weiter Fragen zu stellen, als er erfährt, dass „uns [den beiden Protagonisten mit der Zeit] das Geld ausgehen dürfte" (Goethe: S. 650). Der Ich-Erzähler, nachdem er die neue Melusine kennen gelernt hat, erhält von ihr die Aufgabe, ihr Kästchen zum von ihr bestimmten Ziel zu transportieren. Während dieser Reise gibt sie immer konkreter ihren Bedingungen Ausdruck, z. B. dass er sich von Wein und Weibern fern halten und mit Geld besser umgehen soll, damit er

59 Vgl. Lubkoll (1991), S. 49-63, hier S. 54.

sich bewusst wird, dass jeder in der Gesellschaft von gegebenen Situationen der Gesellschaft abhängig, und durch sie in ihrer Handlungsfähigkeit begrenzt ist. In diesem Sinn hat er den Umgang mit der neuen Melusine als Reifeprozess erlebt und blickt mit Spott und Ironie auf das maßlose Leben zurück, das er früher, vor seiner Begegnung mit der neuen Melusine, als ein zielloser Wanderer geführt hat.

Selbst wenn der Protagonist bis zum Zeitpunkt, an dem seine Geliebte ihm das Geheimnis des Zwergenreichs verrät, seine Liebe zu der Prinzessin und seine Gier nach Geld nicht voneinander trennt, ist nicht zu ignorieren, dass er zwar unbewusst, aber schrittweise auf den Weg der Entsagung gebracht wird. Die Protagonistin trägt die Verantwortung dafür, das Zwergengeschlecht durch neues Blut genetisch aufzufrischen. Sie benimmt sich vorbildlich zurückhaltend, während die Gefühle des Protagonisten außer Kontrolle geraten. Durch ihr Verhalten gibt sie ihm ein Vorbild. Die Prinzessin zeigt eine „gewisse Würde", indem sie ihn ermahnt: „Halten Sie solche Ausbrüche einer plötzlichen leidenschaftlichen Neigung zurück, wenn Sie ein Glück nicht verscherzen wollen, das Ihnen sehr nahe liegt, das aber erst nach einigen Prüfungen ergriffen werden kann." (Goethe: S. 635) Diese königliche Würde übt einen gewissen Einfluss auf diesen ziellosen Wanderer aus, der seiner Geliebten „nicht widerstehen konnte" (Goethe: S. 636). Sie selbst praktiziert vorbildlich den Weg der Entsagung und beeinflusst dadurch ihren Partner positiv.

Schmitz-Emans stellt die Prüfungen der Prinzessin in Frage und bezweifelt, dass „es für den Erzähler tatsächlich eine *Prüfung* [Hervorhebung durch Schmitz-Emans] darstellt, mit Gold versehen von Wirtshaus zu Wirtshaus zu reisen".[60] Diese Fragestellung wird im Rahmen der Entsagung beantwortet. Bevor der Ich-Erzähler seiner Geliebten begegnet, treibt er ein zielloses und planloses Leben. Nachdem ihm die Prinzessin das erste Reiseziel für den Transport ihres Kästchens genannt und ihm eine Summe für seine Reise dorthin gegeben hat, zählt er zunächst „das Geld" und macht dann „mancherlei Entwürfe" (Goethe: S. 636) für die anstehende Reise. Nach seinem Plan „stieg ich [der Protagonist] [an] mehrere[n] Stationen nicht aus und rastete nicht, bis ich [er] zu einer ansehnlichen Stadt gelangt war, wohin sie mich [ihn] beschieden hatte" (Goethe: Ebd.). Beim Warten an diesem Zielort verspielt er jedoch das Geld, das ihm seine Geliebte gegeben hat. Dann muss er wieder mit einer bestimmten Summe Geld zu einem anderen Zielort fahren. Seine Fehler werden ihm von der Prinzessin verziehen, bevor er ihre Herkunft in der Öffentlichkeit verrät. Diese Handlung sollte den Leser an den Protagonisten in Thürings *Melusine*, an Tiecks modifizierte *Melusina* und Fouqués *Undine* erinnern, die alle wegen ihrer polemischen Offenbarung über die Herkunft der Wassergeister vor aller Augen die irdische Welt verlassen mussten. Die zweite Strecke schafft er, indem er nicht die Mühe scheut, Tag und Nacht zu reisen. Jedoch scheitert dieser zweite Versuch, weil er wegen

60 Schmitz-Emans, Monika: *Vom Spiel mit dem Mythos. Zu Goethes Märchen „Die neue Melusine".* In: *Goethe Jahrbuch.* 105 (1988), S. 316-332, hier S. 321.

einer schönen Frau in einen Streit verwickelt wird. Die letzte Strecke endet infolge übermäßigen Alkoholkonsums mit Beschimpfungen seiner Geliebten. Er wirft ihr vor, sie sei eine Nixe und ein Gnom. Auf dieser Reise werden die positiven Erfahrungen beim Transport des Kästchens mit den negativen Erfahrungen in einer großstädtischen Umgebung verflochten. Auf diese Weise wird sowohl die Liebe des Ich-Erzählers angesichts seiner Einsamkeit beim Warten auf das Erscheinen seiner Geliebten, als auch gleichzeitig seine Entsagungsfähigkeit angesichts von Wein und Weibern geprüft. Schmitz-Emans kann nicht verstehen, dass „seine Prüfungen sich jeweils dadurch erledigen, daß er sich ihnen nicht gewachsen zeigt".[61] Goethe beabsichtigt hier nicht nur eine „endliche Entwicklung" (Goethe: S. 633) des Protagonisten, d.h. dass er schließlich mit seiner Entsagungsfähigkeit vertraut ist – genauer gesagt, dass der Taugenichts sich zum Barbier entwickelt hat, der über das Talent des Erzählens verfügt – sondern er erwartet eine „ganz natürliche Entwicklung der wundersamen Begebenheiten" (Goethe: S. 641), d.h. wie der Ich-Erzähler sich auf seiner Reise in Begleitung der neuen Melusine auf natürliche Weise, nicht zwanghaft oder widerwillig, bewusst wird, dass die Entsagung das tatsächliche Ziel seiner Reise ist. Diese Auffassung, die den Aufbau der Handlung beeinflusst, wird durch die Metapher Musik verständlich. Anfangs versteht der Protagonist Musik nicht. Sie hat „vielmehr auf mich [den Ich-Erzähler] eine unangenehme Wirkung" (Goethe: S. 644). Die Prinzessin hat das gemerkt und

> suchte mich [den Ich-Erzähler] daher niemals, wenn wir allein waren, auf diese Weise zu unterhalten; dagegen schien sie sich in Gesellschaft zu entschädigen, [weil sie bei ihm kein Ohr fand,] wo sie denn gewöhnlich eine Menge Bewunderer [für ihr Talent und Verständnis der Musik] fand (Goethe: Ebd.).

Als der Ich-Erzähler seine Geliebte in seiner Trunkenheit beschimpft, greift sie, anstatt sich zu rechtfertigen oder zu rächen, zur Laute, „als wolle sie die Aufmerksamkeit der Gesellschaft aus dieser Störung wieder auf sich heranziehen" (Goethe: S. 646). Der Ich-Erzähler bekennt den Fehler, den er seiner Geliebten gegenüber begangen hat, und findet somit schließlich einen Zugang zu Musik. Die neue Melusine wartet mit Geduld die „natürliche Entwicklung" (Goethe: S. 641) des Protagonisten ab, sowohl in seinem Verständnis für Musik als auch in seinem Verständnis für die Kunst der Entsagung. Wenn man das Projekt der *Wanderjahre* betrachtet, ist der Roman ebenso ein Medium, das eine „natürliche Entwicklung" der Menschheit erwartet, um eine Harmonie des Ich mit der Gesellschaft zu erreichen.

3.1.2.5 Ende der Liebesbeziehung und Ehe

In einer Mahrtenehe ist es üblich, dass das Zusammensein eines weiblichen Wassergeistes mit einem irdischen Mann befristet ist. Tieck und Fouqué sind in die-

---

[61] Schmitz-Emans (1988), S. 316 332, hier S. 321.

ser Hinsicht dem alten Muster der Mahrtenehe treu. Tiecks Melusina und Fouqués Undine beschränken ihr Zusammensein mit ihrem Geliebten zeitlich, solange der Kern ihrer Bedingungen nicht berührt wird, nämlich ihre wahre Natur vor der Öffentlichkeit bloßzustellen. Goethe lässt dagegen die Liebesgeschichte der neuen Melusine nach der Enthüllung ihrer Herkunft vor der Volksmenge noch fortsetzen, jedoch unter der Bedingung, in einer verkleinerten Figur, die durch den Zauberring ermöglicht wird, mit ihr in ihrem Zwergenreich zusammen zu leben. Den Vorschlag der neuen Melusine nimmt ihr Geliebter in Kauf.

Tiecks *Melusina* unterscheidet sich, was die Abschiedsszene der Liebespartner betrifft, inhaltlich kaum von Thürings *Melusine*, nur formal, da Tieck statt der Prosaform Verse verwendet, wie z. B. die Stanze und den Knittelvers. Auf diese Szene, die inhaltlich zum größten Teil der Vorlage von Thüring treu bleibt, kann jedoch ein neues Licht geworfen werden, indem sie unter dem Gesichtspunkt, dass Tieck eine neue Intention verfolgt, betrachtet. Dabei zeigt sich, wie ein bewusst handelndes Ich an seiner einstigen Überzeugung, die Welt sei berechenbar, zweifeln und wie es sich mit diesem Problem konfrontieren kann.

Ich möchte in meiner Analyse zu Tiecks *Melusina*, hinsichtlich Melusinas Motivation in ihrer Liebesbeziehung zu Reymund und ihrer Begegnung mit ihm, darauf hinweisen, dass die archaische Gestaltung der Melusina einen scharfen Kontrast zu Reymund bildet: Er befasst sich mit Wissen und Technik; sie ist primär daran interessiert, durch eine Verehelichung mit einem irdischen Mann eine Seele zu gelangen. Allgemein gesehen sind beide Charaktere christlich Gläubige. Die christliche Auffassung, dass ein Jeder seine eigene Verantwortung für sein Handeln trägt, wurzelt in beiden: Sowohl Melusina als auch Reymund sind sich dessen bewusst. Der Unterschied zwischen ihnen besteht darin, ob man sich auf die Ordnung Gottes verlassen kann, die in Form der Gerechtigkeit Gottes auf eigene Weise zum Vorschein kommt. Als Melusina erfährt, dass ihr Sohn, Geoffroy, seinen Bruder, Reymund, zusammen mit allen Mönchen im selben Kloster, das seine Mutter hat errichten lassen, verbrannt hat, versucht Melusina ihren Mann, Reymund, zu trösten. Sie gibt ihm zu verstehen, dass er nicht selbst an diesem Unglück schuld ist und dass seine Wut auch nichts hilft, weil alles nach dem Willen Gottes vorbestimmt ist. Reymunds Nachdenken, ob sein versehentliches Verbrechen, das er an seinem Pflegevater begangen hat, mit dem Verbrechen, das die nächste Generation begeht, in direktem Zusammenhang steht, könnte sich in eine gute Richtung entwickeln, wenn er seine anderen Verbrechen und Irrtümer als Anregung zum Nachdenken über seine eigenen Unzulänglichkeiten wahrnimmt. Jedoch betrachtet er die wahre Herkunft seiner Frau als Auslöser für den Mord ihres Sohnes, leugnet aber sofort die Assoziation von Geoffroys Verbrechen mit seinem eigenen, versehentlichen Mord an seinem Onkel. Der Wissenszwang, wer hinter dieser Tragödie steht, führt nicht zur Wahrheit, sondern zu seiner falschen Einstellung gegenüber Melusina, die er für die Mordtat Geoffroys an seinem Bruder und den Mönchen des Klosters verantwortlich hält.

Melusina verlässt Reymund und kehrt nicht mehr zu ihm zurück. Erst nachdem Geoffroy seinem Vater Melusinas eigene Geschichte erzählte, nach der sie ihren Vater getötet hat, weil er sein sexuelles Verlangen trotz seines Versprechens, Melusinas Mutter nicht im Wochenbett zu besuchen, dennoch stillte, sieht Reymund seinen Fehler ein. Ihre Gestalt eines Mischwesens greift auf den Fluch ihrer Mutter zurück, die den Tod ihres Mannes nicht akzeptieren kann. Die hässliche Missbildung Melusinas, die nur samstags ganz privat in der Isolation ihres Badezimmers erscheint, verdeckt eine andere Tragödie der Familie, in der Melusina sowohl Täter als auch Opfer ist. Reymund bereut seine falsche Erkenntnis, die seine Frau gezwungen hat, sich von der Familie zu trennen. Die neue Erkenntnis, dass Reymund seine Frau ungerecht behandelt hat und der Ursprung dieses Fehlers auf Reymunds Bruder, nicht auf Reymund selbst, zurückgeht, löst eine neue Tragödie aus. Geoffroy begeht wieder eine neue Misstat, die Reymunds Bruder, Geoffroys Onkel, in den Tod treibt. Reymund verbringt daraufhin in einem abgelegenen Kloster den Rest seines Lebens.

Fouques Undine trennt sich von Huldbrand, nachdem er sie vor allen Reisenden auf der Donau als „Hexe“ und „Gauklerin“ beschuldigt hat. Sie kehrt in ihre Welt zurück und hofft, dass Huldbrand ihr die Treue hält und diese letzte Gren ze ihrer Partnerschaft nicht überschreitet. Am Anfang ihrer Trennung besteht zwischen ihnen eine intensive innerliche Verbundenheit. Huldbrand hat Undines Trauer wahrgenommen, denn sie lässt ihn mittels eines Traumes einen Blick in die hellen Kristallgewölbe werfen, unter denen sie lebt. Diese innerliche Verbundenheit, die Huldbrand empfindet, symbolisiert die Vereinigung des Ich (Huldbrand) mit der Natur (Undine), die im letzten Handlungsabschnitt der Erzählung, als Huldbrands Grab vom Wasser eines Brunnens (Undines Verwandlung) umarmt wird, einerseits als gescheiterter Versuch der Vereinigung der beiden und andererseits als utopische Illusion der Vereinigung ihr Ende findet.

Vor Huldbrands Tod warnt Undine ihn in einem Traum vor der Todesstrafe, die nach dem Elementar-Gesetz gegen Untreue durchgeführt wird. Er hat den Schwanklang gehört, der den Tod verkündet. Pater Heilmann, der zur Hochzeit von Huldbrand und Bertalda eingeladen wird, deutet an: „Es gibt noch andre Einsegnungen als die am Traualtar, und bin ich nicht zur Hochzeit gekommen, so kann es ja doch zu einer anderen Feier gewesen sein. Man muß alles abwarten. Zudem ist ja Trauen und Trauern gar nicht so weit auseinander, und wer sich nicht mutwillig verblendet, sieht es wohl ein“ (Fouqué: S. 174). Als Bertalda, die Braut in Huldbrands zweiter Ehe, den Stein auf dem Brunnen, den Undine gesetzt hat, wegtragen lässt, steigt eine Wassersäule empor, die die Gestalt eines Weibes annimmt, die der Undines gleicht. Huldbrand erkennt gleich am ihm bekannten Klopfen an der Tür, dass es Undine war. Dieses Erkennen ist zugleich mit einem Gefühl der Befremdung verbunden. Huldbrand verdeckt seine Augen mit seinen Händen, weil er fürchtet, dass ihr Antlitz hinter dem Schleier abscheulich ist. Undine beruhigt ihn und zeigt ihm ihre Schönheit. Daraufhin küsst sie ihn und mit diesem Kuss stirbt er.

Diese Szene hat Fouqué einerseits beängstigend, andererseits rührend beschrieben. Doch liest man zwischen den Zeilen, dass die stattgefundene Vereinigung nur eine Illusion sein kann. Undines Stimme ist „weinend", doch spricht sie in kühlem Ton, dass Huldbrand nur „in ein kaltes" Hochzeitbett gehen kann. Ihr Gesicht ist zugleich aber „himmlisch schön" und „hold". Vor ihr fühlt sich Huldbrand „bebend vor Liebe und Todesnähe". Tränen vereinigen die beiden wieder, als Undines Tränen sich „in des Ritters Auge" drängen und „im lieblichen Wehe durch seine Brust" wogen, „bis ihm endlich der Atem entging und er aus den schönen Armen als ein Leichnam sanft auf die Kissen des Ruhebettes zurücksank" (Fouqué: S. 182-183). Undines Liebe und Trauer sind mit ihren Tränen in das Herz Huldbrands übergegangen. Bei Huldbrands Bestattung erscheint Undine wieder. Die Worte von Pater Heilmann betonen ihre Liebe zu Huldbrand, während Bertalda Undine als Mörderin und Zauberin beschimpft. Der alte Mann äußert sich in dieser kontrastiven Situation wie folgt: „Ich sehe nichts darin als die Gerichte Gottes, und es ist wohl niemanden Huldbrands Tod mehr zu Herzen gegangen als der, die ihn verhängen mußte, der armen, verlaßnen Undine!" (Fouqué: S. 185). Der Autor bietet uns ein noch sanfteres Bild, als er ihren liebevollen Kuss auf Huldbrands Mund beschreibt. Undine verhält sich in dieser Situation so ruhig und sanft, dass Bertalda von ihr bewegt wird und sich mit Tränen an ihre Wohltat erinnert, deren Empfängerin sie in der Vergangenheit war. Die Versöhnung erreicht nicht nur die Lebenden, Bertalda und die Totengräber, sondern ebenso Huldbrand. Undine verschwindet plötzlich. „An der Stelle, wo sie gekniet hatte, quellt ein Brünnlein aus dem Rasen", das wie Undine „mit freundlichen Armen ihren Liebling [umfasst]". So endet die Erzählung mit einer Versöhnungsillusion, denn an der Tatsache, dass Huldbrand tot ist, kann Undine nichts ändern. Mit dem Bild, dass Undine aus einem Brunnen entsteigen lässt und als Wassergeist das Grab umarmt, hat Fouqué eine Liebesvereinigung darstellen wollen, die in Wirklichkeit nicht stattgefunden hat, sondern als Illusion, d.h. ein den Leser tröstendes Bild, zu verstehen ist.

Goethes neue Melusine muss sich ebenso wie Tiecks Melusina und Fouqués Undine von ihrem irdischen Geliebten trennen, nachdem er ihre wahre Natur in der Öffentlichkeit verraten hat. Die Zwergin erklärt ihrem Geliebten, jedoch mit vagen Worten, dass „sie [die neue Melusine] nach dem[,] was [ihr] begegnet, notwendig zu ihren Eltern zurückkehren müsse" (Goethe: S. 650). Einen klaren Grund für diese plötzliche Rückkehr hat sie jedoch nicht angegeben. Die mögliche Folge, wenn sie, nachdem er ihre Herkunft verraten hat, weiterhin zusammenbleiben, ist, dass alles für sie und für ihren Geliebten verloren wäre. Sie gibt ihm anschließend einen geringen Anlass zur Hoffnung, wieder zu ihm zurückkommen zu können. Der Ich-Erzähler fragt jedoch weder nach, warum alles verloren wäre, wenn sie sich nicht trennen, noch zeigt er Interesse an einem Wiedersehen. Wichtiger ist ihm, dass er von ihr erfährt, dass die Beutel, aus denen er früher Geld schöpfte, ihm bald kein Geld mehr bieten.

Der Ich-Erzähler darf der neuen Melusine trotz dieses Abschiedsgesprächs bis zur Grenze ihres Zwergenreichs folgen. Dies ist eine gebirgige Gegend mit „einem engen Wiesengrund, durch welchen sich eine klare Quelle bald stürzte, bald ruhig laufend schlängelte" (Goethe: S. 651). Hier ist wiederum eine Anspielung auf das Wasserelement der Figur Melusine ersichtlich. Genau an dieser Grenze verabschiedet sich die neue Melusine endgültig von ihrem Geliebten. Der Liebende wird plötzlich wieder, wie bei der ersten Begegnung mit Melusine, von seiner Leidenschaft gepackt, sodass er seine Bitte um einen Aufenthalt im Zwergenreich, „mit so jämmerlichen Gebärden und Tönen" (Goethe: Ebd.) ausruft. Die gelassene Beobachtung des Ich-Erzählers dagegen, die sich durch Abstand auszeichnet, macht diese Übertreibung des Gemüts besonders deutlich. Er kann jedoch bei seiner Geliebten bleiben, sobald er sich entscheidet, „mit ihr [der neuen Melusine] so klein zu werden" (Goethe: Ebd.) wie sie und ihr Zwergenreich.

Die kleine Figur ist für den Ich-Erzähler zunächst kein Problem. Er ist anfangs verwundert, wie prächtig der Palast des Zwergenreichs ist. Das erste Problem meldet sich mit der Verkündung seiner Hochzeit mit der neuen Melusine, der Prinzessin des Zwergenreichs. Der Grund liegt darin, dass er eine Ehe prinzipiell verweigert, auch wenn er in seiner irdischen Welt lebt, wie er gesteht. Was er in einer Ehe unmöglich findet, ist die Harmonie zwischen zwei Personen. Diese Auffassung lässt erkennen, dass er eine Person ist, die sich nicht rücksichtsvoll in Bezug auf andere verhält und die keine Verantwortung für seine Beziehung zu seiner Ehepartnerin übernehmen will. Nach den heiteren Hochzeitstagen fand er in „einsamen Stunden" Zeit nachzudenken, was ihm völlig neu erscheint. Ein weiteres gutes Phänomen ist, dass er als Zwerg im Zwergenreich lernt, wie man proportioniertes Essen und Trinken genießt. Jedoch fühlt er sich in dieser Gestalt nicht wohl, weil er seine ursprüngliche Größe und seine damit verbundenen größeren Bedürfnissen nicht vergessen kann. Er feilt den Zauberring, der ihn klein gemacht hat, von seinem Finger ab und verwandelt sich zurück in seine normale Körpergröße. Nun kommt er „denn endlich, obgleich durch einen ziemlichen Umweg, wieder an den Herd zur Köchin" (Goethe: S. 656). Das Wandern ist auf keinen Fall ein Umweg für den Protagonisten. Er hat gelernt, wie man sich verhältnismäßig verhält und einen Beitrag zur Gesellschaft leisten kann, in seinem Fall, indem er Barbier geworden ist und seine Schwätzerei zur Erzählkunst verwandelt hat.

Das Ende dieser drei Erzählungen zeigt den problematischen Wissenszwang Reymunds, das Scheitern des Vereinigungsversuchs von Huldbrand (Geist) und Undine (Natur) und die harmonische Beziehung des Barbiers (des Einzelnen) zur Gesellschaft. Dieses Verhältnis bezieht sich jeweils auf die Themen des Ich: In Tiecks *Melusina* geht es um die Beziehung des Ich zu seinem Innern, in Fouqués *Undine* um die Beziehung des Ich als ein Ganzes im Universum und in Goethes *Neue Melusine* um die Beziehung des Ich zur Gesellschaft.

3.1.3 Zwischenbilanz

Den oben analysierten Erzählungen ist gemeinsam, dass die Wassergeistergeschichten nach der gleichen Struktur ablaufen. Unterschiede ergeben sich jedoch daraus, dass für jedes erneute Erzählen der konstanten Motivkonstellation ein eigener Ausgangspunkt im Rahmen der Thematik des Ich vorausgesetzt wird.

Als einer der Frühromantiker lenkt Tieck wie seine gleichgesinnten Kollegen sein Augenmerk kritisch auf den „Absolutismus der Vernunft".[62] Nach Hellges Liste der Motive im Werk Ludwig Tiecks kann Reymunds Verhalten nur als eine Erkenntnisproblematik bezeichnet werden. Hellges Zusammenfassung der Erkenntniskrise, die in Tiecks Frühwerk anhand dieser Liste erkennbar wird, trifft ebenso auf seine *Melusina* zu. Hellge fügt dann ihrer Aussage folgende Beobachtung hinzu:

> Seine [Tiecks] frühen Dichtungen konkretisieren die Problematik der Erkenntniskrise (...) und führen sie als eine existentielle Krise nicht nur des Künstlers oder ‚Auserwählten' vor, sondern [die Krise] eines jeden Menschen, der die Grenze der Kindheit überschreitet und damit den destruktiven und desorientierenden Wirkungen von Zeit und Bewußtheit ausgesetzt wird."[63]

Tieck hinterfragt in der Bearbeitung seiner *Melusina*, ob und inwieweit die Selbstverwirklichung des Einzelnen durch Wissen und Erkenntnis ermöglicht werden kann, gerade weil die lange Überlieferungszeit seiner Vorlage ihre Anziehungskraft sowohl für ihn als auch für seinen Leserkreis erhöht, sodass seine *Melusina* einen jeden wie ein Rätsel fasziniert. Die wichtigste Intention Tiecks bei der Umgestaltung des Stoffes ist, dass er Reymunds Geschichte damit beginnt, dass Reymunds Lebensplan stark von „alten Geschichten" beeinflusst wird. Der Protagonist strebt mit Selbstbewusstsein nach seinem Glück, scheitert jedoch in seinem Unternehmen. Er stellt dadurch die Selbstverwirklichung des Einzelnen durch Erkenntnis und Selbstbewusstsein in Frage.

Die Analyse der Stoffstruktur von Fouqués Erzählung *Undine* zeigt, dass die spontane und unberechenbare Undine Schellings philosophische Idee der belebten Natur verkörpert. Diese Wassergeistergeschichte stellt die Annäherung des Geistes (Huldbrand) an die Natur (Undine) dar, die sich eigentlich in einer Ganzheit befinden sollen und seit der Aufklärung tendenziell durch die Verabsolutierung der Vernunft getrennt werden. Huldbrand findet diese ihn befremdliche Wildheit einerseits anziehend, andererseits bedrohend. Neben Undines Charakterisierung trägt das Elementar-Gesetz weiterhin dazu bei, dass die absolute Treue des Ehemanns beansprucht, dass der Bereich des Wassers, Symbol der Natur, geregelt wird. Selbst die Landschaft, die Undine umgibt, wird der „Idee einer Allbeseelung"[64] gemäß personifiziert dargestellt. Undine und Huldbrand, sie als

---

62 Vgl. Pikulik, Lothar: *Frühromantik. Epoche-Werke-*Wirkung. München 2000, S. 23f.

63 Hellge, Rosemarie: *Motive und Motivstruktur bei Ludwig Tieck.* Göppingen 1974, S. 23.

64 Schelling (1994), Bd. 5, S. 87.

Vertreterin der beseelten Natur und er als Vertreter des durch die Entwicklung der Naturwissenschaften getrennten Geistes, finden einander wieder und versuchen sich erneut einander zu nähern. Schelling skizziert in seiner Schrift der *Ideen* den Prozess der Entwicklung, dessen erste unbewusste Phase – in der die Natur noch als der unbewusste Geist, umgekehrt der Geist noch die unsichtbare Natur ist[65] – zur zweiten Phase führt, in der der Geist mit der Natur eins ist. Er geht davon aus, solange er als kultivierter Mensch

> selbst mit der Natur identisch bin, verstehe ich, was eine lebendige Natur ist, so gut, als ich mein eigenes Leben verstehe; begreife, wie dieses allgemeine Leben der Natur in den mannichfaltigsten Formen, in stufenmäßigen Entwicklungen, in allmähligen Annäherungen zur Freyheit sich offenbaret.[66]

Der Versuch, dieses Verständnis füreinander zu finden, ist schließlich bei Undine und Huldbrand gescheitert.

Das Thema der Entsagung im Projekt Goethes *Wanderjahre* enthält vor allem die folgenden zwei Elemente. Zum einen „[findet sich] jeder Mensch von den frühsten Momenten seines Lebens an, erst unbewußt, dann halb-, endlich ganz bewusst, immerfort bedingt, begrenzt in seiner Stellung [der Gesellschaft gegenüber]“ (Goethe: S. 709), zum anderen benötigt jeder Mensch „gewisse Talente (...), die zum Nutzen oder Vergnügen einer jeden Gesellschaft dienen würden“ (Goethe: S. 632). Bedingt zu sein bedeutet für Goethe sich selbst zu disziplinieren, um sich in das Ganze der Welt zu integrieren.

Goethes Erzählung *Die neue Melusine* zeigt, dass das erste Element die Voraussetzung für das zweite Element seines Themas der Entsagung ist. Der Ich-Erzähler, der von Beginn an in Goethes Erzählung als ein Taugenichts erscheint, bietet ein „Muster-Gegenbeispiel“[67] der Entsagung. Er unterwirft sich seiner eigenen Gier nach Geld und seiner Sucht nach Wein und Weib. Die Figur der neuen Melusine von Goethe ist im Vergleich dazu eine kontrastreiche Figur. Sie trägt die soziale Verantwortung ihres Zwergenreiches auf ihren Schultern und wird durch weise Berater im Zwergenreich belehrt, sich angemessen zu verhalten. Als der Protagonist um eine intime Beziehung zu der Zwergenprinzessin bittet, erprobt sie seine Liebe. Sie stellt ihn Bedingungen. Dadurch begibt sich der Protagonist in ein Abhängigkeitsverhältnis zu ihr, das ihn vom Dasein des Taugenichts befreit. Sie geht also nicht gleich in die Liebesbeziehung zu dem von ihr ausgewählten Ehe-Kandidaten ein, sondern wartet geduldig auf das Ergebnis ihrer Probe. Nach Seidlins Analyse „klammert diese Erzählung [*Die neue Melusine*] das Thema Entsagung geflissentlich aus“, weil die neue Melusine kein Sehverbot beansprucht. Das Motiv „Sehverbot“, das die „Sünde des Erkenntnisdranges“ und

65 Vgl. Ebd., S. 107.

66 Ebd., S. 100.

67 Seidlin, Oskar: *Von erwachendem Bewußtsein und vom Sündenfall: Brentano, Schiller, Kleist, Goethe.* Stuttgart 1979, S. 167.

die „Entblößung des Pudendum[s] [Vulva]“ [68] als verhüllter Sinn in sich trägt und in der Vorlage bei Thüring bestimmt, dass Melusines Geliebter ihr samstags nicht nachforschen darf, hat eigentlich die Funktion, die Entsagungsfähigkeit des Protagonisten zu prüfen. Bei Goethe löst sich das Geheimnis der Zwergenprinzessin durch das zufällige Erblicken des Protagonisten ins Innere des Kästchens von selbst. Die Entsagungsfähigkeit des Protagonisten wird dadurch nicht auf Probe gestellt.[69] Es gibt in Goethes Version der Melusine-Erzählung zwar kein Sehverbot, dennoch hat das Thema der Enthüllung der wahren Identität der Protagonistin, das wie in Thürings Geschichte das Verlassen der Protagonistin aus der irdischen Welt verursacht, den Protagonisten in Goethes Bearbeitung zum Zwergenreich geführt. Der Grund für die Änderung der Bedingung vom Sehverbot zum Transport eines Kästchens liegt an den geänderten sozialen Bedingungen der Zeit, in der das Bürgertum zunehmend an Bedeutung gewann. Gleichzeitig geht es besonders um das bürgerliche Vertragsdenken, d.h. die geänderten sozialen Beziehungen haben nicht nur mit menschlichen Gefühlen, sondern zugleich auch mit legalem Recht, gesetzlicher Pflicht und dem schnöden Mammon zu tun, den die Vernunftorientierte Gesellschaft von sich aus mit sich bringt. Die Französische Revolution und die mit ihr parallel laufende Entwicklung in der Wirtschaft haben das Verhältnis zwischen Adel und Bürgertum negativ beeinflusst.[70] Dies fand seinen Niederschlag in dieser Erzählung von Goethe. Die Rahmenhandlung verstärkt die Absicht des Autors, die Intention der Entsagung zu vermitteln. Trunz weist darauf hin, dass der Ich-Erzähler nach dieser Erfahrung „reif für den Auswandererbund“ geworden ist und „die Geschichte ‚eine endliche Entwicklung [er]hoffen läßt “.[71] Der Ich-Erzähler integriert sich durch die Erfahrung der Entsagung in die Gesellschaft, in der er inzwischen ein Barbier geworden ist und die Gewohnheit seiner Geschwätzigkeit überwunden hat, „daraus aber sich ihm ein anderes Redetalent entwickelt [hat]“ (Goethe: S. 633), nämlich das des gelungenen Erzählens.

Schrimpf fasst dieses Ziel der Entsagung folgendermaßen zusammen: Sie bedeutet

> das freiwillige Sich-Einstellen in die Ordnung des Ganzen [z. B. in die Gesellschaftsordnung und die Hierarchie einer Familie, einem Stand, einer Gilde, einer Stadt oder einem Staat, dem man angehört], die Anerkennung der positiven Gesetze [z. B. die Selbstbestimmung im Inneren des Menschen und der Achtung vor den bestehenden Staatseinrichtungen und der Religion] und der äußeren Staatseinrichtungen [z. B. den Behör-

---

68 Ebd., S. 168.

69 Vgl. Ebd., S. 167f.

70 Zum Beispiel ist die Ständeordnung außer Kraft gesetzt, was dazu führt, dass jeder Einzelne befreit und gleichberechtigt ist. Vgl. Schrimpf, Hans Joachim: *Das Weltbild des späten Goethe.* Stuttgart 1956, S. 251.

71 Goethe, Johann Wolfgang von: *Romane und Novellen. Dritter Band.* In: Ders.: *Goethes Werke.* In 14 Bänden (ursprüngliche Hamburger Ausgabe), hier Bd. 8, herausgegeben von Erich Trunz, München 1977, S. 642.

> den des Staates] als Ausdruck des eigenen Wesens [das Gefühl des Wahren und das des sittlichen Empfinden-könnens, das sich nur durch die Funktion und die Stellung des Menschen in der äußeren Welt, der Gesellschaft, manifestiert, anstatt abstrakt wirklich zu werden], die Überwindung aller persönlichen Willkür, Triebe, selbstsüchtigen Wünsche, Sehnsüchte, Melancholie und Hypochondrie, sowie das Absehenkönnen von sich selbst.[72]

Goethes Erzählung *Die neue Melusine* legt mehr Wert auf die Entwicklung hin zu diesem idealen Ziel. Während es bei Tieck und Fouqué um einen Blick ins Innere des Individuums geht, um sein Denken und Fühlen, handelt Goethes *Neue Melusine* mehr von einem Blick des Individuums nach außen, nämlich von der Beziehung des Ich zur Gesellschaft.

3.2 Einschlägige chinesische Literatur

Die in diesem Kapitel zu analysierenden chinesischen Fuchsgeistergeschichten umfassen die Zeitspanne vom Ende des 17. bis zum Ende des 18. Jahrhunderts. Sie stammen von Pu Songling 蒲松龄 (1640-1715), Yuan Mei 袁枚 (1716-1798) und Ji Yun 纪昀 (1724-1805). Ihre Fuchsgeistergeschichten weichen von den früheren Überlieferungen, die ihnen als Vorlage dienten, deutlich ab. Diese Abweichung liegt darin, dass sie mit den Überlegungen über die Ich-Kultivierung und Ich-Verwirklichung der chinesischen Gelehrten im Zusammenhang stehen. Um diese historischen Hintergründe klar zu skizzieren, wird zunächst ein kurzer Einblick in das Leben der drei Autoren notwendig, der im Folgenden gegeben wird.

3.2.1 Chinesische Autoren und deren Fuchsgeistergeschichten

3.2.1.1 Pu Songling 蒲松龄 (1640-1715): Yingning 婴宁 ([Eine Füchsin namens] Yingning) *aus seiner Sammlung* Liaozhai zhiyi 聊斋志异 (Wundersame Geschichten aus der Studierstube der Muße)[73]

Pu Songling ist ein „orthodoxer" Konfuzianer, der nach dem Ideal der konfuzianischen grundlegenden Schrift *Daxue* 大学 (Die große Wissenschaft; The great Learning) die Reihenfolge der Selbstverwirklichung in den folgenden vier Schritten einzuhalten strebt: zuerst *xiushen* 修身 (die Persönlichkeit zu bilden; cultivation of the self), dann *qijia* 齐家 (das eigene Haus zu regeln; regulation of family), danach *zhiguo* 治国 (den Staat zu ordnen; governing of the state) und schließlich

72 Schrimpf (1956), S. 256f.

73 Zum Überblick über die Übersetzungen des *LZZY* in asiatischen und westlichen Sprachen siehe: Walravens, Hartmut: *Bibliographie der Liao-chai chih-i 聊斋志异 Übersetzungen.* In: Ders. (Hrsg.): *Der Fuchs in Kultur, Religion und Folklore Zentral- und Ostasiens.* Teil II, in 2 Teilen. Wiesbaden 2002, S. 33-135.

ping tianxia 平天下 (die Welt kommt in Frieden; ordering of all under Heaven).[74] Die letzten zwei Schritte kann Pu Songling im Geist und System der Qing-Dynastie erst dann verwirklichen, nachdem er die staatlichen Beamtenprüfungen bestanden hat. Das Mandschu Kaiserreich errichtete vier Jahre nach Pu Songlings Geburt die Qing-Dynastie. Unter der Regierung der Mandschu wurden die Han gezwungen, ihre Lebensgewohnheiten zu ändern,[75] während die Mandschu den Neo-Konfuzianismus der Song-Dynastie verehrten und das Bildungssystem samt den Beamtenprüfungen fortsetzten. Diese staatlichen Prüfungen bestehen zunächst einmal aus *tongshi* 童试 (Qualifikationsprüfung zum Status des Studenten *shengyuan*), die wiederum aus *xianshi* 县试 (Kreisexamen), *fushi* 府试 (Präfekturexamen), *yuanshi* 院试 (Examen für die *xianshi*- und *fushi*-Bestandenen aus der gleichen Provinz) besteht. Die nächste Stufe *xiangshi* 乡试 ist ein Provinzexamen, das den Kandidaten zum Status *juren* 举人[76] und zur Teilnahme an den letzten zwei Prüfungen berechtigt. Am Ende dieser langen, hierarchischen Progression von Prüfungen gibt es für den Kandidaten noch zwei weitere, letzte Prüfungen zu bestehen: *huishi* 会试 (Hauptstadtprüfung) und *dianshi* 殿试 (Palastprüfung).

Pu Songling hat im Jahre 1658 mit 18 Jahren als Erster auf der Stufe seines Bezirks, der Präfektur und der Provinz, erfolgreich mit seiner *tongshi*-Prüfung bestanden.[77] Jedoch musste er theoretisch alle drei Jahre, für die nächsten 32 Jahre, an der *suikao*-Prüfung 岁考 teilnehmen, um den Status eines Studenten zu behalten und sich so für die *xiangshi*-Prüfung 乡试 zu qualifizieren. Die mehr als einhundert Aufsätze, die er zur Vorbereitung auf diese Beamtenprüfung geschrieben hat, bestätigen unmittelbar seine relativ regelmäßige Teilnahme an der *suikao*-Prüfung. Pu Songling nimmt zum letzten Mal im Alter von 50 Jahren (1690) an dieser Prüfung teil.[78] Um zu erklären, warum Pu Songlings Prüfungen immer

---

74 Zur englischen Übersetzung siehe: Chang, Chun-shu und Chang, Shelley Hsueh-lun: *Redefining history. Ghosts, Spirits, and Human Society in P'u Sung-ling's World, 1640-1715*, Michigan 2001 (4. Auflage), S. 28f.; zur deutschen Übersetzung siehe: Wilhelm, Richard (übertragen und erläutert): *Li Gi. Das Buch der Sitte des älteren und jüngeren Dai.* Düsseldorf 1958, S. 50; zum Original siehe: Dai Sheng 戴圣 (1990), Bd. 2, S. 981.

75 Unter diesen von den Manschu verordneten Änderungen der Lebensgewohnheiten der Han wurde auf das Abrasieren der Haare bis zum Zopf des Qing-Stils anfangs mit Unruhe und Aufständen reagiert. Das wurde von den *Han* 汉, die vom Konfuzianismus beeinflusst sind, als nicht pietätvoll angesehen.

76 Der Status juren gewährt den Zugang zum Beamtentum.

77 Lu Dahuang 路大荒: *Pu Songling nianpu* 蒲松龄年谱 [*Pu Songlings Lebensdaten mit biographischen Angaben*]. Jinan 1980, S. 9. Laut Lu Dahuang hat Pu Songling mit 18 Jahren den Erfolg erzielt. Das ist ein nominelles Alter nach traditioneller chinesischer Rechnung. Bei Geburt ist man ein Jahr, zu jedem chinesischen Neujahrsfest wird ein Jahr hinzugerechnet.

78 Nach Gao Mingges Meinung nimmt Pu Sonling sogar erst im Alter von 66 Jahren (1706) an seiner letzten *xiangshi*-Prüfung teil. Siehe: Wang Zhizhong 王枝忠: *Pu Songling yu keju* 蒲松龄与科举 [*Pu Songling und Beamtenprüfungen*]. In: Gu Meigao 辜美高 und Wang Zhizhong 王枝忠 (Hrsg.): *Guoji Liaozhai lunwenji* 国际聊斋论文集 [*Internationale Beiträge zum Liaozhai*]. Beijing 1992, S. 7-19, hier S. 11f; zum Begriff *shengyuan* sind folgende einschlägige Monographien zu empfehlen: Brun, Pierre Victor: *Shengyuan. Die Unterschicht des Chinesischen Mandarinates Ende der Ming-Zeit.* Zürich 1983, S. 7f. (Das *shengyuan*-System in der

wieder gescheitert sind, müssen die hohe Anteilzahl und die niedrige Aufnahmezahl der Kandidaten für diese Prüfungen und die Korruption der Prüfer berücksichtigt werden.[79]

Seine aktive Teilnahme an diesen Prüfungen beweist einerseits seinen Glauben an sich selbst; andererseits sein Bestreben, das Ideal des Konfuzianismus auf der gesellschaftlichen Basis zur Verwirklichung zu bringen. Vor diesem Hintergrund wirft seine lebenslange Beschäftigung mit seinem Projekt *LZZY*, das in seiner Zeit als etwas Minderwertiges angesehen wurde, neues Licht auf die Relevanz, die dieses Werkes für Pu Songling hatte. Einer seiner Freunde, Zhang Liyou 张历友 (1642-1715), rät ihm von seiner andauernden Beschäftigung mit den folgenden Versen aus seinem Gedicht *An [die Freunde] Liuxian und Ximei* 寄留仙、希梅诸人 (*Ji Liuxian, Ximei zhuren*)[80] ab:

此后还期具努力， Cihou hai qi ju nuli,
聊斋且莫竟谈空。 Liaozhai qiemo jing tan kong.[81]

Künftig wird noch gemeinsame Bemühung [um die Beamtenprüfung] erwartet,
Liaozhai [hier ist der Besitzer dieser Studierstube gemeint] redet nicht bloß mit leerem Geschwätz [82]

und warnt ihn außerdem vor der Belastung seiner Karriere durch diese unsinnige Beschäftigung. Jedoch findet Pu Songling bei dem bekannten Dichter der frühen Qing-Dynastie, Wang Shizhen 王士祯 (1634-1711), Anerkennung für seine Dichtungskunst im *LZZY*. Das Gedicht *Ou gan* 偶感 (*Zufällige Erkenntnis*) hat Pu Songling nach der Begegnung mit Wang Shizhen geschrieben, der Pu Songling und sein Werk *LZZY* hochzuschätzen wusste. Die letzte Zeile dieses Gedichtes lautet:

此生所恨无知己， Cisheng suo hen wu zhiji,
纵不成名未足哀。 zong bu chengming wei zu ai. [83]

In meinem Leben bedauere ich, wenn ich keinen habe, der mich kennt;
trauere aber nicht, selbst wenn ich mir keinen Namen gemacht habe.[84]

Qing-Dynastie ist dem in der Ming-Dynastie ähnlich.); Li Guojun 李国钧: *Zhongguo jiaoyu zhidu tongshi* 中国教育制度通史 [*Allgemeine Geschichte zum chinesischen Bildungswesen*]. 共八卷, 第五卷 In 8 Bänden, hier Bd. 5. Jinan 2000, S. 148ff.; Elman (2000), S. 137ff.; Für eine kurze Vorstellung des Themas siehe: Hucker (1985), S. 93ff.

79 Vgl. Vetter, Chou Hsiu-Fen: *Korruption und Betrug im traditionellen Prüfungssystem Chinas*. Freiburg 1985.

80 Liuxian 留仙 ist Pu Songlings Erwachsenenname (*zi* 字). Die Bezeichnung *zi* 字 (Erwachsenenname) bezieht sich auf den Zweitnamen, den vor allem Männer nach der Zeremonie des Erwachsenseins im alten China erhielten. Der Erwachsenenname ist von der Bedeutung her dem Vornamen ähnlich oder ergänzt diesen. Aus Höflichkeit wird man nachher stets mit seinem Zweitnamen als Erwachsener angesprochen, während sein Vorname hauptsächlich der Familie vorbehalten ist.

81 Lu Dahuang (1980), S. 35.

82 Yuan Shishuo 袁世硕: *Pu Songling shiji zhuzuo xin kao* 蒲松龄事迹著作新考 [*Neue Untersuchungen zur Biographie von Pu Songling und zu seinen Werken*]. Jinan 1988, S. 9.

83 Pu Songling: *Pu Songling ji* 蒲松龄集 [*Gesammelte Werke*]. Herausgegeben von Lu Dahuang 路大荒. Shanghai 1986, S. 539.

Diese Zeile kann ebenso als Motto für seine Arbeit an dem Werk *LZZY* verstanden werden.

Die Geschichtensammlung *LZZY* enthält diverse Geistergeschichten, darunter vor allem Totengeister- und Fuchsgeistergeschichten. Diese Sammlung mit 491 Erzählungen[85] soll Pu Songling anfangs mit dem Titel *Hugui Zhuan* 狐鬼传 (*Die Bibliographien von Totengeistern und Fuchsgeistern*) versehen haben.[86] Die Fuchsgeistergeschichten betragen mit 80 Erzählungen[87] ein Sechstel der Geschichten im *LZZY*. Darunter zählen ungefähr 30 Geschichten zur Motivkonstellation der Mahrtenehe. Die Fuchsgeister werden nur zu einem Bruchteil als Unheilbringende dargestellt.[88] Die anderen Fuchsgeister, besonders die Titelheldinnen wie Yingning 婴宁, Xiaocui 小翠, Jiaona 娇娜, Qingfeng 青凤, Hongyu 红玉 und Xinshisi-niang 辛十四娘 (Das 14. Mädchen der Familie Xin), spielen für den Protagonisten die Rolle einer Herzensfreundin (*zhiji* 知己). Um den Begriff *zhiji* zu erklären, gibt es kein besseres Beispiel als die Freunde im *Liezi* 列子 (*Liezi*) namens Bo Ya 伯牙 und Zhong Ziqi 钟子期. Bo Ya spielt das chinesische Musikinstrument *qin* 琴 gut. Zhong Ziqi interpretiert immer treffend seine Musikstücke, egal was Bo Ya gerade spielt.[89] Der Begriff *zhiyin* 知音 (Vertraut sein mit dem Ton / der Stimmung des Anderen) als Synonym des Begriffs *zhiji* 知己 (Herzensfreund) soll auf diese Freundschaft zurückgehen. Zu den Voraussetzungen für *zhiji* zählt neben der Bewunderung des Gegeneinanders und dem gemeinsamen Interesse für eine bestimmte Sache ebenso das auf gemeinsamem Interesse basierende, ähnliche

---

84 Yin Menglun 殷孟伦 und Yuan Shishuo 袁世硕: *Liaozhai shici xuan* 聊斋诗词选 [*Auswahl der Gedichte aus der Studierstube der Muße*]. Jinan 1983, S. 64.

85 Die Gesamtzahl der Erzählungen ist umstritten. Sie bleibt ungefähr bei 500. Ich habe Zhang Youhes Ergebnis der Zählung benutzt.

86 Pu Songling 蒲松龄: *Liaozhai zhiyi* 聊斋志异 [*Wundersame Geschichten aus der Studierstube der Muße*]. In 2 Bänden, Bd. 1. Hrsg. (mit Korrekturen, Kommentaren und Erkläuterungen) von Zhang Youhe 张友鹤. Shanghai 1981, S. XXVII.

87 Die Gesamtzahl der Erzählungen ist ebenso wie die Gesamtzahl der Sammlung umstritten. Die Auflistung der Fuchsgeistergeschichten findet man bei Wang Fenling und Gu Meigao. Beide Auflistungen enthalten Irrtümer. Gu Meigao hat *Hou Jingshan* (侯静山), *Xianren dao* (仙人岛) und *Huan-niang* (宦娘) irrtümlich mitgerechnet. Wang Fenling hat *Jinling nüzi* (金陵女子), *Bai Yuyu* (白于玉), *A-xia* (阿霞), *Guo xiucai* (郭秀才), *Hu-si-niang* (胡四娘), *Huo-nü* (霍女) *und Fang Wenshu* (房文淑) irrtümlich mitgerechnet und *Qingmei* (青梅), *Yu qian* (雨钱), *Hejian-sheng* (河间生), *Dao hu* (盗户), *Jingling yi* (金陵乙), *Xi Fangping* (席方平) und *Heng-niang* (恒娘) übersehen. Siehe: Gu Meigao 辜美高: *Tan hu – <Liaozhai zhiyi> zhaji* 谈狐——《聊斋志异》札记 [*Über Fuchsgeister – Lesenotizen zum Liaozhai zhiyi*]. In: Gu Meigao 辜美高 und Wang Zhizhong 王枝忠 (Hrsg.): *Guoji Liaozhai lunwenji* 国际聊斋论文集 [*Internationale Beiträge zum Liaozhai*] Beijing 1992, S. 251-264, hier S. 252f.; Wang Fenling 汪玢玲: *Hugui fengqing. «Liaozhai zhiyi» yu minsu wenhua* 狐鬼风情 ——《聊斋志异》与民俗文化 [*Zur Grazie von Fuchs- und Totengeistern. Das Liaozhai zhiyi und die Volkskunde*]. Harbin 2003, S. 219f.

88 Als Beispiele werden hier genannt: Die Geschichten *Herr Dong* und *Fu hu* 伏狐 (*Wie man Füchse bezwingt*).

89 Liezi 列子: *Liezi* 列子 [*Liezi*]. Kommentiert von Zhang Zhan 张湛 aus der Östlichen Jin-Dynastie. Beijing 1986, S. 60.

Temperament des Freundes. Daraus resultiert ein gutes Verständnis füreinander. Pu Songling demonstriert im Vorwort zum *LZZY* seinen Aufruf für *zhiji*.

Das Vorwort zum *LZZY* schreibt Pu Songling bereits 1679, als sich das Werk noch in seiner unvollendeten Form befindet. Sein Vorwort wird im strengen klassischen Chinesisch, wie die Geschichten in der Sammlung, die voll von literarischen Anspielungen sind, verfasst. Zeitlin gliedert Pu Songlings Vorwort in drei Teile:

> an opening discourse that seeks to establish the author's credibility and authority to write a ‚history' of the strange; a sketch of the author's origins and destiny that seeks to explain his personal affinity with the strange; and a final vignette that paints a self-portrait of the author in the very act of recording the strange.[90]

Zeitlins Gliederung bietet einen Überblick über diese kunstvolle Schrift. Mit dem Begriff *zhiji* wird ein anderer Aspekt dieser Schrift eingeführt. Anfangs fühlt sich Pu Songling als *zhiji* von Gan Bao 干宝 (ca. 285 - ca. 360) und Su Shi 苏轼 (1036-1101) beeinflusst, weil er genauso gern wie die beiden Dichter Geistergeschichten hört und sammelt. Selbst von Zeitgenossen erhält er von diesen „like-minded men from the four directions"[91] ihre gesammelten Geschichten geschickt. Jedoch zweifelt er daran, dass er die Reinkarnation des buddhistischen Mönchs ist, von dem sein Vater vor seiner Geburt geträumt hat. Sein Schicksal, ein einsames und krankhaftes Leben zu führen, kann mit „a deficiency in my [Pus] previous karma"[92] begründet werden. Neues Licht wird auf Pus Vermutung über sein letztes Leben geworfen, wenn man die Rede von „Rock of Past Lives"[93] (*sansheng shi* 三生石 Felsen vergangener Leben) versteht, die Pu Songling scheinbar ganz nebenbei erwähnt. Es geht hier um eine literarische Anspielung. Der Mönch Yuanze 圆泽 vereinbart mit seinem *zhiji* 知己(Herzensfreund) Li Yuan 李源, dass sie sich nach dreizehn Jahren beim Vollmond des achten Monats nach dem chinesischen Mondkalender wieder treffen. Li Yuan hält sein Wort und trifft tatsächlich einen Hirten, der singt:

三生石上旧精魂,	Sanshengshi shang jiu jinghun,
赏月吟风莫要论。	shangyue yinfeng moyao lun.
斩(惭)愧情人远相访,	Cankui qingren yuan xiangfang,
此身虽异性长存。	cishen sui yi xing changcun.[94]

[90] Zeitlin, Judith T.: *Historian of the Strange. Pu Songling and the Chinese Classical Tale.* Stanford 1993, S. 43. Zeitlins Übersetzung dieses Vorwortes bleibt dem Original treu, während Rösel in seiner freien Wiedergabe des Vorwortes einen Fehler gemacht hat: *Hulu* 胡卢 bedeutet nicht „einen Augenblick meiner ärmlichen Hütte werfen", sondern „lachen", Z. 18-19, S. 20. Siehe: Pu Sung-ling: *Umgang mit Chrysanthemen. 81 Erzählungen der ersten vier Bücher aus der Sammlung Liao-dschai-dschi-yi.* Deutsch von Gottfried Rösel, Zürich 1987, S. 19-21; für eine weitere deutsche Übersetzung des Vorwortes siehe: Chang, Chun-shu und Chang, Shelley Hsueh-lun (2001), S. 162-164; für das Original siehe: Pu Songling 蒲松龄 (1981), S. 1, direkt nach dem Inhaltsverzeichnis.

[91] Zeitlin (1993), S. 44.

[92] Ebd., S. 48.

[93] Ebd., S. 45.

[94] Siehe: Li Fang 李昉 (Komp.) (1994), Bd. 3, j. 387, S. 1835-1836, hier S. 1835.

> Der alte Geist auf dem ‚Rock of Past Lives [bin ich]
> [obwohl] den Mond bewundern und den Wind besingen [dichten] nicht erwähnt wird
> [Bin ich] dankbar für meines alten Freundes Besuch
> Mein Körper ist zwar ein anderer,
> [jedoch] der Geist [ist] immer [noch] der alte.

Am Ende des Vorwortes fragt Pu Songling sich selbst, ob sein *zhiji* „in the green wood and at the dark frontier“[95] (qinglin heisai jian 青林黑塞间) ist. Diese literarische Anspielung bezieht sich auf ein Gedicht von Du Fu 杜甫 (712-770), einem der bekanntesten Dichter in der Tang-Dynastie, der von seinem verstorbenen Freund Li Bai 李白 (701-762), dem anderen der bekanntesten Dichter in der Tang-Dynastie, träumt, dass die Seele von Li Bai „in the green wood and at the dark frontier“ zu sehen ist. Das heißt, dass Pu Songlings *zhiji* eigentlich Geister sind. Tatsächlich hat er in seiner Geschichtensammlung *LZZY* viele Geister als *zhiji* des Protagonisten dargestellt. An manchen *zhiji*s, besonders an den Fuchsgeistern Yingning und Xiaocui, lassen sich die Charaktere *chi* 痴 (Narrheit) und *kuang* 狂 (Tollheit) erkennen, die Pu Songling in seinem Vorwort einerseits aus Konvention als mangelhaft, jedoch andererseits seinem eigenen Geschmack zufolge mit anerkennendem Ton sich selbst zuschreibt.

Dennoch ist die Geschichtensammlung *LZZY* keine autobiographische Schrift, obwohl Pu Songling in diesem Werk viele Protagonisten mit den Charakteren *chi* und *kuang* gestaltet. Die Geschichten *Kuang sheng* 狂生 (*Der tolle Buchgelehrte*) und *Das 14. Mädchen der Familie Xin* schildern die schwierige Situation des „tollen“ Protagonisten im realen Leben, während der Protagonist in der Geschichte *Qingfeng* durch sein *kuang* Qingfeng, dem weiblichen Fuchsgeist, imponiert. In den Geschichten *Shi Qingxu* und *A Bao* handelt erstere von der Besessenheit des Protagonisten und seiner Liebe für die Sammlung von Steinen und letztere Geschichte von der Liebe zu einem Mädchen namens A Bao. In beiden Geschichten finden die Protagonisten mit dem Charakter *chi* ihr *zhiji* 知己 (Herzensfreund), d.h. ihre andauernde Freundschaft mit jemandem (ihr „soulmate“), wohingegen in der Geschichte *Shuchi* 书痴 (*Der von Habsucht nach Büchern besessene Buchgelehrte*) der Charakter *chi*, der von Habsucht besessen und somit nicht mehr rein ist, ironisch beschrieben und kritisiert wird. Zeitlin bezeichnet *chi* mit „foolish“ und ordnet es dem Konzept „obsession“ (Zwangsvorstellung oder Manie) zu. In ihrem Kommentar zum Thema lässt sich *chi* „as the highest form of self-expression“[96] einstufen. Unter dem Namen Yishi shi 异史氏 (Der Historiker des Fremden) kommentiert Pu Songling das Verhalten *chi* folgendermaßen:

> If one's nature is ‚foolish', then one's resolve will be firm: thus[,] those who are foolish in their love of books are sure to excel in composition, and those who are foolishly de-

[95] Zeitlin (1993), S. 49.
[96] Zeitlin (1993), S. 88.

voted to the arts are bound to have excellent technique, whereas those people who make no progress and achieve nothing are always those who claim that they are not foolish.[97]

Die „reinen" Charaktere *chi* und *kuang* spiegeln das ersehnte Ich-Bild des Protagonisten wider, werden jedoch in der Realität nicht ohne Schwierigkeiten akzeptiert. In Pu Songlings Geschichte *Yingning* konstruiert er die weibliche Rolle Yingning, die sowohl den Charakter *chi* als auch den Charakter *kuang* darstellt. Yingning wird als *zhiji* charakterisiert und dient demzufolge als ideales Ich, das dem Protagonisten hilft, sich selbst zum Ausdruck zu bringen. Am Anfang dieses Unterkapitels habe ich die Selbstverwirklichung des Protagonisten auf den Ebenen der Selbstkultivierung, der Familie im weitesten Sinne und des Staates deutlich gemacht. Das ideale Ich ist deshalb der ideale Zustand des Protagonisten, in dem er seine Selbstkultivierung und Selbstvollendung nicht mehr in der öffentlichen Arena, z. B. in dem äußeren, öffentlichen Instrument der Regierung oder im Beamtenprüfungssystem, bestätigt sieht.

3.2.1.2 Yuan Mei 袁枚 (1716-1798): Fengliu ju 风流具 (Das galante Werkzeug) *aus der Geschichtensammlung* Zi buyu 子不语 (Wovon der Meister nicht sprach)

Yuan Mei hat, im Vergleich zu Pu Songlings lebenslangem Streben nach Erfolg in der Beamtenprüfung, sehr früh sein Ziel erreicht. Mit 23 Jahren erhält er den Titel *juren* 举人 (mit dem man zum Beamtentum berechtigt ist), im folgenden Jahr den Titel *jingshi* 进士 und danach erreicht er den fünften Platz in der Palastprüfung, mit der er in die *hanlin*-Akademie 翰林院[98] eintreten kann, eine Institution, in der offizielle Schreiben für den Kaiserhof entworfen und literarische Werke kompiliert werden. Jedoch hat er die Prüfung in der mandschurischen Sprache nach dreijährigem Erlernen dieser Sprache nicht bestanden und konnte somit nicht weiter in der *hanlin*-Akademie tätig sein. Als *zhixian* 知县 (Bezirksmagistrat)[99], Beamter mit dem niedrigsten Rang, beginnt Yuan Mei seine sechsjährige Laufbahn als Zivilbeamter. Angesichts der Erfahrungen, die er in diesen Jahren sammelt – Aufgaben in allen Bereichen des Rierungswesens, sowohl in Finanz- und Rechtsangelegenheiten, als auch dem Verfassen von offiziellen Schreiben, dem untertänigen Dienen gegenüber Beamten mit höherem Rang und dem Zweifel an der Hoffnung auf seine Rückkehr zur *hanlin*-Akademie – sieht er sich veranlasst, diese Zivilbeamtenlaufbahn zu beenden. Zwischenzeitlich hatte Yuan Mei ein verlassenes Grundstück in Jinling 金陵 (heute: Nanjing 南京) erworben

97 Vgl. Ebd., S. 90; zum Original des Zitats siehe: Pu Songling 蒲松龄 (1981), Bd. 1, j. 2, S. 238.
98 Hucker (1985), S. 223.
99 Ebd., S. 158.

und nimmt selbst an der Planung und dem Bau seiner Häuser und seines Gartens in der großen Wohnanlage teil. Die Wohnanlage nennt er *suiyuan* 随园 (Garten in Harmonie; Garten, dessen Bau sich nach seinen einfachen, realen Verhältnissen richtet). Dort wohnt er bis zum Ende seines Lebens, das während seiner zahlreichen Reisen durch China bereichert wird.

Yuan Mei ist „ein in jeder Beziehung freier Geist“, so kommentiert Bauer in seiner Monographie *Das Antlitz Chinas* Yuan Meis Leben.[100] Er lebt selbstständig als freier Schriftsteller, indem er beispielsweise für reiche Geschäftsleute Grabinschriften verfasst und seine eigenen Werke selbst druckt und verkauft. Er kauft weitere Grundstücke und investiert außerdem sein Geld in zinstragende Darlehen.[101] Yuan Meis aufklärerischer Geist hinsichtlich der Vergrößerung seines Vermögens wird von seinen Feinden hervorgehoben und als geldgierig charakterisiert, weil viele seiner Zeitgenossen konservative, verächtliche Einstellung gegenüber Geschäftsleuten haben. Yuan Mei listet in seiner Schrift *Suohao xuan ji* 所好轩记 (*Aufzeichnung über den Pavillon für Vorliebe*) seine vielfältigen Interessen auf, die sich wie folgt zusammenfassen lassen: gutes Essen, schöne Frauen, Renovierung von Häusern, Reisen, Freunde, Blumen.[102] Diese Vorlieben werden von Anhängern des „inzwischen so rigide gewordenen Neokonfuzianismus“[103] als sinnlicher Genuss abgewertet. In seiner Schrift *Jian jie* 俭戒 (*Warnung vor Sparsamkeit*) stellt Yuan Mei einen derartigen Scheinheiligen in Frage, der als *shangshu* 尚书 (Minister)[104] die Provinz Zhejiang besucht. Der Minister ist für Sparsamkeit und Bescheidenheit bekannt. Während des Besuchs in der Provinz sieht er eine Frau, die trotz niedriger Herkunft rote Kleidung trägt und eine Blume im Haar hat. Er ist empört über diesen offenbaren Luxus in den vorherrschend armen Verhältnissen und nimmt sie in Haft. Ihr Ehemann, der sie erst vor kurzem geheiratet hat, muss nach einigen Tagen seine Wohnung verkaufen und mit diesem Geld einen Adjutanten (*zhongjun* 中军)[105] bestechen, um sich über seine Frau zu informieren. Der Adjutant erinnert den Minister an die von ihm in Vergessenheit geratene Frau. Der Minister lässt diese Frau seine eigene Frau treffen, um ihr zu zeigen, dass selbst die Frau eines Ministers bescheidener als sie gekleidet ist. Als die arme Frau aus ihrer Haft entlassen ist, erfährt sie vom Verkauf ihrer Wohnung und begeht Selbstmord.[106] Derartige Scheinheilige wie dieser Minister wer-

---

100 Bauer (1990), S. 565.

101 Schmidt, J. D.: *Harmony Garden. The Life, Literary Criticism, and Poetry of Yuan Mei (1716-1798).* New York 2003, S. 51ff.

102 Yuan Mei 袁枚: *Xiaocangshanfang wenji* 小仓山房文集 [*Gesammelte Schriften aus der Xiaocangshan-Studierstube*]. In: Ders.: *Yuan Mei quanji* 袁枚全集 [*Gesammelte Werke*]. In 8 Bänden, hier Bd. 2., herausgegeben von Wang Yingzhi 王英志. Nanjing 1993, S. 1-659, hier S. 504.

103 Bauer (1990), S. 565.

104 Hucker (1985), S. 410f.

105 Ebd., S. 189.

106 Yuan Mei 袁枚 (1993), Bd. 2., S. 1-659, hier S. 15.

den in der Geschichte *Qilin hanyuan* 麒麟喊冤 (*Das Qilin* [ein chinesisches, Glück verheißendes Fabeltier] *führt laut Klage*) als yingsheng chong 应声虫 (Nachbeter) bezeichnet, die Unwahrheiten verbreiten (yi e chuan e 以讹传讹).[107] Mit der Quelle der Unwahrheit, die die Nachbeter weitergeben, hat Yuan Mei die *li*-Schule des Neokonfuzianismus in der Song-Dynastie gemeint. Die Neokonfuzianer behaupten nämlich, dass sie die konfuzianische Orthodoxie (*daotong* 道统) fortsetzen. Diese Behauptung wird in Yuan Meis Geschichte *Das Qilin führt laut Klage* dadurch ironisiert, dass vier Neokonfuzianer einen Eimer (tong 桶, ein Homophon des Zeichens „tong" 统, das eigentlich „Tradition" bedeutet) tragen, auf dem tausend Stücke Reisstroh (dao[cao] 稻[草], ein Homophon des Zeichens „*dao*" 道, das im Konfuzianismus „Weg" und „Prinzip" bedeutet) sind. Diese Geschichte stammt aus der Fortsetzung der Sammlung der Geistergeschichten *ZBY*, die *Xu zi buyu* 续子不语 (*Fortsetzung des Zi buyu*) genannt wird.

Der Name der Geschichtensammlung *Zi buyu* von Yuan Mei erweckt spontan die Assoziation mit dem Zitat aus dem Buch *Lunyu* 论语 (*Analekten des Konfuzius*). Die Geschichte *Zi-buyu-niangniang* 子不语娘娘 (*Frau Zi-buyu*)[108], ebenso aus der Sammlung *Xu zi buyu*, inszeniert die groteske Veranschaulichung der von den Neokonfuzianern, besondern ihren Nachbetern, starr erklärten Zitate von Konfuzius. Die Protagonistin in dieser Geschichte, ein weiblicher Geist[109], beendet ihr Verhältnis mit ihrem Geliebten, nachdem er im Geschäft mit Hühnern wohlhabend geworden und daraufhin aus diesem Geschäft ausgestiegen ist. Sie schenkt ihm beim Abschied eine Puppe. Diese Puppe heißt Frau Zi-buyu, die ihre Herrin normalerweise nicht zeigen lässt, weil sie hässlich ist. Das Zitat von Konfuzius „Zi buyu" 子不语 (wovon der Meister nicht sprach) erscheint hier als Frau Zi-buyu, die Dienerin des Geistes. Im Gegensatz zum wahren Sinn des Zitats lässt der weibliche Geist ihre Dienerin, Frau Zi-buyu, dem Protagonisten seine geschäftliche Zukunft, vorhersagen. Der beißende Spott liegt hier darin, dass Frau Zi-buyu entgegen aller Erwartung in der Lage ist zu sprechen und die geschäftliche Zukunft des Liebhabers ihrer Herrin vorhersagen kann, was die Neokonfuzianer eigentlich als unmäßiges Bedürfnis bezwingen müssen. Bemerkenswert ist die Veranschaulichung der ironisierten Gegenstände, die als Eimer und Puppe in diesen zwei Geschichten prominent im Mittelpunkt stehen. Besonders wird diese Veranschaulichung in der Geschichte Frau Zi-buyu durch ihren hässlichen Körper verwirklicht. Die Darstellung grotesker Körper im Zusammenhang mit der Identität des Protagonisten in der Sammlung *ZBY* erregte Sing-chen Ly-

---

107 Yuan Mei 袁枚: *Xu zi buyu* 续子不语 [*Fortsetzung des Zi buyu*]. In: Ders.: *Yuan Mei quanji*. 袁枚全集 [*Gesammelte Werke*]. In 8 Bänden, hier Bd. 4, herausgeben von Wang Yingzhi 王英志. Nanjing 1993, S. 1-191, hier S. 93f.

108 Yuan Mei 袁枚 (1993), hier Bd. 4., S. 1-191, hier S. 35ff.

109 Es wird in der Geschichte zwar nicht deutlich, was für ein Geist dieser weibliche Geist ist. Sie könnte ein Fuchsgeist sein, weil ein Fuchsgeist im Volksglauben gern Hühnereier frisst, zumal der Geist den Protagonisten verlässt, sobald er nicht mehr das Geschäft mit Hühnern betreibt.

dia Chiangs Aufmerksamkeit. Sie konzentriert sich in ihrer Studie sowohl auf die Grenze zwischen Wildnis und Zivilisation als auch auf die geschlechtsspezifische Perspektive ihres Themas.[110] In der vorliegenden Arbeit wird die groteske Darstellung, vor allem die des Körpers, im Rahmen der Ich-Problematik hervorgehoben.

Mou Zongsan 牟宗三 (1909-1995) versucht aufgrund Kantischer Philosophie die chinesische mit der europäischen Philosophie zu vergleichen. Der Versuch beginnt mit dem Thema des Ich. Seiner Ansicht nach ist der Ausgangspunkt beider Philosophien „egocentric particulars". Das Ich (ego, self) hat steigernde Schichten: physical ego, psychological ego, logical ego oder *transcendental apperception* und real ego oder *noumena*. Die Neokonfuzianer befassen sich mit physical ego (z. B. Wang Yangmings *qu ke qi nian* 躯壳起念 Gedanken entstehen vom Körper) und the real ego (im Neokonfuzianismus als Vergleichbares: i.e. als moral self bezeichnet).[111] Hier wird nicht auf Mou Zongshans Vergleich der chinesischen mit der europäischen Philosophie näher eingegangen. In Anlehnung an den Vergleich der zwei Ich-Modelle, Chinas und Europas, wird die Kluft im chinesischen Modell zwischen dem metaphysischen Ich, das im Neo-Konfuzianismus hervorgehoben wird, und dem körperlichen Ich betont. Anders als in der europäischen Philosophie, die zwar ebenso Geistiges höher als Physisches bewertet, entsteht im Neokonfuzianismus, besonders in dessen *li*-Schule, die Auffassung, die die Eliminierung persönlicher Wünsche hervorhebt, um auf alle Dinge adäquat eingehen zu können, weil alles, Mensch wie Ding, sich im Einssein verbindet (wan wu yi ti 万物一体). Das moralische Ich als höchstes Prinzip löst sich in der Praxis von dem physischen Ich und dessen Gefühlen. Was folglich in dieser Kluft zwischen dem abstrakten, moralischen Ich und dem konkreten, abgewerteten physischen Ich, dem Körper, in der Qing-Dynastie geschehen ist, hat Yuan Mei in der obigen *Warnung vor Sparsamkeit* in Frage gestellt. Er versucht mit dem physischen, dem körperlichen Ich diese Kluft zu überbrücken.

Die Körperfeindlichkeit der Anhänger des Neokonfuzianismus, die nach Yuan Meis Ansicht den Konfuzianismus nicht begriffen haben, betrifft vor allem den Körper der Frauen. Als Yuan Mei Frauen als Schülerinnen seiner Dichtungskunst aufnimmt, wird er wegen seiner unpassenden Tätigkeit von strengen Moralisten kritisiert. Noch schlimmer ist, dass er seine Meinung gegen die Auslassung der höfischen Gedichte (*gongti shi* 宫体诗, eine erotische Dichtung) Wang Yanhongs 王彦泓 (1593-1642) durch den Herausgeber Shen Deqian 沈德潜 (1673-1769) äußert. Yuan Mei begründet seinen Standpunkt damit, dass selbst Konfuzius in seiner Bewertung des Buches *Shijing* 诗经 (*Das Buch der Lieder*) die *Brauchtumslieder*

---

110 Chiang, Sing-chen Lydia: *Collecting the Self: Body and Identity in Strange Tale Collections of Late Imperial China*. Leiden/Boston 2005, S. 127-157.

111 Mou Zongsan 牟宗三: *Zhongxi zhexue zhi huitong shisi jiang* 中西哲学之会通十四讲 [*Vierzehn Vorlesungen zum gründlichen Verstehen der chinesischen und westlichen Philosophien*]. In: Ders.: *Mou Zongsan xiansheng quanji* 牟宗三先生全集 [*Gesammelte Werke*]. In 33 Bänden, hier Bd. 30. Taibei 1996, S. 1-230, hier S. 114f.

der Länder (*guofeng* 国风), die neben anderen Volksliedern ebenso Liebesgesänge beinhalten, nicht ausschloss. Gerade die Sinnlichkeit, die die Gefühle und den menschlichen Körper betrifft, soll für *daoxue*-Anhänger 道学家, die streng der *li*-Schule folgen, limitiert und beseitigt werden. Während Pu Songling dem Bereich der Gefühle viele Geistergeschichten zum Thema der Liebe gewidmet hat, geht der geistig und finanziell selbstständige Yuan Mei einen Schritt weiter und nimmt sich dem tabuisierten Bereich des Körpers an.

Indem Yuan Mei dankend eine Einladung zu einem Bankett, das unter der Begleitung von *ji* 妓 (Kurtisane oder Prostituierte)[112] stattfinden soll, ablehnt, erklärt er spöttisch seine Haltung gegenüber der scheinheiligen Sittenpredigten der Neo-Konfuzianer (*wei daoxue* 伪道学),[113] in denen sie stets den Umgang mit Sittenverbrechern kritisieren. Er begründet seine Ablehnung damit, dass er befürchtet, nach dem Bankett unglücklicherweise zu einem *daoxue*-Gelehrten erklärt werden zu müssen. Es wäre schön, so behauptet er, wenn er dennoch ein *daoxue*-Gebildeter wäre, weil dieser Typ nur ein ernsthaftes Gesicht zur Schau stellt. Jedoch fällt seine Maske, sobald musikalische Kurtisanen ihm ihr verführerisches Aussehen zeigen. Dann vergisst der *daoxue*-Gelehrte seine Prinzipien und hat am Ende zumindest seine sinnliche Freude an der Darbietung der Kurtisanen. Jedoch hat Yuan Mei, ein galanter Mann, die Absicht, weibliche Schönheit in ihrer reinen Form zu bewundern. Seine Vorfreude auf das Erleben reiner weiblicher Schönheit würde deshalb durch das hässliche Aussehen musikalischer Frauen verdorben. Er würde dann wie ein Schüler vor einem strengen Lehrer sitzen und müsse sich „anständig" verhalten. Außerdem soll er nach dem Bankett den Kurtisanen ein Trinkgeld geben, das er eigentlich lieber Armen und Kranken spenden würde. Doch mangelt es Yuan Mei selber an Geld. Als Ersatz muss er sich ein Lob über musikalische Kurtisanen ausdenken: z. B. ihre Figur statt ihres Gesichtes loben, wenn ihr Gesicht ihm nicht gefällt, und mit abstrakten Worten statt konkreten ihre gepflegte Haut preisen, wenn ihre Haut nicht schön ist. Yuan Mei differenziert ästhetischen Geschmack von sexuellem Begehren, ohne ein ästhetisches Urteil zu fällen. Vor diesem Hintergrund von Yuan Meis Geschichtensammlung *ZBY*, die mehr als tausend Geschichten umfasst und vor allem Geschichten über Totengeister und

---

112 Die allgemeine Bezeichnung *ji* 妓 bezieht sich im alten China vorwiegend auf in Musik und Tanz ausgebildete Kurtisanenen, die zum Teil in Malerei und Dichtungskunst ausgebildet wurden. Es gab offiziell registrierte Kurtisanenen, die entweder als *gongji* 宫妓 (Palast-*ji*) und *difang guanji* 地方官妓 (offizielle Regional-*ji*) zur musikalischen und dichterischen Unterhaltung der Gäste des Kaisers und der Beamten beitrugen oder als *shiji* 市妓 (Markt-*ji*) Prostitution betrieben und zu reichen Familien gehörende Kurtisanenen, die eine ähnliche Stellung wie Konkubinen hatten, jedoch anders als Konkubinen, die Gäste des Hausherrn mit Gesang und Tanz amüsierten. In Yuan Meis Brief handelt es sich wohl um Kurtisanenen einer Familie. Vgl. Wu Zhou 武舟: *Zhongguo jinü shenghuoshi* 中国妓女生活史 [*Geschichte des Alltagslebens von Kurtisanen und Prostituierten Chinas*]. Changsha 1990.

113 Yuan Mei 袁枚: *Xiaocangshanfang chidu.* 小仓山房尺牍 [*Gesammelte Briefe aus der Xiaocangshan-Studierstube*]. In: Ders.: *Yuan Mei quanji* 袁枚全集 [*Gesammelte Werke*]. In 8 Bänden, hier Bd. 4, herausgegeben von Wang Yingzhi 王英志. Nanjing 1993, S. 1-222, hier S. 118f.

Fuchsgeistergeschichten[114] enthält, bin ich mit Lu Xun nicht einer Meinung, dass diese Geschichten die moralischen Werte des Lesers gefährden. Lu Xun kritisiert diese Sammlung negativ, als „uneven and unclean" (wuhui 芜秽)[115]. Diese Kritik bezieht sich vermutlich auf die pornographische Beschreibung, die extrem nur in *Konghejian miji erze* 控鹤监秘记二则 (*Two Accounts from A Secret History of the Harnessed Crane Bureau*) vorkommt. Diese zwei Geschichten über die erste Kaiserin Wu Zetian 武则天 (627-705, Regierungszeit 690-705) wurden bereits in der Qing-Dynastie offiziell zensiert.[116] Sing-chen Lydia Chiang dagegen erkennt „the very success of ‚Two Accounts in its intended provocation"; sie sind „a masterful parody of traditional male-centered pornography".[117]

Die Provokation durch sinnlichen Genuss und grotesk körperliches Verhalten hat ihre Tradition in den „sieben Weisen vom Bambushain". Ruan Ji 阮籍 (210-263), einer der sieben Weisen aus dem Wei-Staat 魏 (220-265) der Drei Reiche (*sanguo* 三国 220-280)[118], protestiert betrunken gegen Sima Zhaos 司马昭 (211-265) „unrechtmäßige oder korrupte Staatsführung" [119] im Wei-Staat. Er trinkt und isst während der Trauer über den Tod seiner Eltern unmäßig viel, obwohl er einst ein pietätvoller Sohn war. In seiner fiktiven *Biographie von Meister Großmann* (*Daren xiansheng zhuan* 大人先生传) spottet Ruan Ji über die *lifa*-Edlen 礼法君子 (Ritual-Regel-Edlen), die eigentlich nur nach Ansehen und Ruhm streben. Er vergleicht sie mit Läusen, die sich in den Spalten der Unterwäsche verstecken. Liu Ling 刘伶 (2. Hälfte des 3. Jhs.), auch einer der sieben Weisen vom Bambushain ist manchmal zu Hause nackt anzutreffen, selbst wenn ein Gast zu Besuch kommt. Der Gast macht sich über ihn lustig, darauf reagiert er: „[I]ch halte Himmel und Erde für mein Haus und dieses so genannte Haus für meine Kleidung. Warum schleicht ihr in meine Hose?"[120]

In der Geschichtensammlung *ZBY* geht es nicht nur um Yuan Meis einfache Provokation in Bezug auf die körperliche Beschreibung des Protagonisten, sondern um die Fremdheit des Körpers, d.h. um die Fremdheit, die der Protagonist gegenüber seinem Körper empfindet. Um diese Fremdheit des Körpers deutlich

114 Die Fuchsgeistergeschichten sind mit einer Gesamtzahl von über 30 verhältnismäßig viel weniger als Totengeistergeschichten.

115 Chiang (2005), S. 185.

116 In der Qing-Dynastie wurden vor allem pornographische Bücher oder Bücher, die die Nostalgie nach der Ming-Dynastie enthalten, zensiert. Es gab zwei Typen des Zensierens: vollständig oder einzelne, ausgewählte Seiten. Die Sammlung *Zi buyu* wurde nach dem zweiten Typ zensiert. Siehe: Wang Bin 王彬: *Jinshu · Wenziyu* 禁书·文字狱 [*Zensierte Bücher· Literarische Inquisition*]. Beijing 1992, S. 191.

117 Chiang (2005), S. 185f.

118 Die Bezeichnung der Drei Reiche ist ein historischer Begriff. Die Drei Reiche sind die Reiche Wei (220-265), Shu (221-263) und Wu (222-280), die fast zur gleichen Zeit existierten.

119 Bauer (1990), S. 150.

120 Zur englischen Übersetzung siehe: Liu, I-ch'ing: *Shih-shuo Hsin-yü. A New Account of Tales of the World.* Translated with introduction and notes by Richard B. Mather. Minneapolic 1976, S. 374.

zu machen, führt Yuan Mei groteske Elemente ein. Als Begriff, der in Europa entstanden ist, kennt Yuan Mei die Groteske nicht. Mir scheint es jedoch sinnvoll, dass das westliche Konzept des Grotesken bei der Analyse von Yuan Meis Fuchsgeistergeschichte *Das galante Werkzeug* Anwendung findet. Erst Ende des 15. Jahrhunderts wurden in Europa *la grotesca* und *grottesco* als Bezeichnungen für eine bestimmte Art von Ornamentik benutzt. Die Einführung dieses Begriffs in die Literatur verdanken wir dem Skeptiker Montaigne. Das französische Wort *grotesque* erscheint zuerst 1575 bei Fischart als „grubengrotteschisch".[121] In der Zeit zwischen Sturm und Drang, Romantik und der Moderne, die durch „die Kombination von anziehenden und abstoßenden, komischen und grauenerregenden, lächerlichen und tragischen Momenten in der Totalität der Welterfahrung" ihren Ausdruck findet, fasst dieser neue Begriff, der des Grotesken, Fuß.[122] Foster definiert seine grotesken Kunstmittel als „Verzerrung" und als „unlogische Verschiebung zwischen zwei Gegenständen".[123] Sein Begriff, „groteske Komik", wird bei der Analyse der Fuchsgeistergeschichte *Das galante Werkzeug* von Yuan Mei gebraucht. Nach Fosters Ansicht unterscheidet sich groteske Komik insofern „von anderen Arten des Humoristischen, da ihre Wirkung infolge der sie generierenden Kunstmittel vom Zusammenbruch der Logik des Lesers abhängt".[124] Unter den Fuchsgeistergeschichten ist die Geschichte *Das galante Werkzeug* exemplarisch für Yuan Meis Akzentuierung der grotesken Darstellung des menschlichen Körpers, dessen Absurditätseffekt Fosters Theorie bestätigt.

3.2.1.3 Ji Yun 纪昀 (1724-1805): Fuchsgeistergeschichten aus der Geschichtensammlung Yuewei caotang biji 阅微草堂笔记 (Notizen aus der Strohhütte der genauen Beobachtung)

Ji Yun als Autor der Geschichtensammlung *YWCTBJ* schlägt einen anderen Weg ein als Pu Songling, häufiger Verlierer bei der Beamtenprüfung, und Yuan Mei, freier Schriftsteller von hohem Ruf und Ansehen. Durch seine erfolgreich bestandenen Beamtenprüfungen wird er auf verschiedene, wichtige Amtsstellen berufen. Seine Amtszeit verbringt er hauptsächlich in der *hanlin*-Akademie. Unter seiner Leitung ist das bisher wichtigste Kompilationsprojekt Chinas entstanden, die Edition *Siku quanshu* 四库全书 (*Sämtliche Schriften in Vier Abteilungen*)[125].

---

[121] Best, Otto F.: Einleitung. In: ders. (Hrsg.): *Das Groteske in der Dichtung*. Darmstadt 1980, S. 1-22, hier S. 11ff.

[122] Ebd., S. 14.

[123] Foster, Ludmila A.: *Gestaltung des Nichtabsoluten*. In: Best, Otto F. (Hrsg.): *Das Groteske in der Dichtung*. Darmstadt 1980, S. 203-213, hier S. 203.

[124] Ebd., S. 208.

[125] An diesem Projekt sind 360 Gelehrte und mehrere tausend weitere Mitarbeiter beteiligt. Ji Yun hat das *Siku quanshu zongmu tiyao* 四库全书总目提要 (*Katalog der Schriften in Vier Abteilungen*) erstellt, in dem 10,380 Werke beschrieben wurden. Die heutige Kritik an diesem

Im 18. Jahrhundert werden die schriftlichen Leistungen von Ji Yun und Yuan Mei durch die ehrwürdige Bezeichnung „im Süden Yuan im Norden Ji (nan yuan bei ji 南袁北纪)“[126] gleichbedeutend anerkannt. Trotzdem ist ihre Methode an die Künste heranzutreten und ihr Verständnis derselben sehr unterschiedlich. Zum Beispiel macht ihre Haltung zu Luo Pins 罗聘 (1733-1799) Gemäldeserie *Guiqu tu* 鬼趣图 (*Ghost Amusement*) ihre unterschiedliche Auffassung von malerischer Kunst deutlich. Guo Pin, einer der „Acht Sonderlinge von Yangzhou“ (yangzhou ba guai 扬州八怪), ist ein Maler, der viele Totengeister gemalt hat. Ji Yun notiert in seiner Sammlung *YWCTBJ* Luo Pins Behauptungen, dass die von Luo Pin gesehenen Totengeister ungewöhnlich tagsüber auftauchen; oder um den Herd gehen, als ob sie Hunger hätten; oder häufig Toiletten besuchen, wofür es bisher keine Erklärung gibt. Der Autor kommentiert am Schluss, dass er daran zweifelt, dass Luo Pin Totengeister gesehen hat, weil z. B. ein Geist in Luo Pins Gemälde einen Kopf hat, der 100mal größer als sein Körper ist. Ji Yun hält dies für unwahrscheinlich. Bei Luo Pin findet dagegen Yuan Mei Resonanz, der dessen Gemäldeserie „Ghost Amusement“ folgendes Gedicht widmet:

我纂鬼怪书， Wo zuan guiguai shu,
号称《子不语》。 haocheng «*Zi buyu*».
见君画鬼图， Jian jun hua guitu,
方知鬼如许 。 fangzhi gui ru xu.
得此趣者谁， De ci qu zhe shui?
其惟吾与汝。 qi wei wu yu ru![127]

I wrote a book about ghosts and monsters,
To which I gave the name *Stories Untold by Confucius*.
Only when I saw the ghosts that you had painted,
Did I finally know the look *precisely* like this.
Who was able to succeed in this task before?
You and I are probably the only ones![128]

Projekt betont, dass 2.400 Werke wegen des Ausschlusses aus diesem Projekt vernichtet und einige hundert wegen zu zensierender Inhalte überarbeitet wurden. Siehe: Schmidt-Glintzer (1990), S. 450.

126 Yuan Mei lebt nach seiner Karrierelaufbahn als Zivilbeamter seit 1748 hauptsächlich in seinem *sui*-Garten in Nanjing 南京, Provinz Jiangsu 江苏. Er stammt ursprünglich aus Hangzhou 杭州, der Nachbarprovinz Zhejiang 浙江. Beide Städte sind wichtige Kulturstädte des Landes, die in der Südlichen Song-Dynastie und in der frühen Zeit der Ming-Dynastie die Hauptstädte waren. Ji Yun dagegen lebt seit 1736 hauptsächlich in Beijing, der Landeshauptstadt in der Qing-Dynastie. Siehe: Ji Yun 纪昀 (Erwachsenenname: Xiaolan 晓岚): *Ji Xiaolan wenji* 纪晓岚文集 [*Gesammelte Werke*]. In 3 Bänden, hier Bd. 3, Berichtigung und Kommentar von Sun, Zhizhong 孙致中 u.a. Zhangjiakou 1995, S. 275ff; Chiang (2005), S. 35; Schmidt datiert den Beginn von Ji Yuns Leben in Beijing irrtümlich mit dem Jahr 1773. Siehe: Schmidt (2003), S. 21.

127 Yuan Mei 袁枚: *Xiaocangshanfang shiji* 小仓山房诗集 [*Gesammelte Gedichte aus der Xiaocangshan-Studierstube*]. In: Ders.: *Yuan Mei quanji* 袁枚全集 [*Gesammelte Werke*]. In 8 Bänden, hier Bd. 1, herausgegeben von Wang Yingzhi 王英志. Nanjing 1993, S. 590.

128 Schmidt (2003), S. 468.

In diesem Gedicht vergleicht Yuan Mei Luo Pins Gemäldeserie mit seiner eigenen Geschichtensammlung *ZBY*, deren Geistergeschichten genauso wie Luo Pins Gemäldeserie nicht auf das konventionale Kriterium „realitätsnah" achten. Würde man Ji Yuns obige Äußerung ohne ihren Zusammenhang mit seinen fünf Büchern der Geistergeschichten betrachten, aus denen die Geschichtensammlung *YWCTBJ* besteht, dann wäre die Schlussfolgerung, die man daraus ziehen könnte: Dass was Ji Yun für wichtig hält, ist die Realität des Gemäldes, nicht dessen Ästhetik.

Ji Yuns Geschichtensammlung *YWCTBJ* erschien zuerst nacheinander als einzelne Bücher: *Luanyang xiaoxia lu* 滦阳消夏录 (*Notizen vom Sommer in Luanyang*, 1789), *Rushiwowen* 如是我闻 (*So habe ich gehört*[129], 1781), *Huaixi zazhi* 槐西杂志 (*Westlich der Akazie aufgezeichnete Geschichten*[130], 1792), *Guwangtingzhi* 姑妄听之 (*Nimm es nicht ernst*[131], 1793) und *Luanyang xulu* 滦阳续录 *(Fortsetzung der Notizen aus Luanyang*, 1798).[132] Yuan Meis Geschichtensammlung *ZBY* erscheint 1788, später als das von Ji Yun herausgegebene *Sämtliche Schriften in Vier Abteilungen*, dessen erste Ausgabe im Jahr 1782 erschien. Die Frage, ob Ji Yun Yuan Meis Sammlung in sein *Siku quanshu* aufnehmen würde, bleibt offen. Im ersten, zweiten und vierten Buch der Sammlung *YWCTBJ* werden dreimal von Yuan Meis *ZBY*[133] gesprochen. Im ersten Buch handelt es sich um ein persönliches Erlebnis Ji Yuns. Er nimmt an, dass Yuan Meis Aufzeichnung dieses persönlichen Erlebnisses auf der mündlichen Überlieferung eines unbekannten Berichterstatters basiert.[134] Im zweiten Buch handelt es sich um eine Geschichte von Totengeistern, die von Dong Yuandu 董元度 (um 1752, sein Erwachsenenname: Qujiang 曲江)[135] erzählt wurde. Verglichen

---

[129] Keenan weist im Vorwort seiner ausgewählten Übersetzung aus der Sammlung *Yuewei caotang biji* auf den buddhistischen Einfluss auf Ji Yuns Geschichtensammlung hin, den man an der buddhistischen Herkunft dessen Titels erkennt: *Rushiwowen* „are the words which open [the] Buddhist *sutra* in [the] Chinese translation. In that context[,] words are pregnant with canonical authority ." Siehe: Chi Yün: *Shadows in a Chinese Landscape. The Notes of [a] Confucian Scholar*, herausgegeben von David L. Keenan. New York 1999, S. xvi.

[130] Chiang hat sich vermutlich im Titel des letzten Buchs verlesen und ihn bei der Aufzählung der Titel der fünf Bücher irrtümlich *Huaixi zaji* 槐西杂记 (*Westliche der Akazie aufgezeichnete Geschichten*) genannt, ohne dessen Bedeutung zu ändern. Siehe: Chiang (2005), S. 198.

[131] Der Titel *Guwangtingzhi* 姑妄言之 (*Nimm es nicht ernst*) ist ein Zitat aus dem „inneren" Abschnitt (*nei pian* 内篇) des *Zhuangzi* 庄子 (*Zhuangzi*). Die Textstelle dort lautet: „Yu chang yuru wangyan zhi, ru yi wangting zhi". 予尝与女妄言之，女以妄听之。(Ich will einmal harmlos von diesen Dingen reden, und du höre ganz harmlos zu!) Zur deutschen Übersetzung siehe: Dschung Dsi: *Das wahre Buch vom südlichen Blütenland.* Übersetzt von Richard Wilhelm. Düsseldorf/Köln 1972, S. 49.

[132] Ji Yun 纪昀 (1995), Bd. 3, S. 412ff.

[133] Ji Yun gebraucht den von Yuan Mei geänderten, jedoch später nicht verbreiteten Buchtitel *Xin qixie* 新齐谐 (*Der neue Qixi*).

[134] LY 1.30, In: Ji Yun 纪昀: *Yuewei caotang biji* 阅微草堂笔记 [*Pinselnotizen aus der Strohhütte der Betrachtung des Großen im Kleinen*]. Interpunktiert und berichtigt von Wang Duxian 汪度贤. Shanghai 2002, S. 11.

[135] Die Tabelle „Prominent Eighteenth-Century Personalities Figured in *Close Scrutiny* (selected)" gibt einen kurzen Einblick in die Namen und die Erwachsenennamen (*zi* 字) der in

mit Yuan Meis Geschichte über einen Totengeist aus Nanchang 南昌, dessen Auftritt logisch erklärt wurde, zweifelt Ji Yun an dieser Erklärung. Bei der letzten Erwähnung bestätigt Ji Yun, was Yuan Mei über Hähne berichtet, die Eier legen können. Diese drei Stellen, die sich auf Yuan Meis Geistergeschichten beziehen, zeigen, dass Ji Yun selbst im Rahmen der übernatürlichen Welt Erklärungen sucht und Urteile fällt. Eine größere Auseinandersetzung Ji Yuns mit der überirdischen Welt, die er zu verstehen sucht, findet in den Fuchsgeistergeschichten statt, die zum Teil in direkten Zusammenhang mit Pu Songlings *LZZY* stehen.

Für Pu Songlings *LZZY* hat man jedoch keinen Platz in der Kompilation *Siku quanshu* gefunden, obwohl die Beliebtheit von Pu Songlings Geschichtensammlung nach deren Erscheinen im Jahr 1766 selbst von Ji Yun nicht übersehen werden konnte. Im Nachwort des vierten Buches, *Nimm es nicht ernst*, wiederholt Ji Yuns Schüler Sheng Shiyan 盛时彦 (dat. 1800) die Hauptkritik von Ji Yun, dass die Sammlung *LZZY* sowohl die Eigenschaften der *xiaoshuo* 小说 (Fiktion)[136] aus der bibliographischen Abteilung *zibu* 子部 (Philosophie) als auch die Eigenschaften der Biographie aus der bibliographischen Abteilung *shibu* 史部 (Historie) zur gleichen Zeit benutzt und sie so miteinander vermischt. Als Hauptherausgeber der Kompilation *Sämtliche Schriften in Vier Abteilungen* und Hauptprüfer einiger Beamtenprüfungen auf der Stufe der Hauptstadt achtet Ji Yun selbstverständlich auf die Differenzierung der Genres der Schriften. Im Vorwort der von Prüfern als beste erklärten und deswegen gesammelten Prüfungsbögen einer Beamtenprüfung in der Landeshauptstadt betont Ji Yun die Relevanz der Differenzierung der Genres, die jeweils eine eigene Funktion haben.[137] Lu Xun 鲁迅 (1881-1936), einer der bekanntesten Schriftsteller und Kritiker in der ersten Hälfte des 20. Jahrhunderts, erläutert diese Kritik mit der Differenzierung der Subgenres *chuanqi* und *zhiguai*, die Hu Yinglin 胡应麟 (1551-1602) aus der Ming-Dynastie hervorhebt und die wiederum von Ji Yun ignoriert wird. Lu Xuns Erklärung lenkt die Aufmerksamkeit der späteren Kritiker auf sich. Ji Yun kritisiert eigentlich Pu Songlings „beliebige Ausschmückungen“ der Handlung und betont die glaubwürdigen und beweisbaren Quellen.[138] Hinter dieser Aufforderung, glaubwürdige Quellen zu benutzen, scheint sich nichts anderes zu verbergen, als die Tatsache, dass die *xiaoshuo* 小说 (Fiktion) seit ihrem Auftritt im Schatten der Geschichtsschreibung stehen. Diese Auffassung wird unterstützt, als die *kaozheng*-Schule (*kaozheng xue* 考证学: die Schule der beweisfähigen Textkritik; *kaozheng*: Beweis 考证)[139] in der Qing-Dynastie wichtig wird.

---

diesem Werk vorkommenden Personen (die in dieser Sammlung gebraucht werden, was traditionell eigentlich üblich ist) und ihre Beziehung zu Ji Yun. Siehe: Chan, Leo Tak-Hung: *The Discourse on Foxes and Ghosts. Ji Yun and Eighteenth-Century Literari Storytelling.* Honolulu 1998, S. 58f.

136 Dazu siehe Punkt 1.5 der vorliegenden Arbeit.

137 Ji Yun 纪昀 (1995), Bd. 1, S. 148f.

138 Ji Yun 纪昀 (2002), S. 411.

139 Der weitere bekannte Name dieser Schule ist *kaoju*-Schule (*kaoju* xue 考据学).

Im Vorwort zu Band IV, *Nimm es nicht ernst*, blickt Ji Yun auf sein gesamtes Leben als Gelehrter zurück, das sich auf mehrere Jahrzehnte der *kaozheng*-Schule, einer intellektuellen Geistesbewegung, konzentriert.[140] Die *kaozheng*-Schule erreicht ihre Blütezeit in der Qianjia-Zeit (1736-1820, in der Regierungszeit von Kaiser Qianlong 乾隆 und Kaiser Jiaqing 嘉庆). Ihre Entstehung greift vor allem auf Gu Yanwu 顾炎武 (1613-1682) zurück und basiert auf der Etymologie[141] in der Han-Dynastie und auf der *zhushu*-Methode 注疏 (Verifikation in der Form von Kommentaren) der *li*-Schule des Neokonfuzianismus.[142] Nach dem Untergang der Ming-Dynastie reflektieren die Gelehrten über die „Ursachen der offensichtlichen Schwäche Chinas" gegenüber der neuen Macht der Mandschu und geben der Hoffnung auf ein „unmittelbare[s], noch nicht durch fremde Kommentare verfälschte[s] Verständnis der alten heiligen Schriften" Ausdruck.[143] Der Versuch zielt anfangs darauf ab, die sich mit der Zeit um den konfuzianischen Kern herumgebildeten Kommentare des Neo-Konfuzianismus abzutragen.[144] Die *kaozheng*-Gelehrten, d.h. Textkritiker, verzichten zwar nicht auf ihre Orientierung an der heiligen Vergangenheit in den Klassikern und in ihren Kommentaren, zeigen jedoch gleichzeitig, dass die Kommentare des Neo-Konfuzianismus, die sich seit der Südlichen Song-Dynastie in einer führenden Stellung etabliert haben, nicht unerschütterlich sind. Ein weiterer Aspekt in diesem Prozess der Konfrontation mit der Vergangenheit ist die Begegnung mit dem Westen. China hält sich bis zum ersten Opiumkrieg (1840-1842) für das Zentrum der Welt. Der Sinozentrische Gedanke wurde zum ersten Mal erschüttert, als die mathematischen und kosmologischen Wissenschaften durch die Jesuiten aus dem Westen im 17. und 18. Jahrhundert nach China kamen.[145] Dai Zhen 戴震 (1724-1777), Mitarbeiter des Projekts *Sämtliche Schriften in Vier Abteilungen* und enger Freund von Ji Yun, und Qian Daxin 钱大昕 (1728-1804), sind sowohl *kaozheng*-Gelehrte als auch Forscher auf dem Gebiet der Mathematik und der Kosmologie. Ji Yun muss in seinem einleitenden Text zum Katalog der mathematischen und kosmologi-

---

[140] Ji Yun 纪昀 (2002), S. 313; Zur deutschen Übersetzung siehe: Ji Yun (1983), S. 268f.

[141] Etymologie bedeutet Erläuterung der Herkunft der Wörter und ihrer Bedeutung.

[142] Elman, Benjamin A.: *From Philosophy to Philology. Intellectual and Social Aspects of Change in Late Imperial China.* Cambridge (Massachusetts) 1984, S. 19; Die Geschichte von *xungu xue* 训诂学 (Etymologie) greift auf die Han-Dynastie zurück, daher wurde diese Methode auch *hanxue* (汉学) genannt.

[143] Bauer (2001), S. 300.

[144] Vgl. Ebd., S. 302.

[145] Vgl. Elman (1984), S. 79-85; Ge Zhaoguang 葛兆光: *Qingdai kaojuxue: chongjian shehui yu sixiang jichu de changshi – shiba, shijiu shiji zhiji kaojuxue de zhuanxiang* 清代考据学: 重建社会与思想基础的尝试 —— 十八、十九世纪之际考据学的转向 [*Die kaoju-Schule der Qing-Dynastie: Versuch des Wiederaufbaus gesellschaftlicher und intellektueller Grundlagen – Wende der kaoju-Schule im 18. und 19. Jahrhundert*]. In: Chen Pingyuan 陈平原 und Wang David Der-Wei 王德威 (Hrsg.): *Wanming yu wanqing: Lishi chuancheng yu wenhua chuangxin* 晚明与晚清: 历史传承与文化创新 [*Späte Ming-Dynastie und späte Qing-Dynastie: Geschichtliche Weiterführung und kulturelle Erneuerung*]. Wuhan 2002, S. 117-132, hier S. 128-131.

schen Bücher gestehen: „Das Schaffen, das nicht jünger als die Dynastien Xia, Shang und Zhou war, kann nicht von der späteren Welt überholt werden, außer auf dem Gebiet der Mathematik und der Kosmologie, die durch das Erläutern immer raffinierter geworden sind."[146] Die Tendenz der Haltung, dass die *kaozheng*-Methode zum Erwerb des Wissens führt, und sowohl etwas Gegenwärtiges als auch etwas Eigenes nicht unbedingt dem Geringbedeutenden gleicht, wird mit der Zeit in der Qing-Dynastie immer deutlicher.

Die Art und Weise, wie Ji Yun mit seiner Sammlung *YWCTBJ* umgeht, ist eng mit der *kaozheng*-Schule in der Qing-Dynastie verbunden. Mit dieser Feststellung soll nicht gesagt werden, dass Ji Yuns Fuchsgeistergeschichten nach der Theorie der *kaozheng*-Schule aufgebaut sind, deren vertretenden Wissenschaften zunächst „paleography [wenzi xue 文字学], etymology [xungu xue 训诂学] and ancient phonology [guyin xue 古音学]" sind.[147] Mit der Phrase „shishi qiu shi 实事求是 [To search for the truth in actual facts]", die aus der Han-Dynastie stammt und im 18. Jahrhundert als ein Slogan für *kaozheng*-Gelehrte bekannt ist,[148] wird in der vorliegenden Arbeit Ji Yuns Erzähltechnik in seinen Fuchsgeistergeschichten vor dem Hintergrund der Entwicklung der *kaozheng*-Schule beleuchtet.

Als Textbeispiele der vorliegenden Arbeit werden in der Analyse der Stoffstruktur einige Fuchsgeistergeschichten von Ji Yun, genauer gesagt die Geschichten *Dongchang shusheng* 东昌书生 (*Der Student aus Dongchang*), *Li Erhun* 李二混 (*[Ein Mann namens] Li Erhun*), *Yuanzhong hunü* 园中狐女 (*Füchsinnen im Garten*), *Zitao* 紫桃 (*[Eine Füchsin namens] Zitao*) und *Hunü wei qie* 狐女为妾 (*Die Füchsin als Konkubine*) ausgewählt, die jeweils wichtige Bestandteile des Plots hervorheben und insgesamt als vollständiger Handlungsablauf betrachtet werden können.

3.2.2 *Stoffstrukturen der einschlägigen chinesischen Literatur*

Die Fuchsgeistergeschichten, die nachstehend analysiert werden, werden in der gleichen Reihenfolge betrachtet, wie die deutschsprachigen Wassergeistergeschichten in Unterkapitel 3.1.2.1 dieses Kapitels, d.h. in Bezug auf Motivation der weiblichen und männlichen Figuren in ihrer Beziehung zu ihrem Liebespartner, erste Begegnung derselben, deren Liebesbeziehung und Ehe sowie das Ende der Liebesbeziehung und Ehe. Die Untersuchungsschritte der Analyse der Fuchsgeistergeschichten schließen jedoch den Schritt „Bedingungen" für die Beziehung nicht mit ein. Bereits im ersten Kapitel der vorliegenden Arbeit wurde darauf

---

146 Ji Yun 纪昀 (Hrsg.): *Siku quanshu zongmu tiyao* 四库全书总目提要 [*Katalog der Schriften in vier Abteilungen*]. In 4 Bänden, hier Bd. 3, Redakteure: Li Daxing 李大星 und Yang Yonglin 杨永林. Shijiazhuang 2000, S. 2696.

147 They „became the three major fields in [the] Ch'ing dynasty['s] evidential research". Siehe: Elman (2000), S. 455; zu einer ausführlichen Studie siehe: Elman (1984), S. 38-85.

148 Siehe: innere Rückseite. In: Elman (1984).

hingewiesen, dass das in der europäischen Literatur in einer Mahrtenehe als Kernmotiv bezeichnete „Tabu“ oder „Verbot“ in den chinesischen Fuchsgeistergeschichten nicht von Bedeutung ist, obwohl dieses Motiv zum Beispiel in den Geschichten *Sun Yan* von Yang Xuanzhi 杨衒之 (dat. 547) und *Frühlingsspaziergang am Westteich* von Liu Fu 刘斧 (ca. 1040 - nach 1113) nicht ganz ausgeschlossen ist.

3.2.2.1 Motivation

3.2.2.1.1 Die Motivation der irdischen Männer in ihrer Beziehung zu Fuchsgeistern

Wang Zifu 王子服, der Protagonist in Pu Songlings Fuchsgeistergeschichte *Yingning*, ist ein junger Mann, der bereits mit 14 Jahren den Status *Shengyuan* 生员 erlangt hat und somit zum Eintritt in eine staatliche Schule berechtigt ist. Was den Status des Protagonisten betrifft, geht die Tendenz seit der Tang-Dynastie dahin, dass die Protagonisten in den Fuchsgeistergeschichten immer häufiger als sich auf die Beamtenprüfung vorbereitende Studenten auftreten, wie dies in den Unterkapitel 2.2.2.2, 2.2.2.3 und im Unterkapitel 3.2.1 eingehend erörtert wurde. Bei Pu Songling gipfelt diese Entwicklung in seinen Fuchsgeistergeschichten. Den Grund, warum Pu Songling die meisten Protagonisten in seinen Fuchsgeistergeschichten in die Rolle des Studenten schlüpfen lässt, erklärt der Kritiker Han Tianlu in seiner Dissertation *A Failed [I]ntellectual's [D]aydream* mit Pu Songlings langjährigem *Shengyuan*-Status. Seitdem er diesen erlangt hat, beabsichtigte er, mit ihm einen Erfolg auf der nächsten Stufe der Beamtenprüfung zu erreichen, erzielte jedoch lebenslang kein positives Ergebnis. Aufgrund dessen ist es zu verstehen, warum viele Protagonisten in den Fuchsgeistergeschichten bei Pu Songling Studenten sind.[149] Trotz dieser Gemeinsamkeit zeigt das Ende der Erzählung *Yingning* eine starke Abweichung von dem Typ der Fuchsgeistergeschichte *Fräulein Ren* von Shen Jiji aus der Tang-Dynastie, in der die erfolgreiche Karriere des Protagonisten durch das auf eine Frist beschränkte Zusammenleben mit einem tugendhaften, weiblichen Fuchsgeist legendär dargestellt wird. Ebenso weicht das Ende der Geschichte von dem mehr traditionellen Typ der Fuchsgeistergeschichte *Frühlingspaziergang am Westteich* von Liu Fu der Song-Dynastie ab, in der die Untreue thematisiert wird, die nach der Anerkennung der Gelehrsamkeit des Protagonisten durch seine sich ändernde soziale Stellung verursacht wird. Am Ende der Erzählung *Yingning* hat sich hingegen für den Protagonisten kein sozialer Aufstieg in seiner Beziehung mit dem weiblichen Fuchsgeist Yingning ergeben. Hier wird deutlicht, dass die Beziehung des Protagonisten zu Yingning nicht mehr irgendeinem Ziel dient, sondern selbst in den Mittelpunkt der Darstellung

[149] Han Tianlu 韩田鹿: *Shusheng de bairimeng – «Liaozhai zhiyi» xing'ai ticai yanjiu.* 书生的白日梦——《聊斋志异》性爱题材研究 [*A Failed [I]ntellectual's [D]aydream – The study on sex subject matter fictions of Liaozhaizhiyi*]. Dissertation. Hebei University 2005, S. 25ff.

der Fuchsgeistergeschichte rückt, wie dies meistens in den Fuchsgeistergeschichten von Pu Songling der Fall ist.

Wang Zifu unterscheidet sich jedoch von den meisten Protagonisten der Fuchsgeistergeschichten Pu Songlings, vor allem wenn es um seine Motivation geht, mit Yingning, dem weiblichen Fuchsgeist, eine Beziehung einzugehen. Viele von Pu Songlings Protagonisten werden sofort von der Idee beseelt, dass eine außergewöhnlich schöne Frau, die nachts entweder in der Studierstube des Protagonisten oder im Freien erscheint, ein Fuchsgeist ist. Zum Beispiel beobachtet der Protagonist in Pu Songlings Geschichte *Quan Deng* 犬灯 (*Hund [und das] Licht*)[150], wie sich ein Licht in den Hund und der Hund sich wiederum in eine schöne Frau verwandelt. Sein „Herz weiß, sie [ist] ein Fuchs[geist]" (xin zhi qi hu 心知其狐).[151] Der Protagonist in der Geschichte *Lianxiang* 莲香 (*[Eine Füchsin namens] Lianxiang*) „verdächtigt" den weiblichen Totengeist, Fräulein Li, sofort „als Fuchsgeist" (yi wei hu 疑为狐)[152], als diese anmutige Fremde nachts plötzlich in seiner Studierstube erscheint. Als der Protagonist in Pu Songlings Geschichte *Qingfeng* die Behauptung eines alten Mannes hört, er sei der Nachfolger der Frau Tushan (Tushan-shi 涂山氏, die Frau des Mitbegründers der Xia-Dynastie, ist laut der mythischen Quelle ein neunschwänziger, weiblicher Fuchsgeist.)[153], lässt sich der gebildete Protagonist Geng Qubing 耿去病 nicht von seiner Herkunft abschrecken und erzählt hingegen mit Freude der Familie der Fuchsgeister die Geschichte über Frau Tushan,[154] die angeblich von einem Vorfahren dieses jungen Mannes verfasst wurde.[155] Die Protagonisten in Pu Songlings Fuchsgeistergeschichten scheinen alle wie Geng Qubing mit den überlieferten Fuchsgeistergeschichten vertraut zu sein und erwarten selbst eine ähnliche Begegnung mit einem schönen, weiblichen Fuchsgeist in ihrem Leben. Exemplarisch für den Einfluss der überlieferten Fuchsgeistergeschichten auf Studenten ist Pu Songlings Erzählung *Hu Meng* 狐梦 (*Ein Fuchstraum*)[156]. Der Protagonist Bi Yi'an 毕怡庵, der im realen Leben der Verwandte des Hausherrn ist, bei dem Pu Songling als Hauslehrer unterrichtet, sehnt sich, nachdem er die Geschichte *Qingfeng* gelesen hat, nach einer Begegnung mit einem weiblichen Fuchsgeist. Sein Fuchstraum geht in Erfüllung, nachdem er sich ausdrücklich eine Füchsin als Geliebte wünschte. Wie

---

150 Zur deutschen Übersetzung siehe: *Das Mädchen im roten Kleid* (Ch'üan-teng). In: Pu Sung-ling: *Zwei Leben im Traum. 67 Erzählungen der Bände fünf bis acht aus der Sammlung Liao-dschai-dshi-yi.* Deutsch von Gottfried Rösel. Zürich 1989, S. 146-149.

151 Pu Songling 蒲松龄 (1981), Bd. 1, j. 3, S. 406.

152 Ebd., Bd. 1, j. 2, S. 221.

153 Zu der legendären Figur Tushan-shi siehe Unterkapitel 2.1.2.1 der vorliegenden Arbeit.

154 Der alte Fuchsgeist lässt den Gelehrten Geng Qubing die Geschichte seiner Ahnherrin erzählen, weil dieser mit seiner eleganten Sprache die Geschichte spannender und schöner erzählen kann.

155 Pu Songling 蒲松龄 (1981), Bd. 1, j. 1, S. 113.

156 Ebd., S. 618. Zur deutschen Übersetzung siehe: Pu Sung-ling (1989), S. 420-430.

die obigen Beispiele zeigen, kennen die Gelehrten nicht nur die Fuchsgeistergeschichten sehr gut, sie stehen auch in einem engen Verhältnis mit den Fuchsgeistern selbst.

Wang Zifu, der Protagonist in Pu Songlings Geschichte *Yingning*, ist dagegen in einer relativ geschlossenen Umgebung aufgewachsen. Sein Vater, der für ihn eigentlich als eine wichtige Quelle der Außenwelt fungierte, ist seit langem verstorben. Seine Mutter liebt ihn so sehr, dass sie sein Bewegungsfeld nach dem Tod seines Vaters irrtümlich auf sein Dorf beschränkt. Seine Verlobte, die ihm den Zugang zu einer anderen, erweiterten Perspektive hätte ermöglichen können, ist ebenso gestorben.

Am Fest *shangyuan* 上元 (Oberes Urelement[157], gebräuchlicher Namen: *yuanxiao* 元宵 Laternenfest, am 15. des ersten Monats nach dem chinesischen Mondkalender), fordert sein Vetter mütterlicherseits, ein Herr Wu, ihn auf, zusammen mit ihm an diesem Fest teilzunehmen. Bemerkenswert ist, dass die Gesellschaft von Frauen im Kreis der Familie und der Verwandten normalerweise begrenzt ist, jedoch nicht die von Männern. Yen Ping-Chiu weist in seiner Monographie *Chinese Demon Tales* auf ein anderes traditionelles Fest, das *qingming*-Fest 清明(节), hin (Helles Licht [Fest], einer der 24 Jahres-Einteilungstage des chinesischen Mondkalenders, nämlich dem Totenfest am 4. oder 5. des vierten Monats), an dem der Protagonist mit dem Besuch der Gräber seiner Ahnen einen triftigen Grund für sein Ausgehen hat und unerwartet einem weiblichen Geist begegnet.[158] In Pu Songlings Geschichte *Qingfeng* findet die Wiederbegegnung des Protagonisten mit der Füchsin Qingfeng ebenso am *qingming*-Fest statt. Während des *shangyuan*-Festes hat man ebenso wie am *qingming*-Fest einen Grund, sich in die Gesellschaft der Menschen zu begeben. Außerdem herrscht dort die Stimmung der Liebe vor. Menschen bewundern die schönen Laternen und versuchen, die Rätsel zu lösen, die an den Laternen beschrieben sind. Der *ci*-Dichter Ouyang Xiu 欧阳修 (1007-1072) beschreibt in der Melodie[159] *Shengzhazi* 生查子 (*Shengzhazi*), wie ein Mädchen am *shangyuan*-Fest umsonst auf ihren Geliebten wartet und sich an das Rendezvous während des letzten Laternenfestes erin-

[157] Nach der *sanyuan*-Theorie 三元说 (drei-Urelemente-Theorie) des Daoismus besteht die Welt ursprünglich aus Himmel (*shangyuan* 上元: Oberes Urelement), Erde (*zhongyuan* 中元: Mittleres Urelement) und Wasser (*xiayuan* 下元: Unteres Urelement). Das Fest *zhongyuan* 中元 (Mittleres Urelement) findet am 15. des siebten Monats nach dem chinesischen Mondkalender statt und das Fest *xiayuan* 下元 (Unteres Urelement) am 15. des zehnten Monats.

[158] Yen, Ping-Chiu: *Chinese Demon Tales. Meanings and Parallels in Oral Tradition.* New York 1990, S. 22.

[159] Es geht um die Gedichtform *ci* 词 oder *quzici* 曲子词 (Worte einer Melodie). Die Melodie eines *ci* 词 heißt *cidiao* 词调 oder *cipai* 词牌. Das *cidiao* hier heißt *Shengzhazi* 生查子. Das Merkmal der *ci* ist die unterschiedliche Länge der einzelnen Verse einer Strophe sowie die unterschiedliche Verteilung der Reime. In zwei- oder mehrstrophigen *ci* müssen die einzelnen Strophen nicht metrisch identisch sein.

nert.[160] Der *ci*-Dichter Xin Qiji 辛弃疾 (1140-1209) gibt die Suche nach der vom lyrischen Ich ersehnten Schönheit anschaulich wieder:

	(...)
笑语盈盈暗香去。	xiaoyu yingying an'xiang qu.
众里寻他千百度,	zhongli xun ta qianbaidu,
蓦然回首,	moran huishou,
那人却在灯火阑珊处。	naren quezai denghuo lanshanchu.

mit lachenden Gesprächen verschwindet auch der schwache Duft.
Unter der Masse suche [ich] sie tausend und hundert Male
[ich] drehe [mich] plötzlich um: Jene steht am Rande der Beleuchtung der Laterne.[161]

Wang Zifu und sein Vetter kennen den Brauch, dass Frauen während des *shangyuan*-Fests aus ihrem Haus gehen. Beide beteiligen sich daher an diesem Laternenfest. Wang Zifu hat jedoch keine Absicht, einem weiblichen Fuchsgeist, etwa wie der Protagonist in der Geschichte *Ein Fuchstraum*, zu begegnen. Unter den wie Wolken passierenden Frauen schenkt er seine Aufmerksamkeit einer Frau, die einen Zweig mit Blüten der Winterkirsche in der Hand hält. Sie ist so schön, dass Wang Zifu seinen Blick nicht von ihr wenden kann. Dies ist der Anfang der Fuchsgeistergeschichte *Yingning*, in der Wang Zifu wegen seiner alltäglichen Isolation in seiner Studierstube keine Vorstellung von Fuchsgeistern hat. Seine Teilnahme am *shangyuan*-Fest zeigt sein Interesse an schönen Frauen, jedoch nicht an Fuchsgeistern. Mit diesem Unterschied ist die Begegnung des Protagonisten mit Yingning im Sinne von der mit seiner Herzensfreundin zu verstehen, die im Mittelpunkt der Analyse in dem nächsten Unterkapitel steht.

Yuan Meis Geschichte *Das galante Werkzeug* hat als Protagonist einen Studenten mit dem Familiennamen Jiang. Herr Jiang entspricht wegen seiner reichen Verhältnisse nicht dem Klischee, da die meisten Studenten in den Fuchsgeistergeschichten aus einer armseligen Familie stammen und auf ihren Erfolg in der Be-

---

160 Das *cidiao* 词调 *shengzhazi* 生查子 besteht aus zwei Strophen und wird wie folgt übersetzt: Am Abend des letzten *shangyuan*-Festes/ [waren] die Laternen am Markt [so hell], [dass der Abend] wie tagsüber [aussah./ Der Mond stieg über die Zweige der Trauweide/ [Mit dem] Menschen verabredete [ich mich] nach der Abenddämmerung./ / Am Abend des Festes *shangyuan* dieses Jahres/ sind der Mond und die Laternen nach wie vor [da]./ Nicht zu sehen ist der Mensch des letzten Jahres/ [der der Grund für] Tränen [am] Ärmel der grünen Kleidung [ist]. (Qu'nian yuanye shi 去年元夜时, huashi deng ruzhou 花市灯如昼。Yue shang liushaotou 月上柳梢头, ren yue huanghunhou 人约黄昏后。Jinnian yuanye shi 今年元夜时, yue yu deng yijiu 月与灯依旧。Bujian qunian ren 不见去年人, lei shi qingshan xiu 泪湿青衫袖。) Siehe: Ouyang Xiu 欧阳修: *Shengzhazi* 生查子 [*Shengzhazi*]. In: *Tang Song ci jianshang cidian. Tang Wudai Beisong juan* 唐宋词鉴赏辞典 唐 五代 北宋 卷 [*Sammelband der Kommentare zur ci-Dichtung der Tang- und Song-Dynastie. Band der Tang-, der Fünf Dynastien und der Nördlichen Song-Dynastie*]. Mitbearbeitet von Tang Guizhang 唐圭璋 u.a. Shanghai 1988, S. 470.

161 Siehe: Xin Qiji 辛弃疾: *Qingyu'an* 青玉案 [*Qingyu'an*]. In: *Tang Song ci jianshang cidian. Nansong Liao Jin juan* 唐宋词鉴赏辞典 南宋 辽 金 卷 [*Sammelband der Kommentare zur ci-Dichtung der Tang- und Song-Dynastie. Band der Südlichen Song-, der Liao- und Jin-Dynastie*]. Mitbearbeitet von Tang Guizhang 唐圭璋 u.a. Shanghai 1988, S. 1512.

amtenprüfung hoffen. Von Anfang an benutzt Yuan Mei in dieser Fuchsgeistergeschichte eigentümlich den Spielraum des Klischees und der unerwarteten Abweichungen. Selbst die Titel seiner Geistergeschichten verbergen diese Eigenschaft nicht. Im Vergleich zu den konventionellen Titeln in Pu Songlings Sammlung *LZZY*, die die Tradition in der Erstellung von Biographien in der Geschichtsschreibung pflegt und die meisten Geschichten mit den Namen der Protagonisten betitelt, sind Yuan Meis Titel nicht mehr an die Konvention gebunden. Seine Titel beschränken sich hinsichtlich der Zahl der Schriftzeichen nicht mehr auf vier Zeichen, mit denen selbst die längsten Namen, einschließlich der Anrede ermöglicht werden. Manche Titel bei Yuan Mei fassen mit acht oder neun Zeichen den Inhalt seiner Geschichten zusammen. Das erinnert den Leser der chinesischen Literatur an die Untertitel der umgangssprachlichen Erzählungen, die in der späten Ming-Dynastie populär waren. Zum Beispiel heißt die Erzählung des Ling Mengchu (1580-1644), die aus zwei Geschichten besteht, *zeng zhima shipo jiaxing/ xie caoyao qiaoxie zhenou* 赠芝麻识破假形，撷草药巧谐真偶 (*Sesam schenken und hinter die Truggestalt kommen; Heilkräuter sammeln und glücklich eine echte Verbindung herbeiführen*) .[162]

Der Anfang der Geschichte *Das galante Werkzeug* von Yuan Mei folgt wiederum der Tradition der Biographie, obwohl der Titel von dieser Konvention abweicht. Traditionell werden die grundlegenden Daten einer Person am Anfang der Geschichte aufgeführt, wie dies auch in der Geschichte *Yingning* der Fall ist. Student Jiang (Jiang-sheng 蒋生) stammt aus der Familie eines Ministerialdirigenten des Finanzministeriums (*hubu yuanwai* 户部员外)[163] und ist wohnhaft in Chang'an 长安 (heute: Beijing 北京).[164] Anders als Pu Songling, der in der Zusammenfassung der Charaktere seiner Studenten Wert auf deren Intelligenz und Tugenden legt, charakterisiert Yuan Mei seinen Protagonisten Jiang mit zwei Wörtern: galant und selbstgefällig. Das Wort *fengliu* 风流 (galant) hat anfangs in der chinesischen Kulturgeschichte ausschließlich eine ästhetische Qualität. Was *fengliu* angeht, steht dieser Begriff im Zusammenhang sowohl mit dem musikalischen als auch literarischem Bereich. *Fengliu* entspricht implizit gleichzeitig den Bedeutungen von grazil, vornehm und charmant. Da das Wort ebenso in Liebesbeziehungen eine Rolle spielt, z. B. im chinesischen lyrischen Drama *Xixiang ji* 西厢记 (*Das Westzimmer*) von Wang Shifu 王实甫 (1260-1336) wird diesem Begriff eine sexuelle Konnotation zugeschrieben. Das Wort *fengliu* ist daher zweideutig. Es kann sowohl ein Lob als auch eine scharfe Kritik an der moralischen Qualität des Betroffenen zum Ausdruck bringen. Zum Beispiel ist der Kommentar zu Yuan Meis Leben von seinem Zeitgenossen Zhao Yi 赵翼 (1727-1824), einem der be-

---

162 Vgl. Monschein, Ylva: *Der Zauber der Fuchsfee. Entstehung und Wandel eines „Femme-fatale"-Motivs in der chinesischen Literatur.* Frankfurt a.M. 1988, S. 251.

163 Zum Amt *yuanwai* 员外 siehe: Schmidt (2003), S. 597.

164 Das im folgenden Satz vorkommende Stadttor Haidai 海岱 bestätigt, dass diese Geschichte im heutigen Beijing spielt.

kanntesten Dichter und Kommentatoren seiner Zeit, als Anerkennung zu verstehen. Seine im Folgenden zitierten Verse skizzieren den Erfolg seines Kollegen in der Literatur und seinen feinen Geschmack im Alltagsleben:

其人与笔两风流, airen yu bi liang fengliu,
红粉青山伴白头。 hongfen qingshan ban baitou.

Der Mensch [Yuan Mei] und dessen Pinsel[165] sind beide *fengliu*,
roter Puder [Frauen] und grüne Berge begleiten weiße Haare.[166]

Ein anderer zeitgenössischer Historiker Zhang Xuecheng 章学诚 (1738-1801) kritisiert ein Jahr nach Yuan Meis Tod seinen Lebensstil im Zusammenhang mit seiner Aufnahme von Schülerinnen und seine Unterstützung von deren Publikationen. Zhang Xuecheng fängt mit seiner Kritik so an: „Neulich gibt es einen unverschämten, unwissenden und eingebildeten Mensch, der sich als *fengliu* bezeichnet und Frauen verführt".[167] Der Gebrauch des Wortes *fengliu* bei Zhang Xuecheng ist negativ konnotiert, um Yuan Meis angebliche Liebesaffären abzuwerten. In welche Richtung geht der Protagonist Jiang in der Geschichte *Das galante Werkzeug*? Auf jeden Fall hat die Bezeichnung *fengliu* für ihn selbst keine negative Bedeutung, weil er sich selber als selbstgefällig beschreibt. Er verbindet mit dieser Bezeichnung eine „Liebesbeziehung", als er trotzig der schönen Frau folgt, die ihm unerwartet begegnet ist, obwohl die Frau ihm die kalte Schulter zeigt. Für den Protagonisten ist es jedoch unwichtig, ob sich der Begriff „Liebesbeziehung" auf ein seelisches Verständnis zweier Menschen oder lediglich auf ein sexuelles Abenteuer bezieht.

Von Ji Yuns zahlreichen Fuchsgeistergeschichten wurden vier Geschichten als Textbeispiele für die vorliegende Arbeit ausgewählt, die exemplarisch für den Strukturaufbau der Motivkonstellation der Mahrtenehe sind. Bevor ich auf die konkreten Beispieltexte eingehe, möchte ich mich zunächst einmal den äußerlichen Merkmalen seiner Geschichten widmen. Ji Yun hat in seiner Sammlung *YWCTBJ* alle seiner Geschichten nicht betitelt, wie dies traditionell in den Geschichten von Gan Bao 干宝 (ca. 285 - ca. 360) und Yang Xuanzhi 杨衒之 (dat. 547) in den Sechs Dynastien stets der Fall ist. Die Geschichten sind inhaltlich lediglich durch den Anfang eines neuen Paragraphen voneinander getrennt. Manchmal enthält so ein Paragraph nicht nur eine, sondern gleich zwei Geschichten auf einmal, die entweder als parallele oder als gegenteilige Beispiele vom Autor angeführt werden. Für die Motivation des Protagonisten und seiner Geliebten

165 Im alten China schrieb und malte man mit dem Pinsel. Hier werden seine Schriften gemeint.

166 Zhao Yi 赵翼: *Du suiyuanshi tici* 读随园诗题辞 [*Ein Widmungsgedicht für die suiyuan-Dichtung*]. In: Yuan Mei 袁枚: *Xiaocangshanfang shiwenji* 小仓山房诗文集 [*Gesammelte Gedichte und Schriften aus der Xiaocangshan-Studierstube*]. Shanghai 1988, nach dem Geleitwort.

167 Jin you wuchi wangren 近有无耻妄人, yi fengliu ziming 以风流自命, guhuo shinü 蛊惑士女. Siehe: Zhang Xuecheng 章学诚: *Zhang Xuecheng yishu* 章学诚遗书 [*Nachgelassene Schriften*]. Beijing 1985, S. 399.

in ihrer Beziehung zueinander besteht ein Paragraph aus zwei parallelen Geschichten (HX 3.27)[168], die jeweils in der vorliegenden Studie mit dem Titel *Dongchang shusheng* 东昌书生 (*Der Student aus Dongchang* HX 3.27a) und mit dem Titel *Li Erhun* 李二混 (*[Ein Mann namens] Li Erhun* HX 3.27b) versehen sind.[169]

Der folgende Abschnitt wird sich auf die erste Geschichte *Der Student aus Dongchang* konzentrieren. Ich werde versuchen, die Motivation irdischer Männer in ihrer Beziehung zu Fuchsgeistern näher zu beleuchten. Die zweite Geschichte ist diesbezüglich nicht so exemplarisch wie die erste. Das Unterkapitel 3.2.2.2 wird noch einmal auf die Geschichte *Der Student aus Dongchang* zurückgreifen, um die erste Begegnung irdischer Männer mit einem Fuchsgeist zusammen mit der Geschichte *Li Erhun* zu analysieren.

Der Student aus Dongchang ist nachts außerhalb der Stadt unterwegs. Plötzlich taucht ein prächtiges Haus vor seinen Augen auf. Seiner Erinnerung zufolge sollte dort statt eines Hauses das Grab einer Sippe sein. Er denkt sofort an Fuchsgeister, über die er in Büchern gelesen hat. Die Figuren Qingfeng und Shuixian 水仙 aus Pu Songlings Geschichtensammlung *LZZY* sind ihm so bekannt und erscheinen ihm so reizend, dass er lieber vor dem prächtigen Haus wartet und auf eine ähnliche Liebesaffäre hofft, als weiter zu gehen. Der Student identifiziert sich spontan mit dem jeweiligen Protagonisten in den Fuchsgeistergeschichten, die er gelesen hat, vor allem mit dem, der glücklich und ohne Schaden zu erleiden mit einem weiblichen Fuchsgeist umgeht. Als er das verdächtige Haus sieht, folgt er in Gedanken und ohne Zögern dem Verlauf einer gelesenen Liebesgeschichte mit einem Fuchsgeist. Sein Warten an diesem Ort ist somit durch sein Lesen von Fuchsgeistergeschichten motiviert.

Seine Vermutung wird dann weiterhin bestätigt, als eine Kutsche mit einer schönen Frau mittleren Alters herbeifährt. Die Frau weist auf ihn und sagt: „Dieser Mann ist sehr gut. Er darf ins Haus eingeladen werden." (Ji Yun: HX 3.27a, S. 264.)[170] Da bemerkt der junge Mann mit großer Freude, dass ein schönes, jüngeres Fräulein hinter der Kutsche steht. Jetzt ist der Mann davon überzeugt, dass die beiden Frauen Fuchsgeister sind. Deswegen stellt er keine Fragen nach der Sippe und der Familie der Frauen, wie dies traditionell üblich ist, und folgt den Frauen ins Haus. Dass es keinen Empfang vom Hausherrn gibt, wie dies ebenso

168 Die fünf Bücher, aus denen die Sammlung *Yuewei caotang biji* besteht, haben jeweils die folgenden Abkürzungen: LY (für das erste Buch *Luanyang xiaoxia lu* 滦阳消夏录), RS (für das zweite Buch *Rushiwowen* 如实我闻), HX (für das dritte Buch *Huaixi zazhi* 槐西杂志), GW (für das vierte Buch *Guwangtingzhi* 姑妄听之) und LX (für das fünfte Buch *Luanyang xulu* 滦阳续录). Nach der Abkürzung folgt die Nummer der Kapitel und danach die Nummer der Geschichte oder der Gruppe der Geschichten (d.h. in einem Paragraphen) des jeweiligen Kapitels.

169 Zur deutschen Übersetzung siehe: Siehe: Ji Yun: *Pinselnotizen aus der Strohhütte der Betrachtung des Großen im Kleinen.* Ausgewählt und herausgegeben von Konrad Herrmann. Leipzig und Weimar 1983, S. 226.

170 Ich zitiere die von Wang Duxian interpunktierte und berichtigte Ausgabe. Siehe: Ji Yun 纪昀 (2002).

traditionell üblich ist, stört ihn nicht, und hält ihn nicht davon ab, weiter von seinem möglichen Glück zu träumen. Schließlich kommt ein alter Mann zu ihm, als Musik zu spielen beginnt. Die Worte des alten Mannes lassen ihn aus seinem Traum erwachen. Der junge Mann, so sagt ihm der Alte, soll als Trauzeuge zur Hochzeitszeremonie kommen, weil der Bräutigam schon angekommen ist.[171] Der junge Mann ist sehr enttäuscht, weil er eigentlich für sich mit der Rolle des Bräutigams gerechnet hatte, kann aber nichts dagegen tun, weil vorher von einer Ehe zwischen ihm und dem jüngeren, weiblichen Fuchsgeist keine Rede war. Seine Vorstellung von einer Liebesbeziehung mit einem weiblichen Fuchsgeist, die durch sein Lesen von Fuchsgeistergeschichten entstanden ist, wurde enttäuscht. Nach der Zeremonie verlässt er das Haus, ohne Abschied zu nehmen.

Die ganze Geschichte dreht sich um die Motivation des Protagonisten und warum er sich nach einer Beziehung mit einem Fuchsgeist sehnt. Die Fuchsgeistergeschichten von Pu Songling stellen eine Reihe von Fuchsgeistern dar, die anmutig und bildschön sind. Sie tauchen immer dann auf, wenn gerade an sie gedacht wird und dort auf, wo sie gerade benötigt werden. In Yuan Meis Geschichte *Das galante Werkzeug* wirken der Wille und Gedanke des Protagonisten gerade gegeneinander. Sie führen nicht zum Glück mit einem Fuchsgeist, sondern zur Verlegenheit des Protagonisten, die durch seine trügerischen Hoffnungen entstanden sind. Durch diese von Pu Songlings Fuchsgeistergeschichten verursachte Motivation wird der Protagonist in Ji Yuns Geschichte *Der Student aus Dongchang* Schritt für Schritt in eine Falle geführt. Als er anschließend über sein Erlebnis klagt, wird er von den Zuhörern seiner Geschichte ausgelacht, weil er selber an seinem Unglück schuld ist.

3.2.2.1.2 Die Motivation der Fuchsgeister in ihrer Beziehung zu irdischen Männern

In den obigen Textbeispielen wurde die Motivation der Protagonisten in ihrer Beziehung zu den weiblichen Fuchsgeistern durch ihre Sehnsucht nach einer Liebesbeziehung mit einer schönen Frau oder gar gezielt mit einem weiblichen Fuchsgeist begründet. Der Ursprung dieser Sehnsucht greift auf den Einfluss der überlieferten literarischen Werke zurück, in denen viele Fuchsgeistergeschichten ein immer wieder vorkommendes Grundschema einer Liebesgeschichte haben, wie z. B. in Ji Yuns Fuchsgeistergeschichte *Der Student aus Dongchang* in HX 3.27a; oder deren Protagonisten Gelehrte mit der Eigenschaft *fengliu* sind, die sowohl im ästhetischen Stil als auch in ihrer Beziehung zu Frauen charakterisiert werden, wie dies zum Beispiel in Yuan Meis Fuchsgeistergeschichte *Das galante Werkzeug*; oder deren Protagonisten am *shangyuan*-Fest, dem Fest der Liebe teilnehmen, wie dies zum Beispiel in Pu Songlings Fuchsgeistergeschichte *Yingning* der Fall ist. Die Fuchsgeister dagegen sind weniger von der Gelehrsamkeit geprägt.

---

[171] Laut Original weiß man nicht, ob der Bräutigam seinen eigenen Trauzeugen hat. (Ji Yun: HX 3.27a, S. 265.)

Die Motivation der Füchsin Yingning, Protagonistin der gleichnamigen Erzählung von Pu Songling, ist sowohl durch buddhistische als auch durch daoistische Elemente gekennzeichnet. Karma[172] ist eine Form von Motivation der weiblichen Fuchsgeister in Pu Songlings Fuchsgeistergeschichten. Der namenlose, weibliche Fuchsgeist in Pu Songlings Geschichte *Zhu Suiliang* 褚遂良 (*[Ein Mann namens] Zhu Suiliang*) heilt zum Beispiel einen gewissen Zhao von einer schweren Krankheit und heiratet ihn, weil ihr Herr Zhao in seiner früheren Existenz in der Tang-Dynastie eine Wohltat erwiesen hat.[173] Xiaocui, der weibliche Fuchsgeist in der gleichnamigen Geschichte, heiratet dem Wunsch ihrer Mutter folgend Wang Yuanfeng, eine von Geburt an Geistigbehinderten, weil Wang Yuanfengs Vater in seiner Kindheit Xiaocuis Mutter, ebenso ein Fuchsgeist, vor einem Donnerschlag[174] gerettet hat.[175] Die Theorie von *fangzhongshu* 房中术 (Sexualpraktiken) heranziehend, die in der frühesten Entwicklungsphase des Daoismus (als Religion) eng mit dem Trainingsverfahren zur Unsterblichkeit verbunden waren,[176] üben bösartige Fuchsgeister in den Fuchsgeistergeschichten diese Praktiken auf unmäßige Weise und eigennützig aus. Sie nehmen die Yin- oder Yang-Energie [des Sexualpartners] auf und stärken dadurch ihre eigene Lebensenergie. Dieses Verfahren wurde von Daoisten *caibu* 采补[177] genannt. Herr Dong in der gleichnamigen Geschichte stirbt an der Ausübung dieser Sexualpraktiken. Dass der Geschlechtsverkehr mit Fuchsgeistern zur Gefährdung der Gesundheit führen kann, deuten vielfach die im zweiten Kapitel analysierten Geschichten an: Wang Xiaoling in der Geschichte *A-zi* hätte aufgrund seines Geschlechtsverkehrs mit einer Füchsin beinahe seine Sprachfähigkeit verloren; Sun Yans Haare wurden in der gleichnamigen Geschichte von seiner Frau, einem Fuchsgeist, abgeschnitten; Hou Chengshu, der Protago-

---

172 Zum allgemeinen Karma in Pu Songlings *Liaozhai zhiyi* siehe: Huang Qia 黄洽: *Liaozhai zhiyi yu zongjiao wenhua.* 聊斋志异与宗教文化 [*Das Liaozhai zhiyi und die religiöse Kultur*]. Jinan 2005, S. 64ff.

173 Siehe die Geschichte *Zhu Suiliang* 褚遂良. In: Pu, Songling 蒲松龄 (1981), Bd. 2, j. 17, S. 1647-1649.

174 Man braucht sich nach heutigen Kenntnissen vor einem Donnerschlag gewöhnlich nicht zu schützen, wohl aber vor den Blitzen während eines Gewitters. Jedoch wird ein Donnerschlag traditionell in China als eine Strafe des Himmels angesehen und verursacht während eines Unwetters einen unnatürlichen Tod. Das liegt daran, dass für altertümliche Chinesen Donnerschläge und Blitze gleichzeitig geschehen werden und Donnerschläge wirksamer als Blitze zu sein scheinen. Heutzutage ist aus dem Ausdruck *tiandaleipi* 天打雷劈 (himmlische Donnerschläge) ein ernsthafter Schwur oder ein böser Fluch geworden.

175 Siehe die Geschichte *Xiaocui* 小翠. In: Pu Songling 蒲松龄 (1981), Bd. 2, j. 7, S. 1000-1013.

176 Ge Hong 葛洪 (283-343) erzählt in seiner *Biographiensammlung von Unsterblichen* (*Shenxian zhuan* 神仙传), wie Peng Zu 彭祖 unbeschränkte, jedoch mäßige Sexualpraktiken für eine Methode hält, ein langes Leben zu gewinnen. Diese „Nachahmung von Himmel und Erde" vervielfacht das „männlich-geistige, unvergängliche Yang-Element auf Kosten des weiblichen Partners". Vgl.: Bauer, Wolfgang: *China und die Hoffnung auf Glück. Paradiese, Utopien, Idealvorstellungen.* München 1971, S. 157ff.; Die Sexualpraktiken wurden von manchen Daoisten abgelehnt. Siehe: Xu Dishan 许地山 (2006), S. 170f.

177 Zum Thema *Sexual Parasitism* siehe: Huntington, Rania: *Foxes and Sex in Late Imperial Chinese Narrative.* In: *NAN NÜ.* 2 (2000) Heft 1, S. 78-128, hier S. 86ff.

nist in der Geschichte *Frühlingsspaziergang am Westteich*, litt infolge seiner Liebesbeziehung mit einer Füchsin an einer durch physische Erschöpfung verursachten tödlichen Krankheit. Im Gegensatz zu derartig bösartigen Fuchsgeistern in der Literaturgeschichte herrschen gütige und intellektuelle Fuchsgeister in Pu Songlings Fuchsgeistergeschichten vor. Yingning, als Vertreterin des kindlichen Typs der Fuchsgeister, evoziert das Klischee der eigennützigen und sexuell unmäßigen Fuchsgeister, unterscheidet sich sowohl von bösartigen Fuchsgeister als auch glückbringenden Fuchsgeistern, die dem Protagonisten seine Wohltaten, z. B. den Schutz vor einem Donnerschlag oder vor einem Jagdhund, mit einer sexuellen Befriedigung, Reichtum und körperlicher Heilung in Dankbarkeit vergelten.

Der Weg, der für Wang Zifu, den Protagonisten in Pu Songlings Erzählung *Yingning*, zu der gleichnamigen Protagonistin führt, ist für ihn, bildlich gesprochen, seine eigentliche „Heimkehr", d.h. der Weg zu sich selbst, seinem natürlichen Ich, und dem idealen Ich, Yingning, das ihn ergänzt und zurück in die Gesellschaft der Menschen führt. Wang Zifus Weg zu seinem natürlichen Ich und zu Yingning, seinem idealen Ich ist für Yingning gleichzeitig, bildlich gesprochen, ihr eigener „Heimweg", d.h. sie findet in ihrem Geliebten das reale Ich, das sie, das ideale Ich, ergänzt, und führt ihn, nun ein komplettes und vollständiges Ich, zurück in die Gesellschaft. Yinging ist mit Wang Zifu verwandt. Yingnings Vater, ein irdischer Mann namens Qin, ist der Ehemann von Wang Zifus Tante mütterlicherseits, die schon lange verstorben ist. Yingnings Mutter, ein weiblicher Fuchsgeist, lebt nach dem Tod der Tante Wang Zifus mit Onkel Qin zusammen. Onkel Qin stirbt wegen der „Fuchskrankheit", d.h. an der Ausübung der Sexualpraktiken *caibu*, Yingning kommt zur Welt. Yingnings Mutter bringt sie zu Wang Zifus Tante, die jetzt ein Totengeist ist, damit sie Yingning erzieht. Barr versteht Yingnings Motivation zuerst als Integrationsversuch in die Gesellschaft:

> Although she never explains her goals in so many words, when we view her actions in their totality it is clear that she has two primary objectives: to be assimilated into human society and to arrange a proper burial for her foster mother.[178]

Ich halte die erste Motivation in diesem Fall für zu allgemein, weil Pu Songling absichtlich ein Netz der Verwandtschaft vorbereitet und Yingning als einen Fuchsgeist mit einer halben menschlichen Herkunft darstellt, um ihren Weg zu Wang Zifu als Heimweg zu verdeutlichen. Daher ist das „win the love of her cousin Wang Zifu"[179], was Barr als den ersten Schritt in Yingnings „Heimweg" ansieht, meines Erachtens keine Bedingung, sondern der eigentliche Grund ihres „Heimwegs", weil die Liebesbeziehung zu Wang Zifu in der Tat eine Begegnung des realen Ich (Wang Zifu) mit dem idealen Ich (Yingning) ist. Darauf gehe ich in Unterkapitel 3.2.2.3 näher ein.

---

[178] Barr, Allan: *Disarming Instruders: Alien Women in Liaozhai zhiyi*. In: *Harvard Journal of Asiatic Studies* 49 (1989) Heft 2, S. 501-517, hier S. 504.

[179] Ebd.

Yingnings Motivation, „to arrange a proper burial for her foster mother", wie Barr dies formuliert, wird im Vergleich mit ihrer innerlichen Verbindung zu Wang Zifu deutlich zur Sprache gebracht. Dass Yingning von Wang Zifus Tante erzogen wird, entspricht der Tradition der Erziehung in der Familie. Die Ehefrau des Hausherrn ist sowohl für die Erziehung ihrer eigenen Kinder als auch für diejenigen, die ihr Mann mit Konkubinen gezeugt hat, verantwortlich. Diese Familie hat mit einem weiblichen Totengeist und einem weiblichen Fuchsgeist zumindest genetisch eine direkte Verbindung mit Wang Zifus Familie, der ebenso wie der ihren ein Hausherr fehlt. Selbst Wang Zifus Vetter gehört zu Wang Zifus Verwandtschaft, mütterlicherseits. Yingning hat eine Aufgabe zu erfüllen, die sich um ihre Pflegemutter dreht, nämlich die, dass ihr Leichnam im Grab ihres Ehemannes,[180] beigesetzt wird. Diese anscheinend mit matriarchalischen Elementen versehene Geschichte endet jedoch mit patriarchalischen Zügen, d.h. das Grab eines Hausherrn ist ebenso der Ruheort seiner Frau.

Yuan Meis Protagonistin in der Geschichte *Das galante Werkzeug* hat keine deutliche Motivation wie zum Beispiel die von Pu Songlings Fuchsgeister. Beruht das Zustandekommen der Beziehung auf der Motivation des Fuchsgeistes und ist diese Zweisamkeit mit einer Bitte seitens der Fuchsgeister oder mit der Vergeltung einer empfangenen Wohltat, z. B. der Lebensrettung von einem Donnerschlag, verbunden, weist dies auf die schwächere Stellung des Fuchsgeistes gegenüber dem Protagonisten in den späteren Fuchsgeistergeschichten in der Qing-Dynastie hin. Yuan Meis Fuchsgeist hingegen in der Geschichte *Das galante Werkzeug* bleibt jedoch unabhängig vom Protagonisten. Sie sehnt sich nicht einmal nach der Liebe des Protagonisten, die z. B. Fräulein Dugu in der Geschichte *Frühlingsspaziergang am Westteich* aus der Song-Dynastie zur Suche nach einem irdischen Mann veranlasst. Selbst das häufigste Motiv, das der erotischen und gesundheitsschädigenden, bösartigen Sexualpraktiken zur Stärkung der eigenen Lebenskraft wird in dieser Geschichte nicht benutzt.

Jedoch zeigt die Protagonistin in Yuan Meis Geschichte durch ihr Zuwinken dem Protagonisten deutlich an, dass sie seinem Nachjagen der Kutsche zustimmt, nachdem sie wahrnahm, dass ihre ärgerlichen Gesichtszüge sein Interesse an ihr nicht vermindern mögen. Eigentlich toleriert der weibliche Fuchsgeist Jiangs heimlichen Blick in ihre Kutsche, was zwar ihrer Eitelkeit schmeichelt, jedoch konventionell nicht erlaubt ist. Obwohl sie ihm ihren Missmut über seine aufgenommene Verfolgung durch ihren Gesichtsausdruck verständlich macht, lässt sich der Protagonist nicht beirren. Daraufhin ändert die Frau danach ihre Strategie, indem sie ihm mit ihrem Lächeln ihre Zuneigung andeutet, um ihn in ihre Falle zu locken. Für ihn beginnt damit ein neues Abenteuer, das oft in den Fuchsgeistergeschichten der Anfang einer neuen Geschichte ist.

---

[180] Ein Ehepaar wurde im alten China normalerweise zusammen bestattet. Selbst wenn sich das Grab der Ehefrau an einem anderen Ort befand, wurde der Leichnam der Ehefrau ins Grab ihres Ehemannes verlegt.

Ji Yun beweist mit der Geschichte *Yuanzhong hunü* 园中狐女 (*Füchsinnen im Garten* HX 2.36), dass die wahre Motivation der Fuchsgeister häufig durch eine Ausrede versteckt wird, die sich normalerweise als *yuan* 缘 (vorherbestimmte Beziehung) tarnt. Ji Yuns Bekannter Guo Shizhou fungiert als Erzähler dieser Geschichte, die folgendermaßen lautet: Als ein Student in regnerischer Nacht allein in seinem Gartenpavillon sitzt, taucht plötzlich ein weiblicher Fuchsgeist auf, der ihm auf seine Frage, warum sie unter den jungen Männern in der Nachbarschaft gerade ihn auserwählt hat, ihm erklärt, dass zwischen ihnen eine „vorherbestimmte Beziehung" besteht. Der Protagonist erkennt sofort, dass diese fremde Frau ein Fuchsgeist ist, weil ihre Kleidung trotz starken Regens trocken ist. *Yuan*, die „vorherbestimmte Beziehung", ist ein Begriff, der im Volksglauben verankert ist und dem zufolge die Beziehungen besonders zwischen Liebenden, Ehepaaren und Bekannten durch den Himmel vorbestimmt sind und unmöglich durch individuelle Bemühungen geändert werden können. Bei Pu Songling wird die „vorherbestimmte Beziehung" oft floskelhaft gebraucht, ohne dass eine weitere Erklärung dazu abgegeben wird. Der Student in Ji Yuns Fuchsgeistergeschichte stellt diese „vorherbestimmte Beziehung", die zwischen ihnen existiert, wie der Fuchsgeist behauptet hat, in Frage und möchte wissen, wer diese „vorherbestimmte Beziehung" wo niedergeschrieben hat, wer der Zuständige für diese „vorherbestimmte Beziehung" ist, wer ihr diesen Eintrag mitgeteilt hat, wer sie beide in ihrer letzten Existenz waren, warum diese „vorherbestimmte Beziehung" entstanden ist, und wo und wann deren Ursprung war. Diese kritischen Fragen erinnern zunächst an die Geschichte *Dinghun dian* 定婚店 (*Das Gasthaus der vorherbestimmten Ehen*) von Li Fuyan 李复言 (dat. 830). Der Protagonist Wei Gu 韦固 erfährt von *yuexia laoren* 月下老人 (dem alten Mann unter dem Mond)[181], der für irdische Ehen verantwortlich ist und am Mondabend mit seinem *Youming zhi shu* 幽冥之书 (*Buch über das Dunkel* [des Jenseits]) erscheint, wer seine eheliche Partnerin werden muss.[182] Neben dieser literarischen Anspielung ist dieser Ablauf der In-Frage-Stellung bemerkenswert. In der Einleitung zur Analyse der chinesischen Textbeispiele unter Punkt 3.2.1.3 wurde diese Art und Weise, wie Ji Yun seine Fuchsgeistergeschichten nach dem Verfahren der *kaozheng*-Schule (*kaozheng xue* 考证学: die Schule der beweisfähigen Textkritik) erzählt, historisch erklärt. An diesen Fragen erkennt man sofort, wie der Gelehrte mit diesem Verfahren sein Alltagsleben prüft, das nicht wie bei Pu Songling nach dem beliebigen Willen des Protagonisten abläuft. Angesichts der weiteren Erklärung des Fuchsgeistes, dass diese „vorherbestimmte Beziehung" darin besteht, dass der junge Mann gerade an diesem Tag, nicht irgendeinem Tag im Jahr, hier sitzt und gerade er, nicht irgendeiner unter Tausenden, die sie gesehen hat, ihr gefällt. Der

---

181 Aufgrund dieser Geschichte heißen Heiratsvermittler bis heute *yuexia laoren* 月下老人 (der alte Mann unter dem Mond) oder *yuelao* 月老, weil der alte Mann in dieser Geschichte an einem Mondabend erscheint.

182 Vgl. Li Fang (Komp.) 李昉 (1994), Bd. 1, j. 159, S. 698f.

junge Mann fragt sie in ironischem Ton, warum diese von ihr behauptete „vorherbestimmte Beziehung“ keine Resonanz bei ihm findet? Eine daraus gezogene Schlussfolgerung, dass Ji Yun nicht an *yuan* glaubt, kann jedoch nicht stimmen, denn in mehreren Geschichten berichtet er, dass man dem Schicksal nicht ausweichen kann.[183]

Neben der Infragestellung einer so genannten „vorherbestimmten Beziehung“ benutzt Ji Yun zusätzlich verschiedene Erzählperspektiven, um einen nüchternen Abstand vom Erzählten zu schaffen. Nachdem Guo Shizhou die Geschichte wiedergegeben hat, sagt er, dass der namenlose Protagonist Tang Wenzhenggong 汤文正公 (Postumer Name von Tang Bin 汤斌, 1627-1687) sein kann, als dieser noch jung war. Diese Aussage verstärkt, zusammen mit dem konkreten Namen des Protagonisten, die Glaubhaftigkeit dieser Geschichte. Jedoch schwächt die Phrase *huoyue* 或曰 (manche sagen) am Anfang dieser Aussage die Glaubwürdigkeit der Geschichte wieder ab. Dann folgt der Kommentar der Ich-Figur, die als Letzter in dieser Erzählgeschichte seinen Kommentar gibt. Er hält es einerseits für unwahrscheinlich, dass Tang Bin der Protagonist war, weil sich ein Fuchsgeist nicht in die Nähe des ehrwürdigen Herrn Tang gewagt hätte. Andererseits schließt er wiederum nicht aus, dass diese Geschichte tatsächlich passiert ist, die mit Tang Bin jedoch nicht in Zusammenhang gebracht werden kann. Ji Yuns frommer Glaube an das Schicksal, das vom Himmel vorbestimmt ist, widerspricht nicht seiner sachlichen Umgangsweise mit den Fuchsgeistergeschichten, die durch polyperspektivische Erzählweise bekräftigt wird. Die höhere Instanz kann nur durch diese sachliche Betrachtungsweise geschützt werden, denn die Ehrfurcht vor dieser höheren Instanz sollte man bewahren.

3.2.2.2 Erste Begegnungen

Ausnahmelos begegnet der Protagonist in den folgenden Fuchsgeistergeschichten einem betörend schönen, weiblichen Fuchsgeist. Pu Songling inszeniert in seiner Erzählung *Yingning* eine sinnbildliche Begegnung des Protagonisten Wang Zifu mit der Füchsin Yingning, um sie als seine *zhiji* 知己 (Herzensfreundin) des Protagonisten zu identifizieren. In Yuan Meis und Ji Yuns Fuchsgeistergeschichten kommen jedoch die Fuchsgeister dem Protagonisten nicht immer freundlich entgegen. Während Yuan Mei in seiner Erzählung *Das galante Werkzeug* das körperliche Ich als Teil der menschlichen Natur willkommen heißt, ist der sinnliche Gedanke des Ich bei Ji Yun die Ursache, den es gilt, genarrt zu werden.

Pu Songling charakterisiert Wang Zifu vor seiner Begegnung mit Yingning als einen Sohn, der seiner Mutter stets gehorsam ist. Seine Mutter repräsentiert die Autorität in der Familie, weil sein Vater schon lange verstorben ist. Die Kindespietät (*xiao* 孝, vor allem der Gehorsam gegenüber den Eltern) gilt im alten Chi-

183 Beispielsweise in der Geschichte HX 2.57 (Ji Yun: S. 250).

na als Kardinaltugend. Deshalb ist er niemals in die wilde Landschaft außerhalb seines Dorfes gegangen, bis sein Vetter mütterlicherseits ihn zum *shangyuan*-Fest auffordert, obwohl Wangs Mutter gewöhnlich sein Verlassen des Dorfes nicht zulässt. Das *shangyuan*-Fest verspricht dem Leser, auf Grund seiner kulturellen Bedeutung, den Beginn einer Liebesgeschichte, wie ich dies bereits in Unterkapitel 3.2.1.1 dargelegt habe.

Sein Vetter, ein gewisser Wu, fungiert als Brücke zwischen Wang Zifu und Yingning, ohne dass er dies beabsichtigt. Diese Funktion wiederholt sich im Handlungsablauf, und zwar bei in der Begegnung der Beiden. Dadurch entsteht das Wunderbare in dieser Geschichte, denn ohne die Aufforderung seines Vetters wäre die Begegnung Wang Zifus mit Yingning nicht zustande gekommen. Jedoch kann Herr Wu Wang Zifu nicht zu Yingning begleiten, weil ein Diener seiner Familie ihn vom *shangyuan*-Fest zurückholt, ohne dem Leser den Grund zu verraten. Wang Zifus Entscheidung, allein weiterhin beim *shangyuan*-Fest zu bleiben, führt dazu, dass er unter den wie Wolken passierenden Frauen seine Aufmerksamkeit ausschließlich auf Yingning richtet. Das Mädchen Yingning mit ihrer Zofe hat lächelnd einen Zweig mit Mei-Blüten[184] in der Hand und strahlt über das ganze Gesicht. Die Phrase *nianhua weixiao* 拈花微笑 (Blüten in der Hand haltend und lächelnd) löst eine direkte Assoziationen mit der buddhistischen Erleuchtung aus.[185] Nach der Überlieferung versammeln sich Jünger von Buddha Shakyamuni (ca. 6.-5. Jh. v. Chr.) auf dem Geierberg (lingshan oder lingjiushan 灵山 / 灵鹫山), um seine Darlegung des Dharma zu hören. Buddha Shakymuni hält eine Blüte in der Hand und zeigt sie seinen Jüngern, ohne ein Wort zu sprechen. Alle schweigen bis auf Mahakashyapa, der lächelt. Er hat den Grundsatz Buddhas verstanden, dass seine Lehre „nicht auf Worte und Schrift zu stützen", sondern unmittelbar, „von Sinn zu Sinn" (*yi xin chuan xin* 以心传心), zu überliefern ist.[186] Wang Zifu und Yingning verstehen sich ebenso „von Sinn zu Sinn" und

---

[184] Mei heißt lateinisch prunus mume. Ich bin der gleichen Meinung wie Li Shixun, dass Mei phonetisch so wie es jetzt in der vorliegenden Arbeit gebraucht wird, übersetzt werden sollte. Im Westen wurde Mei gewöhnlich entweder als „Schlehe", „Pflaume" oder „Aprikose" übersetzt. Für Chinesen sind diese jedoch wie in Deutschland verschiedene Früchte. Sie sind einander zwar sehr ähnlich, doch ihre Stämme, Zweige, Blattformen, Blütezeiten, Größe, Farben und der Geschmack der Früchte sind einander eher unähnlich. Mei hat in China ihre eigene Kultur, die ihren Ausdruck in der Dichtung, Malerei und Musik findet. Siehe: Li Shixun: *Über „Mei" oder „Wiedergutmachung von Unrecht". Verwirrungen bei der Übersetzung der Bezeichnung „Meihua"*. URL: www.xnwx.net/dissertation/Meihua_deutsch.htm, gelesen am 08.03.2007.

[185] Li weist ebenso auf diese Evokation hin. Vgl. Li, Wai-yee: *Enchantment and Disenchantment. Love and Illusion in Chinese Literature*. Princeton 1993, S. 110f.

[186] Nach der Legende ist diese Szene der Beginn des Chan-Buddhismus (jap. Zen-Buddhismus 禅宗), eine der in China entstandenen Schulen des Mahayana-Buddhismus. Zur Legende siehe: Puji 普济: *Wudeng huiyuan* 五灯会元 [*Sammlung von fünf (Aufzeichnungen der Weitergabe der) Lampen*]. In 3 Bänden, hier Bd. 1, herausgegeben (mit Korrekturen und Kommentaren) von Su Yuanlei 苏渊雷. Beijing 1984, S. 10; zum Chan-Buddhismus: Bauer (2001), S. 220ff.

brauchen keine Worte und Schriften. Das Sinnbild des inneren Verständnisses findet seine Vollendung, als Yingning vor ihrem Weggehen den Zweig mit den Mei-Blüten auf den Boden herunterfallen lässt und Wang Zifu ihn aufhebt. Nun hält Wang Zifu den Zweig mit Mei-Blüten in der Hand und hört Yingnings Gelächter, als sie fortgeht. Pu Songlings Interesse am *chan*-Buddhismus zeigt sich bereits in seinem Vorwort für das *LZZY*, in dem er berichtet, dass sein Vater vor Pu Songlings Geburt einen Mönch getroffen hat, den Pu Songling verdächtigt, seine letzte Existenz gewesen zu sein.[187] In der Geschichte *Huabi* 画壁 (*Das Wandbild*), deren Schauplatz in einem buddhistischen Tempel ist, wird die Phrase *nianhua weixiao* noch einmal erwähnt. Die Geschichte handelt von der buddhistischen Erleuchtung, was Pu Songling in seinem nachträglichen Kommentar verdeutlicht.

Wang Zifu versteckt die Mei-Blüten unter seinem Kopfkissen. Seitdem isst er nicht mehr und spricht ebenso kein Wort. Seine Mutter bittet buddhistische und daoistische Mönche, um die Geister zu bannen, die offenbar ihren Sohn plagen. Trotzdem magert Wang Zifu immer mehr ab. Chinesische Medizin hilft ihm ebenso wenig. Er wird fast ohnmächtig. Diese Szene von Wang Zifus schwerer Krankheit nach seiner Begegnung mit Yingning erinnert an Tang Xianzus 汤显祖 (1550-1617) Drama *Mudan ting* 牡丹亭 (*Päonienpavillon*), das auch unter dem Titel *Huanhun ji* 还魂记 (*Die Rückkehr der Seele*) bekannt ist. Dieses handelt von einem Mädchen, das sich in einen jungen Mann verliebt, von dem sie geträumt hat. Nachdem sie ihr Selbstporträt gemalt hat, stirbt sie an Gemütskrankheit. Der Charakter *chi* 痴 (Narrheit), der im einleitenden Text dieses Kapitels erklärt wurde, drückt die ideale Seite des Ich aus. Als Wang Zifus Vetter die Ursache seiner Krankheit erfährt, sagt er lachend:

> 君意亦复痴! Jun yi ye fu chi! (Pu Songling: S. 148)[188]
>
> Sie sind doch gar zu närrisch (*chi*)!

Der Charakter *chi* zeigt insofern das Ich, dass Wang Zifu in diesem Fall sein eigenes Geheimnis geheim halten und es seiner Mutter nicht mitteilen will. Was Konfuzius als erstes zur Kindespietät zählt, ist, dass man Körper, Haar und Haut, die man von den Eltern empfangen hat, nicht zu Schaden kommen lassen soll. Wang Zifu folgt nicht mehr den konventionellen Normen der chinesischen Gesellschaft, sondern seinem eigenen Willen, dem zufolge er selbst der Herr seines Lebens ist.

In Yuan Meis Geschichte *Das galante Werkzeug* wird ein junger Mann namens Jiang dargestellt, der der Sohn eines hochrangigen Beamten ist. Gewöhnlich hat jemand wie Herr Jiang einen oder mehrere Diener, die ihm immer zur Verfügung stehen. Er ist jedoch allein unterwegs, wie dies für Wang Zifus nach seinem Abschied von seinem Vetter der Fall ist. Er begegnet unerwartet einer fremden,

---

[187] Pu Songling 蒲松龄 (1981), S. 2f. direkt nach dem Verzeichnis.

[188] Ich zitiere die von Zhang Heyou kommentierte Ausgabe. Siehe: Pu Songling 蒲松龄 (1981).

schönen Frau, die in einer Kutsche sitzt. Yuan Mei benutzt das chinesische Schriftzeichen *fu* 妇, das aus zwei Komponenten besteht: Die erste steht für Weiblichkeit (nü 女) und die zweite für Besen (zhou 帚)[189]. Der Besen ist eine Metapher für die Hausarbeit. Das heißt, dass eine verheiratete Frau die Hausarbeit von ihrer Schwiegermutter übernehmen soll. Zum Beispiel fragt in der Fuchsgeistergeschichte *Hu-shi* 胡氏 (*Herr Hu*) der Fuchsgeist Hu, der die Rolle des Hauslehrers einnimmt, ob seine Schwester den Sohn des Hausherrn heiraten kann. Danach erklärt er:

> 仆有弱妹，少公子一岁，颇不陋劣。以奉箕帚，如何？(Pu Songling: S. 304.)
>
> Pu you ruo mei, shao gongzi yisui, po bu loulie. Yi feng jizhou, ruhe?
>
> Ich habe eine kleine Schwester, die ein Jahr jünger als Ihr Sohn und keineswegs hässlich oder dumm ist. Wie wäre es, wenn sie Ihrem Sohn den Besen und die Kehrichtschaufel ausführt?[190]

Einerseits erkannte man verheiratete Frauen im alten China sofort an ihren hochgebunden Haaren. Obwohl diese Identifikation nicht unbedingt „verheiratete Frau“ bedeutet, wird andererseits durch den dieser Szene folgenden Text deutlich, dass eine Füchsin sich rechtlich als Ehefrau eines Mannes bezeichnen kann, jedoch die Konkubine, nicht die Ehefrau dieses Mannes ist.

In diesem Zusammenhang ist die Tat von Herrn Jiang, einen heimlichen Blick in die Kutsche zu werfen und diese verheiratete Frau zu bewundern, gemäß den konventionellen Ansichten der chinesischen Gesellschaft nicht anständig. Die Kutsche der Dame deutet ihre vornehme Herkunft an. Jedoch ist Jiangs erster Blick in die Kutsche, nach der Ansicht des Autors Yuan Mei eine ganz natürliche Reaktion auf die Schönheit der Insassin, die sowohl in der Natur als auch in der Gesellschaft existiert. In der Geistergeschichte *Ji xian* 妓仙 (*Ein Freudenmädchen als Untersterbliche*) teilt Xie Qiongniang 谢琼娘, die einst in der irdischen Welt ein Freudenmädchen war und zu einer Unsterblichen geworden ist, irdische Männer in drei Typen ein: „Wer duftenden Puder und Jade (Sinnbilder für schöne Frauen) zu pflegen und zu schätzen weiß, ohne dass sein Herz in Wallung gerät, ist ein Heiliger; wer duftenden Puder und Jade zu pflegen und zu schätzen weiß und dabei in Wallung gerät, ist ein Mensch; wer dagegen nichts von duftendem Puder und Jade weiß, ist ein Tier“.[191] Dass Herr Jiang die Schönheit in der Kutsche erblickt, bedeutet für Yuan Mei, dass der ästhetische Sinn des Protagonisten nicht durch die Lehre des verdrehten Neo-Konfuzianismus stumpf geworden ist. Die Reaktion der schönen Frau auf Herrn Jiang und seine Reaktion auf sie ist scheinbar ein Beweis, dass sie der gleichen Auffassung wie Yuan Mei ist. Sie scheint sich keineswegs von Jiangs Blick gestört zu fühlen.

---

189 Im traditionellen Chinesisch *fu* 妇 schreibt man 婦.

190 Meine Übersetzung variiert leicht mit der Rösels. Vgl. Pu Sung-ling (1989), S. 325.

191 Meine Übersetzung variiert teilweise mit der von Schwarz. Vgl. Yuan Mei (1997), S. 92.

Herr Jiang folgt der schönen Frau hinter ihrer Kutsche her. Darüber ärgert sich jedoch die Frau. Ihr ärgerliches Gesicht scheut Jiang aber nicht von seiner weiteren Verfolgung der Kutsche ab. Ein Herr, der „duftenden Puder und Jade“ zu pflegen und schätzen weiß, respektiert und akzeptiert auch die Meinung seiner Verehrten. Bei Jiang ist dies aber nicht der Fall. Dann ändert die Frau ihre Strategie, indem sie Jiang freudig zuwinkt. Jiang folgt der Kutsche nun umso eifriger, besonders da die Frau ab und zu zurückschaut. Die Kutsche hält vor einem prächtigen Haus und die Frau geht hinein. Diese Szene kennt der Kenner von Fuchsgeistergeschichten. Zheng-liu, Protagonist in Shen Jijis 沈既济 (ca. 741- ca. 805) Geschichte *Fräulein Ren*, begegnet ebenso plötzlich unterwegs der Protagonistin und bietet ihr seinen Esel als Verkehrsmittel an, damit er sie zur Tür ihres Hauses begleiten kann. Als sie dort angekommen sind, bittet Fräulein Ren den Protagonisten, eine Weile draußen zu warten. Jiang kennt sicher dieses immer wieder vorkommende Motiv aus anderen Fuchsgeistergeschichten. Er steht töricht vor dem Haus, wagt sich aber nicht, sich dem Haus zu nähern, will aber auch nicht weggehen. Erst später kommt eine Zofe aus dem Haus und winkt ihm zu. Ein erfahrener Leser vermutet, dass dies eine Einladung ins Haus und gleichzeitig der Wunsch der ersehnten Schönheit ist. Die Zofe zeigt jedoch auf eine Nebentür des Hauses, durch die er ins Haus eintreten soll. Ist dies vielleicht ein versteckter Eingang ins Haus? Im Gegenteil, dies ist die unerwartete Tür zu einem Abort. Yuan Mei benutzt den klischeehaften Handlungsablauf, der fast alle Erwartungen des Lesers befriedigt und dem Leser zusätzlich eine unerwartete, plötzliche Wende bietet. Die Vorstellung, dass die Schönheit im prächtigen Haus den Protagonisten empfängt, stößt überraschend mit der Tatsache eines stinkenden Aborts zusammen, in dem Jiang seinen Atem anhalten muss. Hier haben wir es ganz deutlich mit einer „[u]nlogische[n] Verschiebung zwischen zwei Gegenständen“[192] zu tun: zum einen, die Vorstellung eines prächtigen Empfangs und zum anderen, die Wirklichkeit des Aborts. Dieser scharfe Kontrast übt eine groteske Wirkung auf den Leser aus.

Im Gegensatz zu Pu Songling, dessen Protagonist durch seinen Umgang mit dem Fuchsgeist das ideale Ich findet und sich diesem nähert, verspottet Ji Yun in seiner Geschichtengruppe HX 3.27 (*Der Student aus Dongchang* HX 3.27a und *Li Erhun* HX 3.27b) den unrealistischen und sinnlichen Gedanken, sich Fuchsgeistern nähern zu können. Dieser Gedanke führt zu einem lächerlichen Ende des erwünschten Abenteuers. Der parallele Vergleich der beiden hier angesprochenen Geschichten dient als Beweis für meine Annahme, dass Ji Yun die Absicht zu zeigen hat, dass jeder für sein Verhalten verantwortlich ist und nicht Fuchsgeistern die Schuld geben soll, wenn das ersehnte Abenteuer nicht stattfindet. Der Student aus Dongchang sieht in der Nacht zunächst ein prächtiges Haus außerhalb

192 Foster (1980), S. 203-213, hier S. 203.

der Stadt, bevor er irgendwelchen Fuchsgeistern begegnet. Durch das Lesen von Fuchsgeistergeschichten, vor allem denen aus der Geschichtensammlung *LZZY* von Pu Songling, weiß er, dass das Haus in dieser Gegend, in der es viele Gräber gibt, sicher ebenso eine von Fuchsgeistern verwandelte Erscheinung ist. Daher wartet er geduldig auf eine Begegnung mit Fuchsgeistern. Diese findet kurz darauf nach der Ankunft einer Kutsche statt, in der eine Frau mittleren Alters sitzt. Ihre Anweisung, dass der junge Mann ins Haus eingeladen werden soll, erinnert ihn an die Szene in den früheren Fuchsgeistergeschichten, die besagt, dass er als Ehemann für einen schönen, weiblichen Fuchsgeist bestimmt ist. Die Tatsache, dass seine Vorstellung nur eine Täuschung ist, weil nicht er, sondern ein anderer als Bräutigam auserkoren wurde, verärgert ihn. Er ist wütend darüber, dass diese Fuchsgeister ihn zum Narren gehalten haben. Diejenigen, die diese Geschichte gehört haben, lachen ihn aus und kommentieren, dass nicht die Fuchsgeister, sondern er selber schuld an seinem Dilemma ist.

Die zweite Geschichte *Li Erhun* (HX 3.27b) ist die Reaktion des Ich-Erzählers auf die erste, nachdem er die erste Geschichte vernahm. Der Ich-Erzähler betrachtet seine Geschichte als eine, in der der Fuchsgeist der richtige Täter dieses bösartigen Streichs ist. Die Geschichte lautet wie folgt: Ein Mann namens Li Erhun geht in die Hauptstadt, um sich dort eine Stelle für den eigenen Unterhalt zu suchen. Unterwegs begegnet er einer jungen Frau, die auf einem Esel reitet. Li Erhun spricht sie an und flirtet ein wenig mit ihr. Die Frau antwortet zwar nicht, zeigt jedoch auch keinen Ärger. Am nächsten Tag wirft ihm die Frau ein Taschentuch zu und teilt ihm mit, dass sie an jenem Abend in Gu'an übernachtet. Im Taschentuch sind einige Schmuckstücke eingewickelt. Li Erhun bringt sie zu einer Pfandleihe und wird sofort festgenommen, weil diese Schmuckstücke gerade erst gestern dort gestohlen wurden. Der Ich-Erzähler meint, dass es diesmal tatsächlich um einen von einem Fuchsgeist inszenierten Streich geht. Der Erzähler, der die erste Geschichte erzählt hat, widerspricht dieser Behauptung und kommentiert, dass des Protagonisten Anbandeln mit dem Fuchsgeist die Ursache seiner Festnahme ist. Daher hat nicht der Fuchsgeist, sondern er sich selbst zum Narren gehalten. Die zwei füreinander als Belege fungierenden Geschichten werden aus vier Erzählperspektiven erzählt: erstens, aus der Perspektive des Protagonisten der ersten Geschichte, d.h. der des Studenten aus Dongchang; zweitens, aus der Perspektive der Nebenfiguren der ersten Geschichte, d.h. der der Zuhörer, die diese Geschichte direkt vom Protagonisten hören; drittens, aus der Perspektive des Ich-Erzählers, der als Zuhörer der ersten Geschichte und als Erzähler der zweiten Geschichte fungiert; und drittens, aus der Perspektive von Dong Qiuyuan, der die erste Geschichte erzählt und dann die zweite Geschichte kommentiert. Von einer zur anderen Erzählperspektive begleitet ein stiller, rationaler Beobachter, der das über alle Erzählebenen stehende Ich ist, die zwei Fuchsgeistergeschichten.

3.2.2.3 Einige Liebesbeziehungen vor und deren Fortbestehen während der Ehe

Die Liebesbeziehung in Pu Songlings Fuchsgeistergeschichte *Yingning* veranschaulicht sowohl die Annäherung des Protagonisten an das ideale Ich, das der weibliche Fuchsgeist Yingning verkörpert, als auch den Prozess, dem sich der Protagonist unterzieht, mit Hilfe von Yingning seine wahre, eigene, natürliche Sprache zu finden. Der Protagonist in Yuan Meis Fuchsgeistergeschichte *Das galante Werkzeug* dagegen gerät in eine widersprüchliche Situation, die darin besteht, dass er als galanter, junger Mann seinen eigenen Körper nicht gut genug kennt und sich schämt, über dessen natürliche, sexuelle Bedürfnisse zu sprechen, dennoch gleichzeitig auf einen weiblichen Körper gierig ist und sich nach ihm sehnt. Ji Yun lässt seine Fuchsgeistergeschichte *Zitao* (Ji Yun: GW 1.42) aus drei verschiedenen Perspektiven erzählen, die dazu dienen, das persönliches Erzählen bei Pu Songling, durch welches das reale Ich seine subjektive Perspektive deutlich macht, zu ironisieren und dabei zur gleichen Zeit einen kritischen Beobachter in seine Erzählung einzuführen, der über die verschiedenen Erzählperspektiven das Gegenmodell zu Pu Songlings gestaltet.

Wang Zifu, der Protagonist in Pu Songlings Erzählung *Yingning*, fühlt sich von Yingning sofort verstanden, als er sie während des *shangyuan*-Festes kennen lernt. Nach Wang Zifus Begegnung mit Yingning erwacht in ihm das Interesse an seinem eigenen Willen, den er sogar den gesellschaftlichen Normen, z. B. der Kindespietät gegenüber seiner Mutter, vorzieht. Um Wang Zifu von seiner Leidenschaft und Sehnsucht nach Yingning zu befreien, die ihn schwer erkranken ließen, lügt sein Vetter Wu, dass Yingning Wang Zifus Cousine sei. Das Verwandschaftsverhältnis zwischen Wang Zifu und Yingning, das eine Ehe zwischen den beiden unmöglich macht, wird jedoch kein Problem sein, wenn Wu für Wang diese Ehe vermittelt, obwohl eine Ehe innerhalb der Blutsverwandtschaft mütterlicherseits gesetzwidrig ist.[193] Wu erfindet Yingnings Wohnsitz in einem abgelegenen Ort, als Wang Zifu ihn danach fragt. Nach diesem Gespräch vermeidet Vetter Wu, Wang Zifu wiederzusehen. Wang Zifus Mutter versucht, eine andere Ehe für ihn zu arrangieren, doch ihr Sohn lehnt ihren Versuch ab, womit er gegen die gesellschaftliche Norm der Kindespietät verstößt. Er hat sich entschieden, sich nicht mehr auf andere, sondern nur noch auf sich selbst zu verlassen. Wang Zifu macht sich auf die Suche nach Yingning, ohne seine Familie zu informieren. Sein Weg zu Yingning ist eine Metapher für den Weg zu sich, weil er dabei nach seinem eigenen Willen handeln kann.

Die idyllische Landschaft unterwegs wird aus Wang Zifus Perspektive beschrieben. Diese Beschreibung der Landschaft zeigt, wie frei Wang Zifus Körper und Geist auf dem Weg zu Yingning sind. Die Berge, die Bäume und die Blumen auf

[193] Ein Mann darf vor allem nicht eine Frau mit dem gleichen Familiennamen heiraten. Eine Cousine mütterlicherseits zu heiraten, ist eigentlich gesetzwidrig, jedoch im Alltagsleben nicht selten. Vgl. Shi Fengyi 史凤仪 (1987), S. 94ff..

diesem Weg sind nicht im Zustand der Ordnung, sondern in dem der Unordnung. In dieser Unordnung, in dieser Wildheit fühlt er sich wohl in seiner Haut[194] und in der Einfachheit der Hütten aus Stroh empfindet er ein Gefühl der Vornehmheit.[195] Der von Vetter Wu erfundene Wohnort Yingnings scheint zu stimmen. Eine der Strohhütten im Dorf steht in einem Garten voller Blüten. Auf einem Felsen vor der Tür dieser Hütte sieht Wang Zifu tatsächlich Yingning und ihre Zofe im Garten. Dort wartet er, bis eine alte Frau, Wang Zifus Tante, ihn zum Abendessen einlädt, weil Wang Zifu seinen Vetter Wu zu fragen vergessen hat, was der Familienname des Mannes seiner Tante ist und sich daher im Dorf nicht namentlich nach seiner Tante erkundigen kann. Während des Essens erfährt Wang Zifu, dass Yingning eigentlich die Tochter einer Füchsin mit dem Ehemann von Wang Zifus Tante ist, nicht ihre eheliche Tochter.

Am nächsten Tag findet Wang Zifu seine Cousine Yingning oben auf einem Baum sitzend. Als Yingning ihren Vetter sieht, bricht sie in Gelächter aus, wie jedes Mal zuvor, als sie ihn sah. Der junge Mann ruft:

> 勿尔，堕矣! (Pu Songling: S. 152)
>
> Wu er, duo yi!
>
> Nicht lachen, sonst fällst du.[196]

Sie steigt lachend vom Baum und fällt versehentlich auf den Boden, als sie fast ihr Ziel erreicht hat. Wang Zifu hilft ihr sich aufzurichten und drückt bei dieser Gelegenheit absichtlich ihr Handgelenk. Im alten China waren körperliche Kontakte zwischen Mann und Frau ohne eheliche Beziehung ein Tabu. Wang Zifu überschreitet diese Grenze. Er lässt sich nicht davon abhalten, sich selbst und seinen eigenen Willen durchzusetzen. Mit anderen Worten: Es ist sein Ich, das sich durchsetzen will, jedoch fühlt er sich gleichzeitig unbewusst von den konventionellen Normen gefesselt. Yingning bricht wiederum in Lachen aus, weil sie versteht, was Wang Zifu wirklich damit meint und wovor er tatsächlich Angst hat. Sie wartet darauf, dass er seine Liebe zu ihr zum Ausdruck bringt. Wang Zifu reicht ihr den Blütenzweig, der Yingning aus der Hand zur Erde gefallen war. Er will durch diese wortlose Geste, die sie an ihre erste Begegnung erinnern soll, seine Liebe zu ihr andeuten. Yingning will jedoch sehen, dass er seinem Willen selbst Ausdruck gibt. Dieser Mut fehlt Wang Zifu jedoch, wie dies in seiner Konfrontation mit seiner Mutter, der Verkörperung der Autorität in der Familie deutlich wurde. Yingning fragt ihn, warum er den verdorrten Blütenzweig aufbewahrt hat. Darauf antwortet Wang Zifu ihr, weil sie den Zweig beim *shangyuan*-Fest ver-

---

194 Meine Interpretation beruht auf der Phrase“空翠爽肌”kongcui shuangji (Freie, grüne [Berghänge] lassen die Haut wohl fühlen.) (Pu Songling: S. 149).

195 Wang Zifu sieht: „见舍宇无多，皆茅屋，意甚修雅“ Jian sheyu wu duo, jie maowu, yi shen xiuya „Es waren nur ein paar Strohhütten, aber schön und vornehm“. Diese Bemerkung bezieht sich auf Wang Zifus Geschmack und seine Gefühle, selbst einfache Strohhütten schön und vornehm zu finden. (Pu Songling: Ebd.).

196 Pu Sung-ling (1989), S. 153.

loren hat, ohne damit den Kern der Sache, d.h. den seiner Liebe zu ihr zu treffen. Yingning fragt ihn weiterhin nach seiner Intention der Aufbewahrung des Zweiges. Diesmal erklärt Wang Zifu den eigentlichen Grund etwas ausführlicher: Weil er mit der Aufbewahrung dieses Blütenzweigs deutlich machen wollte, (wen oder was) er liebe und nicht vergesse. Weiterhin erklärt er: Nach der Begegnung während des *shangyuan*-Festes sei er aus Sehnsucht schwer krank geworden und wäre beinahe gestorben. Unerwartet sieht er jetzt die Schönheit wieder und bittet sie, Mitleid mit ihm zu haben. – Dem aufmerksamen Leser ist aufgefallen, dass im ersten Satz seiner Erklärung das Objekt fehlt, d.h. wen oder was er liebt und nicht vergisst, was auf Deutsch grammatisch, wenn nicht auch inhaltlich, eigentlich notwendig ist, im klassischen Chinesisch jedoch nicht. Dort ist das Fehlen des Objekts in einem Satz völlig unproblematisch. Es versteht sich von selbst. – Yingning tut so, als ob sie seine Antwort missverstanden hätte. Sie meint, dass sie genügend Blüten hätte, um sie an einen nahen Verwandten wie ihn zu verschenken. Endlich bemerkt Wang Zifu, dass er bis jetzt Yingning namentlich nicht einmal in seiner Liebeserklärung erwähnt hat. Er drückt deshalb nachträglich und diesmal deutlich aus, dass er nicht die Blüten, sondern die Person, die die Blüten in der Hand hatte, liebt. Der letzte Schritt Yingnings in diesem Selbsterkennensprozess ist, Wang Zifu dazu anzuregen, verschiedene Formen der Liebe von einander zu unterscheiden. Zunächst reagiert Yingning auf Wang Zifus deutliche Liebeserklärung mit der Beobachtung, dass es eigentlich überflüssig ist, unter nahen Verwandten wie ihm und ihr von Liebe zu sprechen. Wang Zifu definiert seine Liebe als die Liebe zwischen Mann und Frau. Yingning möchte genauer wissen, worin der Unterschied zwischen den zwei Formen der Liebe, der verwandtschaftlichen und der Liebe zwischen Mann und Frau, besteht. Wang Zifu antwortet, dass Mann und Frau, die einander lieben, nachts zusammen in einem Bett schlafen. Yingning schweigt eine lange Weile und antwortet dann, dass sie nicht daran gewöhnt ist, mit einem Fremden in einem Bett zu schlafen. Yingning verkörpert hier das ideale Ich, das auf natürliche Art, mit ihrem Lachen, mit einem gesellschaftlichen Tabu umgeht, hier dem der körperlichen Liebe unter Verwandten. Sie drückt sich hierbei auf kindliche und spielerische Weise aus, ohne bei ihrem Gesprächspartner, Wang Zifu, Unwollen auszulösen.

Dass der Protagonist nur unter vier Augen seine natürliche Sprache gefunden hat, lässt die folgende Szene erkennen. Yingning berichtet ihrer Pflegemutter, dass ihr Vetter mit ihr ein Bett teilen möchte. Wang Zifu gerät plötzlich in Verlegenheit, obwohl die schwerhörige Tante nichts von dem versteht, was Yingning ihr sagt. Der Protagonist hat in Yingning sein ideales Ich gefunden. Jedoch wird seine Rückkehr in die Gesellschaft von seiner Familie gewünscht. Ein Diener seiner Familie findet ihn wieder. Den Diener hat seine Mutter geschickt, nachdem sie von ihrem Neffen Wu erfahren hatte, dass Wang Zifu sich bei Wu einmal nach Yingning erkundigt hat.

In Yuan Meis Fuchsgeistergeschichte *Das galante Werkzeug* folgt der Student Jiang der in einer Kutsche sitzenden Frau bis zur Tür ihres Hauses. Ihre Zofe führt ihn zunächst einmal, statt ins Haus, zu einem Abort und lässt ihn dort auf weitere Anweisung warten. Der wartende Student träumt von einem Liebeserlebnis mit dieser schönen Frau. Tatsächlich kommt die Zofe nach Sonnenuntergang wieder zu dem vor der Tür Ausharrenden und führt ihn ins Haus, wie es z. B. in den Fuchsgeistergeschichten *Fräulein Ren* von Shen Jiji 沈既济 (ca. 741- ca. 805) und *Frühlingsspaziergang am Westteich* von Liu Fu 刘斧 (ca. 1040 - nach 1113) der Fall ist. Das Haus ist innen ähnlich prächtig ausgestattet, wie das der Fuchsgeister in den soeben genannten zwei Erzählungen. Diese Geschichte verläuft fast völlig nach dem gleichen klischeehaften Erzähl-Schema wie alle Geschichten dieser Art.

Unerwartet wird der Protagonist von einem Mann empfangen, nicht von der schönen Frau, die er bis hierher verfolgt hat. Der Mann sitzt mit seinen ausgestreckten Beinen auf einem Ofenbett. Sein Benehmen ist unkultiviert und unhöflich. Sein Bart ist gewaltig und die Haare am Bein stachelig wie die eines Igels. Die Beschreibung der körperlichen Haare evoziert die Vorstellung von Fuchsgeistern, z. B. den behaarten Schwanz, den Sun Yan in der gleichnamigen Erzählung von Yang Xuanzhi an seiner Frau, einem weiblichen Fuchsgeist, gefunden hat. Dieser Mann wird in dieser Erzählung Hu-zhe 胡者 (der Bärtige) (Yuan Mei: S. 273)[197] genannt, weil er einen gewaltigen Bart hat. Hu 胡 ist ein beliebter Familienname von Fuchsgeistern, weil Hu 胡 nicht nur „Bart“ bedeutet, sondern gleichzeitig ein Homonym für die Bezeichnung Fuchs 狐 ist. Hier hat diese Bezeichnung eine Doppelfunktion: sowohl die Eigenschaft des Aussehens als auch seine wahre Natur des bärtigen Mannes zum Ausdruck zu bringen.

Männliche Fuchsgeister kommen in den oben erwähnten Fuchsgeistergeschichten nicht direkt vor. In der Erzählung *Fräulein Ren* verlässt der Protagonist Zheng-liu das Haus des weiblichen Fuchsgeistes, Fräulein Ren, bevor ihre Brüder, ebenso Füchse, aus dem amtlichen Konservatorium des Palastes nach Hause kommen. In der Geschichte *Frühlingsspaziergang am Westteich* kann der Protagonist Hou Chengshu erst dann den weiblichen Fuchsgeist Dugu besuchen, nachdem ihre Eltern für einen Monat abgereist und ihre Brüder zu einer Hochzeit eingeladen worden sind. Der Bärtige in Yuan Meis Geschichte *Das galante Werkzeug* spielt weder die Rolle des Vaters noch die des Bruders der Protagonistin, sondern die ihres Mannes. Sie ist seine Konkubine. Sein Auftritt unterbricht Jiangs Tagtraum eines abenteuerlichen Liebeserlebnisses.

Der Bärtige nimmt Jiangs erträumten Platz in seiner sich vorgestellten Liebesbeziehung mit dem weiblichen Fuchsgeist ein und drängt ihn gleichzeitig in die Rolle des Zuschauers. Der Bärtige setzt in Jiangs Gegenwart seine Konkubine auf seinen Schoß. Er küsst sie auf den Mund und liebkost ihre Brüste. Der Student

197 Ich zitiere die von Yang Ming interpunktierte Ausgabe. Siehe: Yuan Mei 袁枚: *Zi buyu* 子不语 [*Wovon der Meister nicht sprach*]. Eine Auswahl. Interpunktiert von Yang Ming 杨名. Chongqing 2005.

Jiang fühlt sich verlegen und möchte den Status des Zuschauers beenden. Er bittet den Bärtigen um Erlaubnis, das Haus verlassen zu dürfen. Der Mann meint, dass Jiang nicht enttäuscht weggehen darf, nachdem er so begeistert hergekommen ist. Vom Zuschauer wird Jiang in der folgenden Szene plötzlich zum hauptsächlichen Gegenstand der Betrachtung, die ursprünglich nach Jiangs Vorstellung eigentlich der weibliche Fuchsgeist sein sollte. Der Bärtige lässt Jiang durch seine Diener schlagen. Er behauptet, dass er selbst der Kollege von Jiangs Vaters sei und somit Jiang wie sein eigenes Kind belehren kann.[198] Bei der Verabreichung einer derartigen Strafe muss dem Betroffenen die Hose heruntergezogen werden. Jiang jammert kläglich während der Administration seiner Strafe. Der weibliche Fuchsgeist bittet ihren Mann um Gnade. Sie begründet ihre Bitte damit, dass Jiang ein zarteres und weißeres Hinterteil hat als sie und keine Schläge vertragen kann. Hier erleben die Leser die Wirkung der Groteske, die „vom Zusammenbruch der Logik des Lesers abhängt".[199] Die Begründung der Füchsin weicht der normalen Logik des Lesers aus, und ändert zugleich die Rolle Jiangs von dem eines aktiven Zuschauers zu dem eines passiv Betrachteten, dessen Beobachter die Füchsin ist. Das Mitleid der Frau ist in diesem Fall kein abstrakt moralisches Gefühl, sondern ein Gefühl, das auf der Bewundeerung des Körpers basiert. Der von der Frau anschließend gemachte Vorschlag, dass ihr Mann Jiang wegen seines schönen Hinterteils als seinen Geliebten[200] akzeptieren sollte, folgt weiter ihrer eigenartigen Logik, die sie damit begründet, dass Jiangs Haut besser körperliche Liebkosungen als Schläge ertragen kann. Der Bärtige bringt die Logik seiner Konkubine wieder zurück in den konventionellen Rahmen, indem er ihren sittenwidrigen Vorschlag nicht annimmt.

Der weibliche Fuchsgeist lässt sich jedoch nicht von der Kritik ihres Mannes abschrecken. Sie schlägt ihrem Mann weiterhin die groteske Idee vor,

> 凡人上庙买物，必挟买物之具。渠挟何具来，请验之。(Yuan Mei: S. 274)
>
> Fan ren shang miao mai wu, bi jia mai wu zhi ju. Qu jia he ju lai, qing yan zhi.
>
> [dass] Jiangs „Werkzeug" geprüft werden sollte, das er [für sein Liebesabenteuer] mit sich trägt, da jeder auch sein Werkzeug mitbringt, wenn er zum Einkauf zur Tempelmesse geht.

Der Bärtige bestimmt, dass seine Diener Jiangs Geschlechtsteil prüfen sollen, woraufhin die Diener nach Jiangs Geschlecht greifen und berichten, dass sein „Werkzeug" so klein wie eine Seidenraupe und noch ganz in der Haut versteckt ist. Der

---

198 Hier geht es um die Verehrung von älteren Leuten im alten China. Kollegen der väterlichen Generation wurden im alten China ganz allgemein als Geehrter der älteren Generation angesehen. Es war zum Beispiel für diese älteren Herren unbedingt akzeptabel, die Fehler der jüngeren Generation aufzuzeigen und diese zu korrigieren, wenn deren Vater gerade nicht anwesend war, dies selbst zu tun.

199 Foster, Ludmila A. (1980), S. 203-213, hier S. 209.

200 Hier ist die Rede von der Homosexualität. In den Fuchsgeistergeschichten der Qing-Dynastie, z. B. bei Pu Songling, war dem Leser auch diese Thematik nicht fremd.

Bärtige beleidigt ihn daraufhin und das umso mehr, weil der Student Jiang sich mit einem schlechten „Werkzeug" an eine schöne Frau heranmachen wollte.

Yuan Mei beabsichtigt keine ernsthafte, moralisch belehrende Geschichte, obwohl er dem Student Jiang durch den Bärtigen verbietet lässt, seine Konkubine zu wollen, und obwohl er den Bärtigen den Vorschlag seiner Konkubine kritisieren lässt, indem er meint, dass es sittenwidrig ist, den Sohn seines Kollegen zum Geliebten zu haben. Yuan Meis Erzählung *Das galante Werkzeug* ist auch keine pornographische Geschichte, obwohl der Erzähler verschiedene Körperteile, sowohl Brüste der Füchsin als auch das männliche Geschlechtsglied, graphisch beschreibt. Yuan Mei inszeniert hier mit Hilfe dieser zwei Pole, dem der gesellschaftlich und sittlich notwendigen Grenzen einerseits und dem der sexuellen Befriedigung aufgrund des Protagonisten mangelnder Kenntnis der Bedürfnisse des eigenen Körpers andererseits, die Wirkung des Grotesken, indem er diese zwei Pole in seiner kurzen Geschichte auf eine eigentümliche Weise aufeinander stoßen lässt. Der traditionelle Sinn des chinesischen Konfuzianismus wurde in der Entwicklung der Interpretation der klassischen Werke von scheinheiligen Moralisten verdreht und falsch verstanden. Zwischen dem philosophischen, abstrakten Neo-Konfuzianismus einerseits und dem von Moralisten abgewerteten Körper andererseits macht Yuan Mei das körperliche Ich besonders aufmerksam und einen ästhetischen Aspekt des Körpers in die Thematik des Ich dadurch einführt, dass die Füchsin den Körper des Protagonisten als Kunstwerk bewundert und diese Bewunderung zur Sprache bringt.

Ji Yuns Fuchsgeistergeschichte *Zitao* hat zwar einen „auktorialen" Erzähler, jedoch ist seine Zuständigkeit darauf beschränkt, kommentarlos drei Perspektiven zu dieser Geschichte einzuleiten.

Die erste Perspektive stammt von Herrn Zhao, der in der Handlung als Protagonist fungiert. Nach dem Rücktritt von seinem Amt kauft Zhao eine Dienerin namens Zitao als Konkubine, der er seine Gunst schenkt und mit der er jede Nacht verbringt, weil Zitao sofort bei ihm erscheint, wenn er nach ihr ruft. Herr Zhao verdächtigt sie, ein Geist zu sein und fragt sie nachts wiederholt danach. Zitao gesteht ihm endlich, dass sie ein weiblicher Fuchsgeist ist, ihm jedoch keinen Schaden antun wird, weil sie ihm laut einer vorherbestimmten Beziehung (*yuan* 缘) einen Dienst schuldet. Aus Liebe zu ihr hat Herr Zhao ihrer Aussage Glaube geschenkt, bis er einmal zwischen zwei Zimmern steht und nach Zitao ruft. Zur gleichen Zeit erscheint in jedem der zwei Zimmer eine Zitao, die sich kaum von der anderen unterscheidet. Herr Zhao erschreckt vor den zwei Zitao, die einander gleichen wie ein Ei dem anderen. Die eine Zitao erklärt ihm, dass die andere Zitao von ihr, der ursprünglichen Zitao, verzaubert wurde. Aus der Erzählperspektive von Herrn Zhao gesehen, geht es hier um eine Liebesbeziehung zwischen einem weiblichen Fuchsgeist, Zitao, und ihrem irdischen Mann, Herrn Zhao. Die vorherbestimmte Beziehung verbindet Zitao, die das Bestehen dieser Beziehung behauptet hat, mit Herrn Zhao, der jedoch nicht mehr weiß, wer jetzt die wahre Zitao ist.

Die zweite Perspektive liefert die erste Zitao, die diese vorherbestimmte Beziehung mit Herrn Zhao behauptet hat. Ein daoistischer Mönch kommt zu Herrn Zhao, um ihn aus der Gefahr, in der er in seiner Beziehung mit Zitao schwebt, zu retten, weil sie einst Freundschaft vereinte, als Herr Zhao noch ein *xian* 仙 (Unsterblicher)[201] war, bevor er auf die irdische Welt verbannt wurde, ohne dem Leser den Grund der Verbannung zu nennen. Der daoistische Talisman (*fu* 符)[202] des Daoisten zwingt alle „Zitao"s, die sich nicht voneinander unterscheiden, sich zur gleichen Zeit im Hof des Hauses von Herrn Zhao zu versammeln. Alle Zitaos behaupten, dass es keine „echte" Zitao gebe, sondern nur eine „erste" Zitao. Diese erste Zitao erklärt, warum nicht sie allein, sondern sie zusammen mit allen anderen Fuchsgeistern Herrn Zhao verführt. Laut ihrer Erklärung zielt die „erste" Zitao auf das *dan* 丹 (Zinnober)[203] ab, auf das Herr Zhao bereits in seiner letzten Existenz vier- bis fünfhundert Jahre trainiert hat. Doch ist sein *yuanguan* 元关 (Grundtor)[204] zum *dan* stabil und dauerhaft. Um das *yuanguan* zu besiegeln, sind verschiedene weibliche Fuchsgeister notwendig. Die zahlreichen Gesichter von Fuchsgeistern werden Herrn Zhao verraten, dass es in seinem Verhältnis mit den verschiedenen Zitaos in erster Linie um seine Verführung geht, nicht um Liebe. Wenn Herr Zhao dies merken würde, könnte die „erste" Zitao ihr Ziel, das *yuanguan* zu besiegeln, nicht erreichen. Daher haben sich alle Fuchsgeister in ei-

---

201 Nach der Vorstellung des frühen Daoismus bewegen sich die *shenren* 神人 (göttliche Menschen) in den Lüften, mit Federn bedeckt und mit Flügeln ausgestattet. In dem Werk *Shenxian zhuan* 神仙传 (*Biographien der Unsterblichen*) von Ge Hong aus dem 3. bzw. 4 Jahrhundert n. Chr. haben die *xian* 仙 (Unsterblichen) menschliche Züge. Die *xian* sind nach der Vorstellung des späten Daoismus die Menschen, die mit Hilfe verschiedener Verfahren, z. B. Atemübungen, der Einnahme eines Allheilmittels und gemäßigter Sexualpraktiken, untersterblich geworden sind. Vgl. Güntsch, Gertrud: *Das Shen-hsien chuan und das Erscheinungsbild eines Hsien. Vollständige, annotierte Übersetzung des Berichtes über die göttlichen Unsterblichen und Beschreibung des Hsien in einigen typischen Bildern.* Frankfurt/M. 1988, S. 1; Zeng Zhaonan und Shi Yanfeng 曾召南、石衍丰 (Hrsg.): *Daojiao jichu zhishi* 道教基础知识 [*Grundkenntnisse über den Daoismus*]. Chengdu 1988, S. 230ff.

202 Unter einem daoistischen Talisman versteht man Bilder oder Zeichenschriften, die Daoisten auf Papier oder Seidenstoff malen oder schreiben, um den Empfangenen gegen Krankheit und Zauberei zu schützen. Vgl. Zeng Zhaonan und Shi Yanfeng 曾召南、石衍丰 (1988), S. 195.

203 Um ein Unsterblicher zu werden, streben Anhänger der Schule „*waidan*" 外丹 (Äußerer Zinnober) die Herstellung eines Allheilmittels in Pillen- oder Pulverform an, während Anhänger der Schule „*neidan*" 内丹 (Innerer Zinnober) nicht im Labor, sondern in ihrem Körper durch Übungen, z. B. Atemübungen, versuchen, ihre „Essenz" zu „veredeln". Hier ist vom „*neidan*" die Rede. Vgl. Zeng Zhaonan und Shi Yanfeng 曾召南、石衍丰 (1988), S. 198ff.

204 Um das Ziel der Unsterblichkeit zu erreichen, ist es wichtig, das *jingqi* 精气 (Essenz-Fluidum) oder *yuanqi* 元气 (Urfluidum) im Körper aufzubewahren und zusätzlich durch Atemübungen das Fluidum der Umwelt aufzunehmen. Die Aufnahme und der Verlust von *qi* 气 (Fluidum) hängen von den so genannten *guan* 关 (Toren) ab, die in den Werken verschiedener daoistischer Schulen unterschiedlich bezeichnet wurden. Die Bezeichnung *yuanguan* 元关 (Grundtor) war eine dieser Bezeichnungen. Zu allgemeinen Kenntnissen über Atemübungen und das Essenz-Fluidum siehe: Zeng Zhaonan und Shi Yanfeng 曾召南、石衍丰 (1988), S. 186ff.

ne gleiche Gestalt verwandelt, die wie die richtige Zitao aussieht. Diese Perspektive gibt der scheinbar unkontrollierbaren Motivation von Zitao, warum sie die Liebesbeziehung zu Herrn Zhao sucht, einen festen Boden. Die zwei Zitaos, die Herr Zhao zur gleichen Zeit in seinen zwei Zimmern gesehen hat, haben ebenso wie er ihren eigenen materiellen Körper, nämlich den eines Fuchsgeistes, mit dem sie sich jederzeit in eine neue Gestalt verwandeln können.

Die dritte Perspektive bietet der Daoist dem Leser. Er vergleicht zunächst die Zitaos mit den Gemeinen (*xiaoren* 小人) und Herrn Zhao mit dem Edlen (*junzi* 君子).[205] Diese Fuchsgeistergeschichte kann man auch als Fabel wie folgt lesen: Dass es gescheitert wäre, wenn ein Gemeiner einem Edlen nur mehrmals zu schmeicheln bräuchte, sodass es dann dem Gemeinen gelingen würde, sich den Zuneigungen des Edlen anzupassen und andere Gemeine heimlich den ersten Gemeinen unterstützen könnten. Der Daoist findet außerdem in dem zum großen Teil aus der späten Westlichen Zhou-Dynastie datierenden Kanon, den *Wandlungen* (*Yi* 易), den literarischen Beweis, der mit Hilfe des *yin-yang*-Prinzips diese Fuchsgeistergeschichte erklärt. Das *gou*-Hexagramm (gou gua 姤卦) besteht aus fünf *yang* 阳 (ungebrochenen Linien) und einem *yin* 阴 (einer gebrochenen Linie) als letzte Linie des Hexagramms. Dieses Hexagramm zeigt den Anfang des Aufstiegs des *yin* und eine Warnung vor dem Halten des *yang*. Mit anderen Worten, die Fuchsgeistergeschichte spiegelt genau das wider, was dieses Hexagramm zum Ausdruck bringt, d.h. dass die *yin*-Kraft (die Zitaos) die *yang*-Kraft (Herr Zhao) bedroht. Nachdem der Daoist die verschiedenen Versionen der Fuchsgeistergeschichte im Alltagsleben und in der Literatur über das *yin-yang*-Prinzip angeführt hat, beschuldigt er Herrn Zhao, dass er allein an dieser Lebensgefahr, in der er sich befindet, schuld ist, weil Herr Zhao nach dem Verfahren des Unsterblichen Rongchenggong 容成公[206] seine Lebensenergie verstärken wollte und sich folglich auf Sexualpraktiken mit Frauen konzentriert.

Der „auktoriale" Erzähler in Ji Yuns Geschichte *Zitao* verschwindet nach seinem ersten, einleitenden Satz, den er spricht. Es gibt noch einen verborgenen Beobachter, der gelassen die Geschichten aus verschiedenen Perspektiven von Herrn Zhao, der „ersten" Zitiao und dem Daoisten berichten lässt. Er selbst distanziert sich durch diese polyperspektivische Erzählweise Schritt für Schritt von der ersten erzählten Version der Geschichte durch den ersten Protagonisten. Dieser „Beobachter" ist das kritische und distanzierte Ich, das Ji Yun durch seine Erzählkunst als Gegenmodell zum subjektiven Ich, das Pu Songling in seiner Erzählung Yingning konstruiert, aufbaut.

---

205 Die Bezeichnung *xiaoren* bezieht sich ursprünglich auf die Person niedrigen Standes, während *junzi* Adlige bezeichnet. Das Begriffspaar wurde bereits von Konfuzius in diesem Sinn benutzt und beinhaltet gleichzeitig bei ihm auch die Bedeutung „Unständige" und „Edle". Hier geht es um die letztere Bedeutung.

206 Rongchenggong ist ein verehrter Unsterblicher aus dem legendären Altertum Chinas.

3.2.2.4 *Ende der Liebesbeziehung und Ehe*

Eine Mahrtenehe endet in der Regel mit der Trennung der Ehepartner, obwohl ein Wiederaufleben dieser Liebesbeziehung nach Panzers Definition der Mahrtenehe nicht ganz ausgeschlossen ist. Unter den hier zu analysierenden Fuchsgeistergeschichten unterscheidet sich Pu Songlings Erzählung *Yingning* von den anderen zwei Geschichten dadurch, dass eine ununterbrochene eheliche Beziehung des Fuchsgeistes Yingning mit ihrem irdischen Mann Wang Zifu beschrieben wird.[207]

Wang Zifu, der Protagonist in Pu Songlings Fuchsgeistergeschichte *Yingning*, wurde schrittweise von der gleichnamigen Protagonistin angeleitet, sich selbst klar auszudrücken, was die Analyse ihres Gespräches im letzten Abschnitt verdeutlicht hat. In Yingnings Augen unterscheidet sich die Liebe zu Blumen nicht von der Liebe zu Verwandten, weil beide als „natürliche" Gefühle verstanden werden sollen. Yingning in ihrer Einfachheit verkörpert Li Zhis *tongxin* 童心 (Kindliches Herz),[208] das die wirkliche Natur des Menschen ausmacht. Yingning erobert mit ihrem unbesorgten Gelächter das Herz ihrer Schwiegermutter und der Frauen in der Nachbarschaft. Obwohl die Hochzeitszeremonie mit Wang Zifu wegen Yingnings ununterbrochenen Lachens nicht zu Ende gebracht werden kann, wirkt ihr unbekümmertes, kindliches Verhalten positiv in der familiären, gesellschaftlichen Umgebung. Sie wird in Wang Zifus Familie aufgenommen, was damals für Frauen offiziell deren Eintritt in die Gesellschaft bedeutete. Ihre Blumen im Garten, die ihre Naturverbundenheit ausdrücken, gedeihen wie ihre charakteristische Einfachheit im Umgang mit Menschen: Ihr Gelächter steckt zum Beispiel die weiblichen Hochzeitsgäste an, die ebenso in Gelächter ausbrechen, auch hat ihr Gelächter die Wirkung, ihre Schwiegermutter entweder aus Wut oder Trauer zurückzubringen. Kurz fasst der Autor ihre Beliebtheit wie folgt zusammen: „Ihre Tollheit schadete nicht ihrer Anmut, und die Leute hatten sie gern".[209]

Der Wendepunkt, dass Yingning nicht mehr lacht, tritt ein, nachdem Yingning die Blüten der Nachbarschaft hoch oben über der Gartenmauer pflückt. Da starrt der Nachbarsohn sie mit gierigem Blick an und versteht jedoch Yinglings Lächeln das nur freundlich gemeint ist, als Einladung zu einem Rendezvous am Abend, zumal Yingning gleichzeitig, ohne ihm eine weitere Erklärung zu geben, auf eine

---

207 Die anderen Fuchsgeistergeschichten mit einer ununterbrochenen ehelichen Beziehung sind in Pu Songlings *Liaozhai zhiyi* z. B. die Erzählungen *Jiaona* 娇娜 (*[Eine Füchsin namens] Jiaona*) und *Qingfeng*. Die japanische Sinologin Tokura weist in ihrem Aufsatz über die Geschichten der Wandlung auf diesen neuen Typ hin. Vgl. Hucang, Yingmei (Tokura, Hidemi 户仓英美): *Bianshen gushi de bianqian – you Liuchao zhiguai xiaoshuo dao «liaozhai zhiyi»* 变身故事的变迁 — 由六朝志怪小说到《聊斋志异》 [*The Historical Research on the Transformation Stories: From Liuchao zhiguai to Liaozhai zhiyi*]. In: Gu Meigao 辜美高 und Wang Zhizhong 王枝忠 (Hrsg.): *Guoji Liaozhai lunwenji* 国际聊斋论文集 [*Internationale Beiträge zum Liaozhai*]. Beijing 1992, S. 161-197, hier S. 185.

208 Zu Li Zhis *Das kindliche Herz* siehe Abschnitt 3.2.1.1 der vorliegenden Arbeit.

209 Pu Sung-ling (1987), S. 161.

Stelle unten an der Mauer zeigt. In der Dunkelheit kommt der Nachbarsohn zurück zur Gartenmauer und sieht, dass Yingning an der gleichnamigen Stelle auf ihn zu warten scheint. Er muss den sexuellen Liebesakt unterbrechen, weil er das Gefühl hat, von einer Ahle in den Penis gestochen zu werden. An der Mauer wartete jedoch nicht Yingning, sondern ein Stück morscher Baum auf ihn, in dessen von Wasser ausgehöhltem Loch ein großer Skorpion lebte. Der Nachbarsohn stirbt an dieser Wunde. Yingning wird von dem Vater des Nachbarsohns der Ketzerei angeklagt, jedoch nicht bestraft, weil der Kreismandarin Wang Zifus Gelehrsamkeit sehr hoch schätzt und weder seine noch ihre moralische Qualität bezweifelt. Was Yingnings Verhalten ändert, ist die scharfe Kritik ihrer Schwiegermutter. Sie habe schon vorher geahnt, dass Yingnings übermütige Freude zu einer künftigen Trübsal führen wird. Sie, die Schwiegermutter, würde sich unglaublich vor den Verwandten schämen, wenn Yingning vor Gericht stehen müsste. Seitdem lacht Yingning nicht mehr, obwohl die Schwiegermutter ergänzt, dass jeder Mensch lachen kann, jedoch nur im passenden Moment. Die Gartenmauer zum angrenzenden Nachbarn symbolisiert eine Grenze des privaten Raums in der Gesellschaft, die Yingning überschritten hat. Ihre Schwiegermutter als Autorität der Familie verurteilt das Ereignis mit dem Nachbarsohn, verursacht durch Yingnings Lächeln, beinahe Schande für die Familie gebracht hätte. Die Freiheit eines Einzelnen ist beschränkt, wie dieser Fall zeigt. Die Reaktion von Yingning ist der totale Verzicht auf das Lachen, das erst von ihrem Kind wieder fortgesetzt wird. Der Versuch, das Ich nach seinem eigenen Willen leben zu lassen, ohne die alte gesellschaftliche Ordnung zu ändern, ist gescheitert. Was übrig bleibt, ist eine Illusion, die den gescheiterten Versuch kompensiert. Eine nicht mehr lachende Yingning ist keine originale Yingning mehr, die sich auf natürliche Weise harmonisch sowohl in der Gesellschaft als auch in der Natur durchsetzt und somit das ideale Ich verkörpert. In diesem Sinn kann der Wendepunkt symbolisch als eine Art ehelicher Trennung verstanden werden, die in einer Mahrtenehe nicht ungewöhnlich ist.

In Yuan Meis Fuchsgeistergeschichte *Das galante Werkzeug* findet keine wirkliche Liebesbeziehung zwischen dem Studenten Jiang und der Füchsin statt, sondern nur eine gewünschte, einseitige Liebesbeziehung seitens des Protagonisten. Die von ihm gewünschte Liebesbeziehung vollzieht sich in vertauschten Rollen. Student Jiang wird zum Zuschauen gezwungen, statt an Stelle des Bärtigen selbst zu erleben, wie er seine Konkubine, die Füchsin, küsst und streichelt. Anschließend wird sein Körper von der Füchsin studierend betrachtet und grotesk beschrieben, anstatt dass er selbst eine aktive Rolle in dem Liebesspiel spielt. Dabei fällt sie ihr Urteil über seinen Körper, der ihm völlig fremd ist.

Dem Ende dieses Dramas fehlt der Aspekt des Körpers nicht, der ein wichtiges Element in dieser Geschichte ist. Wie in der Szene des Wartens, in der Student Jiang den Geruch des Abortes aushalten muss, so wird der Körper in dieser letzten Szene ebenso folgendermaßen thematisiert. Die Füchsin schlägt ihrem Herrn vor, dass Student Jiang die Aufgabe ihres krank gewordenen Esels übernehmen kann, für sie fünf *dou* 斗[210] Weizen zu mahlen. Hier lässt sich der Vergleich mit Gervasius' Geschichte weit ausholen. Gervasius erwähnt in der Einleitung zu seiner Geschichte *De oculis apertis post peccatum*, dass lüsterne Frauen Männer in Gestalt eines Esels verwandeln, wenn sie ihre Wünsche ablehnen. Yuan Mei hat zwar buntes Glas aus Westeuropa in seinen *sui*-Garten als Baumaterialien benutzt und hat mit Hilfe von damaligen Übersetzungen gewisse Informationen über Europa erhalten. Intensive Kontakte mit westeuropäischer Literatur hatte Yuan Mei jedoch nicht. Yuan Meis Protagonist verwandelt sich jedoch nicht in die Gestalt eines Esels, sondern spielt nur die Rolle des Esels. Zwei Diener treiben ihn mit der Peitsche an. Als es wieder hell wird, hat Student Jiang seine Aufgabe erledigt. Er darf durch das Hundeloch aus dem Haus gehen. Wiederum erinnert die Füchsin den Studenten Jiang an seinen Körper, der einst im stinkenden Abort durch den unangehmen Geruch belastet wurde, bevor er das Haus betreten durfte. Indem das Ende der Geschichte das Thema Körper wiederholt, bestätigt Yuan Meis Intention, nicht primär auf die triebhafte Neugier über den weiblichen Körper hinzuweisen, sondern auf den in der chinesischen Ich-Bildung fehlenden körperlichen Aspekt.

In Ji Yuns Geschichte *Hunü wei qie* 狐女为妾 (*Füchsin als Konkubine* HX 3.46) wird das mysteriöse Ende einer Liebesbeziehung zwischen einem weiblichen Fuchsgeist und einem irdischen Mann in Diskussion gebracht. Cheng Jinfang 程晋芳 (1718-1784, Erwachsenenname: Yumen 鱼门), ebenso Editor des Kompilationsprojektes *Sämtliche Schriften in Vier Abteilungen*[211], erzählt die Mahrtenehe eines Gelehrten mit einer Füchsin, deren Handlungsablauf jedem Leser von Fuchsgeistergeschichten nicht fremd ist. Ein gewisser Gelehrter nimmt sich eine Frau mit glänzend literarischen Talenten zur Konkubine. Sie schreiben einander oft Gedichte und erwidern erhaltene Gedichte nach gleichem Reimschema. Eines Tages kommt der Gelehrte in der Nacht nach dem Treffen mit Freunden nach Hause zurück und findet seine Konkubine nicht mehr, sondern nur ihren hinterlassenen Brief. In diesem Schreiben erklärt sie ihm, dass sie eigentlich eine Füchsin ist und in einem abgelegenen Wald wohnt. Die vorbestimmte Beziehung (*yuan* 缘) hat sie für ein halbes Jahr zu ihm gebracht. Nun ist für sie die Zeit gekommen, diese Beziehung zu beenden. Daher kann sie sich weiterhin nicht mehr bei ihm aufhalten. Die schöne Erinnerung an die gemeinsame Zeit könnte eine weitere Schicksalsfügung bewirken, die auf dem „Felsen vergangener Leben" (*sansheng shi* 三生石)[212] aufgezeichnet wurde. Das heißt, dass sie sich trotz ihrer gegenwärtigen Trennung doch in Zukunft wiedersehen könnten. Der Gelehrte ist trübsinnig und zeigt seinen Freunden ihren Brief. Alle seufzen tief ergriffen. Da

---

210 *Dou* 斗 ist ein chinesisches Hohlmaß, ca. zehn Dekaliter.

211 Vgl. Chan (1998), S. 58.

212 Mehr zur Phrase „Felsen vergangener Leben" oder „Rock of Past Lives" (*sansheng shi* 三生石) siehe: Unterkapitel 3.2.1.1 der vorliegenden Arbeit.

derartige Geschichten in vielen Büchern zu lesen sind, bezweifeln Zuhörer und Leser die Glaubwürdigkeit dieser Geschichte nicht. Bis jetzt könnte man sagen, dass der Erzähler lediglich eine klischeehafte Fuchsgeistergeschichte wiederholt, ohne einen besonderen ästhetischen Beitrag zu leisten, wie dies zum Beispiel in Pu Songlings Fuchsgeistergeschichten der Fall ist.

Ji Yun hat jedoch sein eigenes Ziel, das er durch seine Polyperspektiven des Erzählens zum Ausdruck bringt. Er lässt die Geschichte nicht nur aus der persönlichen Perspektive des Gelehrten erzählen, sondern ebenso aus der auktorialen Perspektive des Erzählers Cheng Jinfangs. Einige Monate später erfährt der Gelehrte, dass seine Konkubine einen neuen Geliebten hat und zusammen mit ihm in den Norden Chinas fahren wollte. Die Fahrt wird durch einen Einbruch auf ihrem Schiff verhindert, weil sie auf das Ergebnis der amtlichen Untersuchung dieses Einbruchs warten müssen. Ihr langer Aufenthalt in diesem Gebiet, in dem der Gelehrte wohnt, lässt ihre Lüge ans Licht kommen. Hier lässt der Autor den Leser nachdenken. Was in Büchern steht, stimmt nicht immer, wie diese Geschichte deutlich zeigt. Die Geschichte verstärkt weiterhin die übliche Vermutung des Lesers bezüglich der Lüge, dass ihre Mutter (Bordellbesitzerin?) sie zu einem guten Preis an jeden Interessenten verkauft, der sie haben will. Um von einem früheren Geliebten loszukommen, erklärt sie sich als Füchsin. Am Ende kommentiert Zhou Yongnian 周永年 (1730-1791, Erwachsenenname: Shuchang 书昌), Cheng Jinfangs Kollege in dem Projekt *Sämtliche Schriften in Vier Abteilungen*[213] folgendermaßen: Die Konkubine ist eine wahre Füchsin. Wieso soll sie eine falsche Füchsin sein? Er hegt den Verdacht, dass alle Fuchsgeister der Geistergeschichten, wie zum Beispiel in Pu Songlings, die als Göttinnen erscheinen und nach einiger Zeit ihren Geliebten verlassen, ebenso zu dieser Gruppe von Betrügerinnen gehören. Interessant ist, dass Zhou Yongnian diese Konkubine in Ji Yuans Geschichte als eine wahre Füchsin bezeichnet. Damit meint er wohl, dass sie dem Klischee der Gestalt „Füchsin" in den überlieferten Fuchsgeistergeschichten entspricht. Aus zwei Perspektiven wird diese Fuchsgeistergeschichte von Ji Yun erzählt, einmal als Beweis für eine wundersame Begegnung mit einem Fuchsgeist und ein andermal als Beweis, der eine Betrügerei in Frage stellt. Ji Yun zielt dagegen darauf ab, aufgrund seines polyperspektivischen Erzählens ein kritisches, beobachtendes Ich zu gestalten, das nicht der einzelne Erzähler oder der Protagonist ist, sondern ein die Erzählung begleitender Beobachter.

3.2.3 *Zwischenbilanz*

Die oben behandelten Fuchsgeistergeschichten mit der gleichen Motivkonstellation der Mahrtenehe unterscheiden sich trotzdem stark voneinander. Diese große

213 Vgl. Chan (1998), S. 59.

Abweichung erklärt sich anhand ihrer unterschiedlichen Gewichtung im Umgang mit der Thematik des Ich.

Beim Vergleich mit den Fuchsgeistergeschichten der Tang- und Song-Dynastie konnte festgestellt werden, dass sich die Thematik des Ich bei Pu Songling von diesen abhebt. Das zweite Kapitel kam durch die Textanalyse zum Ergebnis, dass die Gelehrten die Fuchsgeistergeschichten erzählen, um ihren sozialen Aufstieg zu mythologisieren. Der Optimismus dieser Gesellschaftsschicht ist eng mit dem System der Beamtenprüfung verbunden. Im Kaiserreich öffnete der Staat theoretisch jedem Einzelnen durch das Prüfungssystem, das eng mit dem Bildungssystem und dem Beamtentum verbunden ist, Zugang zur Gesellschaft in Form einer offiziellen, öffentlichen Beamten-Position. Das Thema des Ich in China, wie bereits im ersten Kapitel erörtert, muss die drei Ebenen der Progression der Selbstfindung im Prozess der Selbstkultivierung nach dem idealen Modell des Konfuzianismus berücksichtigen, nämlich den Einzelnen, den Staat und die Gesellschaft. Die Song-Dynastie entwickelte durch die Lehre der Neo-Konfuzianer, basierend auf Menzius Überzeugung von der angeborenen, guten menschlichen Natur, die Theorie *xue shengren* 学圣人 (Vom Heiligen lernen). Dernach wird das Lernen, durch das man zum Heiligen werden kann, durch eigenes Streben ermöglicht. Die Ich-Kultivierung zeigt einen Prozess an, dessen Ziel die Mitwirkung des Ich durch seine errungene Vollkommenheit in den größeren Verbänden ist, wie zum Beispiel in der Familie, der Sippen und der Gesellschaft. Nach Zhu Xi stellen „Loyalität“ (*zhong* 忠) und „Einfühlungsvermögen“ (*shu* 恕) zwei Methoden dar, durch die man das Ziel der Selbstverwirklichung auf der Ebene des Staates und der Gesellschaft erreichen kann. Loyalität bezieht sich auf die Pflichten des Einzelnen dem Staat gegenüber, während Einfühlungsvermögen sich auf zwischenmenschliche Beziehungen bezieht.[214] In diesem Zusammenhang sei darauf hingewiesen, dass die Selbstkultivierung vor allem als ein sich reflektierender Prozess und die Mitwirkung in der Mitwelt, z. B. die Teilnahme an der Staatsverwaltung, wiederum als das Ziel der Selbstkultivierung angesehen wird. Es ist somit die Krönung der Ich-Kultivierung. Die Verabsolutierung des materiellen Ziels, d.h. einer bestandenen Beamtenprüfung, reduziert das Ziel der Selbstkultierung zu einem einheitlichen Maßstab in der öffentlichen Anerkennung der Gesellschaft. Die Situation verschlimmert sich, insofern der Einzelne durch die ständig strenger werdenden Prüfungsmethoden und die Korruption der Beamten daran gehindert werden sollte, eine öffentliche Anerkennung für seine Leistungen im Prüfungsverfahren zu erhalten. Indem also die Beamtenprüfung den relevanten Lernprozess zur Nebenrolle werden lässt, entsteht die Gefahr, dass der Kern der Selbstkultivierung, nämlich die menschliche Selbstfindung und

---

214 Vgl. Chang Hao 张灏: *Liang Qichao yu zhongguo sixiang de guodu (1890-1907).* 梁启超与中国思想的过渡 (1890-1907) [*Liang Ch'i-ch'ao and Intellectual Transition in China (1890-1907)*]. Übersetzt aus dem Englischen von Cui Zhihai 崔志海 und Ge Fuping 葛夫平. Nanjing 1995 [Cambridge, Massachusetts, 1971], S. 6ff.

Vollendung, als ein bloßes Ergebnis eines standardisierten Prüfungsmaßstabes stark herabgemindert wird.

Die Gelehrten streben bei Pu Songling nach einer innerlichen, geistigen Vollendung, die nicht mehr von der staatlichen Anerkennung abhängig ist. Die Protagonistin Yingning in der gleichnamigen Erzählung von Pu Songling aus seiner Geschichtensammlung *LZZY*, der weibliche Fuchsgeist, präsentiert metaphorisch die Rückkehr des Menschen in das Innere. Yingning ist zunächst durch *chi* 痴 (Narrheit) charakterisiert. Dieser Charakter wird durch eine Art von Vorliebe für Blumen ausgedrückt, wie die Vorliebe für Steine in der Geschichte *Shi Qingxu* 石清虚 (*[Ein Mann namens] Shi Qingxu*) und Habsucht nach Büchern, wie sie in der Geschichte *Der von Habsucht nach Büchern besessene Buchgelehrte* beschrieben wird. Diese Narrheit ist eine gewisse Reinheit des Herzens, die in den Essays des Philosophen und literarischen Kritikers Li Zhi 李贽 (1527-1602) in der Ming-Dynastie ihren eigenen Ausdruck findet. In seinem Essay *Das kindliche Herz* (*tongxin* 童心)[215] äußert Li Zhi seine philosophischen Gedanken gegenüber denen der *li*-Schule, der Ordnungsprinzip-Schule des Neo-Konfuzianismus, durch seine literarische Theorie *tongxin*, die des kindlichen Herzens. Er erklärt darin, was ihm *tongxin* bedeutet. *Tongxin*, „[e]in unbeflecktes, einfältiges Herz ist das wahrhaftige Herz. Wer die Einfältigkeit ablehnt, lehnt die Wahrheit ab. Ein einfältiges Herz ist ganz ohne Falsch und nur wahr, es macht die wirkliche Natur des Menschen aus. Geht die Einfältigkeit verloren, ist es auch mit dem ursprünglichen Menschen vorbei. Ein Mensch ohne Wahrheit hat sich in jeder Beziehung von seiner ursprünglichen Bestimmung entfernt."[216] In der Definition des kindlichen Herzens hebt Li Zhi das Wahre hervor. Yingnings *tongxin* wird durch *chi* verstärkt, um das ideale Ich in ihr zu personifizieren. Pu Songling konstruiert in dieser Fuchsgeistergeschichte die Motivkonstellation der Mahrtenehe, die die innere Welt des Protagonisten betrifft. In dieser Welt begegnet der Protagonist, das reale Ich, Yingning, dem idealen Ich. Sie haben bei der ersten Begegnung das Gefühl,

---

215 Spaar übersetzt diesen Titel als „Das unbefleckte Herz". Meine Übersetzung, „Das kindliche Herz", ist dem Original wörtlich am nächsten. Vgl. Spaar, Wilfried: *Die kritische Philosophie des Li Zhi (1527-1602) und ihre politische Rezeption in der Volksrepublik China*. Wiesbaden 1984, S. 148. Die folgenden Zitate aus diesem Essay lehne ich an Spaars vollständige Übersetzung an, außer deren, die mit einer Anmerkung versehen sind. Zum Original siehe: Li Zhi 李贽: *Fenshu* 焚书 [*Dem Scheiterhaufen geweiht*]. Bd. 1-5, Peking 1974 , hier Bd. 3, S. 273-278. Das Buch *Fengshu* gehört zu den Werken, die zu Lebzeiten des Autors erschienen sind. Siehe: Ebd., S. 56-59. Li Zhis *tongxin*-Theorie wurde von einem gewissen „Drachenhöhlenberg" inspiriert, der das Vorwort für das Drama *Westzimmer* schrieb, „Wer mich richtig kennt, soll nicht meinen, dass ich noch ein unbeflecktes Herz habe". Der „Bauer vom Könighöhlenberg" soll Jiao Hong (1540-1620) sein, Philosoph der Ming-Dynastie. Siehe: Huang Shizhong 黄仕忠: *Riben neige wenku cang mingkan zaju qizhong kao* 日本内阁文库藏明刊杂剧七种考 [*A research of the seven authentic Ming plays stored in [the] library of [the] Japanese cabinet*]. In: *Dongnan daxue xuebao* (Zhexue shehui kexue ban) 东南大学学报（哲学社会科学版）[*Journal of Southeast University* (Philosophy and Social Science)]. (Vol. 7, No.4) 2005, S. 102-107.

216 Ebd., S. 149.

„Herzensfreunde" (*zhiji* 知己) zu sein – sie fühlen gleich und verstehen sich, ohne dass großer Wort bedarf. Die Szene in Yingnings Garten stilisiert in ästhetischer Form, wie dem Protagonisten bei seinem Prozess, seine eigene Sprache zu finden, durch Yingning, das ideale Ich, geholfen wird. Yingnings närrische Vorliebe für Blumen (*chi* 痴) bringt ihre Verbundenheit mit der Natur zur Sprache, während ihre Tollheit (*kuang* 狂), die durch ihr Gelächter verdeutlicht wird, bei der Schwiegermutter und in der Nachbarschaft Anklang findet. Dass man mit der Natur und der Gesellschaft harmonisch umgehen kann, ist der ideale Zustand der inneren Selbstkultivierung, deren Anerkennung nicht mehr durch die Errungenschaft einer Beamtenprüfung bestimmt wird.

Während Pu Songling sich auf die geistige Ebene des Ich konzentriert, legt Yuan Mei mehr Wert auf die physische Ebene des Ich. Pu Songling schöpft seinen Aspekt der Thematik des Ich aus der Struktur der Fuchsgeistergeschichten, die immer eine Liebesbeziehung und deren Entwicklung beinhaltet. Pu Songling inszeniert in seiner Geschichte *Yingning* das Zusammenfinden des idealen und des realen Ich, um eine innerliche Welt darzustellen. Bei Yuan Mei hingegen spielt die Liebe des Protagonisten zur Füchsin keine wichtige Rolle. Er interessiert sich vielmehr für das Element der Sinnlichkeit. Das Element der Sinnlichkeit ist zwar der konstante Bestandteil der chinesischen Fuchsgeistergeschichte, kommt jedoch in den frühen Fuchsgeistergeschichten nur indirekt zum Ausdruck. Zum Beispiel wird in den Geschichten *A-zi* von Gan Bao und *Sun Yan* von Yang Xuanzhi die der Füchsin zugeschriebene Sinnlichkeit zum Dämonischen verdammt. Und auch in den Fuchsgeistergeschichten aus der Tang- und Song-Dynastie wird die Beschreibung der sinnlichen Schönheit, trotz dass die weiblichen Fuchsgeister als Verführerinnen erscheinen, nicht konkret zur Sprache gebracht.

In der Fuchsgeistergeschichte *Das galante Werkzeug* thematisiert Yuan Mei aber direkt den physischen Aspekt der Thematik des Ich. Der Körper des Protagonisten und seine Wahrnehmung des Körpers rücken in den Mittelpunkt der Motivkonstellation der Mahrtenehe. Der Hintergrund, warum Yuan Mei das körperliche Ich thematisiert, ist der, dass sich die Feindlichkeit und Verachtung, die die Konfuzianer in der späten Ming-Dynastie und Qing-Dynastie durch ihre falsche Auffassung des Konfuzianismus dem Körper entgegenbrachten, extrem wurde[217] und somit eine große Kluft zwischen dem abstrakten, moralischen Ich und dem konkreten, physischen Ich entstand. Um diese Kluft zu überbrücken, wird der Körper in Yuan Meis Fuchsgeistergeschichte *Das galante Werkzeug* aus zwei Perspektiven betrachtet. Erstens wird der Körper im grotesken Rollenwechsel des Protagonisten thematisiert. Er ist eigentlich ein Jäger der Schönheit und präsentiert sich als Beobachter schöner, sinnlicher Frauenkörper. In dieser Geschichte

[217] Dass die Feindlichkeit und Verachtung des Körpers in der späten Ming- und der Qing-Dynastie zuspitzt, bestätigt die deutlich steigende Zahl der Witwen, die Selbstmord begangenen haben. Vgl. T'ien Ju-K'ang: *Male Anxiety and Female Chastity. A Comparative Study of Chinese Ethical Values in Ming Ch'ing Times*. Leiden u.a. 1988.

wird jedoch er beobachtet. Sein Körper, der für ihn wegen seiner Doppelmoral fremd ist (er empfindet Scham gegenüber dem eigenen Körper und ist zugleich gierig nach dem weiblichen Körper) wird durch die Füchsin in einem ironischen Ton beschrieben und ist zum Gegenstand ihres Gesprächs geworden. Zweitens ist der Körper ist der Träger der Last. Der Protagonist muss am Abort warten, bis er zum Empfang gerufen wird. Der Körper bringt nicht nur die sexuelle Befriedigung, sondern nimmt zugleich Leid wahr. Als die Füchsin dem Protagonisten befiehlt, ihren kranken Esel zu vertreten und dessen Arbeit zu übernehmen, wiederholt der Autor ebenso diese Thematik des leidenden, belasteten Körpers.

Während Pu Songlings und Yuan Meis Fuchsgeistergeschichten die geistigen und physischen Aspekte der Thematik des Ich unterstreichen, begegnet man in Ji Yuns Fuchsgeisterschichten seiner gesellschaftlichen Überlegung bezüglich der Thematik des Ich. Diese Überlegung greift auf seine persönliche Erfahrung zurück. Die „beliebigen Ausschmückungen" in den Fuchsgeistergeschichten von Pu Songling, die oft von jungen Leuten begrüßt werden, führen Ji Yuns Meinung nach zum Verlust des Ich, wie dies mit Ji Yuns Sohn, Ji Ruji 纪汝佶 (1744-1786) der Fall ist. Die kurze Biographie seines Sohnes gibt Ji Yun vor den seinen Geschichtensammlung angehängten Geistergeschichten von Ji Ruji wieder. Sein Sohn war talentiert und hat mit 20 Jahren die Beamtenprüfung auf der Stufe der Provinz bestanden. Nachdem er die handschriftliche Kopie von Pu Songlings Geschichtensammlung *LZZY* erhalten hat, gab er sich diesen Geistergeschichten hin und starb an dieser Hingabe. Ji Yun kritisiert mit seinen Fuchsgeistergeschichten, dass junge Leute sich leicht durch phantasievolle Geistergeschichten von der anstrengenden Arbeit der Selbstkultivierung ablenken lassen und ihre Integration in die Gesellschaft dann nicht mehr ernst nehmen. Er nennt sich *Guanyi-daoren* 观弈道人 (Der beobachtende Daoist des chinesischen Schachspiels), als er das dritte und vierte Buch der Sammlung *YWCTBJ* schreibt. Diese Bezeichnung lässt sich als Metapher für eine Erzählstrategie, die dem vernünftigen Leser gewidmet ist, verstehen.

Ji Yuns skeptisches Verhalten gegenüber der leidenschaftlichen Hingabe an die selbstgefällige Innenwelt des Protagonisten in Pu Songlings Fuchsgeistergeschichten lässt sich dadurch erkennen, dass die übernatürliche Welt und die der Geistergeschichten weder als real noch als unreal angesehen wird. Ji Yuns Erzählstrategie ist dadurch gekennzeichnet, dass sie durch das Erzählen und das Kommentieren verschiedene Perspektiven aufwirft und die Fuchsgeistergeschichten dadurch an Urteilkraft einer möglichen Wahrheit gewinnen. Ji Yuns Geschichten verzichten auf die traditionelle Methode, die die Quelle der Geschichten am Ende der Erzählungen angibt, wodurch ihre Glaubwürdigkeit verstärkt werden soll. Die meisten Geschichten Ji Yuns bieten dem Leser vielmehr die folgenden Perspektiven: a) eine persönliche Perspektive, nämlich die des Protagonisten; b) die Perspektive einer dritten Person, z. B. eines daoistischen Mönchs mit seiner Außensicht; c) die auktoriale Perspektive eines Kommentators, durch den das Erzählte an Glaubwürdigkeit scheinbar gewinnt. Bei dieser polyperspektivischen Erzählweise oder bei einem „unzuverlässigen Erzähler“ erhöht sich der Unbestimmtheitsgrad eines Textes. Das kritische, mit allen Erzählpespektiven distanzierte Ich wird durch diese Erzählkunst gestaltet, das als Gegenmodell von Pu Songlings subjektivem Ich fungiert. Das gelassene und reflektierende Ich kann durch diese vernünftige Beobachtung die Ehrfurcht vor der höheren Instanz bewahren.

3.3 *Vergleich beider Literaturen vom Ende des 17. bis zum Anfang des 19. Jahrhunderts*

3.3.1 *Strukturelle Aspekte*

Beim Vergleich der Stoffstruktur der Wassergeistergeschichten mit der der Fuchsgeistergeschichten in diesem Kapitel rückt die Motivation des Protagonisten in den Mittelpunkt anstelle des von Panzer definierten Kernmotivs „Tabu“, das in diesem Kapitel als „Bedingung“ bezeichnet wird. Mit der Motivation des Protagonisten entfaltet sich die Intention des Autors, die Thematik des Ich im Rahmen der Motivkonstellation der Mahrtenehe zu entwickeln. Diese Motivkonstellation währt über Jahrhunderte und präsentiert die Thematik des Ich unter verschiedenen Geschichtspunkten, dem jeweiligen Kulturraum und dem jeweiligen Autor entsprechend.

Inwiefern die Motivation des Protagonisten bei der Gestaltung der Thematik des Ich relevant ist, wird im dritten Kapitel erst dann herausgehoben, nachdem die Wasser- und Fuchsgeistergeschichten in ihren zwei frühen Entwicklungsstadien behandelt wurden.

Gervasius' und Maps Wassergeistergeschichten in der westeuropäischen Literatur und Gan Baos 干宝 (ca. 285 - ca. 360) und Yang Xuanzhis 杨衒之 (dat. 547) Fuchsgeistergeschichten in der chinesischen Literatur sollen für das erste Entwicklungsstadium der Motivkonstellation der Mahrtenehe herangezogen werden. Die Protagonisten in diesen Erzählungen werden als Opfer der lüsternen und listigen Wasser- und Fuchsgeister dargestellt. Die Protagonisten werden durch deren Redekunst und deren vorgetäuschte Frömmigkeit für das Christentum (wie im Fall der Wassergeister bei Gervasius und Map) sowie durch sinnliche Versuchung und betörendes Aussehen (wie im Fall der Fuchsgeister bei Gan Bao und Yang Xuanzhi) verführt und geraten daraufhin unwiderruflich in Lebensgefahr. Da der Protagonist in die Beziehung zu einem übernatürlichen Wesen hineingezogen wird und damit eine passive Rolle einnimmt, ist eine Motivation seinerseits ausgeschlossen. Auch die aktiven Figuren, die Wassergeister und Fuchsgeister, verraten ihren Beweggrund nicht, warum sie sich einen irdischen Mann suchen. Das magische Tabu fungiert als Wendepunkt.

Während die Protagonisten im obigen angesprochenen Entwicklungsstadium noch ihre menschlichen Urtriebe bekämpfen, identifizieren sich die im zweiten

Entwicklungsstadium befindenden Protagonisten in Egenolfs und Thürings Wassergeistergeschichten und Shen Jiji 沈既济 (ca. 741- ca. 805) und Liu Fus 刘斧 (ca. 1040 - nach 1113) Fuchsgeistergeschichten mit ihrer gesellschaftlichen Rolle als westlicher Ritter und als chinesischer Gelehrter. Die Ritter und Gelehrten versuchen entweder eine Balance zwischen ihrem Privatleben und der Gesellschaft zu schaffen, wie im Fall von Egenolfs Peter und Shen Jijis Zheng-liu, oder sie versuchen einen Zugang zur Gesellschaft zu finden, wie im Fall von Thürings Raymond und Liu Fus Hou Chengshu. Der freie Sex, den der Wasser- und Fuchsgeist in diesen Geschichten dem Protagonisten anbietet, konzentriert sich nicht primär auf menschliche Urtriebe, sondern bringt vielmehr die Sehnsucht nach einem Leben zum Ausdruck, das selbst bestimmt werden kann und nicht von anderen bestimmt wird. Das Versprechen oder die Taten der Wassergeistern und Fuchsgeistern, die dem Protagonisten Reichtum und Glück bringen, motivieren diesen, sich auf die intime Beziehung mit einem übernatürlichen Wesen einzulassen.

Im dritten Kapitel nimmt die Motivation des Protagonisten eine Schlüsselstellung innerhalb der Stoffstruktur einer Mahrtenehe-Geschichte ein. Es geht in der westeuropäischen Literatur nicht mehr um den Aufstieg einer anfänglich armen, kleinen, aber im Laufe der Zeit zu großem Ansehen gekommenen Adelsfamilie, oder eines Gelehrten, wie dies in der chinesischen Literatur im oben erwähnten zweiten Entwicklungsstadium der Mahrtenehe der Fall ist. Derartige gesellschaftliche Züge treten in den Textbeispielen des dritten Kapitels stark zurück. Die ausgewählten Textabschnitte präsentieren vielmehr zeitgenössische Gedanken über die Thematik des Ich. Zwar weisen diese Abschnitte verschiedene Unterschiede zueinander auf, doch lässt sich eine mehr oder weniger große thematische Verbundenheit zwischen ihnen feststellen.

Die Motivation von Ludwig Tiecks Protagonist Reymund in *Sehr Wunderbare Historie von der Melusina* ist ambivalent. Einerseits glaubt er die wunderbaren Rittergeschichten, mit übernatürlichen Zügen überlieferten, andererseits verlässt er sich auf Wissen und Vernunft des Menschen, die allein für Selbstbestimmung und Schicksal verantwortlich sein sollen. Die ganze Geschichte wird von seiner zwiespältigen Auffassung geprägt. Reymund zweifelt anfangs sowohl an einem zielorientierten Lebensplan als auch an dem Wissen und der Vernunft, die ihm angeblich dabei helfen sollen, seine Selbstbestimmung zu finden. Er fragt sich, ob sie ihm Glück bringen können, da er versehentlich seinen Pflegevater getötet hat. Er kommt zu der Erkenntnis, dass er sein zielorientiertes Leben nicht vor Zufällen schützen kann. Seine Anschuldigung, dass Melusina aufgrund ihrer Herkunft die Verantwortung für den Brand des Klosters Maillieres trägt, den sein Sohn Geoffroy angestiftet hat, wird durch die Entdeckung der Familiengeschichte Melusinas in Frage gestellt. Dies beweist wiederum, dass die Kausalität, mit der er das Verbrechen seines Sohnes erklärt hat, hier nicht gegeben ist. Reymunds Selbstvertrauen wird letztlich völlig zerstört, als er erfährt, dass sein Bruder von seinem Sohn Geoffroy in den Tod getrieben wurde, da sein Bruder für die ungerechte Behandlung verantwortlich war, die Reymund Melusina zugefügt hat. Die Entwicklung der Handlung schafft einen scharfen Kontrast zwischen Reymunds zweckorientierter Weltanschauung und den archaischen Elementen, die Melusina mit ihrem sinnlichen Gesang verkörpert. Reymunds Motivation, durch Wissen und Vernunft ein selbstbestimmtes Leben zu führen, wird von einer Erkenntniskrise des Ich begleitet, nämlich der, dass die Welt weder magisch noch rational zu erklären ist.

Johann Wolfgang von Goethes Protagonist, Ich-Erzähler in der Erzählung *Die neue Melusine*, verkörpert einen rein ökonomisch motivierten Mensch innerhalb einer bürgerlichen Gesellschaft. Den latenten Profit, den er aus seiner Beziehung zu der neuen Melusine zu schöpfen hofft, erahnt er, der erfahrene Weltwanderer, sofort beim Anblick der Luxuskutsche dieser ihm noch unbekannten Dame. Statt der Rolle eines durch eine Wasserfrau in menschlicher Verkleidung konventionell Verführten, spielt der Protagonist zu Beginn der Beziehung selbst eine verführende Rolle. Diese Motivation, aus einer Beziehung ökonomisch Profit zu schlagen, prägt alle wichtigen Entscheidungen des Protagonisten: Sein absichtliches Kennenlernen der ihm fremden Dame; seine leidenschaftliche Liebeserklärung, die er ihr macht; und sein freiwilliges Folgen in ihr Zwergenreich. Als vorbildhafte Figur der Entsagung bildet die Zwergenprinzessin einen augenfälligen Kontrast zu ihrem Geliebten. Sie konstituiert ein positives Gegenbild zu dem ökonomisch und sittlich ungezügelten Betragen des Protagonisten. Die Zwergenprinzessin verhält sich angesichts seiner leidenschaftlichen Liebeserklärung zurückhaltend und versucht mit ihrer Bedingung, zielstrebig ihr Kästchen zu transportieren, sein zielloses und genießerisches Leben zu zügeln. Das Ergebnis dieser Beziehung wird dem Leser bereits zu Beginn in der Rahmenhandlung dieser Erzählung bekannt gegeben: Der Ich-Erzähler steht als ein passendes Beispiel für eine gelungene Integration des Individuums in die Gesellschaft, nachdem er nach seiner Rückkehr aus dem Zwergenreich in die irdische Welt Barbier geworden ist und seine ehemalige Schwätzerei in Erzählkunst verwandelt hat.

In China wird die Motivation des Protagonisten durch die Autoren der Fuchsgeistergeschichten hervorgehoben. In Yuan Meis Fuchsgeistergeschichte *Das galante Werkzeug* ist der Protagonist ein abenteuerlustiger Mann, der, seiner Motivation folgend, eine fremde Frau verfolgt und daraus ein sexuelles Abenteuer macht. Auf der einen Seite sehnt er sich nach dem Körper schöner Frauen, jedoch dient dieser ihm nur als Mittel zur Befriedigung seiner sexuellen Wünsche und seines sinnlichen Genusses, ohne dass er dabei seiner Geliebten menschlich näher kommt. Da er aber als Neo-Konfuzianer nur ein scheinheiliger, kein echter Konfuzianer ist, besitzt er seinem eigenen Körper gegenüber ein dubioses Schamgefühl. Diese verbildete Auffassung in Bezug auf seinen Körper wird in Yuan Meis Geschichte *Das galante Werkzeug* bloßgestellt, indem die Motivation des Protagonisten, die eigentlich nur in seinen Gedanken herumspukt, durch die Füchsin verbal ausgesprochen wird. Dadurch wechselt die Rolle des Protagonisten von der eines aktiv Handelnden in Bezug auf den Körper der Füchsin zu der eines Beobachters seines eigenen Körpers, wodurch eine groteske Wirkung, ein fast Brechtischer „Verfremdungseffekt", in der Erzählung entsteht. Yuan Mei führt zugleich einen ästhetischen Aspekt sexuellen Begehrens in die Thematik des Ich ein, indem die Füchsin den Körper des Protagonisten als Kunstwerk betrachtet und ihre Beobachtung in Worte fasst.

Zwei von den fünf Fuchsgeistergeschichten Ji Yuns behandeln die Motivation des Protagonisten. In der Geschichte *Dongchang shusheng* wird der Student aus Dongchang durch Pu Songlings Fuchsgeistergeschichten motiviert, sich eine Füchsin als Geliebte zu wünschen. Hier zeigt sich eine Gemeinsamkeit mit Tiecks Reymund in seiner Erzählung *Sehr wunderbare Historie von der Melusina.* Auch Reymund wird dadurch, dass er viele Rittergeschichten liest, motiviert, ein ritterliches Leben zu führen. Diese Motivation, ein Abenteuer wie die Protagonisten in Pu Songlings Erzählungen zu erleben, führt dazu, dass sich die tatsächliche Handlung als Kontrast zur Folie der gelesenen Geschichten entwickelt. Zusammen mit Ji Yuns verschiedenen Erzählperspektiven in den Geschichten *Dongchang shusheng* und *Li Erhun* wird neues Licht auf diese zwei Geschichten geworfen, mit dem Ziel ein kritisch beobachtendes Ich zu gestalten.

Selbst Fouqués Huldbrand in *Undine* und Pu Songlings Wang Zifu in *Yingning*, die offensichtlich kein Motiv verfolgten, als sie eine Beziehung eingingen, sind trotzdem mit dem Begriff der Motivation verbunden. Gerade die fehlende Motivation in diesen Geschichten verleiht der Thematik des Ich ihren besonderen Aspekt, indem die sofortige Neigung füreinander das Aufgehen des Protagonisten in das übernatürliche Wesen symbolisiert. Huldbrand empfindet unerwartet und überraschend ein ihm unerklärliches Gefühl der Einheit mit der Natur, als er Undine und ihre Lebensumgebung kennen lernt. Huldbrand, der im Alltag von seinem Verstand geleitet wird, erkennt in Undine die Natur wieder, die er zum Ausgleich benötigt. Die Geschichte zeichnet den Versuch einer Annäherung zwischen Undine und Huldbrand, die gleichzeitig durch die Auseinandersetzung Huldbrands mit Undine gekennzeichnet ist, die im Kern eine Auseinandersetzung mit dem Naturhaften und der Einfachheit ist. Fouqué lässt dieses sich Zuwenden scheitern und dem Protagonisten nur noch als gewünschte Illusion gelingen, in der das Wasser aus einer Quelle, die symbolhaft Undine gilt, Huldbrands Grab umfließt.

Pu Songlings Charakter Wang Zifu in *Yingning* verspürt ein ähnliches Gefühl in der Gegenwart von Yingning wie Fouqués Huldbrand bei der Begegnung mit Undine. Wang Zifu empfindet eine unerklärbare Sympathie, die einer seelischen Verwandtschaft gleichkommt, für Yingning, als er sie kennen lernt. Yingning versteht ihn ebenso gut und führt ihn Schritt für Schritt auf dem Weg, der ihn ermöglicht, seine eigene Ausdruckform, seine eigene Sprache zu finden.

Im zweiten Kapitel wurde zum ersten Mal während der Analyse der Fuchsgeistergeschichten das westliche Kernmotiv „Tabu" in der Motivkonstellation der

Mahrtenehe berücksichtigt. Dadurch wurden einige neue Erkenntnisse gewonnen, z. B. in Bezug auf die gesellschaftliche Rolle der Konkubinen – eine Rolle, die in den Fuchsgeistergeschichten zur Genüge bekannt ist und die das Motivelement „Tabu" insofern beeinflusst, als dass die Füchsinnen wegen ihrer niedrigen gesellschaftlichen Stellung ihre Bedingung nur mit Hilfe einer männlichen Nebenfigur zum Ausdruck bringen können, während Wasserfrauen dem Protagonisten ihre Bedingung selbst stellen. Andererseits trägt diese komparatistische Studie auch zur Erkenntnis der westlichen Literatur in diesem Bereich bei. Indem die einschlägigen Textbeispiele der chinesischen Literatur, in denen das Kernmotiv „Tabu" nicht vorhanden ist, in diesem Kapitel mit den einschlägigen Textbeispielen der deutschsprachigen Literatur verglichen wurden, lässt das Ergebnis zu, dass beide Arten von Erzählungen in den respektiven Literaturen dennoch einen vergleichbaren Ausgangspunkt in der Struktur der Wasser- und Fuchsgeistergeschichten haben, nämlich den der Motivation, die die Motivkonstellation der Mahrtenehe stark prägt.

3.3.2 Figurative Aspekte

Nicht nur die Struktur markiert einen neuen Schwerpunkt bezüglich der alten Motivkonstellation der Mahrtenehe, auch werden die Mahrtenehen-Geschichten durch die Einführung der Thematik des Ich erneut erzählt. Vielmehr sind es auch die figurativen Aspekte, die den Wassergeistern und den Fuchsgeistern neue Dimensionen verleihen. Darunter sind die Stichwörter „Sinnlichkeit" und „Zwischenfigur" zu verstehen.

Wassergeister und Fuchsgeister stehen seit Beginn ihrer Überlieferungsgeschichte in Verbindung mit der „Sinnlichkeit". Unterschiede lassen sich insoweit feststellen, als dass sinnliche Wasser- und Fuchsgeister in der frühen Entwicklungsphase der Motivkonstellation der Mahrtenehe von der christlichen Kirche im Westen und von den Konfuzianern in China als etwas „Verführerisches" und „Fürchterliches" dargestellt wurden, während die Sinnlichkeit in diesem Kapitel zum Beispiel mit Hilfe der Beschreibung von Melusinas ergreifendem Gesang, der den Leser an die Sirenen der Antike erinnert, einen scharfen Kontrast zur Verabsolutierung der Vernunft und des Erkenntnisvermögens des Subjekts bietet, wie z. B. in Tiecks *Melusina*, und zur verbildeten Auffassung scheinheiliger Moralisten, wie z. B. in Yuan Meis *Das galante Werkzeug*. Bemerkenswert ist, dass die Sinnlichkeit des übernatürlichen Wesens in den frühen Überlieferungen nicht konkret beschrieben wird. Die Sinnlichkeit von Wasser- und Fuchsgeistern wird indirekt behandelt, indem Wassergeister durch Priester, wie in Maps Geschichte *Item de aparicionibus*, oder durch Bischöfe, wie in Egenolfs Geschichte *Peter von Staufenberg*, des Teufels beschuldigt und Fuchsgeister durch einen daoistischen Mönch, wie in Gan Baos Geschichte *A-zi* und Liu Fus Geschichte *Frühlingsspaziergang am Westteich*, als lüsterne Füchsinnen erklärt werden. Erst durch Tieck wird die Sinnlichkeit der Wasserfrau thematisiert. Dies geschieht, als er Thürings

Geschichte *Melusine* einer Neuerung unterzieht. Tieck bschreibt zum Beispiel die Teppiche und Vorhänge, die im Schlafgemach des Hochzeitspaares Melusina und Reymund hängen, auf denen mythische, sinnliche Szenen, wie beispielsweise die nackte Leda oder Venus und Mars im Liebesgenuss, als Motive dargestellt sind. Auch Yuan Mei widment der Beschreibung des Körpers in seiner Geschichte *Das galante Werkzeug* viel Aufmerksamkeit. Die Haut des Hinterns und das Geschlechtsteil des Protagonisten werden jeweils von der Füchsin und von ihren Dienern detailliert beschrieben, um ihm die Fremdheit seines eigenen Körpers deutlich zu machen. Nicht nur die neue Akzentsetzung der Eigenschaft „Sinnlichkeit" verleiht den Wasser- und Fuchsgeistern eine neue Facette, sondern ebenso wird ihnen in Bezug auf ihre Eigenschaft „Ambivalenz", die nun auf zwei Figuren verteilt wird, ein neues Format gegeben.

Wassergeister und Fuchsgeister sind als Zwischenfiguren bereits von Paracelsus charakterisiert worden. Sie sind zwar ein Geist, stehen doch dem Menschen sehr nahe. Die „Wasserleute besitzen die Formen des Menschen"[218], schreibt Paracelsus. Thürings Melusine beherrscht in seiner gleichnamigen Prosa-Dichtung außerdem schon die Kunst der Rhetorik und kann – anders als die Sirenen der griechischen Mythen – Kinder gebären. Undines Stellung unter den Figuren der Wassergeister, die sich im Zwischenraum der irdischen Welt und der Welt der körperlosen Geister befindet, ist demzufolge ein weiteres Argument für die charakteristische Ähnlichkeit beider Typen von Figuren, d.h. Wassergeister und Fuchsgeister gleichen sich, trotz des jeder Figur eigenen Kulturraums.[219] Ji Yun notiert wie folgt: „Humans and things are different species, and foxes lie in between humans and things; darkness and lightness take different paths, and foxes lie in between darkness and lightness; divine transcendents and demons follow different ways, and foxes lie in between divine transcendents and demons."[220] Im Vergleich zu Paracelsus, der die Lebenssituation der zwei Welten berührenden Wassergeister beschreibt, fasst Ji Yun die Situation der Fuchsgeister kurz und bündig, jedoch prägnant zusammen: Sie befinden sich in einer Art Zwischenraumsituation, d.h. zwischen Menschen und Dingen, zwischen Dunkelheit und Helligkeit, zwischen Göttern und Dämonen. Eigentlich wird diese Zwischenraumsituation bereits in Thürings Erzählung *Melusine* aus dem 15. Jahrhundert durch Melusines zwiespältigen Körper und ebenso durch die Behausung, in der Wasser- und Fuchsgeister leben, d.h. im Zwischenraum zwischen der menschlichen und der übernatürlichen Welt zum Ausdruck gebracht, auf das im zweiten Kapitel hingewiesen wurde.

Die ambivalente Eigenschaft von Wassergeistern und Fuchsgeistern, d.h. vom Aussehen her anziehend (in menschlicher Gestalt), jedoch lebensbedrohlich (weil

---

[218] Vgl. Paracelsus (1932), S. 52.

[219] Auf die Parallele des Wassergeistes mit dem Fuchsgeist als „in-between"-Figuren weist Rania Huntington in ihrer Monographie *Alien Kind*. Vgl. Huntington (2003), S. 324ff.

[220] Kang, Xiaofei (2006), S. 2; zum Original siehe: Ji Yun 纪昀 (2002), S. 188.

sie einer mysteriösen Welt entstammen), bestimmt in den frühen Überlieferungen der Geschichten den inneren Kampf des Protagonisten gegen seine Urtriebe. Als der soziale Aufstieg die Protagonisten mehr und mehr zu interessieren beginnt, erhalten die ambivalenten Figuren einen wohlstandspendenden (mit sozialen Zügen) und zugleich einen unheilstiftenden (weil sie nicht der Gesellschaft angehören) Charakter. In Fouqués *Undine* übernimmt Bertalda die ursprünglichen Charakter-Eigenschaften, die einst Undine zugeschrieben wurden, nachdem Undine durch die christliche Hochzeit domestiziert worden ist, nämlich Spontaneität und Unberechenbarkeit. Huldbrands Zuneigung zu Bertalda zeigt einerseits seine kontinuierliche Sympathie für diese Eigenschaften einer Frau, was die Einheit von Geist und Natur bestätigt; andererseits entsteht durch diese Rollenverschiebung eine spürbare Spannung zwischen den Hauptcharakteren dieser Erzählung. Diese Spannung wurde in den frühen Überlieferungen der Wassergeistergeschichten durch die ambivalente Charakterisierung der Protagonistin hergestellt. Yingnings charakteristische Eigenschaft, zum Beispiel diese Ambivalenz an sich behält sie zwar weiterhin, doch ihre bedrohliche Kraft wirkt sich jetzt ausschließlich nicht auf den Protagonisten, sondern auf eine Nebenfigur, den Nachbarsohn, aus. Der Grund, warum sich die Auswirkung der bedrohlichen Kraft der Füchsin auf eine Nebenfigur verlagert, ist, weil Wang Zifu, der nach dem idealen Ich strebende Protagonist der Erzählung, auf Wunsch des Autors seine Vollkommenheit erreichen soll, die sich durch Yingnings Einfachheit und Natürlichkeit ergänzt und sich in ihr widerspiegelt.

Diese neue Akzentuierung in der Gestaltung der alten Struktur und der gleichen ursprünglichen Eigenschaften der Charaktere verdeutlicht die Thematik des Ich und erweist sich mehr oder weniger als Parallele zu der Motivkonstellation in der Mahrtenehe, die jedoch aufgrund unterschiedlicher Kulturräume in Einzelheiten variieren und dadurch ihre eigentümlichen Beiträge zu dieser Motivkonstellation leisten kann.

4. Resümee und Ausblick

Die vorliegende Studie beschäftigte sich mit den unter der Motivkonstellation der Mahrtenehe zusammengestellten westeuropäischen Wassergeistergeschichten und den chinesischen Fuchsgeistergeschichten. Diese komparatistische Studie der motivgleichen Werke aus den zwei weit voneinander entfernt liegenden Kulturräumen hat zunächst den Beitrag geleistet, mit Hilfe fremder Bezugsgeschichten neues Licht auf die Motivgeschichte der einschlägigen Literatur auf beiden Seiten zu werfen. Das Ergebnis wurde in der Zusammenfassung des dritten Kapitels aufgezeigt und zwar wie folgt: dass das westliche Tabumotiv die Rolle der weiblichen Fuchsgeister am Rande der Gesellschaft Chinas unter scharfer Beobachtung beleuchtet. Die Fuchsgeister, die in den meisten Fuchsgeistergeschichten die Rolle einer Konkubine einnehmen, stellen wegen ihrer niedrigen gesellschaftlichen Stellung dem Protagonisten ihre Bedingung nicht selbst, sondern mit Hilfe einer männlichen Nebenfigur, während die Wassergeister dies selbst tun. Andererseits hat der Vergleich der westeuropäischen Wassergeistergeschichten mit den chinesischen Fuchsgeistergeschichten, in denen das Tabumotiv häufig nicht vorhanden ist, gezeigt, dass sich der Schwerpunkt in den neuzeitlichen Variationen der Motivkonstellation in Westeuropa vom Kernmotiv „Tabu" auf die Motivation der Protagonisten und der Protagonistinnen verlagert hat.

Das zweite, wesentliche Ergebnis dieser komparatistischen Studie ist die positive Beantwortung der am Anfang der Studie gestellten Frage, ob die Tendenz zur Thematisierung des Ich, die jeweils im Sinn der eigenen Kultur zu verstehen ist, während der Wandlung der Motivkonstellation der Mahrtenehe stattgefunden hat.

Um diese Tendenz aufzuzeichnen, wurden die Wasser- und Fuchsgeistergeschichten in drei Entwicklungsphasen gegliedert, die der Reihenfolge nach: a) durch die Spiegelung der allgemeinen Männerphantasie; b) durch die des Wunschausdrucks der spezifischen Gesellschaftsschicht; und c) durch die Einführung der Thematik des Ich gekennzeichnet werden.

In der ersten Entwicklungsphase (4.-6. Jh. in China und 12.-13. Jh. in Westeuropa) dominiert die Angst des Protagonisten vor den sinnlichen Verführerinnen – den weiblichen Wasser- und Fuchsgeistern. Die Vorläufer der Wasser- und der Fuchsgeister, d.h. die mythischen Figuren – die Sirenen in der westeuropäischen und der neunschwänzige Fuchs in der chinesischen Literatur – wurden ebenso wie die Protagonistinnen in dieser Entwicklungsphase sowohl in den Prozess der Dämonisierung der Weiblichkeit als auch weiterhin negativ mit ihrer stark sexuellen, lüsternen Verlockung der Protagonistinnen in Verbindung gebracht. Diese Kulisse dient dazu, den sexuellen Wunsch, Urtrieb der Männer, vor dessen Gefahr die chinesische, konfuzianische Gesellschaft und die christliche Kirche warnten, in Form belehrender und warnender Geistergeschichten in der einschlägigen Literatur beider Gesellschaften zu züchtigen. Hier zeigen sich zwei unterschiedliche Arten von Angst. In der chinesischen Literatur wird diese Angst dadurch ersichtlich, dass die chinesischen Fuchsgeister dem Protagonisten körperlichen Schaden zufügen können, eine Angst, die tief in den daoistischen Gedanken über die Erhaltung der persönlichen Gesundheit und Körperpflege verwurzelt ist, während die westlichen Wassergeistergeschichten die Angst dadurch zum Ausdruck bringen, dass die Wassergeister als Heiden den christlichen Glauben gefährden können.

Die zweite Entwicklungsphase (8.-12. Jh. in China und 14.-15. Jh. in Westeuropa) legt den Akzent nicht mehr auf den allgemeinen, anthropologischen Konflikt des Protagonisten mit dem sexuellen, menschlichen Urtrieb, obwohl dieser weiterhin auf die späteren Variationen der Motivkonstellation der Mahrtenehe abfärbt, sondern auf den sozialen Aufstieg der neuen, gesellschaftlichen Schicht. In China waren es die durch die Beamtenprüfung ins Beamtentum aufgenommenen konfuzianischen Gelehrten und in Westeuropa die anerkannte Leistungsfähigkeit des Protagonisten als Ritter im Kriegsdienst seines Herrn. Das erwachte Selbstbewusstsein des Protagonisten, das im Westen mit seiner militärischen Leistung und seiner Teilnahme am Kriegsdienst und in China mit seiner intellektuellen Leistung in den Beamtenprüfungen, die ihm einen flexiblen Lebensraum ermöglichten, eng verbunden war, wurde in der Literatur vor allem in Form der Gruppenidentität deutlich zum Ausdruck gebracht, zumal die Rollen der Ritter und der Gelehrten ihre gesellschaftliche Stellung stark betonten. Das Selbstbewusstsein des Protagonisten zeigte sich zunächst durch die Zunahme der narrativen Details. Es wurde nicht wie in der Frühphase der Geistergeschichten von einem betrügerischen Anfang und einem vehementen unglücklichen Ausgang berichtet, sondern von der Motivation, warum die Wassergeister und die Fuchsgeister sich sterblichen Männern nähern. Die Geisterphänomene standen in kausaler Beziehung zu einander, die durch die Vorgeschichte dieser übernatürlichen Wesen erklärt wurde. Die problematische Herkunft der Wassergeister und Fuchsgeister wurde auf diese Weise relativiert. Das Auftreten der Wasser- und Fuchsgeister mit ihrer übernatürlichen Herkunft wurde in dieser Entwicklungsphase eher als eine wunderbare Erscheinung angesehen, die den Aufstieg einer Adelsfamilie oder die Karriere eines Gelehrten erklärt. Die Divergenzen der beiden Literaturen zeigen sich sowohl auf der inhaltlichen als auch auf der weltanschaulichen Ebene. Inhaltlich unterscheiden sich die Szenen der mittelalterlichen Turniere und die der heldenhaften Kriegsdienste von denen der Kommunikationen des Protagonisten mit seiner Angebeteten, einer Füchsin, durch Gedichte. Die Bedingung der Treue zur übernatürlichen Geliebten greift jeweils auf die Idee der christlichen Monogamie in Westeuropa und in China auf den konfuzianischen Begriff der Loyalität zurück.

Die dritte Entwicklungsphase (Ende des 17. bis Ende des 18. Jh. in China und um 1800 in Deutschland) gilt als der tatsächliche Schritt zur Thematisierung des Ich in der Motivkonstellation der Mahrtenehe. Die Abweichung der Variierungen der Wassergeistererzählungen von denen der Fuchsgeistererzählungen ist deshalb recht deutlich, weil die Thematik des Ich in beiden Kulturen ihre eigene Tradition und ihre eigene geschichtliche Voraussetzung hat. Die Verabsolutierung der Vernunft sowie die Einheit von Geist und Natur als Blick des Individuums nach innen einerseits und die Integration des Einzelnen in die Gesellschaft als Blick des Individuums nach außen andererseits, waren in Deutschland die Perspektiven der Thematik des Ich, während die chinesischen Autoren bezüglich der Thematik des Ich großen Wert auf die konfuzianische Ich-Kultivierung legten. Die Rückkehr zur geistigen Ich-Kultivierung, die selbstständig vollendet werden kann, war eine Perspektive der Thematik des Ich in China, weil diese Ich-Kultivierung durch das System der Beamtenprüfung besonders in der Qing-Dynastie als bloßes Prüfungsergebnis messbar gemacht und verdinglicht werden konnte und wurde. Aus der Befürchtung heraus, dass diese selbständige Ich-Kultivierung zur absoluten Subjektivierung der Weltanschauung führt, wurde das Gegenmodell des „beobachtenden Ich" entworfen, das unter dem Einfluss der „Schule der beweisfähigen Textkritik" entstand und durch die Polyperspektiven des Erzählens ermöglicht wurde. Eine weitere Perspektive zur Ich-Kultivierung in China war das durch die Verabsolutierung des metaphysischen Ich verdammte physische Ich, das in ironischem Ton in Yuan Meis Fuchsgeistergeschichte *Das galante Werkzeug* thematisiert wurde.

Zusammenfassend lässt sich festhalten, dass sowohl die westliche Wassergeisterliteratur als auch die chinesische Fuchsgeisterliteratur eine Gemeinsamkeit haben, die darin besteht, dass die Mahrtenehe-Geschichten Elemente, z. B. sinnliche und naturnahe Mahrten und die Zwischenraumsituation einer Mahrtenehe enthalten. Diese Elemente der Motivkonstellation der Mahrtenehe ermöglichen den Autoren, anhand der von ihnen modifizierten Mahrtenehe-Geschichten alternative Modelle für das zeitgemäße Ich-Konzept zu gestalten. Der Unterschied der Ich-Konzepte aus beiden Kulturräumen ist jedoch leicht zu erkennen. Die chinesische Ich-Kultivierung zeigt, dass die Ich-Vollendung des Einzelnen das Ziel vor sich hat, die Verantwortung für die Mitmenschen zu übernehmen. Diese konfuzianische Ich-Entwicklung in China unterscheidet sich insofern von der westlichen Ich-Entwicklung, dass das westliche Ich sich nicht so sehr auf die Mitwirkung des Ich in seiner Umgebung und in der Gesellschaft verlässt, sondern sich auf das Ich selbst konzentriert. Das chinesische Ich-Konzept dagegen hat zwei Komponenten: Die Ich-Vollendung und die Ich-Mitwirkung. Die Erstere ist Voraussetzung für die Letztere, während Letzere als Ziel für Erstere stark auf den Prozess der Ich-Kultierung einwirkt, besonders wenn es um die Art und Weise der Mitwirkung geht. Als das Ziel der Ich-Kultivierung in China durch das Prüfungssystem konkretisiert und verdinglicht und die Ich-Kultivierung zur Rolle an den Rand geschoben wird, verliert das ausgewogene Verhältnis zwischen den zwei Komponenten des chinesischen Ich-Konzeptes. Ebenso ist es in China problematisch, das Verhältnis zwischen dem metaphorischen Denken über das Ich und dem materiellen Körper auszugleichen. Während diese Probleme im Laufe der Qing-Dynastie sich in China zuspitzen, treten die Probleme der Verabsolutierung der Vernunft und der Trennung von Geist und Natur in Westeuropa um 1800 hervor. Wassergeister und Fuchsgeister als literarische Figuren, die einst aufgrund der Verkörperung der sinnlichen Versuchung und des Emotionalen gefürchtet wurden, werden deshalb angesichts der Probleme in den westeuropäischen und chinesischen Ich-Konzepten nun bewusst als Spiegelbild von Pu Songling und Yuan Mei in China und von Tieck und Fouqué in Deutschland dargestellt. Ihre absichtliche Relativierung der bilateralen Binnenbeziehungen innerhalb der beiden Ich-Konzepte wird durch ihre Zeitgenossen Ji Yun in China und Goethe in Deutschland weiterhin mit dem distanzierten Ich noch einmal relativiert.

Abschließend möchte ich einen interdisziplinären Ausblick wagen, mit Hilfe der Studienergebnisse von Franz Zwilgmeyer (1901-1995).[1] Der deutsche Soziologe stützt sich bei seiner Untersuchung der Bewusstseinsentwicklung der Menschheit auf Carl Gustav Jungs (1875-1961) Tiefenpsychologie. Zwilgmeyer gliedert die Geschichte der Menschheit in vier Kulturtypen: Vitalkultur, Frühhochkultur (seit dem 8./9. Jh. n. Chr. im Abendland und seit der Shang-Zeit, d.h. seit dem 16. Jh. v. Chr., in China), Reflexionshochkultur ersten Grades (seit dem 12./13. Jh. n. Chr. im Abendland und seit der Zhou-Zeit, d.h. seit dem 11. Jh. v. Chr.) und Reflexionshochkultur zweiten Grades (seit dem 18. Jh. im Abendland, deren Anfänge er in das 1500 Jahrhundert verlegt, ohne für China eine Zeitangabe zu geben).[2] Unter Berücksichtigung meiner Untersuchungsergebnisse vergleiche ich die aus meiner Studie entstandenen drei Entwicklungsphasen der Motivkonstellation der Mahrtenehe in der Thematisierung des Ich mit Zwilgmeyers Frühhochkultur, der Reflexionshochkultur ersten Grades und Reflexionshochkultur zweiten Grades.

Der Vergleich Zwilgmeyers Frühhochkultur im Abendland mit der ersten Entwicklungsphase der vorliegenden Studie stößt auf die folgenden parallelen Punkte. Erstens war diese Frühhochkultur noch zur Zeit des „heidnischen Mythos“.[3] Ein Bewusstsein im „Übergang vom Es zum Ich“ schrieb Zwilgmeyer dieser Frühhochkultur zu. Der Mythos in dieser Zeit hatte bereits die neuen christlichen Züge.[4] Gervasius' und Maps Wassergeistergeschichten (aus dem 12.-13. Jh.) haben

---

1 Zwilgmeyers Studie bin ich erst begegnet, als sich meine Studie bereits in ihrer Endphase befand. Seine Studie zeigt eine deutliche Parallele zu meinen Arbeitsergebnissen. Es soll darauf hingewiesen werden, dass Zwilgmeyer mit Hilfe von C. G. Jungs Tiefenpsychologie hauptsächlich die Bereiche der Philosophie, der Soziologie und der Bildenden Kunst in den wichtigen Kulturen der Menschheit behandelte, ohne dass eine systematische Beschäftigung mit literarischen Werken stattgefunden hat. In diesem Sinne ergänzen sich seine und meine Studienergebnisse. Zwilgmeyer, Franz: *Stufen des Ich. Bewusstseinsentwicklung der Menschheit in Gesellschaft und Kultur.* Fellbach-Oeffingen 1981.

2 Der Anhang I „Soziokulturelle Gesamtgefüge“ zeigt die anderen Kulturen, die Zwilgmeyer in seiner Monographie behandelte, z. B. die Antike und Indien. Zwilgmeyers Forschungsergebnisse der Bewusstseinsentwicklung in diesen Kulturen habe ich mir hier erspart, weil sie keinen direkten Bezug auf die vorliegende Arbeit haben.

3 Zwilgmeyer (1981), S. 130.

4 Ebd.

ebenso diese zwei Eigenschaften, d.h. die mythisch-magische Orientierung und die christlichen Elemente. Zwilgmeyers Frühhochkultur dauerte bis 1200 an. Dieser Zeitraum entspricht dem der Entstehung der beiden Wassergeistergeschichten von Gervasius' *De oculis apertis post peccatum* und Maps *Item de aparicionibus*.

Zur Reflexionshochkultur ersten Grades im Abendland betont Zwilgmeyer die Eigenschaft ihrer gesellschaftlichen Organisation, die vor allem durch die Ständegesellschaft gekennzeichnet wurde. Als relevante Schichten des Abendlandes standen der Ritter und der Bürger im Vordergrund.[5] Die „wachsend[e] Selbständigkeit im Rahmen der Sozialwelt um 1200",[6] wie Zwilgmeyer feststellt, spiegelt sich in meiner Arbeit literarisch etwa zur gleichen Zeit in Egenolfs Geschichte *Peter von Staufenberg* und etwa ein Jahrhundert später in Thürings Vorlage für seine Erzählung *Melusine* wider.

Zur Reflexionshochkultur ersten Grades in China erwähnt Zwilgmeyer in Bezug auf die staatliche Organisation treffend die „Beamtenschaft" und die „fortschrittliche Schicht der Shih", d.h. der Gelehrten, die „in ganz besonderem Maß Träger des neuen Ichbewusstseins war[en]".[7] Die Fuchsgeistergeschichten von Shen Jiji (ca. 741 - ca. 805) und Liu Fu (ca. 1040 - nach 1113) zeigen in der vorliegenden Arbeit durch die Zunahme des Erzählens und die Relativierung der dämonischen Herkunft weiblicher Fuchsgeister das Erwachen des Selbstbewusstseins des Protagonisten, der sich auf die Rolle eines Gelehrten konzentriert. Das Problem der Analogie meiner Betrachtungen zu Zwilgmeyers Ergebnissen ist, dass er in seinem Anhang „Soziokulturelle Gesamtgefüge" für die chinesische Reflexionshochkultur ersten Grades nur die Anfangszeit nennt. Er bezweifelte wahrscheinlich, dass China überhaupt einen zweiten Grad der Reflexionshochkultur hat. Doch fehlt hierzu eine von ihm stammende ausführliche Erklärung. Die Beamtenschaft, die er in seiner Untersuchung als Beleg nennt, hatte jedoch ihren Anfang erst Ende des 6. Jh., etwa 1600 Jahre nach dem von ihm genannten Anfang der Reflexionshochkultur ersten Grades. Das systematische Stattfinden der Beamtenprüfung kam erst in der Tang-Dynastie auf, d.h. erst drei Jahrhunderte später. Ein weiterer Beweis für Zwilgmeyers etwas eigenartige Zeitangabe zur Reflexionshochkultur ersten Grades in China ist, dass er die tangzeitlichen Dichter „Du Fu, Li Tai-Bo" (Du Fu 杜甫 712-770, Li Taibai 李太白 701-762) als Beispiele nennt, um auf persönliche Züge in der chinesischen Literatur dieser Reflexionshochkultur hinzuweisen. Die Fuchsgeistergeschichten, in denen der selbstbewusste Gelehrte als Protagonist erscheint, stammen ebenso aus der Tang-Dynastie und aus der ihr folgenden Song-Dynastie.

Zur Reflexionshochkultur zweiten Grades rückt das Bürgertum in den Vordergrund.[8] Die Wörter „zweckorientiert" oder „zweckrational" bezeichnen die Merk-

---

5 Ebd., S. 136.
6 Ebd.
7 Ebd., S. 107.
8 Ebd., S. 142.

male der Reflexionshochkultur zweiten Grades. Zwilgmeyer weist auf „ starke Regressionsphänomene (...) in der deutschen Romantik“ hin und betrachtet sie als „Versuche der Rückkehr in die Sphäre des »Es«„.[9] Genau genommen thematisieren Tiecks *Melusina* und Fouqués *Undine* diese neue Tendenz des Ich und bieten dem Leser in ihren Werken im Abendland um 1800 eine sinnliche und archaische Alternative als Gegenmodell zum absoluten Ich. Diese „Regressionsphänomene“[10] habe ich in Tiecks und Fouqués Wassergeistererzählungen beobachtet und unter Punkt 3.3.2, „Figurative Aspekte“, berücksichtigt.

Zwilgmeyers Stufen des Ich bestätigen aus der Disziplin der Soziologie punktuell meine Untersuchungsergebnisse: in der frühen Stufe des Ich ist das unbewusste „Es“ überwiegend; auf der folgenden Stufe des Ich ist das erwachte Selbstbewusstsein der Ritter und Gelehrten dominant; schließlich rücken auf der dritten Stufe das zweckrationale Ich sowie in der Romantik[11] die Reflexion über dieses Ich in den Mittelpunkt. Der Unterschied meiner Studie zu Zwilgmeyers Untersuchung besteht darin, dass hier eine Steigerung des Selbstbewusstseins des Protagonisten durch die literarischen Werke in der variierten Motivkonstellation der Mahrtenehe aufgezeigt wird.

Zum Schluss muss darauf hingewiesen werden, dass die weiblichen Wasser- und Fuchsgeister im Titel der vorliegenden Arbeit hervorgehoben wurden, wie dies stets in Wasser- und Fuchsgeistergeschichten der Fall ist, obwohl die weiblichen Figuren ausschließlich das Spiegelbild der Protagonisten sind, was diese Arbeit deutlich zeigt. Eine feministische Perspektive der gegenwärtigen Variation der Motivkonstellation der Mahrtenehe ist sowohl in der deutschsprachigen als auch in der chinesischen Literatur zu beobachten. Als Gegenmodell zu der konventionellen, patriarchalischen Motivkonstellation der Mahrtenehe, womit ich mich in der vorliegenden Arbeit beschäftigt habe, könnte ausblickend eine Studie von der feministischen Perspektive inspirieren und meinen Ansatz hierzu ergänzen.[12]

9 Ebd., S. 145.

10 Ebd.

11 Zwilgmeyer nennt hierzu die literarischen Figuren der deutschen Romantik „in der Form der Nixe oder verwandter Gestalten – wie der Loreley“. Vgl. Ebd.

12 In Frage könnten kommen zum Beispiel die Erzählung *Undine geht* (1961) von der deutschsprachigen Autorin Ingeborg Bachmann (1926-1973), und die Erzählung *Feng you* 凤诱 (*Der männliche Phönix verführt*, 1989) von der in Hongkong lebenden chinesischen Schriftstellerin Li Bihua 李碧华 (1958-), deren Werke zum großen Teil verfilmt wurden.

Literaturverzeichnis

I. Primärliteratur

Albrecht von Scharfenberg: *Merlin und Seifrid de Ardemont.* Herausgegeben von Friedrich Panzer. Stuttgart 1902.

Andersen, Hans Christina: *Märchen.* Übersetzung von Heinrich Denhardt. Stuttgart 2003.

Apuleius: *Metamophosen oder der goldene Esel.* Lateinisch und Deutsch von Rudolf Helm. Berlin 1956.

Apollonios Rhodios: *Die Argonauten.* Übers. von Thassilo von Scheffer. Leipzig 1940.

d'Arras, Jean: *Le roman de Mélusine ou l'histoire de Lusignan.* Trad. fr. Michèle Perret, Paris 1979.

Chi Yün: *Shadows in a Chinese Landscape. The Notes of [a] Confucian Scholar*, herausgegeben von David L. Keenan. New York 1999.

Couldrette: *Le Roman de Mélusine ou Histoire de Lusignan.* Ed. von Eleanor Roach. Paris 1982.

Eichhorn, Werner: *Heldensagen aus dem Unteren Yangtse-Tal* (Wu-yüeh Ch'un-ch'iu). Wiesbaden 1969.

Fouqué, Friedrich de la Motte: *Undine.* In: Ders.: *Sämtliche Romane und Novellenbücher.* In 15 Bänden, hier Bd. 2, herausgegeben von Wolfgang Möhrig. Hildesheim 1992, S. 1-188.

Gan Bao 干宝: *Sou shen ji* (*Gu xiaoshuo congkan*) 搜神记 (古小说丛刊) [*Aufzeichnungen über das Aufspüren von Geistern (Buchkollektion der Erzählungen des alten Chinas)*]. Korrigiert und kommentiert von Wang Shaoying 汪绍楹. Beijing 1979.

Ders.: *Sou shen ji quanyi* 搜神记全译 [*Aufzeichnungen über das Aufspüren von Geistern. Eine vollständige Übersetzung*]. Übersetzt ins moderne Chinesische und kommentiert von Huang Diming 黄涤明. Guiyang 1991.

Gervase of Tilbury: *Otia Imperialia. Recreation for an Emperor.* Edited and translated by S. E. Banks and J. W. Binns. Oxford 2002.

Goethe, Johann Wolfgang von: *Die neue Melusine.* [Teil I] In: *Taschenbuch für Damen auf das Jahr 1817.* Tübingen 1817, S. 1-24.

Ders.: *Die neue Melusine.* In. Ders.: *Sämtliche Werke, Briefe, Tagebücher und Gespräche.* In 40 Bänden, hier Bd. 10, herausgegeben von Gerhard Neumann u.a. Frankfurt/M. 1989, S. 174-198.

Homer: *Ilias/Odyssee.* In der Übertragung von Johann Heinrich Voß. Nach dem Text der Erstaugaben (*Ilias* Hamburg 1793, *Odyssee* Hamburg 1781), mit einem Nachwort von Wolf Hartmut Friedrich. München 1957.

Ji Yun: *Pinselnotizen aus der Strohhütte der Betrachtung des Großen im Kleinen*. Ausgewählt und herausgegeben von Konrad Herrmann. Leipzig und Weimar 1983.

Ders. (纪昀): *Yuewei caotang biji* 阅微草堂笔记 [*Pinselnotizen aus der Strohhütte der Betrachtung des Großen im Kleinen*]. Interpunktiert und berichtigt von Wang Duxian 汪度贤. Shanghai 2002.

Jiao Yanshou 焦延寿: *(Jiaoshi) Yilin* (焦氏) 易林 [*(Jiaos) Erläuterung über Wandlungen*]. In: *Sibu congkan* 四部丛刊 [*Kollektion der Vier Abteilungen*]. Taibei 1979.

Keller, Adelbert von (Hrsg.): *Ayrers Dramen*, Bd. 3. Stuttgart 1865.

Li Fang 李昉 (Komp.): *Taiping yulan* 太平御览 [*Die auf kaiserlichen Befehl entstandene Enzyklopädie der Regierungsperiode Taiping*]. In 4 Bänden, hier Bd. 4. Beijing 1960.

Ders.: *Taiping guang ji* 太平广记 [*Erweiterte Aufzeichnungen aus der Regierungsperiode Taiping*]. In 3 Bänden, hier Bd. 3, interpunktiert und korrigiert von Hua Fei 华飞 u.a. Beijing 1994.

Map, Walter: *De nugis curialium. Courtiers' Trifles*. Edited and translated by M. R. James. Revised by C. N. L. Brooke and R. A. B. Mynors. Oxfort 1994.

Paracelsus (Theophrastus von Hohenheim): *Buch über die Nymphen Sylphen, Pygmäen, Salamander und die übrigen Geister*. In: Ders.: *Sämtliche Werke*. In 4 Bänden, hier Bd. 4, herausgeben von Bernhard Aschner. Jena 1932. Bd. 4, S. 41-79.

Ders.: *Liber de nymphis, sylphis, pygmaeis et salamandris et de caeteris spiritibus*. In: Ders.: *Sämtliche Werke. I. Abteilung: Medizinsche, naturwissenschaftliche und philosophische Schriften*. In 14 Bänden, hier Bd. 14, herausgegeben von Karl Sudenhoff. München und Berlin 1933, S. 115-145.

Pu Songling 蒲松龄: *Liaozhai zhiyi* 聊斋志异 [*Wundersame Geschichten aus der Studierstube der Muße*]. In 2 Bänden, Bd. 1, herausgegeben (mit Korrekturen, Kommentaren und Erkläuterungen) von Zhang Youhe 张友鹤. Shanghai 1981.

Ders.: *Umgang mit Chrysanthemen. 81 Erzählungen der ersten vier Bücher aus der Sammlung Liao-dschai-dschi-yi*. Deutsch von Gottfried Rösel. Zürich 1987.

Ders. (Pu Sung-ling): *Zwei Leben im Traum. 67 Erzählungen der Bände fünf bis acht aus der Sammlung Liao-dschai-dshi-yi*. Deutsch von Gottfried Rösel. Zürich 1989.

Qu Yuan 屈原: *Chu ci* 楚辞 [*Die Gesänge aus Chu*], erläutert und übersetzt vom klassischen Chinesischen ins Hochchinesische von Tang Zhangping 汤漳平. Zhengzhou 2007.

Röhrich, Lutz (Hrsg.): *Erzählungen des späten Mittelalters und ihr Weiterleben in Literatur und Volksdichtung bis zur Gegenwart*. Bd. 1. München 1962.

Schröder, Edward (Hrsg.): *Zwei altdeutsche Rittermären. Moriz von Craon, Peter von Staufenberg*. Berlin 1913.

Thüring von Ringoltingen: *Melusine*. Nach den Handschriften kritisch herausgegeben von Karin Schneider. Berlin 1958.

Ders.: *Melusine*. In der Fassung des Buchs der Liebe (1587) mit 22 Holzschnitten, herausgegeben von Hans-Gert Roloff. Stuttgart 2000.

Ders.: *Melusine*. Aus dem Frühneuhochdeutschen übertragen ins Neuhochdeutsche von Gerhard Wahle. Stuttgart 2004.

Tieck, Ludwig: *Sehr wunderbare Historie von der Melusina*. In: Ders.: *Schriften*. In 28 Bänden, hier Bd. 13. Berlin 1829, S. 69-170.

Yang Xuanzhi 杨衒之: *Luoyang qielan ji* 洛阳伽蓝记 [*Aufzeichnungen über die Klöster von Luoyang*]. Korrigiert und übersetzt von Zhou Zhenfu 周振甫. Beijing 2001.

Ye Guigang 叶桂冈: *Zhongguo gudai shida zhiguai xiaoshuo shangxi* 中国古代十大志怪小说赏析 [*Kommentare zu zehn chinesischen Erzählsammlungen über wundersame Begebenheiten aus dem alten China*]. Beijing 1992.

Yuan Lükun 袁闾琨: *Tang Song chuanqi zongji. Nanbei song* 唐宋传奇总集 · 南北宋 [*Die Gesamtsammlung der chuanqi-Geschichten der Tang- und Song-Dynastie. Band der Nördliche und Südliche Song-Dynastie*]. Zhengzhou 2001.

Yuan Mei 袁枚: *Xin qixie – Zi buyu* 新奇谐——子不语 [*Der neuer Qixie – Wovon der Meister nicht sprach*]. Jinan 1986.

Ders.: *Xu zi buyu* 续子不语 [*Fortsetzung des Zi buyu*]. In: Yuan Mei 袁枚: *Yuan Mei quanji* 袁枚全集 [*Gesammelte Werke*]. In 8 Bänden, Bd. 4.2, herausgegeben von Wang Yingzhi 王英志. Nanjing 1993, S. 1-191.

Ders.: *Chinesische Geistergeschichten*. Herausgegeben und übersetzt von Rainer Schwarz. Frankfurt/M. und Leipzig 1997.

Ders.: *Zi buyu* 子不语 [*Wovon der Meister nicht sprach*]. Eine Auswahl. Interpunktiert von Yang Ming 杨名. Chongqing 2005.

Zhao Ye 赵晔: *Wu Yue chunqiu quanyi* 吴越春秋全译 [*Die Frühlings- und Herbstannalen von Wu und Yue. Eine vollständige Übersetzung* (vom klassischen Chinesischen ins Hochchinesische)]. Erläutert und übersetzt von Zhang Jue 张觉. Guiyang 1993.

Zhou Zhenfu 周振甫: *Zhongguo gudian xiaoshuo jicui*. Song yuan juan 中国古典小说集粹 宋元卷 [*Sammlung von klassischen xiaoshuo aus dem alten China. Band der Song- und Yuan-Dynastie*]. Beijing 2001.

II. Sekundärliteratur

Ames, Roger T. u.a. (ed.): *Self as Person in Asian Theory and Practice*. New York 1994.

Ders.: *The Classical Chinese Self and Hypocrisy*. In: Ames, Roger T. und Dissanayake, Wimal (edited): *Self and Deception. A Cross-Cultural Philosophical Enquiry*. New York 1996.

Arrowsmith, Nancy: *Die Welt der Naturgeister*. Aus dem Amerikanischen übersetzt und mit einem Nachwort versehen von Michael Korth. Frankfurt/M. 1984.

Ban Gu 班固: *Qian Hanshu* 前汉书 [*Geschichte der Früheren Han-Dynastie*]. In: *Sibu beiyao* 四部备要 [*Essentials der Vier Abteilungen*]. Herausgegeben von Lu Feida 陆费达. Taibei 1981.

Barr, Allan: *Pu Songling and the Qing Examination System*. In: *Late Imperial China*. 7,1 (1986), S. 87-111.

Ders.: *Disarming Instruders: Alien Women in Liaozhai zhiyi*. In: *Harvard Journal of Asiatic Studies* 49 (1989) Heft 2, S. 501-517.

de Bary, Wm. Theodore (ed.): *Self and Society in Ming Thought*. New York 1970.

Bauer, Wolfgang: *Das Antlitz Chinas. Die autobiographische Selbstdarstellung in der chinesischen Literatur von ihren Anfängen bis heute*. München und Wien 1990.

Ders.: *Aspekte des Individualismus im Alten und Neuen China*. In: *Chinablätter* 18 (1991), S. 151-165.

Ders.: *China und die Hoffnung auf Glück. Paradiese, Utopien, Idealvorstellungen*. München 1971.

Ders.: *Geschichte der chinesischen Philosophie. Konfuzianismus, Daoismus und Buddhismus*. Herausgegeben von Hans van Ess. München 2001.

Bauer, Wolfgang und Franke, Herbert: *Die goldene Truhe*. München 1964.

Baus, Wolf: *Die umgangssprachliche Novelle al sMIttel der Volkszählung. Die Diffamierung der Revolte im 31. Chüan des P'ai-an ching-ch'i*. In: *NOAG* 114 (1973), S. 51-56.

Benwell, Gwen und Waugh, Arthur: *Töchter des Meeres. Von Nixen, Nereiden, Sirenen und Tritonen*. Übers. von Klaus Birkenhauer. Hamburg 1962.

Bessler, Babriele: *Von Nixen und Wasserfrauen*. Köln 1995.

Best, Otto F. (Hrsg.): *Das Groteske in der Dichtung*. Darmstadt 1980.

Blankenburg, Wera von: *Heilige und Dämonische Tiere. Die Symbolsprache der deutschen Ornamentik im frühen Mittelalter*. Köln 1975.

Brinker-Gabler, Gisela: *Poetisch-wissenschaftliche Mittelalter-Rezeption. Ludwig Tiecks Erneuerung altdeutscher Literatur*. Stuttgart 1980

Brun, Pierre Victor: *Shengyuan. Die Unterschicht des Chinesischen Mandarinates Ende der Ming-Zeit*. Zürich 1983.

Bumke, Joachim: *Höfische Kultur. Literatur und Gesellschaft im hohen Mittelalter*. München 1994.

Campany, Robert Ford: *Strange Writing. Anomaly Accounts in Early Medieval China*. Albany 1996.

Chan, Leo Tak-Hung: *The Discourse on Foxes and Ghosts. Ji Yun and Eighteenth-Century Literari Storytelling*. Honolulu 1998.

Chang, Chun-shu und Chang, Shelley Hsueh-lun: *Redefining history. Ghosts, Spirits, and Human Society in P'u Sung-ling's World, 1640-1715*. Michigan 2001 (4. Auflage).

Chang Hao 张灏: *Liang Qichao yu zhongguo sixiang de guodu (1890-1907)*. 梁启超与中国思想的过渡 (1890-1907) [*Liang Ch'i-ch'ao and Intellectual Transition in China (1890-1907)*]. Übersetzt aus dem Englischen von Cui Zhihai 崔志海 und Ge Fuping 葛夫平. Nanjing 1995 [Cambridge, Massachusetts, 1971].

Chen Hsiu-fen 陈秀芬: *„Meng yu gui jiao": gudai zhongyi bingli de jige quanshi* „梦与鬼交: 古代中医病理的几个诠释 [*'Dreaming Sex with Demons': The Pathological*

Interpretations in Ancient Chinese Medicine]. 'Symposium on History of Diseases'. Taibei 2000.

Ders.: *Zi buyu guai li luan shen? Ming Qing yizhe duiyu xiesui de taidu chutan* 子不语怪力乱神? 明清医者对于邪崇的态度初探 [*What Confucius didn't speak of? A Preliminary Survey of Physicians' Attitudes towards 'Demonic Affliction' in Late Imperial China*]. Conference on Religion and Healing and The Second Meeting of the Asian Society for the History of Medicine. Taibei 2004.

Chen Pingyuan 陈平原: *Chen Pingyuan xiaoshuoshi lunji* 陈平原小说史论集 [*Gesammelte Aufsätze zur Geschichte der Fiktion*]. Shijiazhuang 1997.

Chen Zhixue 陈志学: *Shilun tangdai wuguan de rushi tujing* 试论唐代武官的入仕途径 [*Erläuterungen zur Laufbahn von Militärbeamten der Tang-Dynastie*]. In: *Zhonghua wenhua luntan* 中华文化论坛 [*Chinesisches Kulturforum*] 3 (2002), S. 57-65.

Chiang, Sing-chen Lydia: *Collecting the Self: Body and Identity in Strange Tale Collections of Late Imperial China*. Leiden/Boston 2005.

Dai Sheng 戴圣: (*Xiaodai*) *Liji* 小戴礼记 [*Das Buch der Riten (des jüngeren Dai)*]. In: *Shisanjing zhushu* 十三经注疏 [*Kommentar und Subkommentar der Dreizehn Klassiker mit Erläuterungen*]. Mit den Erläuterungen von Zheng Yuan 郑元 aus der Han-Dynastie und mit dem Subkommentar von Kong Yingda 孔颖达 aus der Tang-Dynastie. In 2 Bänden. Shanghai 1990.

Ding Naitong 丁乃通: *Zhongxi xushi bijiao wenxue yanjiu* 中西叙事比较文学研究 [*Comparative Study on the Chinese and Western Narrative Literature*]. Übersetzt von Chen Jianxian 陈建宪 u.a. Wuhan 2005.

Dinzelbacher, Peter (Hrsg.): *Europäische Mentalitätsgeschichte*. Stuttgart 1993.

Dschung Dsi: *Das wahre Buch vom südlichen Blütenland*. Übersetzt von Richard Wilhelm. Düsseldorf/Köln 1972.

The Earl of Harewood (ed.): *The definitive Kobbe's Opera Book 1919*[5] (Fifth Edition 1987), New York 1987.

Eberhard, Wolfram (bearb.): *Typen chinesischer Volksmärchen*. Helsinki 1937.

Eckermann, Johann Peter: *Gespräche mit Goethe in den letzten Jahren seines Lebens*. In: Goethe, Johann Wolfgang von: *Sämtliche Werke. Briefe, Tagebücher und Gespäche*. In 40 Bänden, hier Bd. 12 (39), herausgegeben von Christoph Michel. Frankfurt/M. 1999.

Elman, Benjamin A.: *From Philosophy to Philology. Intellectual and Social Aspects of Change in Late Imperial China*. Cambridge (Massachusetts) 1984.

Ders.: *A Cultural Historiy of Civil Examinations in Late Imperial China*. Los Angeles 2000.

Emmerich, Reinhard (Hrsg.): *Chinesische Literaturgeschichte*. Stuttgart und Weimar 2004.

Erkes, Eduard (Hrsg.): *Das älteste Dokument zur chinesischen Kunstgeschichte T'ien-wen. Die „Himmelsfragen" 天问 des K'üh Yüan*. Conrady, August (Übers.). Leipzig 1931.

Ertzdorff, Xenja von: *Die Fee als Ahnfrau. Zur „Melusine“ des Thüring von Ringoltingen*. In: Backes, Herbert (Hrsg.): *Festschrift für Hans Eggers zum 65*. Geburtstag. Tübingen 1972, S. 428-457.

Fang Xuanling 房玄龄 (Komp.): *Jinshu* 晋书 [*Geschichte der Jin-Dynastie*]. In: *Sibu beiyao* 四部备要 [*Essentials der Vier Abteilungen*]. Herausgegeben von Lu Feida 陆费达. Taibei 1981.

Feng Yalin: *„Ich" als Thema in deutschen und chinesischen Schülertexten*. Frankfurt/M. 1994.

Foster, Ludmila A.: *Gestaltung des Nichtabsoluten*. In: Best, Otto F. (Hrsg.): *Das Groteske in der Dichtung*. Darmstadt 1980, S. 203-213.

Fouqué, Friedrich de la Motte: *Notiz*. In: *Die Musen*. 3-4 (1812), S. 198-199.

Francois Eygun: *ce qu'on peut savoir de Mélusine et de son iconographie*. In: *Bulletin de la Société des Antiquaires de l'ouest et des Musées de Poitiers*. 3e trimestre de 1949, S. 57-95.

Franke, Otto: *Geschichte des chinesischen Reiches*. Berlin und Leipzig 1930.

Frenzel, Elisabeth: *Motive der Weltliteratur. Ein Lexikon Dichtungsgeschichtlicher Längsschnitte*. Stuttgart 1988.

Gauger, Hans-Martin: *Goethe unterwegs – in der Kutsche*. In: *Goethe-Jahrbuch*. 120 (2003), S. 196-215.

Ge Zhaoguang 葛兆光: *Qingdai kaojuxue: zhongjian shehui yu sixiang jichu de changshi – shiba, shijiu shiji zhiji kaojuxue de zhuanxiang* 清代考据学: 重建社会与思想基础的尝试 —— 十八、十九世纪之际考据学的转向 [*Die kaoju-Schule der Qing-Dynastie: Versuch des Wiederaufbaus gesellschaftlicher und intellektueller Grundlagen – Wende der kaoju-Schule im 18. und 19. Jahrhundert*]. In: Chen Pingyuan 陈平原 und Wang David Der-Wei 王德威 (Hrsg.): *Wanming yu wanqing: Lishi chuancheng yu wenhua chuangxin* 晚明与晚清: 历史传承与文化创新 [*Späte Ming-Dynastie und späte Qing-Dynastie: Geschichtliche Weiterführung und kulturelle Erneuerung*]. Wuhan 2002, S. 117-132.

Gernet, Jacques: *Die chinesische Welt*. Frankfurt/M. 1988.

Goethe, Johann Wolfgang von: *Poetische Werke*. In 16 Bänden, hier Bd. 16, herausgegeben von Siegfried Seidel. Berlin 1960.

Ders.: *Romane und Novellen. Dritter Band*. In: Ders.: *Goethes Werke*. In 14 Bänden (ursprüngliche Hamburger Ausgabe), hier Bd. 8, herausgegeben von Erich Trunz. München 1977.

Ders.: *Aus meinem Leben. Dichtung und Wahrheit. Zweiter Teil*. In: Ders.: *Sämtliche Werke. Briefe, Tagebücher und Gespäche*. In 40 Bänden, hier Bd.14, herausgegeben von Klaus-Detlef Müller. Frankfurt/M. 1986.

Le Goff, Jacques: *Melusine. Mutter und Urbarmacherin*. In: ders.: *Für ein anderes Mittelalter. Zeit, Arbeit und Kultur im Europa des 5. – 15. Jahrhunderts*. Frankfurt a. M. 1984. S. 147-174.

Goldammer, Kurt: *Paracelsus in der deutschen Romantik. Eine Untersuchung zur Geschichte der Paracelsus-Rezeption und zu geistesgeschichtlichen Hintergründen der Romantik*. Wien 1980.

Grätz, Manfred: *Das Märchen in der deutschen Aufklärung. Vom Feenmärchen zum Volksmärchen*. Stuttgart 1988

Grimal, Pierre: *Die Bedeutung der Erzählung von Amor und Psyche*. In: Binder, Gerhard und Merkelbach, Reihnhold: *Amor und Psyche*. Darmstadt 1968, S. 1-15.

Grimm, Jacob: *Deutsche Mythologie*. In 3 Bänden. Wiesbaden 1992.

Grimm, Jacob und Grimm, Wilhelm: *Deutsches Wörterbuch*. In 17 Bänden, hier Bd. 10. Leipzig 1905.

Grübel, Rainer Georg: *Sirenen und Kometen: Axiologie und Geschichte der Motive Wasserfrau und Haarstern in slavischen und anderen europäischen Literaturen*. Frankfurt/M. 1995.

Gu Meigao 辜美高: *Tan hu – <Liaozhai zhiyi> zhaji* 谈狐——《聊斋志异》札记 [*Über Fuchsgeister – Lesenotizen zum Liaozhai zhiyi*]. In: Gu Meigao 辜美高 und Wang Zhizhong 王枝忠 (Hrsg.): *Guoji Liaozhai lunwenji* 国际聊斋论文集 [*Internationale Beiträge zum Liaozhai*] Beijing 1992, S. 251-264.

Guo Moruo 郭沫若: *Quyan fu jinyi* 屈原赋今译 [*Erneute Übersetzung von Qu Yuans fu*]. Beijing 1953.

Günzel, Klaus: *König der Romantik. Das Leben des Dichters Ludwig Tieck in Briefen, Selbstzeugnissen und Berichten*. Berlin 1981.

Han Tianlu 韩田鹿: *Shusheng de bairimeng – «Liaozhai zhiyi» xing'ai ticai yanjiu*. 书生的白日梦——《聊斋志异》性爱题材研究 [*A Failed [I]ntellectual's [D]aydream – The study on sex subject matter fictions of liaozhaizhiyi*]. Dissertation. Hebei University 2005.

Handwörterbuch des deutschen Aberglaubens. Herausgegeben von E. Hoffmann-Krayer. Berlin und Leipzig 1927.

Haug, Walter: *Francesco Petrarca – Nicolaus Cusanus – Thüring von Ringoltingen. Drei Probestücke zu einer Geschichte der Individualität im 14./15. Jahrhundert*. In: Frank, Manfred und Havekamp, Anselm (Hrsg.): *Individualität*. München 1988. S. 291-324.

He Xin 何新: *Zhushen de qiyuan* 诸神的起源 [*Der Ursprung der Götter*]. Beijing 1996.

Heisig, Karl: *Über den Ursprung der Melusinensage*. In: *Fabula*. 3(1959) H. ½. S. 170-181.

Hellge, Rosemarie: *Motive und Motivstruktur bei Ludwig Tieck*. Göppingen 1974.

Helm, Rudolf: *Das ‚Märchen' von Amor und Psyche*. In: Binder, Gerhard und Merkelbach, Reihnhold (Hrsg.): *Amor und Psyche*. Darmstadt 1968, S. 175-234.

Hofstester, Eva: *Sirenen im archaischen und klassischen Griechenland*. Würzburg 1990.

Hua Shixin 华世欣: *Yu he Tushanshi de chuanshuo tanwei* 禹和涂山氏的传说探微 [*Detaillierte Untersuchungen über die Geschichte von Yu und Tushan-shi*]. In: *Zhong-*

guo gudai jindai wenxue yanjiu 中国古代近代文学研究 [*Die Studie der alten und neueren Literatur Chinas*]. 4 (1987), S. 35-42.

Huang Qia 黄洽: *Liaozhai zhiyi yu zongjiao wenhua.* 聊斋志异与宗教文化 [*Das Liaozhai zhiyi und die religiöse Kultur*]. Jinan 2005.

Huang Shizhong 黄仕忠: *Riben neige wenku cang mingkan zaju qizhong kao* 日本内阁文库藏明刊杂剧七种考 [*A research of the seven authentic Ming plays stored in [the] library of [the] Japanese cabinet*]. In: *Dongnan daxue xuebao* (Zhexue shehui kexue ban) 东南大学学报（哲学社会科学版）[*Journal of Southeast University* (Philosophy and Social Science)]. (Vol. 7, No.4) 2005, S. 102-107.

Hucang Yingmei (Tokura Hidemi 户仓英美): *Bianshen gushi de bianqian – you Liuchao zhiguai xiaoshuo dao «Liaozhai zhiyi»* 变身故事的变迁 –– 由六朝志怪小说到《聊斋志异》[*The Historical Research on the Transformation Stories: From Liuzhao zhiguai to Liaozhai zhiyi*]. In: Gu Meigao 辜美高 und Wang Zhizhong 王枝忠 (Hrsg.): *Guoji Liaozhai lunwenji* 国际聊斋论文集 [*Internationale Beiträge zum Liaozhai*]. Beijing 1992, S. 161-197.

Hucker, Charles O.: *A Dictionary of Official Titles in Imperial China*. Stanford 1985.

Huntington, Rania: *Foxes and Sex in Late Imperial Chinese Narrative.* In: *NAN NÜ*. 2 (2000) Heft 1, S. 78-128.

Ders.: *Alien Kind. Foxes and Late Imperial Chinese Narrative.* Cambridge and London 2003.

Jennings, William (Trans.): *The Shi King. The old „poetry classic" of the Chinese.* London 1891.

Ji Yun 纪昀 (Hrsg.): *Shitong xuefan* 史通削繁 [*Vereinfachung und Streichung (überflüssiger Kommentare zu Li Zhijis) Shitong*]. In 2 Bänden, hier Bd. 1. Shanghai 1932.

Ders. (Erwachsenenname: Xiaolan 晓岚): *Ji Xiaolan wenji* 纪晓岚文集 [*Gesammelte Werke*]. In 3 Bänden, hier Bd. 3, Berichtigung und Kommentar von Sun Zhizhong 孙致中 u.a. Zhangjiakou 1995.

Ders. (Hrsg.): *Siku quanshu zongmu tiyao* 四库全书总目提要 [*Katalog der Schriften in vier Abteilungen*]. In 4 Bänden, hier Bd. 3, Redakteure: Li Daxing 李大星 und Yang Yonglin 杨永林. Shijiazhuang 2000.

Jiang Shuzhuo 蒋述卓: *«Jinglü Yixiang» dui Liang Chen Sui Tang xiaoshuo de yingxiang*《经律异相》对梁陈隋唐小说的影响 [*The Influence of Jing lü yi xiang on the Fiction of Liang, [C]hen, [S]ui, [T]ang Dynasties*]. *In: Zhongguo bijiao wenxue* 中国比较文学 [*Comparative Literature in China*]. 4 (1996), S. 71-85.

Jiang Yin 蒋寅 (Hrsg.): *Zhongguo gudai wenxue tonglun Sui Tang Wudai juan* 中国古代文学通论•隋唐五代卷 [*Allgemeine Literaturgeschichte des alten Chinas. Band Sui, Tang, Wudai*]. Shenyang 2005.

Jiang Zongfu 蒋宗福: *Cai Yong «Du duan» mingming de youlai ji hanyi* 蔡邕《独断》命名的由来及含义 [*Ursprung und Bedeutung der Benennung von Cai Yongs «Du duan»*]. In: *Zhongzhou jingu* 中国今古 [*Zhongzhou today & Yesterday*]. 4 (1993), S. 40-41.

Jonas, L. und Dilthey, W. (Hrsg.): *Aus Schleiermachers Leben. In Briefen*. In 4 Bänden, hier Bd. 3. Berlin 1861.

Jung, Carl Gustav: *Gesammelte Werke*. In 20 Bänden, hier Bd. 9.1, herausgegeben von Lilly Jung-Merker und Elisabeth Rüf. Olten 1989.

Kaiser, Gerhard R.: *Einführung in die Vergleichende Literaturwissenschaft. Forschung – Kritik – Aufgaben*. 1980 Darmstadt.

Kang Xiaofei: *The Cult of the Fox. Power, Gender, and Popular Religion in Late Imperial and Modern China*. New York 2006.

Keller, Beate: *Aspekte der Genealogie in mittelalterlichen und neuzeitlichen Versionen der Melusinengeschichte*. In: Heck, Kilian und Jahn, Bernhard: *Genealogie als Denkform in Mittelalter und Früher Neuzeit*. Tübingen 2000.

Kirk, Goeffrey Stephan: *Griechische Mythen. Ihre Bedeutung und Funktion. Reinbeck bei Hamburg* 1992.

Köchy, Kristian: *Ganzheit und Wissenschaft. Das historische Fallbeispiel der romantischen Naturforschung*. Würzburg 1997.

Kohler, Josef: Der *Ursprung der Melusinensage. Eine ethnologische Untersuchung*. Leipzig 1895.

Kongzi 孔子: *Lunyu zhengyi* 论语正义 [*Lunyu* (*Analekten des Konfuzius*) *mit dem Kommentar Lunyu zhengyi von Zheng Xuan* (郑玄)]. In: *Zhuzi jicheng* 诸子集成 [*Gesammelte Werke verschiedener Schulen*]. Herausgegeben von der Gesellschaft zur Sichtung des nationalen Kulturerbes (guoxue zhengli she 国学整理社). Shanghai 1954.

Kubin, Wolfgang: *Der unstete Affe. Zum Problem des Selbst im Konfuzianismus*. In: Krieger, Silke und Trauzettel, Rolf (Hrsg.): *Konfuzianismus und die Modernisierung Chinas*. Mainz 1990, S. 80-113.

Lecouteux, Claude: *Zur Entstehung der Melusinensage*. In: *ZfdPh* 98 (1979), S. 73-83.

Ders.: *Mélusine et le Chevalier au Cygne. Payot*. Paris 1982.

Ders: *Das Motiv der gestörten Mahrtenehe als Widerspiegelung der menschlichen Psyche*. In: *Vom Menschenbild im Märchen*. Herausgegeben von Jürgen Janning u.a. Kassel 1980, S. 59-71.

Lexer, Matthias: *Mittelhochdeutsches Handwörterbuch*. Stuttgart 1992.

Li Binghai 李炳海*: Cong jiuweihu dao humei nüyao – zhongguo gudai de hututeng yu huyixiang* 从九尾狐到狐媚女妖––中国古代的狐图腾与狐意象 [*Vom neunschwänzigen Fuchs zum verführerischen weiblichen Fuchsgeist – Das Fuchstotem und Fuchsbild im alten China*]. In: *Xueshu yuekan* 学术月刊 [*Akademische Monatszeitschrift*] 12 (1993), S. 71-75+78.

Li Fang 李昉 (Hrsg.): *Taiping yulan* 太平御览 [*Die auf kaierlichen Befehl entstandene Enzyklopädie der Regierungsperiode Taiping*], in 4 Bänden, hier Bd. 1. Beijing 1960.

Li Guojun 李国钧: *Zhongguo jiaoyu zhidu tongshi* 中国教育制度通史 [*Allgemeine Geschichte zum chinesischen Bildungswesen*]. 共八卷, 第五卷 In 8 Bänden, hier Bd. 5. Jinan 2000.

Li Jianguo 李剑国: *《qingsuo gaoyi》 kaoyi* 《青琐高议》考疑 [*Kritik über offene Fragen im Qingsuo gaoyi*]. In: *Nankai xuebao* 南开学报 [*Nankai Journal* (Philosophy and Social Science Edition)] 6 (1989), S. 1-10 und S. 15.

Ders.: *Songdai zhiguai chuanqi xulu* 宋代志怪传奇叙录 [*Synopsis der Geistergeschichten und der wundersamen Begebenheiten der Song-Dynastie*]. Tianjin 1997.

Ders.: *Tang Wudai zhiguai chuanqi xulu* 唐五代志怪传奇叙录 [*Synopsis der Geistergeschichten und wundersamen Begebenheiten in der Tang-Dynastie und in den Fünf Dynastien*]. Tianjin 1998.

Ders.: *Zhongguo hu wenhua* 中国狐文化 [*Die Kultur des Fuchses Chinas*]. Beijing 2002.

Ders.: *Gubai doushao lu. Li Jianguo zixuan* ji 古稗斗筲录 李剑国自选集 [*Altes Hühnergras und kleiner Kübel. Ausgewählte Beiträge nach eigener Wahl des Autors*]. Tianjin 2004.

Li Longji 李隆基 [Kaiser Xuan der Tang-Dynastie 唐玄宗 (685-762)] (kommentiert): *Xiaojing* 孝经 [*Klassiker der Kindespietät*]. Beijing 1999.

Li Shixun: *Über „Mei" oder „Wiedergutmachung von Unrecht". Verwirrungen bei der Übersetzung der Bezeichnung „Meihua"*. URL: www.xnwx.net/dissertation/Meihua_deutsch.htm, gelesen am 08.03.2007.

Li, Wai-yee: *Enchantment and Disenchantment. Love and Illusion in Chinese Literature.* Princeton 1993.

Li Zhi 李贽: *Fenshu* 焚书 [*Dem Scheiterhaufen geweiht*]. Bd. 1-5, Peking 1974.

Liebrecht, Felix (Hrsg.): *Des Gervasius von Tilbury Otia Imperialia.* In einer Auswahl neu herausgegeben und mit Anmerkungen begleitet. Ein Beitrag zur dt. Mythologie und Sagenforschung. Hannover 1856.

Liezi 列子: *Liezi* 列子 [*Liezi*]. Kommentiert von Zhang Zhan 张湛 aus der Östlichen Jin-Dynastie. Beijing 1986.

Lin Aihua 林爱华: *Zhongde tonghua zhong ren yu yilei tonghun ticai zhi tantao bijiao* 中、德童话中人与异类通婚题材之探讨比较 [*Das Motiv der Mahrtenehe in deutschen und chinesischen Märchen – eine vergleichende Untersuchung*]. In: *Dongwu waiyu xuebao* 东吴外语学报 [*Soochow Journal of Foreign Languages and Literatures*] 10 (1994), S. 195-218.

Lin Chen 林辰: *Shenguai xiaoshuo shi* 神怪小说史 [*Geschichte der Götter- und Geistergeschichten*]. Hangzhou 1998.

Liu, I-ch'ing: *Shih-shuo Hsin-yü. A New Account of Tales of the World.* Translated with introduction and notes by Richard B. Mather. Minneapolic 1976.

Liu Kairong 刘开荣: *Tangdai xiaoshuo yanjiu* 唐代小说研究 [*Studien zu den Erzählungen der Tang-Dynastie*]. Beijing 1947.

Liu Xiang 刘向: *Lienü zhuan* 列女传 [*Überlieferungen von Frauen*]. In: *Sibu beiyao* 四部备要 [*Essentials der Vier Abteilungen*]. Herausgegeben von Lu Feida 陆费达. Taibei 1981.

Liu Yuejin 刘跃进 (Hrsg.): *Zhongguo gudai wenxue tonglun. Weijin Nanbeichao juan* 中国古代文学通论·魏晋南北朝卷 [*Allgemeiner Überblick über die Literatur des alten Chinas. Band der Wei-, Jin-, Südlichen und Nördlichen Dynastien*]. Shenyang 2005.

Liu Zhongyu 刘仲宇: *Zhongguo jingguai wenhua* 中国精怪文化 [*Die Kultur der Geister und Dämonen in China*]. Shanghai 1997..

Lü Buwei 吕不韦: *Lü-shi chunqiu* 吕氏春秋 [*Frühling und Herbst des Lü Buwei*]. Herausgegeben von Wang Xuedian 王学典. Harbin 2007.

Lu Dahuang 路大荒: *Pu Songling nianpu* 蒲松龄年谱 [*Pu Songlings Lebensdaten mit biographischen Angaben*]. Jinan 1980.

Lu Xun: *Kurze Geschichte der chinesischen Romandichtung*. Beijing 1981.

Ders. (鲁迅): *Zhongguo xiaoshuo shilüe* 中国小说史略 [*Kurze Geschichte der chinesischen xiaoshuo*]. Hangzhou 2002.

Lubkoll, Christine: *In den Kasten gesteckt: Goethes ‚Neue Melusine'*. In: Roebling, Irmgard (Hrsg.): *Sehnsucht und Sirene. Vierzehn Abhandlungen zu Wasserphantasien*. Pfaffenweiler 1991, S. 49-63.

Lundt, Bea: *Melusine und Merlin im Mittelalter*. München 1991.

Luo Mi 罗泌: *Lu shi* 路史 [*Die Geschichte des Weges*]. In: *Sibu beiyao* 四部备要 [*Essentials der Vier Abteilungen*]. Herausgegeben von Lu Feida 陆费达. Taibei 1981.

Lutz, Röhrich: *Mahrtenehe, die gestörte M*. In: Brednich, Rolf Wihelm (Hrsg.): *Enzyklopädie des Märchens*. Bd. 9. Berlin 1999, S. 44-53.

Malzew, Helena: *Menschenmann und Wasserfrau. Ihre Beziehung in der Literatur der deutschen Romantik*. Berlin 2004.

Mao Heng 毛亨: *Mao shi zhengyi* 毛诗正义 [*Die Korrekte Bedeutung der Mao-Oden*]. In: *Shisanjing zhushu* 十三经注疏 [*Kommentar und Subkommentar der Dreizehn Klassiker mit Erläuterungen*]. Mit dem Kommentar von Zheng Xuan 郑玄 aus der Han-Dynastie und mit dem Subkommentar von Kong Yingda 孔颖达 aus der Tang-Dynastie, begleitet vom „Sichtungsausschuss für *Erläuterungen und Kommentare der Dreizehn Klassiker*" 《十三经注疏》整理委员会整理 und herausgegeben von Li Xueqin 李学勤. In 3 Bänden, hier Bd. 3. Beijing 1999.

Mertens, Volker: *Melusinen, Undinen. Variationen des Mythos vom 12. bis zum 20. Jahrhundert*. In: *Festschrift Walter Haug und Burghart Wachinger*. In 2 Bänden, hier Bd. 1, Hrsg. von J. Janota u.a. Tübingen 1992, S. 201-231.

Mode, Heinz: *Fabeltiere und Dämonen in der Kunst. Die fantastische Welt der Mischwesen*. Stuttgart 1974.

Monschein, Ylva: *Der Zauber der Fuchsfee. Entstehung und Wandel eines „Femme-fatale"-Motivs in der chinesischen Literatur*. Frankfurt/M. 1988.

Motsch, Monika: *Die chinesische Erzählung vom Altertum bis zur Neuzeit. Geschichte der chinesischen Literatur*. München 2003.

Mou Zongsan 牟宗三: *Zhongxi zhexue zhi huitong shisi jiang* 中西哲学之会通十四讲 [*Vierzehn Vorlesungen zum gründlichen Verstehen der chinesischen und westlichen*

Philosophien]. In: Ders.: *Mou Zongsan xiansheng quanji* 牟宗三先生全集 [*Gesammelte Werke*]. In 33 Bänden, hier Bd. 30. Taibei 1996, S. 1-230.

Mühlherr, Anna: *Geschichte und Liebe im Melusinenroman*. In: Haug, Walter und Wachinger, Burghart (Hrsg.): *Fortuna Vitrea. Arbeiten zur literarischen Traditionn zwischen dem 13. und 16. Jahrhundert*. Tübingen 1991, S. 328-337.

Munro, Donald (ed.): *Individualism and Holism: Studies in Confucian and Taoist Values*. Michigan 1985.

Nawab, Mona el: *Ingeborg Bachmanns „Undine geht": Ein stoff- und motivgeschichtlicher Vergleich mit Friedrich de la Motte Fouqués „Undine" und Jean Giraudoux' „Ondine"*. Würzburg 1993.

Ouyang Jian 欧阳健: *Qingsuo gaoyi* 青琐高议 [*Blaue zusammenhängende Muster an höfischen Toren, gelehrte Kritik*]. Shenyang 1999.

Ouyang Xiu 欧阳修: *Shengzhazi* 生查子 [*Shengzhazi*]. In: *Tang Song ci jianshang cidian. Tang Wudai Beisong juan* 唐宋词鉴赏辞典 唐 五代 北宋 卷 [*Sammelband der Kommentare zur ci-Dichtung der Tang- und Song-Dynastie. Band der Tang-, der Fünf Dynastien und der Nördlichen Song-Dynastie*]. Mitbearbeitet von Tang Guizhang 唐圭璋 u.a. Shanghai 1988, S. 470.

Ovidius Naso, Publius: *Metamorphosen*. Buch V. In dt. Hexameter übertr. und mit dem Text, herausgegeben von Erich Rösch. München 1964.

Pikulik, Lothar: *Frühromantik. Epoche-Werke-Wirkung*. München 2000.

Pu Songling: *Pu Songling ji* 蒲松龄集 [*Gesammelte Werke*]. Herausgegeben von Lu Dahuang 路大荒. Shanghai 1986.

Puji 普济: *Wudeng huiyuan* 五灯会元 [*Sammlung von fünf (Aufzeichnungen der Weitergabe der) Lampen*]. In 3 Bänden, hier Bd. 1, herausgegeben (mit Korrekturen und Kommentaren) von Su Yuanlei 苏渊雷. Beijing 1984.

Qiao Wei 乔伟: *Tanglü yanjiu* 唐律研究 [*Studien zum Gesetzbuch der Tang-Dynastie*]. Jinan 1985.

Qu Dafeng 瞿大风: *Gudai tushu guanli jigou – Bishujian* 古代图书管理机构 - 秘书监 [*Die Verwaltungsinstitutionen von Büchern im alten China – Bishujian*]. In: *Neimenggu shehui kexue* 内蒙古社会科学 [*Inner Mongolia Social Sciences*] 3 (1987), S. 66.

Ranke-Graves, Robert von: *Griechische Mythologie. Quellen und Deutung*. Reinbek bei Hamburg 1987.

Riedel, Manfred: *Grund und Abgrund der Subjektivität Nachcartesianische Meditationen*. In: Fülleborn, Ulrich und Engel, Manfred (Hrsg.): *Das neuzeitliche Ich in der Literatur des 18. und 20. Jahrhunderts. Zur Dialektik der Moderne. Ein internationales Symposion*. München 1988, S. 29-53.

Ritter, Joachim und Gründer, Karlfried (Hrsg.): *Historisches Wörterbuch der Philosophie*. In 10 Bänden, hier Bd. 4. Darmstadt 1976.

Roscher, Wilhelm Heinrich: *Ausführliches Lexikon der griechischen und römischen Mythologie*. In 7 Bänden, hier Bd. 3. Hildesheim 1965.

Schanze, Helmut (Hrsg.): *Romantik-Handbuch*. Stuttgart 1994.

Schelling, Friedrich Wilhelm Joseph: *Schriften zur Naturphilosophie*. In: Ders.: *Schellings Werke*. Auswahl in 3 Bänden, hier Bd. 1, herausgegeben von Otto Weiß. Leipzig 1907.

Ders.: *Ergänzungsband zu Werke Band 5 bis 9. Wissenschaftshistorischer Bericht zu Schellings Naturphilosophischen Schriften 1797-1800.* In: Ders.: *Historisch-kritische Ausgabe.* Herausgegeben von Manfred Durner u.a. Stuttgart 1994.

Ders.: *Ideen zu einer Philosophie der Natur (1797*). In: Ders.: *Historische Ausgabe*. In 10 Bänden, hier Bd. 5, herausgegeben von Manfred Durner, unter Mitwirkung von Walter Schieche. Stuttgart 1994.

Schmidt, Arno: *Fouqué und einige seiner Zeitgenossen*. Darmstadt 1959.

Seel, Otto (Übertragen und erläutert): *Der Physiologus*. Zürich 1995.

Seidlin, Oskar: *Von erwachendem Bewußtsein und vom Sündenfall: Brentano, Schiller, Kleist, Goethe*. Stuttgart 1979.

Sengyou 僧祐 und Daoxuan 道宣: *Hong ming ji; Guang hong ming ji* 弘明集; 广弘明集 [*Sammlung zur Verbreitung des Buddhismus; Erweiterung der Sammlung zur Verbreitung des Buddhismus*]. Shanghai 1991.

Shi Changyu 石昌渝: *Zhongguo xiaoshuo yuanliu lun* 中国小说源流论 [*Ursprung und Entwicklung der chinesischen xiaoshuo*]. Beijing 1994.

Shi Fengyi 史凤仪: *Zhongguo gudai hunyin yu jiating* 中国古代婚姻与家庭 [*Ehe und Familie im alten China*]. Wuhan 1987.

Shi Lin 石麟: *Chuanqi xiaoshuo tonglun* 传奇小说通论 [*Allgemeine Einführung in die chuanqi-Geschichten*]. Zhengzhou 2005.

Schirmer, Karl-Heinz: *Egenolf von Staufenberg*. In: *Die deutsche Literatur des Mittelalters. Verfasserlexikon*. Bd. 2, Berlin/New York 1980.

Schmidt, J. D.: *Harmony Garden. The Life, Literary Criticism, and Poetry of Yuan Mei (1716-1798).* New York 2003.

Schmidt-Glintzer, Helwig: *Geschichte der chinesischen Literatur*. München 1990.

Schmitz-Emans, Monika: *Vom Spiel mit dem Mythos. Zu Goethes Märchen „Die neue Melusine“*. In: *Goethe Jahrbuch*. 105 (1988), S. 316-332.

Scholz Williams, Gerhild und Schwarz, Alexander: *Existentielle Vergeblichkeit. Verträge in der Mélusine, im Eulenspiegel und im Dr. Faustus*. Berlin 2003.

Schrimpf, Hans Joachim: *Das Weltbild des späten Goethe*. Stuttgart 1956.

Spiewok, Wolfgang: *Melusine. Ursprünge, Konstituenten und Varianten eines Motivs*. In: Spiewok, Wolfgang und Buschinger, Danielle (Hrsg.): *Die Welt der Feen im Mittelalter*. Greifswald 1994. S. 163-183.

Staiger, Emil (Hrsg.): *Der Briefwechsel zwischen Schiller und Goethe*. Frankfurt/M. 1987.

Störmer-Caysa, Uta: *Melusines Kinder bei Thüring von Ringoltingen*. In: *Beiträge zur Geschichte der deutschen Sprache und Literatur*. Tübingen 1999, S. 239-261.

Stuby, Anna Maria: *Liebe, Tod und Wasserfrau: Mythen des Weiblichen in der Literatur*. Wiesbaden 1992.

Su Jing 粟劲: *Qinlü tonglun* 秦律通论 [*Allgemeine Einführung in die Gesetze der Qin-Dynastie*]. Jinan 1985.

Tao Yuanming (Tao Qian): *Der Pfirsichblütenquelle. Gesammelte Gedichte*. Herausgegeben von Karl-Heinz Pohl. München 1985.

Thompson, Stith: *The Motif-Index of Folk-Literature*. In 6 Bänden, hier Bd.1. Kopenhagen 1955.

Ders.: *The Motif-Index of Folk-Literature*. In 6 Bänden, hier Bd. 5. Kopenhagen 1957.

Tieck, Ludwig: *Vorbericht zur dritten Lieferung*. In: Ders.: *Schriften*. In 28 Bänden, hier Bd. 11. Berlin 1829, S. VII-XC.

T'ien Ju-K'ang: *Male Anxiety and Female Chastity. A Comparative Study of Chinese Ethical Values in Ming-Ch'ing Times*. Leiden u.a. 1988.

Tong Shuye 童书业 und Lü Simian 吕思勉 (Hrsg.): *Xiashi sanlu* 夏史三论 [*Drei Aufsätze zur Xia-Dynastie*]. In: Gu Jiegang 顾颉刚 u.a. (Hrsg.): *Gushi bian*. 古史辨 [*Debatten über die Alte Geschichte*]. In 7 Bänden, hier Bd. 7. Shanghai 1982, S. 1-381.

Trauzettel, Rolf: *Individuum und Heteronomie. Historische Aspekte des Verhältnisses von Individuum und Gesellschaft in China*. In: *Saeculum* XXVIII / 4 (1977), S. 340-364.

Trüpel-Rüdel, Helga: *Undine. Eine motivgeschichtliche Untersuchung*. Bremen 1987.

Tso-ch'iu Ming: *The Tso chuan: Selections from China's oldest narrative history*. Translated by Burton Watson. New York 1989.

Vetter, Chou Hsiu-Fen: *Korruption und Betrug im traditionellen Prüfungssystem Chinas*. Freiburg 1985.

Walravens, Hartmut: *Bibliographie der Liao-chai chih-i* 聊斋志异 *Übersetzungen*. In: Ders. (Hrsg.): *Der Fuchs in Kultur, Religion und Folklore Zentral- und Ostasiens*. Teil II, in 2 Teilen. Wiesbaden 2002, S. 33-135.

Wang Bin 王彬: *Jinshu · Wenziyu* 禁书·文字狱 [*Zensierte Bücher · Literarische Inquisition*]. Beijing 1992.

Wang Bingzhao 王炳照 und Xu Yong 徐勇 (Hrsg.): *Keju zhidu yanjiu* 科举制度研究 [*Untersuchungen zur chinesischen Beamtenprüfung*]. Shijiazhuang 2002.

Wang Fenling 汪玢玲: *Hugui fengqing. Liaozhai zhiyi yu minsu wenhua* 狐鬼风情 –– 《聊斋志异》 与民俗文化 [*Zur Grazie von Fuchs- und Totengeistern. Das Liaozhai zhiyi und die Volkskunde*]. Harbin 2003.

Wang Li 王立: *Fojing wenxue yu gudai xiaoshuo muti bijiao yanjiu* 佛经文学与古代小说母题比较研究 [*A Comparative Study of Buddhist Literature and the Motifs of Ancient Stories*]. Beijing 2006.

Wang Ping 王平: *«Liaozhai zhiyi» zai qingdai de chuanbo* 《聊斋志异》在清代的传播 [*The Spread of «Liaozhai zhiyi» in (the) Qing-Dynasty*]. In: *Pu Songling yanjiu* 蒲松龄研究 [*Study on Pu Songling*] 4 (2003), S. 30-41.

Wang Qing 王青: *Zhongguo zaoqi huguai gushi: wenhua pianjian xia de huren xingxiang* 中国早期狐怪故事: 文化偏见下的胡人形象 [*Die Fuchsgeistergeschichten in der chinesischen Frühzeit: Die Figuren von Ausländischern in der Perspektive des kulturel-*

len Vorurteils]. In: Ge Xiaoyin 葛晓音 (Hrsg.): *Han Wei Liuchao wenxue yu zongjiao* 汉魏六朝文学与宗教 [*Literatur und Religionen in der Han, Wei und den Sechs Dynastien*]. Shanghai 2005, S. 453-478.

Wang Xiaoping 王晓平 (Hrsg.): *Fodian • zhiguai • wuyu* 佛典•志怪•物語 [*Kanonische Schriften des Buddhismus • Geistergeschichten • (japanische) Erzählungen*]. Nanchang 1990.

Wang Zhizhong 王枝忠: *Pu Songling yu keju* 蒲松龄与科举 [*Pu Songling und Beamtenprüfungen*]. In: Gu Meigao 辜美高 und Wang Zhizhong 王枝忠 (Hrsg.): *Guoji Liaozhai lunwenji* 国际聊斋论文集 [*Internationale Beiträge zum Liaozhai*]. Beijing 1992, S. 7-19.

Ders.: *Sou shen ji. Sou shen houji* 搜神记 搜神后记 [*Aufzeichnungen über das Aufspüren von Geistern. Spätere Aufzeichnungen über das Aufspüren von Geistern*]. Shenyang 1999.

Wawer, Anne: *Tabuisierte Liebe. Mythische Erzählschemata in Konrads von Würzburg »Partonopier und Meliur« und im »Friedrich von Schwaben«*. Köln u.a. 2000.

Wen Yiduo 闻一多: *Tian wen shuzheng* 天问疏证 [*Kommentar zum Tian wen*]. Shanghai 1980.

Wilhelm, Richard (übertragen und erläutert): *Li Gi. Das Buch der Sitte des älteren und jüngeren Dai*. Düsseldorf 1958.

Wolter, Gustav-Adolf: *Geschichte Chinas. 4000 Jahre Reich der Mitte*. München 1987.

De Woskin, Kenneth J.: *The Six Dynasties Chih-kuai and the Birth of Fiction*. In: Plaks, Andrew H. (Hrsg.): *Chinese Narrative. Critical and Theoretical Essays*. Princeton 1997, S. 21-52.

Wu, Fatima: *Foxes in Chinese Society: A Study of Contemporary Social Functions of Religion and Some of Their Historical Part I*. In: *Tamkang Review*, 17 (1986) Heft 2, S. 121-154.

Wu, Fatima: *Foxes in Chinese Society: A Study of Contemporary Social Functions of Religion and Some of Their Historical Part II*. In: *Tamkang Review*, 17 (1986) Heft 3, S. 263-294.

Wu Zhou 武舟: *Zhongguo jinü shenghuoshi* 中国妓女生活史 [*Geschichte des Alltagslebens von Kurtisanen und Prostituierten Chinas*]. Changsha 1990.

Wu Zongguo 吴宗国: *Tangdai keju zhidu yanjiu* 唐代科举制度研究 [*Untersuchung des Systems der chinesischen Beamtenprüfung in der Tang-Dynastie*]. Shenyang 1992.

Xiandai hanyu dacidian 现代汉语大词典[*Das Wörterbuch für modernes Chinesisch*]. Herausgegeben von der Redaktion der Wörterbücher an der Forschungsinstitution für Linguistik der Chinesischen Akademie der Sozialwissenschaften (中国社会科学院语言研究所词典编辑室编). Beijing 1994.

Xie Zhuohua 谢灼华: *Zhongguo wenxue mulu xue* 中国文学目录学 [*Bibliographie der chinesischen Literatur*]. Beijing 1986.

Xin Qiji 辛弃疾: *Qingyu'an* 青玉案 [*Qingyu'an*]. In: *Tang Song ci jianshang cidian. Nansong Liao Jin juan* 唐宋词鉴赏辞典 南宋 辽 金 卷 [*Sammelband der Kom-*

mentare zur ci-Dichtung der Tang- und Song-Dynastie. Band der Südlichen Song-, der Liao- und Jin-Dynastie]. Mitbearbeitet von Tang Guizhang u.a. 唐圭璋 等. Shanghai 1988, S. 1512.

Xu Dishan 许地山: *Daojiao shi* 道教史 [*Geschichte des Daoismus*]. Shanghai 2006.

Xue Huiqi 薛惠琪: *Liuchao fojiao zhiguai xiaoshuo yanjiu* 六朝佛教志怪小说研究 [*A Study of the Buddhist Myterious Story in the Six Dynasties*]. Taibei 1996.

Yin Menglun 殷孟伦 und Yuan Shishuo 袁世硕: *Liaozhai shici xuan* 聊斋诗词选 [*Auswahl der Gedichte aus der Studierstube der Muße*]. Jinan 1983.

Yuan Mei 袁枚: *Xiaocangshanfang chidu.* 小仓山房尺牍 [*Gesammelte Briefe aus der Xiaocangshan-Studierstube*] In: Yuan Mei 袁枚: *Yuan Mei quanji.* 袁枚全集 [*Gesammelte Werke*]. In 8 Bänden, hier Bd. 4, herausgegeben von Wang Yingzhi 王英志. Nanjing 1993, S. 1-222.

Ders.: *Xiaocangshanfang shiji* 小仓山房诗集 [*Gesammelte Gedichte aus der Xiaocangshan-Studierstube*]. In: Ders.: *Yuan Mei quanji* 袁枚全集 [*Gesammelte Werke*]. In 8 Bänden, hier Bd. 1, herausgegeben von Wang Yingzhi 王英志. Nanjing 1993.

Ders.: *Xiaocangshanfang wenji* 小仓山房文集 [*Gesammelte Schriften aus der Xiaocangshan-Studierstube*]. In: Ders.: *Yuan Mei quanji* 袁枚全集 [*Gesammelte Werke*]. In 8 Bänden, hier Bd. 2., herausgegeben von Wang Yingzhi 王英志. Nanjing 1993, S. 1-659.

Yuan Shishuo 袁世硕: *Pu Songling shiji zhuzuo xin kao* 蒲松龄事迹著作新考 [*Neue Untersuchungen zur Biographie von Pu Songling und zu seinen Werken*]. Jinan 1988.

Zang Zhifei 臧知非: *Renlun benyuan: «Xiaojing» yu zhongguo wenhua* 人伦本原:《孝经》与中国文化 [*Ursprung der menschlichen Beziehungen: «Klassiker der Kindespietät» und die chinesische Kultur*]. Kaifeng 2004.

Zeitlin, Judith T.: *Historian of the Strange. Pu Songling and the Chinese Classical Tale.* Stanford 1993.

Zeng Zhaonan und Shi Yanfeng 曾召南、石衍丰 (Hrsg.): *Daojiao jichu zhishi* 道教基础知识 [*Grundkenntnisse über den Daoismus*]. Chengdu 1988.

Zhang Deqiang 张德强: *Shanbian zhong de hunyin he jiating* 嬗变中的婚姻和家庭 [*Die Entwicklung von Ehe und Familie*]. Lanzhou 1993.

Zhang Qingmin 张庆民: *Weijin Nanbeichao zhiguai xiaoshuo tonglun* 魏晋南北朝志怪小说通论 [*Allgemeiner Überblick über die Geistergeschichten der Wei-, Jin-, Südlichen und Nördlichen Dynastien*]. Beijing 2000.

Zhang Xuecheng 章学诚: *Zhang Xuecheng yishu* 章学诚遗书 [*Nachgelassene Schriften*]. Beijing 1985.

Zhang Ziwen 张自文: *Zhongguo de wangchao he diwang* 中国的王朝和帝王 [*Dynastien, Könige und Kaiser Chinas*]. Changsha 1992.

Zhao Fansheng 赵帆声: *Shijing yidu* 诗经异读 [*Über die abweichende Aussprache im Buch der Lieder*]. Zhengzhou 2002.

Zhao Yi 赵翼: *Du suiyuanshi tici* 读随园诗题辞 [*Ein Widmungsgedicht für die suiyuan-Dichtung*]. In: Yuan Mei 袁枚: *Xiaocangshanfang shiwenji* 小仓山房诗文集 [*Gesammelte Gedichte und Schriften aus der Xiaocangshan-Studierstube*]. Shanghai 1988.

Zhou Xianshen 周先慎: *Gudian xiaoshuo jianshang* 古典小说鉴赏 [*Kommentare zu chinesischen Erzählungen und Romanen der Kaiserzeit*]. Beijing 2004.

Zhou Yanliang 周延良: *«Chuci •·Tian wen» yu Tang Yu sandai wenhua* «楚辞 • 天问» 与唐虞三代文化 [*«Chuci • ·Tian wen» und die Kultur der Drei Generationen von Tang und Yu*]. Hongkong 2001.

Zhuangzi 庄子: *Zhuangzi jishi* 庄子集释 [*Die kritische Sammlung der Kommentare und Erläuterungen zum Zhuangzi*]. In: *Zhuzi jicheng* 诸子集成 [*Gesammelte Werke verschiedener Schulen*]. Gesammelt und berichtigt von Guo Qingfan 郭庆藩, herausgegeben von der Gesellschaft zur Sichtung des nationalen Kulturerbes (guoxue zhengli she 国学整理社). Shanghai 1954, S. 1-481.

Zhuangzi 庄子: *Zhuangzi jijie* 庄子集解 [*Die kritische Sammlung der Kommentare und Erklärungen zum Zhuangzi*]. Gesammelt und berichtigt von Wang Xianqian 王先谦. Shanghai 1986.

Zima, Peter V.: *Komparatistik. Einführung in die Vergleichende Literaturwissenschaft*. Tübingen 1992.

Zimmer, Thomas: *Der chinesische Roman der ausgehenden Kaiserzeit. Geschichte der chinesischen Literatur*. Bd. 2/1. München 2002.

Zirmunskij, Viktor: *Die literarischen Strömungen als internationale Erscheinungen*. Aus dem Französischen von Liselotte Mickel und Rüdiger von Tiedemann. In: Rüdiger, Horst (Hrsg.): *Komparatistik. Aufgaben und Methoden*. Stuttgart 1973, S. 104-126.

Zissler-Gürtler, Dagmar: *Nicht erzählte Welt noch Welterklärung. Der Begriff „hsao shuo" in der Han-Zeit*. Bad Honnef 1994.

Zuo Qiuming 左丘明: *Chunqiu Zuo zhuan zhengyi* 春秋左传正义 [*Die Frühlings- und Herbstannalen des Zuo mit dem Kommentar*]. In: *Shisanjing zhushu* 十三经注疏 [*Kommentar und Subkommentar der Dreizehn Klassiker mit Erläuterungen*]. Mit den Erläuterungen von Du Yu 杜预 aus der Jin-Dynastie und mit dem Subkommentar von Kong Yingda 孔颖达 aus der Tang-Dynastie. In 2 Bänden. Shanghai 1990.

Zwilgmeyer, Franz: *Stufen des Ich. Bewusstseinsentwicklung der Menschheit in Gesellschaft und Kultur*. Fellbach-Oeffingen 1981.

Anhänge

Anhang I

*Zeittafel der chinesischen Geschichte**

Xia-Dynastie	夏	ca. 21. Jh. – ca. 16. Jh. v. Chr.
Shang-Dynastie	商	ca. 16. Jh. – ca. 11. Jh. v. Chr.
Zhou-Dynastie	周	
Westliche Zhou-Dynastie	西周	ca. 11. Jh. – 770 v. Chr.
Östliche Zhou-Dynastie	东周	770 – 256 Jh. v. Chr.
(Epoche) Chunqiu	春秋	770 – 476 Jh. v. Chr.
(Epoche) Zhanguo	战国	475 – 221 v. Chr.
Qin-Dynastie	秦	221 – 207 v. Chr.
Han-Dynastie	汉	
Westliche oder Frühere Han-Dynastie	西汉/前汉	206 v. Chr. – 24. n. Chr.
Östliche oder Spätere Han-Dynastie	东汉/后汉	25 – 220
Drei Reiche	三国	
Wei	魏	220 – 265
Shu	蜀	221 – 263
Wu	吴	222 – 280
Westliche Jin-Dynastie	西晋	265 – 316
Östliche Jin-Dynastie	东晋	317 – 420
Südliche und Nördliche Dynastie	南北朝	
Südliche Dynastien	南朝	
Song/ Liu-Song	宋/刘宋	420 – 479
(Südliche) Qi	(南) 齐	479 – 502
Liang	梁	502 – 557
Chen	陈	557 – 589
Nördliche Dynastien	北朝	
(Nördliche oder Spätere) Wei	北魏	386 – 534
Östliche Wei	东魏	534 – 550
Westliche Wei	西魏	535 – 557
Nördliche Qi	北齐	550 – 577
Nördliche Zhou	北周	557 – 581

Sui-Dynastie	隋		581 – 618
Tang-Dynastie	唐		618 – 907
Fünf Dynastien	五代		
Spätere Liang	后梁		907 – 923
Spätere Tang	后唐		923 – 936
Spätere Jin	后晋		936 – 947
Spätere Han	后汉		947 – 950
Spätere Zhou	后周		951 – 960
Song-Dynastie		宋	
Nördliche Song-Dynastie		北宋	960 – 1127
Südliche Song-Dynastie		南宋	1127 – 1279
Liao-Dynastie (Khitan/Qidan)**		辽 (契丹)	916 – 1125
Jin-Dynastie		金	1115 – 1234
Yuan-Dynastie (Mongolen)**		元 (蒙)	1271 – 1368
Ming-Dynastie		明	1368 – 1644
Qing-Dynastie (Mandschu)**		清 (满)	1644 – 1911
Republik China		中华民国	1912 – 1949
Volksrepublik China		中华人民共和国	seit 1949

Quellen:

* *Xin hande cidian* 新汉德词典 [*Das neue chinesisch-deutsches Wörterbuch*]. Herausgegeben von der Redationgruppe für *Das neue chinesisch-deutsches Wörterbuch*. Beijing 1988, Anhang V;

** Emmerich, Reinhard (Hrsg.): *Chinesische Literaturgeschichte*. Stuttgart und Weimar 2004, S. XIV-XV.

Anhang II

Dreizehn Klassiker

Die *Shisanjing* 十三经 (Dreizehn Klassiker) bilden das Kernstück konfuzianischer Klassikergelehrsamkeit.

1. *Yijing* 易经 (*Das Buch der Wandlungen*): Ein Handbuch der 64 Hexagramme zur Befragung des Schafgarben-Orakels vom Ende der Westlichen Zhou-Dynastie, das über seine praktische Anwendung als Orakelbuch hinaus auch politische, kosmologisch-moralische Anwendung findet.
2. *Shujing/Shangshu* 书经/尚书 (*Das Buch der Urkunden*): Die bedeutendste Sammlung von Texten der älteren Zeit Chinas aus dem Bereich des Politischen. (Ori-

ginaltexte aus der Zeit der Zhou-Dynastie bis zur Qin-Dynastie und teils verfälschte Texte aus der Zeit um die Wende vom 3. Jh. bis zum 4 Jh. n. Chr.)

3. *Shijing* 诗经 (*Das Buch der Lieder*): Die älteste Liedsammlung Chinas, die 305 Lieder aus dem 10. Jh. bis 7. Jh. v. Chr. enthält, deren Sprachstil, Metaphorik und Reimschemata die chinesische Dichtung nachhaltig geprägt hat.
4. *Zhouli* 周礼 (*Die Riten der Zhou*): Ein Buch über politischen Aufbau der Zhou-Dynastie, auch als *Zhouguan* 周官 (*Beamten der Zhou*) bekannt.
5. *Yili* 仪礼 (*Zeremonialriten*): Ein Handbuch über Zeremonienregeln der Zhou-Dynastie.
6. *Liji* 礼记 (*Das Buch der Riten*): Gesammelte Erklärungen zu *Yili* und philosophische Schriften über Riten und Zeremonien.
7. *Zuo zhuan* 左传 (*Die Überlieferung des Zuo*): Das früheste narrative Werk Chinas für die Zeit von 722 bis 468 v. Chr. Dieses Zuo Qiuming 左丘明 (5. Jh. v. Chr.) zugeschriebene, ursprünglich eigenständige Buch wurde als Kommentar zu *Chunqiu* 春秋 (*Frühlings- und Herbstannalen*) angesehen, der dem Konfuzius 孔子 (551-479 v. Chr.) zugeschriebenen Chronik des Staates Lu 鲁.
8. *Gongyang zhuan* 公羊传 (*Die Überlieferung des Gongyang*): Ein Kommentar zu *Chunqiu*.
9. *Guliang zhuan* 谷梁传 (*Die Überlieferung des Guliang*): Ein Kommentar zu *Chunqiu*.
10. *Lunyu* 论语 (*Analekten des Konfuzius*): Lehrgespräche von Konfuzius.
11. *Xiaojing* 孝经 (*Klassiker der kindlichen Pietät*): Ein Zeng Shen 曾参 (ca. 505-436 v. Chr.) zugeschriebener Text über die konfuzianische Kardinaltugend *xiao*.
12. *Erya* 尔雅 (*Fortschritt zur Korrektheit*): Das älteste Wörterbuch Chinas, das zum großen Teil im 3. Jh. entstand.
13. Mengzi 孟子 (Mengzi): Die Philosophie von Menzius (ca. 370-304 v. Chr.), dem bedeutendsten Nachfolger von Konfuzius.

Quellen:

Schmidt-Glintzer, Helwig: *Geschichte der chinesischen Literatur*. München 1990.
Emmerich, Reinhard (Hrsg.): *Chinesische Literaturgeschichte*. Stuttgart und Weimar 2004.

Anhang III:

Namenregister

A) weibliche Wassergeister
Melusine / Melusina
Naiaden
Nixe
Nymphe
Rusálka

Sirene
Undine

B) weibliche Fuchsgeister

A-zi	阿紫
Daji	妲己
Dugu-shi	独孤氏
Heng-niang	恒娘
Hongyu	红玉
Hu Meiniang	胡媚娘
Huan-niang	宦娘
Jiaona	娇娜
Lianxiang	莲香
Qingfeng	青凤
Qingmei	青梅
Ren-shi	任氏
Song Yuan	宋媛
Xiaocui	小莲
Xin-shisi-niang	辛十四娘
Yingning	婴宁
Zheng-shi	郑氏
Zitao	紫桃

Anhang IV

Transkriptionen Pinyin, Lessing/Othmer und Wade/Giles

A 1: Anlaut (phonetische Anordnung)

Pinyin	Lessing/Othmer	Wade/Giles
b	b	p
p	p	p'
m	m	m
f	f	f
d	d	t
t	t	t'
n	n	n
l	l	l
g	g	k
k	k	k'

h	h	h
j	dj	ch
q	tj	ch’
x	hs	hs
zh	dsch	ch
ch	tsch	ch’
sh	sch	sh
r	j	j
z	ds	ts; tz (bei Pinyin zi)
c	ts	ts’; tz’ (bei Pinyin ci)
s	s	s; sz (bei Pinyin si)
y	y	y
w	w	w

Quellen für die Tabellen A1, A2 und B:
Kaden, Klaus: *Die wichtigsten Transkripitonen für die chinesische Sprache.* Leipzig 1975, die Tabellen 2a, 2b und 3.

A 2: Anlaut (alphabetische Anordnung)

Pinyin	Lessing/Othmer	Wade/Giles
b	b	p
c	ts	ts’; tz’ (bei Pinyin ci)
ch	tsch	ch’
d	d	t
f	f	f
g	g	k
h	h	h
j	dj	ch
k	k	k’
l	l	l
m	m	m
n	n	n
p	p	p’
q	tj	ch’
r	j	j

s	s	s; sz (bei Pinyin si)
sh	sch	sh
t	t	t'
w	w	w
x	hs	hs
y	y	y
z	ds	ts; tz (bei Pinyin zi)
zh	dsch	ch

B: Auslaute (alpahabetisch)

Pinyin	Lessing/Othmer	Wade/Giles
a	a	a
ai	ai	ai
an	an/än	an/en
ang	ang	ang
ao	au	ao
e	ö; Pinyin ø/g/k/h/n/l/r: o	ê; Pinyin ø/g/k/h: o
e (ê)	ä	Eh
ei	e	Ei
en	ën	Ên
eng	ëng	Êng
er	örl	Êrh
i		ih; Pinyin z/c/s: ŭ
i	i (Pinyin yi i)	i (Pinyin yi i)
ia	ia	ia
ian	iän	ien
iang	iang	iang
iao	iau	iao
ie	iä	ieh
in	in	in
ing	ing	ing
iong	iung	iung
iu	iu	iu
o	o	o
ong	ung	ung

ou	ou (Pinyin: you yu)	ou (Pinyin: you yu)
u	u	u
u/ü	ü	ü
ua	ua	ua
uai	uai	uai
uan	uan/üan	uan/üan
uang	uang	uang
ue/üe	üä	üeh
ui	ui; Pinyin g/k: ue	ui; Pinyin g/k: uei
un	un/ün	un/ ün
uo	o; Pinyin g/k/h/sh: uo	o; Pinyin g/k/h/sh: uo

LITERATURA

Wissenschaftliche Beiträge zur Moderne und ihrer Geschichte
herausgegeben von
Peter André Alt – Heinz Gockel – Erika Greber – Jürgen Lehmann
Christine Lubkoll – Friedhelm Marx – Dirk Niefanger – Wulf Segebrecht

Band 1
Tausch, Harald (Hrsg.)
Historismus und Moderne
(vergriffen)
ISBN 978-3-928034-89-0

Band 2
Vonau, Michael
Quodlibet
Studien zur poetologischen Selbstreflexivität von Jean Pauls Roman „Flegeljahre"
1997. 139 S. – 155 x 225 mm. Kt.
€ 24,00 ISBN 978-3-932004-40-7

Band 3
Beck, Thomas
Bedingungen librettistischen Schreibens
Die Libretti Ingeborg Bachmanns für Hans Werner Henze
(vergriffen)
ISBN 978-3-932004-51-3

Band 4
Betz, Uwe
Polyphone Räume und karnevalisiertes Erbe
Analysen des Werks Thomas Bernhards auf der Basis Bachtinscher Theoreme
1997. 392 S. – 155 x 225 mm. Kt.
€ 48,00 ISBN 978-3-932004-57-5

Band 5
Schaller, Angelika
„Und seine Begierde ward sehend"
Auge, Blick und visuelle Wahrnehmung in der Prosa Thomas Manns
1997. 407 S. – 155 x 225 mm. Kt.
€ 48,00 ISBN 978-3-932004-58-2

Band 6
Heinritz, Reinhard
„Andre fremde Welten"
Weltreisebeschreibungen im 18. und 19. Jahrhundert
1998. 296 S. 10 Abb. – 155 x 225 mm. Kt.
€ 42,00 ISBN 978-3-932004-65-0

Band 7
Haas, Christoph
Wolfgang Koeppen
Eine Lektüre
1998. 260 S. – 155 x 225 mm. Kt.
€ 44,00 ISBN 978-3-932004-90-2

Band 8
Mottel, Helmut
„Apoll envers terre"
Hölderlins mythopoetische Weltentwürfe
1998. 340 S. 40 Abb. – 155 x 225 mm. Kt.
€ 44,00 ISBN 978-3-932004-85-8

Band 9
Schmidt, Thomas
Engagierte Artistik
Satire, Parodie und neoemblematische Verfahren im Werk Günter Kunerts
1998. 314 S. 10 Abb. – 155 x 225 mm. Kt.
€ 39,00 ISBN 978-3-932004-53-7

ERGON VERLAG · WÜRZBURG

LITERATURA

Wissenschaftliche Beiträge zur Moderne und ihrer Geschichte
herausgegeben von
Peter André Alt – Heinz Gockel – Erika Greber – Jürgen Lehmann
Christine Lubkoll – Friedhelm Marx – Dirk Niefanger – Wulf Segebrecht

Band 10
Segebrecht, Wulf
Europavisionen im 19. Jahrhundert:
Vorstellungen von Europa in Literatur und Kunst, Geschichte und Philosophie
Redaktion: Monica Fröhlich und Ulrich Simon
1999. 307 S. – 155 x 225 mm. Kt.
€ 39,00 ISBN 978-3-933563-08-8

Band 11
Pekar, Thomas
Ernst Jünger und der Orient
Mythos – Lektüre – Reise
(vergriffen)
ISBN 978-3-933563-40-8

Band 12
Davidson, Anika
Advocata Aesthetica
Studien zum Marienmotiv in der modernen Literatur am Beispiel von Rainer Maria Rilke und Günter Grass
2001. 429 S. – 155 x 225 mm. Kt.
€ 49,00 ISBN 978-3-935556-60-6

Band 13
Fröhlich, Monica
Literarische Strategien der Entsubjektivierung
Das Verschwinden des Subjekts als Provokation des Lesers in Christoph Ransmayrs Erzählwerk
2001. 201 S. – 155 x 225 mm. Kt.
€ 26,00 ISBN 978-3-935556-87-3

Band 14
Chiadò Rana, Christine
Das Weite Suchen
Unterwegs in Wolfgang Hildesheimers Prosa
2003. 356 S. – 155 x 225 mm. Kt.
€ 42,00 ISBN 978-3-89913-286-1

Band 15
Rudtke, Tanja
„Die lachende Träne im Wappen“
Karnevalistische Ambivalenz und dialogische Strukturen bei Heinrich Heine
2003. 223 S. – 155 x 225 mm. Kt.
€ 29,00 ISBN 978-3-89913-291-5

Band 16
Schümann, Daniel
Oblomov-Fiktionen
Zur produktiven Rezeption von I. A. Gončarovs Roman *Oblomov* im deutschsprachigen Raum
2005. 534 S. zahlr. Abb. – 155 x 225 mm. Kt.
€ 59,00 ISBN 978-3-89913-424-7

Band 17
Meier, Christel Erika
Das Motiv des Selbstmords im Werk Gerhart Hauptmanns
2005. 621 S. – 155 x 225 mm. Kt.
€ 78,00 ISBN 978-3-89913-425-4

Band 18
Preuß, Thorsten
Brechts „Lukullus“ und seine Vertonungen durch Paul Dessau und Roger Sessions
Werk und Ideologie
Mit einem Vorwort von *Joachim Herz*
2007. 532 S. 106 Notenbeispiele – 155 x 225 mm. Kt.
€ 58,00 ISBN 978-3-89913-539-8

ERGON VERLAG · WÜRZBURG

LITERATURA
Wissenschaftliche Beiträge zur Moderne und ihrer Geschichte
herausgegeben von
Peter André Alt – Heinz Gockel – Erika Greber – Jürgen Lehmann
Christine Lubkoll – Friedhelm Marx – Dirk Niefanger – Wulf Segebrecht

Band 19
Igel, Felicitas
***Wilhelm Meisters Lehrjahre* im Kontext des hohen Romans**
2007. 830 S. – 155 x 225 mm. Fb.
€ 89,00 ISBN 978-3-89913-557-2

Band 20
Hong, Melanie
Gewalt und Theatralität in Dramen des 17. und des späten 20. Jahrhunderts
Untersuchungen zu Bidermann, Gryphius, Weise, Lohenstein, Fichte, Dorst, Müller und Tabori
2008. 520 S. – 155 x 225 mm. Kt.
€ 62,00 ISBN 978-3-89913-636-4

Band 21
Bayer, Frauke
Mythos Ophelia
Zur Literatur- und Bild-Geschichte einer Weiblichkeitsimagination zwischen Romantik und Gegenwart
In Vorbereitung
ISBN 978-3-89913-686-9

Band 22
Tang, Wei
Mahrtenehen in der westeuropäischen und chinesischen Literatur: Melusine, Undine, Fuchsgeister und irdische Männer
Eine komparatistische Studie
2009. 265 S. – 170 x 240 mm. Kt.
€ 35,00 ISBN 978-3-89913-687-6

Band 23
R. Haslinger, Karin
Der Briefwechsel von Else Lasker-Schüler und Franz Marc, ein poetischer Dialog
2009. 280 S. 35 Farbabb. – 170 x 240 mm. Fb.
€ 42,00 ISBN 978-3-89913-695-1

ERGON VERLAG · WÜRZBURG

Zeitfracht Medien GmbH
Ferdinand-Jühlke-Straße 7
99095 Erfurt, Deutschland
produktsicherheit@kolibri360.de